CONTROLADORIA BÁSICA

3ª Edição revista e atualizada

Dados Internacionais de Catalogação na Publicação (CIP)
(Câmara Brasileira do Livro, SP, Brasil)

Padoveze, Clóvis Luís
Controladoria básica / Clóvis Luís Padoveze. – 3. ed. rev. e atual. – São Paulo : Cengage Learning, 2018.

1. reimpr. da 3. ed. de 2016.
Bibliografia
ISBN 978-85-221-2516-6

1. Contabilidade gerencial 2. Controladoria I. Título.

15-10679 CDD-658.151

Índice para cátalogo sistemático:

1.Controladoria : Empresas : Administração financeira 658.151

CONTROLADORIA BÁSICA

3ª Edição revista e atualizada

Clóvis Luís Padoveze

CENGAGE

Austrália • Brasil • México • Cingapura • Reino Unido • Estados Unidos

CENGAGE

Controladoria Básica – 3ª edição revista e atualizada
Clóvis Luís Padoveze

Gerente editorial: Noelma Brocanelli

Editora de desenvolvimento: Gisela Carnicelli

Supervisora de produção gráfica: Fabiana Alencar Albuquerque

Editora de aquisições: Guacira Simonelli

Especialista de direitos autorais: Jenis Oh

Assistente editorial: Joelma Andrade

Revisão: Norma Gusukuma e FZ Consultoria Educacional

Diagramação: Cia. Editorial

Capa: BuonoDisegno

ISBN-13: 978-85-221-2516-6
ISBN-10: 85-221-2516-3

Cengage Learning
Condomínio E-Business Park
Rua Werner Siemens, 111 – Prédio 11 – Torre A – Conjunto 12 – Lapa de Baixo – CEP 05069-900
São Paulo – SP
Tel.: (11) 3665-9900 – Fax: (11) 3665-9901
SAC: 0800 11 19 39

Para suas soluções de curso e aprendizado, visite **www.cengage.com.br**

Impresso no Brasil
Printed in Brazil
1. reimpr. – 2018

SUMÁRIO

PREFÁCIO

A Controladoria é o órgão administrativo responsável pela gestão econômica da empresa, com o objetivo de levá-la à maior eficácia. A base científica da Controladoria é a Ciência Contábil, na qual repousam os fundamentos da gestão econômica. O foco da Controladoria é a criação de valor para a empresa e para os acionistas, valor esse que será obtido pelos gestores das diversas atividades desenvolvidas dentro da empresa, inseridas em processo de gestão claramente definido. A medida da eficácia empresarial é o lucro, e, portanto, o ponto-chave da Controladoria é a correta mensuração dos resultados empresariais.

A Controladoria caracteriza-se por ser um órgão de apoio, não de assessoria. Tem papel ativo, com a responsabilidade bem definida de assegurar a obtenção do resultado planejado. Portanto, é sua função apoiar todos os gestores empresariais, em todas as etapas do processo de gestão. Podemos sintetizar a função de Controladoria nos seguintes aspectos:

- Responsabilidade pela gestão econômica do sistema empresa; portanto, gestão com foco em resultados.
- Apoio a todos os gestores das atividades empresariais.
- Construção e monitoramento de um sistema de informação que auxilie os gestores em todo o processo de gestão.

O processo de gestão caracteriza-se pelo ciclo planejamento, execução e controle. O planejamento apresenta-se em três aspectos temporais distintos: planejamento estratégico ou de longo prazo, planejamento operacional (médio e curto prazos) e programação, para o curto prazo. A execução diz respeito às ações realizadas para efetivar o planejado. O controle é o processo administrativo necessário para avaliar a execução das transações realizadas e garantir a retroalimentação e eventual correção de rumos.

Além das atividades de gestão econômica, cabe à Controladoria desenvolver uma série de atividades consideradas regulamentares. Toda empresa tem uma série de obrigações criadas pela legislação que devem ser atendidas sob pena de impedir a continuidade do empreendimento, tais como obrigações legais, societárias, fiscais etc. Parte significativa dessas obrigações deve ser executada pela Controladoria, pois é o órgão que mais capacitação tem para uma série de atividades regulamentares.

PREFÁCIO À TERCEIRA EDIÇÃO

Renovamos nossa satisfação em termos a oportunidade de revisar mais uma vez nosso trabalho, pois julgamos que tem havido uma aprovação geral pelos usuários docentes, discentes e profissionais da área.

Não houve necessidade de uma alteração estrutural no plano da obra, que foi mantido. Fizemos todas as alterações de texto necessárias para adaptar às novas nomenclaturas das práticas contábeis brasileiras que estão agora alinhadas com os padrões internacionais de contabilidade do IFRS – *International Financial Reporting Standards*.

Além disso, fizemos as seguintes principais alterações:

a) Procuramos deixar mais claras as diferenças entre a contabilidade financeira e a contabilidade gerencial;
b) Revimos as definições do planejamento operacional e da programação objetivando dar maior clareza conceitual para essas etapas do processo de gestão;
c) Introduzimos no Capítulo 3 a seção 3.6 – Compromisso com a Mensuração Correta do Lucro, para reforçar o papel do *controller* na gestão econômica das entidades na sua grande responsabilidade de mensuração do lucro;
d) Introduzimos no Capítulo 6 a seção 6.8 – Simulação no Planejamento Econômico, como mais um subsistema de informação de Controladoria Estratégica;
e) Introduzimos no Capítulo 7 a seção 7.6 – Estrutura de Capital Ótima e Grau de Alavancagem Ideal, com a finalidade de dar uma conclusão mais adequada ao tema de determinação da estrutura do passivo e a utilização dos conceitos de alavancagem operacional e financeira;
f) Também no Capítulo 7 fizemos o complemento que julgamos necessário com a inclusão dos conceitos de Valor Presente Líquido (VPL) e Taxa Interna de Retorno (TIR), como os modelos básicos para avaliação da decisão de investimento.

Ficamos à disposição para sugestões.

Clóvis Luís Padoveze
cpadoveze@yahoo.com.br

PLANO DA OBRA

O objetivo deste trabalho é apresentar uma visão básica de Controladoria, tanto em seus aspectos conceituais e estruturais, como em seus aspectos de utilização prática. *Escolhemos como elemento condutor desta obra o processo de gestão*, pois, como já mencionamos, é nosso entendimento que a Controladoria deve participar de todas as etapas do processo de gestão das atividades empresariais.

De acordo com essa ótica, os temas foram agrupados em torno das cinco etapas do processo de gestão:

- conceitos e instrumentos para apoio aos gestores no planejamento estratégico;
- conceitos e instrumentos para apoio aos gestores no planejamento operacional;
- conceitos e instrumentos para apoio aos gestores na programação;
- conceitos e instrumentos para apoio aos gestores na execução das atividades;
- conceitos e instrumentos para apoio aos gestores no controle das atividades;
- conceitos e instrumentos para apoio à avaliação de desempenho da empresa, das atividades e seus gestores.

Desta maneira, o livro foi organizado em três partes, compreendendo:

Parte I – Conceitos, Objetivos, Estrutura

Nesta parte, apresentamos a Controladoria como ciência e unidade administrativa, sua estrutura e o papel do *controller*, os conceitos para estruturação do Sistema de Informação de Controladoria e os fundamentos de valor das empresas, já que este é o foco condutor da Controladoria. Apresentamos também os principais elementos que compreendem as atividades regulatórias e complementares de responsabilidade da Controladoria.

Parte II – A Controladoria no Planejamento

Esta parte da obra se destina a apresentar o conjunto básico de instrumentos e conceitos que apoiam os gestores no planejamento estratégico (informações e gerenciamento das metas estratégicas e do risco geral) e no planejamento operacional (mensuração das estruturas de ativos e passivos dos negócios) e a programação, por meio do plano orçamentário.

Parte III – A Controladoria na Execução, Controle e Avaliação de Desempenho

Compreende os conceitos, modelos e instrumentos para auxílio dos gestores na execução das transações de suas atividades, os fundamentos e modelos de gestão de custos e preços de venda e os conceitos e instrumentos para avaliação do desempenho da empresa e das atividades empresariais.

Este trabalho se caracteriza por ser uma abordagem estruturada e abrangente em sua proposta conceitual, mas deve ser qualificado como básico em relação ao seu conteúdo, pois estão sendo apresentados apenas os principais conceitos, modelos e instrumentos que a Controladoria deve utilizar no processo de gestão, que podem ser complementados dentro de uma abordagem em que se pretenda uma apresentação completa de Controladoria.

Na página do livro no site da Cengage está disponível o Manual do Professor para professores que adotarem o livro.

SOBRE O AUTOR

Clóvis Luís Padoveze Atua na área de contabilidade e controladoria há mais de 35 anos. Foi controller das Indústrias Romi SA, empresa de capital aberto, por mais de quinze anos. Atualmente é instrutor de treinamentos nas áreas de controladoria, contabilidade internacional, orçamento, custos e formação de preços de venda. É consultor nessas áreas em empresas de grande porte. Responde, atualmente, pela controladoria do grupo Nelson Paschoalotto, de Bauru, SP.

Tem doutorado em Controladoria e Contabilidade pela USP e mestrado em Ciências Contábeis pela PUC-SP.

É professor responsável pelas linhas de pesquisa em controladoria e finanças do mestrado profissional e doutorado em Administração da Faculdade de Gestão e Negócios da Universidade Metodista de Piracicaba, UNIMEP.

É autor de mais de vinte livros na área, como *Controladoria estratégica e operacional*, 3ª edição, *Planejamento orçamentário*, 3ª edição revista e atualizada, *Contabilidade de custos*: teoria, prática, integração com sistemas de informações (ERP), publicados pela Cengage Learning.

PARTE I

CONCEITOS, OBJETIVOS, ESTRUTURA

Capítulo 1

A Controladoria como Ciência

Segundo Mosimann e colaboradores,[1] "a controladoria consiste em um corpo de doutrinas e conhecimentos relativos à gestão econômica. Pode ser visualizada sob dois enfoques:

a) como um órgão administrativo com missão, funções e princípios norteadores definidos no modelo de gestão e sistema empresa;

b) como uma área do conhecimento humano com fundamentos, conceitos, princípios e métodos oriundos de outras ciências". (Mosimann et. al, p. 85)

> "Sob esse enfoque, a Controladoria pode ser conceituada como o conjunto de princípios, procedimentos e métodos oriundos das ciências da Administração, Economia, Psicologia, Estatística e principalmente da Contabilidade, que se ocupa da gestão econômica das empresas, com o fim de orientá-las para a eficácia." (Mosimann et al., p. 96)

Na visão desses autores, a Controladoria é uma ciência autônoma e não se confunde com a Contabilidade, apesar de utilizar pesadamente o instrumental contábil. Consideramos questionável esse aspecto da definição desses autores.

Em nossa opinião, a Controladoria pode ser entendida como a Ciência Contábil evoluída. Como em todas as ciências, há o alargamento do campo de atuação; esse alargamento do campo de abrangência da Contabilidade a faz ser mais bem representada semanticamente pela denominação de Controladoria.

A Controladoria pode ser definida, então, como a unidade administrativa responsável pela utilização de todo o conjunto da Ciência Contábil dentro da empresa. Considerando que a Ciência Contábil é a ciência do controle em todos os aspectos temporais – passado, presente, futuro –, e, como ciência social, exige a comunicação de informação, no caso econômica, à Controladoria cabe a responsabilidade de implantar, desenvolver, aplicar e coordenar todo o ferramental da Ciência Contábil dentro da empresa, nas suas mais diversas necessidades.

A Controladoria é a utilização da Ciência Contábil em toda a sua plenitude.

---

[1] MOSIMANN, Clara Pellegrinello et al. *Controladoria: seu papel na administração de empresas*. Florianópolis: Editora da UFSC, 1993.

1.1. Controladoria e Contabilidade – Definições

Tendo em vista a grande interação com a Contabilidade e a pouca informação sobre Controladoria como ciência, passamos, primeiro, a apresentar a Contabilidade como ciência: existem diversos estudos, artigos e obras sobre o assunto. As pesquisas sobre Contabilidade como ciência nos levam à escola de pensamento contábil italiana, já que a escola americana não se preocupa profundamente com o assunto. Essa última busca tratar a Contabilidade mais como ferramenta administrativa e a sua utilização nas empresas.

Selecionamos duas definições sobre a Ciência Contábil. Da escola italiana, temos:

> "Considerada em seu aspecto teórico, é a ciência que estuda e enuncia as leis do controle econômico das empresas de todas as classes e deduz as normas oportunas a seguir para que esse controle seja verdadeiramente eficaz, persuasivo e completo. Considerada em sua manifestação prática, é a aplicação ordenada das ditas normas." (Fábio Besta apud D'Amore[2], p. 51)

Da escola americana, destacamos a seguinte definição:

> "Contabilidade é o processo de identificação, mensuração e comunicação de informação econômica para permitir formação de julgamentos e decisões pelos usuários da informação." (American Accouting Association, 1966, apud Glautier e Underdown,[3] p. 2)

Dessas definições apresentadas, podemos verificar duas vertentes conceituais sobre a Contabilidade. A primeira enfoca o conceito de controle econômico do patrimônio e de suas mutações (controles estático e dinâmico), e a segunda enfatiza o conceito de processo de comunicação de informação econômica.

1.2. Contabilidade e Controle

O conceito de controle econômico está fundamentalmente ligado à escola italiana, precursora da Contabilidade como ciência, e o conceito de comunicação de informação econômica – entendido como a abordagem da comunicação da contabilidade – está mais ligado à escola norte-americana (ver Iudícibus,[4] p. 24).

---

[2] D´AMORE, Domingos; CASTRO, Adaucto de Souza. *Curso de contabilidade*. 14. ed. São Paulo: Saraiva, 1967.

[3] GLAUTIER, M. W. E.; UNDERDOWN, B. *Accounting theory and practice*. Londres: Pitman, 1977.

[4] IUDÍCIBUS, Sérgio de. *Teoria da contabilidade*. São Paulo: Atlas, 1980.

Segundo Catelli,[5] a Controladoria tem por objeto a identificação, mensuração, comunicação e decisão relativas aos *eventos econômicos*. Ela deve ser a gestora dos recursos da empresa, respondendo pelo lucro e pela eficácia empresarial.

Evento econômico é uma ocorrência no ambiente da empresa, tanto interno como externo, que tem uma significância econômica para os seus tomadores de decisão.[6] É uma ocorrência que modifica a estrutura patrimonial da empresa e é uma representação genérica do processo maior da execução das atividades empresariais.

Tomando como referencial a definição de Mosimann e colaboradores sobre a Controladoria...

> "(...) que se ocupa da gestão econômica das empresas, com o fim de orientá-las para a eficácia"

e a definição de Fábio Besta sobre Contabilidade...

> "(...) que estuda e enuncia as leis do controle econômico das empresas de todas as classes e deduz as normas oportunas a seguir para que esse controle seja verdadeiramente eficaz, persuasivo e completo"

e a visão de Catelli sobre Controladoria...

> "identificação, mensuração, comunicação e decisão relativas aos eventos econômicos (...) respondendo pelo lucro e pela eficácia empresarial"

e entendendo que a gestão econômica se faz precipuamente através da decisão sobre os eventos econômicos, podemos compreender que, na realidade, Contabilidade e Controladoria têm o mesmo campo de atuação e estudam os mesmos fenômenos.

As funções de controle econômico constituem, segundo Besta, o objetivo principal da Contabilidade. Subdividem-se nas seguintes espécies:

a) antecedente;

b) concomitante;

c) subsequente.

Vê-se que a visão italiana, através de um de seus maiores expoentes, é uma visão extremamente abrangente, positiva e de largo alcance da Contabilidade, antevendo o que se convencionou chamar hoje de Controladoria.

---

[5] CATELLI, Armando. *Apontamentos de sala de aula*. Disciplina Controladoria. Doutorado FEA/USP, jun. 1994.

[6] COLANTONI, Claude S. et al. A unified approach to the theory of accounting and information systems. *The Accounting Review*, v. 46, n. 1, jan. 1971.

1.3. A Contabilidade/Controladoria como Ciência – As Raízes da Teoria Contábil

Uma ciência pode ser confirmada fundamentalmente pelas suas teorias. Das teorias contábeis e de controle, destacamos resumidamente a visão de Glautier e Underdown[7], que identificam as raízes da teoria contábil como a teoria da decisão, a teoria da mensuração e a teoria da informação.

A *teoria da decisão* é tida como o esforço para explicar como as decisões são realmente tomadas. A teoria da decisão, para a tomada de decisões, objetiva solucionar problemas e manter o caráter preditivo através de um modelo de decisão.

A tomada de decisões racionais depende de informações ou dados. A *teoria da mensuração* trabalha com o problema de avaliação dos dados, e por isso é importante que esta seja estabelecida corretamente. A *teoria da informação* vem de acordo com o seu propósito, que é possibilitar a uma organização alcançar seus objetivos pelo eficiente uso de seus outros recursos. Em um sentido muito abrangente, a ideia de eficiência é expressa na relação entre *inputs* e *outputs*.

Teoria da Decisão

A teoria da decisão é parcialmente descritiva, pois é um esforço para explicar como as decisões são atualmente tomadas, e também parcialmente normativa, quando ela é um esforço para ilustrar como as decisões deveriam ser tomadas, isto é, com o estabelecimento de padrões para as melhores ou ótimas decisões. A teoria da decisão deve se preocupar, fundamentalmente, com a questão da solução de problemas e a subsequente necessidade de tomada de decisão. Isso envolve, portanto, informações para previsões e uma metodologia científica para elaborar tais previsões, ensejando o desenvolvimento de modelos de decisão.

Os modelos de decisão dentro da teoria contábil podem e devem atender às necessidades gerenciais sobre todos os eventos econômicos, para qualquer nível hierárquico dentro da empresa. Assim, é possível a construção de modelos de decisão bastante específicos, para decisões operacionais, bem como modelos de decisão de caráter mais genérico, para decisões tidas como estratégicas. Conforme Glautier, até a "estrutura completa da contabilidade é um modelo para descrever as operações de um negócio em termos monetários".

Teoria da Mensuração

Decisões racionais dependem de informações ou dados. A mensuração tem sido definida como o "estabelecimento de números a objetos ou eventos de acordo com regras especificando a propriedade a ser mensurada, a escala a ser usada e as dimensões da unidade".

---

[7] GLAUTIER, M. W. E.; UNDERDOWN, B. Op. cit., p. 30 e 38.

A teoria da mensuração deve solucionar os seguintes problemas:

a) quais eventos ou objetos devem ser medidos;

b) quais padrões ou escalas devem ser usados;

c) qual deve ser a dimensão da unidade de mensuração.

O padrão de mensuração contábil é a unidade monetária. É um dos grandes trunfos da Ciência Contábil, pois consegue traduzir todas as operações e a vida da empresa em um único padrão de mensuração. Contudo, temos de ressaltar que apresenta algumas desvantagens quando são necessárias metas como moral do pessoal, especialização de mão de obra etc.

A dimensão da unidade de medida está ligada à confiança e à acurácia do padrão utilizado, que é a unidade monetária e que, em princípio, deve ser permanentemente constante. Sabemos, contudo, que a unidade monetária sempre é dependente da estabilidade econômica. Assim, na ocorrência de inflação, valores de períodos diversos de tempo podem não ser comparáveis. Além desse aspecto, a própria questão da valoração, como critério de mensuração, envolve a necessidade de conceituação e fundamentação teórica, haja vista as possibilidades de diferentes critérios de atribuição de valor (baseado em custo, baseado em valor esperado etc.).

Teoria da Informação

O propósito da informação é possibilitar que uma organização alcance seus objetivos pelo uso eficiente de seus outros recursos, isto é, homens, materiais, máquinas e outros ativos e dinheiro. Como a informação é também um recurso, a teoria da informação considera os problemas de seu uso eficiente.

O valor da informação reside no seu uso final, isto é, sua inteligibilidade para as pessoas tomando decisões e sua relevância para essas decisões. O valor da informação é baseado na redução da incerteza resultante dessa informação. Sintetizando, a teoria da informação centra-se na questão da relação custo da produção da informação *versus* o provável benefício gerado pela sua utilização.

1.4. A Ciência Controladoria

Nas definições apresentadas sobre a Contabilidade, identificamos duas visões conceituais sobre ela: a primeira enfoca o conceito de controle econômico do patrimônio e de suas mutações (controles estático e dinâmico), e a segunda enfatiza o conceito de processo de comunicação de informação econômica.

Entendemos que a Controladoria é ciência e, na realidade, é o atual estágio evolutivo da Ciência Contábil. Como bem conceituou Glautier, a Contabilidade saiu, nas últimas duas ou três décadas, da teoria do lucro (mensuração, comunicação de informação) para a teoria da decisão (modelos de decisão e produtividade).

Entendemos que, com isso, unindo esses conceitos, podemos entender a Controladoria como ciência e como a forma de acontecer a verdadeira função contábil. Utilizando as considerações sobre ciência para a Contabilidade, explicitada por Tesche e colaboradores[8], podemos também afirmar [as frases entre colchetes são nossas inserções]:

> "(...) a Contabilidade [Controladoria] é uma ciência, visto apresentar as seguintes características:
> – ter objeto de estudo próprio;
> [os eventos econômicos e as mutações patrimoniais]
> – utilizar-se de métodos racionais;
> [identificação, mensuração, registro – partidas dobradas, comunicação]
> – estabelecer relações entre os elementos patrimoniais, válidas em todos os espaços e tempos;
> – apresentar-se em constante evolução;
> – ser o conhecimento contábil regido por leis, normas e princípios;
> [teorias contábeis]
> – seus conteúdos evidenciarem generalidade;
> [os mesmos eventos econômicos reproduzidos nas mesmas condições provocam os mesmos efeitos]
> – ter caráter preditivo;
> [através dos modelos de decisão]
> – estar relacionada com os demais ramos do conhecimento científico;
> – a construção lógica do pensamento ser o fundamento das ideias e estas ensejarem os conteúdos das doutrinas;
> – apresentar o caráter de certeza na afirmação de seus enunciados.
> [comprovados por evidências posteriores]".

Podemos dizer que a Controladoria seria a Ciência Contábil dentro do enfoque controlístico da escola italiana. Pela escola americana, a Contabilidade Gerencial é o que se denomina Controladoria.

Os Princípios Contábeis Geralmente Aceitos introduziram o conceito de Contabilidade Financeira, ofuscando provisoriamente as reais funções da Contabilidade como sistema de informação para as empresas na administração econômica. Note-se que os autores italianos não falam em princípios contábeis, mas em administração econômica da azienda. Assim, a escola americana, depois de sair da Contabilidade Gerencial, que era a vigorante até 1925,[9] retomou o tema sob o nome de Contabilidade Gerencial, através da função de Controladoria.

---

[8] TESCHE, Carlos Henrique et al. Contabilidade: ciência, técnica ou arte? *RBC*, n. 74, 1991.

[9] KAPLAN, Robert S.; JOHNSON, H. Thomas. *Contabilidade gerencial*. Rio de Janeiro: Campus, 1993. p. 109.

Assim, parece-nos mais uma questão de semântica. Primeiro, não há razões teóricas ou científicas para distinção entre Contabilidade e Contabilidade Gerencial, pois, na sua essência, a Contabilidade é Gerenciamento e é Sistema de Informação. Segundo, o nome Contabilidade Gerencial é para a disciplina que apresenta todos os aspectos da Contabilidade dentro de um Sistema de Informação Contábil e seu fundamento como ação administrativa, que, funcionalmente, dentro da organização, é exercida nas empresas no mais das vezes pelo nome de Controladoria.

1.5. A Informação Contábil e a Teoria Contábil

A informação contábil deve atender às três raízes teóricas contábeis: a teoria da decisão, a teoria da mensuração e a teoria da informação. Desta maneira, a informação contábil, no Sistema de Informação Contábil, tem de atender aos seguintes aspectos:

a) a produção da informação deve estar em um nível ótimo em termos de quantidade, dentro da qualidade exigida, a um custo compatível com o valor de sua utilização;

b) deve ter um modelo de mensuração que uniformize todos os dados envolvidos, dentro dos conceitos necessários para o usuário;

c) deve estar de acordo com o modelo de decisão do usuário para cada evento econômico, para ter o caráter preditivo;

d) deve permitir o processo geral de controle patrimonial e suas mutações.

Características da Informação Contábil

Mensuração Econômica

O ponto forte da informação contábil é a mensuração econômica das transações. É o processo contábil de atribuir um ou mais valores a todos os eventos que acontecem na empresa e têm significado patrimonial. Tudo será medido em termos de valor monetário.

Com isso, a Contabilidade consegue reunir e interpretar as transações da empresa sob uma única ótica, que é o valor econômico. Todos os dados são traduzidos em expressão monetária, e, com isso, a Contabilidade torna-se um grande sistema de informação monetária/financeira.

A Contabilidade, com a mensuração econômica (através do Sistema de Informação Contábil), é o único sistema de informação que consegue mostrar a empresa como um todo, pois é a única que atribui valor a tudo. Essa qualificação é que permite o processo de gestão global de um empreendimento.

Portanto, a característica da mensuração monetária possibilita tornar a informação contábil e o Sistema de Informação Contábil como os mais importantes dentro da empresa.

Outras Características Necessárias

Para que a informação contábil seja aceita por todos dentro da empresa, é necessário que ela possua outras qualidades, objetivando a tomada de decisão pelos usuários:

- a informação deve trazer mais benefício que o custo de obtê-la;
- deve ser compreensível;
- deve ter utilidade para o decisor;
- deve possuir relevância e confiabilidade;
- dentro da relevância, deve ter os aspectos de:
  - oportunidade;
  - valor preditivo;
  - valor de *feedback*;
- dentro da confiabilidade, deve ter os seguintes aspectos:
  - verificabilidade;
  - confiança representacional;
  - neutralidade;
- deve ter consistência (possibilitar a comparabilidade).

1.6. Contabilidade Gerencial e Contabilidade Financeira

Alguns teóricos são radicalmente contra a divisão atualmente estabelecida entre Contabilidade Gerencial e Contabilidade Financeira. A Contabilidade Financeira, que podemos denominar como a Contabilidade Tradicional, é entendida basicamente como o instrumental contábil necessário para a feitura dos relatórios para usuários externos e necessidades regulamentadas. A Contabilidade Gerencial é vista essencialmente como supridora de informações para os usuários internos da empresa.

Esses autores, acertadamente, deixam claro que, sendo a Ciência Contábil a ciência do controle econômico, ela só poderia ser restringida pelos aspectos econômicos que traduzem a verdade dos fatos (os eventos econômicos contábeis). Assim, cada evento econômico deve ser identificado, mensurado e informado pela Contabilidade, na exata dimensão em que reflete a realidade da transformação patrimonial, já que o evento econômico provoca uma variação no patrimônio.

Dessa maneira, regras ou princípios contábeis que violentem a mensuração econômica adequada não deveriam existir. Nesse sentido, não haveria necessidade da existência de duas variantes de informações contábeis: baseadas nos princípios contábeis, obrigando a determinados conceitos de mensuração; e as gerenciais, que devem refletir adequadamente o valor da empresa sob aspectos econômicos.

Porém, a realidade do mercado é outra. Fatores importantes como normalização, necessidades auditoriais externas etc. têm levado as empresas à necessidade de sistemas de informações contábeis que permitam atender às demandas legais e sociais, através da Contabilidade Financeira, bem como sistemas de informações que privilegiem as necessidades internas da administração.

Contabilidade Gerencial

Segundo Sérgio de Iudícibus[10], "a Contabilidade Gerencial pode ser caracterizada, superficialmente, como um enfoque especial conferido a várias técnicas e procedimentos contábeis já conhecidos e tratados na Contabilidade Financeira, na Contabilidade de Custos, na análise financeira e de balanços etc., colocados em uma perspectiva diferente, em um grau de detalhe mais analítico ou em uma forma de apresentação e classificação diferenciada, de maneira a auxiliar os gerentes das entidades em seu processo decisório".

Para a Associação Nacional dos Contadores dos Estados Unidos, através de seu relatório nº 1A, "Contabilidade Gerencial é o processo de identificação, mensuração, acumulação, análise, preparação, interpretação e comunicação de informações financeiras utilizadas pela administração para planejamento, avaliação e controle dentro de uma organização e para assegurar e contabilizar o uso apropriado de seus recursos".

Contabilidade Financeira

A Contabilidade Financeira está essencialmente ligada aos princípios de Contabilidade geralmente aceitos. A Contabilidade Gerencial está ligada à necessidade de informações para planejamento, controle, avaliação de desempenho e tomada de decisão.

Alguns entendem que a verdadeira Contabilidade, que realmente auxilia os gestores empresariais, é a Contabilidade Gerencial. Nessa linha de raciocínio, entendem que a Contabilidade Financeira é uma ciência diferente da Contabilidade Gerencial, que seria outra ciência e que receberia o nome de Controladoria. Podemos resumir a Contabilidade Financeira ou Tradicional nos seguintes pontos:

a) vinculada aos princípios contábeis geralmente aceitos (princípios fundamentais de Contabilidade, como são chamados em nosso país);

[10] IUDÍCIBUS, Sérgio de. *Contabilidade gerencial*. 4. ed. São Paulo: Atlas, 1987, p. 15.

b) Contabilidade utilizada para fins fiscais;

c) Contabilidade utilizada para fins societários e regulatórios (Lei das Sociedades Anônimas, CVM, legislação comercial);

d) base de escrituração de dados passados;

e) controle *a posteriori*;

f) mensuração em moeda corrente.

Em nosso entendimento, esses dois segmentos da Contabilidade fazem parte de um todo só, que é a Ciência Contábil, nascida, sobretudo, para gerar informações para controle e tomada de decisão sobre empreendimentos negociais e de quaisquer outras entidades.

A sua utilização para fins de relatórios externos, e a consequente fixação de determinados princípios para normalização e padronização para fins regulamentares, é decorrente da grande vantagem do Sistema de Informação Contábil sobre outros sistemas de informação, que é a mensuração econômica de todos os eventos operacionais em um único sistema e em uma única base, a monetária.

Portanto, a Contabilidade Financeira é um subsistema do Sistema de Informação Contábil, que, precipuamente, nasce da necessidade de controle, no sentido mais amplo possível, das operações empresariais ou de qualquer entidade.

Comparação entre a Contabilidade Gerencial e a Contabilidade Financeira

Os métodos da Contabilidade Financeira e da Contabilidade Gerencial foram desenvolvidos para diferentes propósitos e diferentes usuários das informações financeiras. Há, contudo, numerosas similaridades e áreas de sobreposição entre os métodos da Contabilidade Financeira e da Gerencial. A Contabilidade Gerencial é relacionada com o fornecimento de informações para os administradores – isto é, aqueles que estão dentro da organização e que são responsáveis pela direção e controle de suas operações. Ela pode ser contrastada com a Contabilidade Financeira, que é relacionada com o fornecimento de informações para os acionistas, credores e outros que estão fora da organização.

Tabela 1.1 Comparação entre a Contabilidade Gerencial e a Contabilidade Financeira

Fator	Contabilidade Financeira	Contabilidade Gerencial
Usuário dos relatórios	Externos e internos	Internos
Objetivo dos relatórios	Análise financeira do retorno do investimento	Planejamento, controle e avaliação de desempenho. Processo de tomada de decisão
Forma dos relatórios	Balanço Patrimonial, Demonstração dos Resultados, Demonstração dos Fluxos de Caixa e Demonstração das Mutações do Patrimônio Líquido	Orçamentos, contabilidade por responsabilidade, relatórios de custos e desempenho. Qualquer relatório específico e necessário para o processo de tomada de decisão.
Frequência dos relatórios	Anual e trimestral	Quando necessário
Custos ou valores utilizados	Primariamente históricos (passados)	Históricos e esperados (previstos)
Base monetária de mensuração	Moeda corrente	Qualquer moeda, índices, medidas físicas etc.
Restrições às informações	PCGA - Práticas Contábeis	Nenhuma
Característica da informação fornecida	Deve ser objetiva, verificável, relevante e a tempo	Deve ser relevante a tempo, podendo ser subjetiva ou estimada. Deve-se sacrificar a exatidão para que esteja disponibilizada no momento oportuno.
Perspectiva dos relatórios	Orientação histórica	Orientada para o futuro, incorporando metas e permitindo o controle entre o real e o planejado.

Questões e Exercícios

1. Identifique:
   a) argumentos para justificar que Controladoria e Contabilidade são a mesma ciência;
   b) argumentos para justificar que são ciências distintas.

Faça e justifique a sua visão específica entre as duas possibilidades apresentadas.

2. Uma mercadoria em estoque foi vendida por $ 5.000. Os seguintes valores podem ser associados a essa mercadoria:
   a) o custo contábil médio ponderado, segundo os princípios contábeis, era de $ 2.500;

b) entre a data da contabilização e a data da venda, houve uma inflação no país de 2%;

c) o custo de reposição da mercadoria, no momento da venda, era de $ 2.590;

d) o preço de venda estimado antes da realização da venda era de $ 5.020.

Construa um modelo decisório de informação e mensuração, de tal forma que evidencie todas as etapas de realização de resultados ocorridos até a venda definitiva.

3. Conceitue com suas palavras o que vem a ser controle econômico.

4. Na sua opinião, o arcabouço da Contabilidade Financeira é suficiente para o processo de gestão empresarial? Por quê? Quais seriam seus pontos fortes e seus pontos fracos?

5. Na sua opinião, quais são os pontos principais que diferenciam a Contabilidade Financeira da Contabilidade Gerencial? Justifique.

Capítulo 2

O Sistema Empresa e o Processo de Gestão

As organizações empresariais interagem com a sociedade de maneira completa. A empresa é um sistema em que há recursos introduzidos, que são processados, e há a saída de produtos ou serviços. Uma empresa é considerada um sistema aberto em razão de sua interação com a sociedade. Essa interação provoca influência nas pessoas, aumento nos padrões de vida e o desenvolvimento da sociedade.

> *Toda empresa tem uma missão em relação à sociedade e a missão das empresas corresponde aos seus objetivos permanentes, que consistem em otimizar a satisfação das necessidades humanas.*[1]

Conforme Bio, "os sistemas abertos envolvem a ideia de que determinados *inputs* são introduzidos no sistema e, processados, geram certos *outputs*. Com efeito, a empresa vale-se de recursos materiais, humanos e tecnológicos, de cujo processamento resultam bens ou serviços a serem fornecidos ao mercado".[2]

Essa visão da empresa como um sistema aberto, conforme mostra a Figura 2.1, ressalta as diversificadas e enormes pressões a que o ambiente submete a empresa. Catelli classifica as pressões ambientais, dentro do ambiente remoto e do ambiente próximo, em variáveis e entidades. A seguir, mostramos uma representação esquemática da empresa como sistema aberto, baseada em Bio e na visão de Catelli:

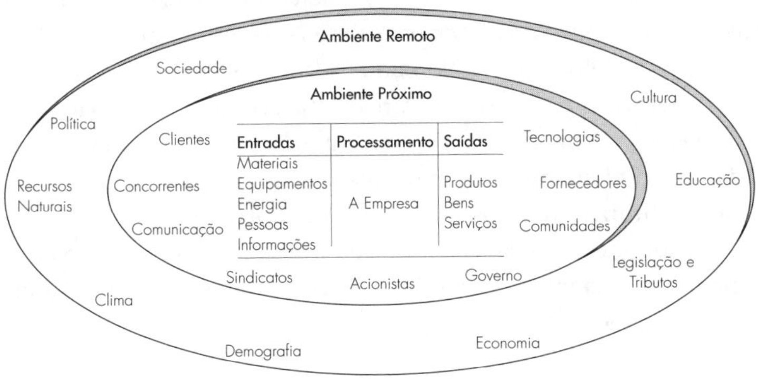

Figura 2.1 A Empresa como um Sistema Aberto

[1] CATELLI, Armando. *Apontamentos de sala de aula*. Disciplina Controladoria. Doutorado em Controladoria e Contabilidade. FEA/USP, 1994.

[2] BIO, Sérgio Rodrigues. *Sistemas de informação*: um enfoque gerencial. São Paulo: Atlas, 1985. p. 19.

Como a empresa deve procurar o desenvolvimento da sociedade, ela deve ser eficiente e devolver produtos ou serviços (as saídas do sistema) com valor superior ao dos recursos introjetados para processamento (as entradas do sistema), uma vez que os recursos consumidos exaurem o meio ambiente. Desta forma, a eficiência empresarial é componente de sua missão. Podemos definir eficiência como a relação existente entre o resultado obtido e os recursos consumidos para conseguir aquele resultado.

Como a empresa é uma entidade que processa recursos e entrega produtos, bens ou serviços à sociedade, dentro do enfoque sistêmico, ela deve ser vista no elemento **processamento**. A eficiência é definida também como uma relação entre recursos e saídas, que, no enfoque sistêmico, são relacionados pelo elemento **processamento**.

2.1. Eficiência e Eficácia

Não podemos aqui deixar de retomar a questão da eficácia *versus* eficiência. Uma das premissas de nosso trabalho é que o lucro é a melhor medida da eficácia empresarial e que a empresa, como um investimento, deve apresentar um lucro para seus proprietários e para a própria comunidade.

Segundo Gibson, Ivancevich e Donnelly,[3] "do ponto de vista da sociedade, a eficácia é o grau segundo o qual as organizações atingem suas missões, metas e objetivos – dentro das restrições de recursos limitados... Nesse sentido, devemos introduzir o conceito de eficiência; ele se refere ao processo pelo qual a organização maximiza seus fins com um uso mínimo de recursos".

A empresa como um sistema aberto tira recursos do ambiente, processa esses recursos e os devolve transformados ao ambiente no qual se inserem. Nesse enfoque sistêmico, os conceitos de eficiência e eficácia se entrelaçam, mas são diferentes.

No entender de Oliveira, os elementos de um sistema são: os objetivos, as entradas do sistema, o processo de transformação, as saídas do sistema, os controles e avaliações do sistema e a retroalimentação do sistema.[4] A eficácia está relacionada com o elemento **objetivo** do sistema empresa. A eficiência está relacionada com a otimização do uso dos recursos. Portanto, a empresa, para ser eficaz junto à sociedade, ou seja, cumprir sua missão, suas metas e seus objetivos, deve também ser eficiente no uso dos recursos, por serem eles do ambiente e, portanto, da sociedade.

---

[3] GIBSON, James L.; IVANCEVICH, John M.; DONNELLY, James H. *Organizações*: comportamento, estrutura, processos. São Paulo: Atlas, 1988. p. 77.

[4] OLIVEIRA, Djalma de Pinho Rebouças. *Sistemas, organização & métodos*. 3. ed. São Paulo: Atlas, 1992. p. 31-32.

Busca-se eficiência em cada transação unitária das inúmeras transações de que uma empresa necessita para atingir seus resultados, quais sejam: produzir bens, produtos ou serviços. Já a eficácia reveste-se de um caráter mais abrangente, global, de atuação em maior amplitude. A eficácia é obtida através de uma gestão do todo, organizando as partes do sistema empresa. Podemos dizer que um maior grau de eficácia ocorrerá quanto maior a administração das inúmeras possibilidades de ocorrências de eficiência, e que estas ocorrências sejam as mais produtivas possíveis.

2.2. Os Subsistemas do Sistema Empresa

Podemos dizer que todo sistema é composto de partes, quais sejam, seus subsistemas. O sistema empresa é um dos sistemas mais complexos, e a sua divisão em subsistemas pode ser enfocada de várias maneiras. Adotaremos em nosso trabalho o enfoque de Catelli e Guerreiro,[5] que dividem o sistema empresa em seis subsistemas:

- Institucional
- de Gestão
- Formal
- de Informação
- Social
- Físico-Operacional

Subsistema Institucional

É a matriz dos demais subsistemas da empresa e compreende a definição da missão da empresa e as convicções de seus empreendedores traduzidas de suas crenças e valores. Conforme Guerreiro, "as crenças, valores e expectativas dos empresários são convertidos em diretrizes que irão orientar todos os demais componentes do sistema empresa para os resultados desejados".

Da missão, crenças e valores, a empresa define o seu modelo de gestão. Conforme Guerreiro, "(...) o Modelo de Gestão é caracterizado como um subsistema do Sistema Institucional, correspondendo a um conjunto de princípios a serem observados que assegurem:

[5] GUERREIRO, Reinaldo. *Modelo conceitual de sistema de informação de gestão econômica:* uma contribuição à teoria da comunicação da contabilidade. Tese de Doutoramento. São Paulo, FEA-USP, 1989. p. 165.

- a redução do risco do empreendimento no cumprimento da missão e a garantia de que a empresa estará sempre buscando o melhor em todos os sentidos;
- o estabelecimento de uma estrutura de operação adequada que possibilite o suporte requerido às suas atividades;
- a orientação geral dos esforços através de um estilo e 'filosofia' de trabalho que criem atitudes construtivas;
- a adoção de um clima motivador e o engajamento de todos, principalmente dos gestores, em torno dos objetivos da empresa e das suas atividades;
- a aferição para constatar se a empresa está cumprindo sua missão ou não, se foi feito o que deveria ter sido em termos de produtos, recursos e esforços, e se o que não foi está sendo corrigido ou aperfeiçoado;
- o conhecimento do comportamento das variáveis relativas aos ambientes externo e interno e suas tendências, do resultado da avaliação de planos alternativos de ação e das transações/eventos ocorridos em cada período e de onde e no que 'as coisas' não ocorreram satisfatoriamente".[6]

Subsistema de Gestão

É onde as decisões são tomadas. O subsistema de gestão só pode ser especificado após a definição maior do modelo de gestão. Nele se encontram o processo de gestão e as atividades de planejamento, execução e controle. O subsistema de gestão compreende um conjunto de procedimentos e diretrizes, partindo do planejamento até o controle das operações:

- análise do ambiente externo e interno;
- elaboração do planejamento estratégico;
- elaboração das diretrizes e políticas estratégicas;
- planejamento operacional;
- elaboração do plano operacional;
- programação das operações;
- aprovação do programa operacional;
- execução das operações e transações;
- controle;
- ações corretivas.

Subsistema Formal

Corresponde à estrutura administrativa da empresa, de autoridades e responsabilidades. É o subsistema organizacional, no qual as tarefas e atividades são agrupa-

[6] GUERREIRO, Reinaldo. Op. cit, p. 230.

das em setores, departamentos ou divisões. Conforme Guerreiro, "contempla a forma pela qual a empresa agrupa as suas diversas atividades em departamentos, a definição da amplitude administrativa, o grau de descentralização desejável, a utilização das funções de assessoria, o problema de autoridade e responsabilidade, entre diversos outros aspectos"[7].

Subsistema Social

Compreende os indivíduos que fazem parte do sistema empresa, bem como toda a cultura, as características e os demais aspectos relacionados com as pessoas.

Ainda conforme Guerreiro[8], diz respeito, entre outros aspectos, a:

- necessidades dos indivíduos;
- criatividade;
- objetivos individuais;
- motivação;
- liderança;
- treinamento etc.

Subsistema de Informação

Compreende todo o conjunto de necessidades informacionais para a gestão empresarial. Dado que o processo de comunicação requisita ininterruptamente um sem-número de informações, os gestores em atuação obrigam a geração de inúmeros subsistemas de informações específicos, que, entendidos estruturalmente, formam o subsistema de informação. Há tanta relevância na questão da informação que normalmente são criadas atividades específicas para administração de grande parte do subsistema de informação.

Subsistema Físico-Operacional

Compreende as instalações físicas e os equipamentos do sistema empresa. É importante ressaltar que é no sistema físico-operacional que as transações são executadas e os eventos econômicos acontecem. Para Guerreiro[9], "o subsistema físico corresponde ao hardware do sistema empresa".

A estruturação do subsistema físico-operacional está fundamentalmente ligada aos produtos e serviços produzidos pela empresa. É o subsistema físico-operacional que possibilita a maior quantidade de ações para obtenção da eficiência e eficácia empresarial. Desta maneira, podemos dizer que os demais subsistemas

[7] GUERREIRO, Reinaldo. Op. cit, p. 171.
[8] Idem.
[9] Ibidem, p. 170.

da empresa canalizam todas as suas funções para o subsistema físico-operacional, objetivando fazer que as tarefas sejam executadas dentro dos princípios de eficiência e eficácia.

Apresentamos a seguir uma representação esquemática da empresa, seu ambiente, seus subsistemas, enfocando a questão da eficiência e eficácia dentro do subsistema físico-operacional.

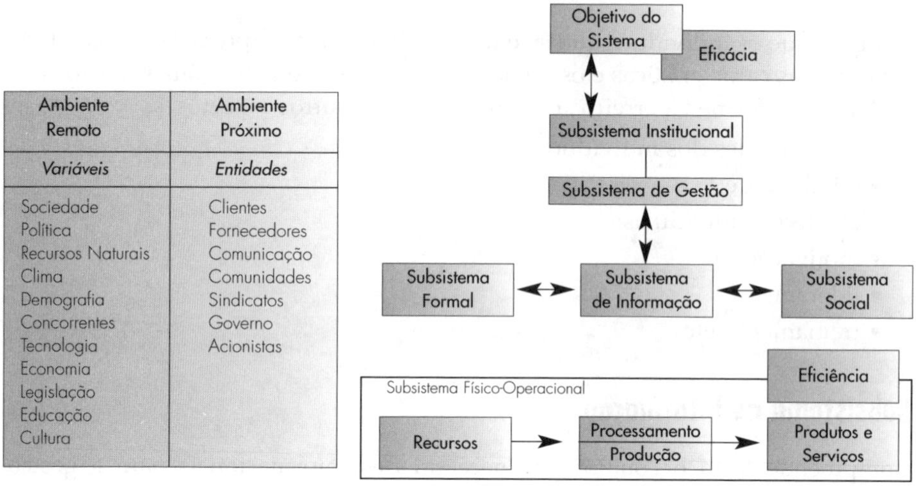

Figura 2.2 Visão Sistêmica da Empresa, Subsistemas, Eficiência e Objeto Eficácia

2.3. Eficácia e Controladoria: Planejamento e Controle com Enfoque em Resultados

Toda esta obra terá como referencial o conceito de eficácia empresarial e a gestão com enfoque em resultados, resumidos na Figura 2.3:

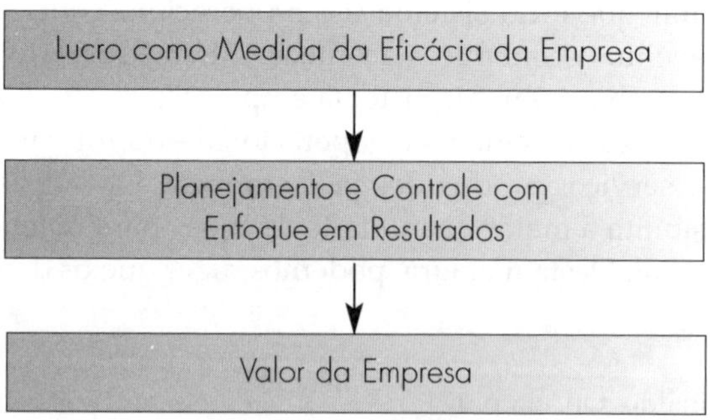

Figura 2.3 Eficácia, Planejamento e Valor da Empresa

Tendo a premissa de que o lucro é a melhor medida da eficácia da empresa, o foco da Controladoria deve ser o processo de gestão baseado em resultados. Consequentemente, todos os esforços empresariais e a missão da Controladoria devem ter como ponto referencial o processo de criação de valor para o acionista, através da mensuração econômica do valor da empresa.

Premissas para a Controladoria com Enfoque em Resultados

Podemos detalhar a seguir as principais premissas do nosso trabalho e que embasam nosso conceito de Controladoria:

- Lucro como Medida de Eficácia da Empresa.
- Lucro como Diferença de Patrimônios Líquidos.
- Lucro É Maior ou Menor Segundo o Grau de Competência Empresarial.
- Os Empreendimentos Empresariais São Investimentos.
- Valor Econômico da Empresa.
- Planejamento É Necessário.
- A Empresa É a Reunião de Especialidades Humanas.
- Os Gestores São Responsáveis pela Geração do Lucro.
- Informação para Gestão.

Lucro como Medida de Eficácia da Empresa

Conforme Guerreiro,[10] "a empresa é constituída sob o pressuposto da continuidade. A garantia da continuidade da empresa só é obtida quando as atividades realizadas geram um resultado líquido no mínimo suficiente para assegurar a reposição de todos os seus ativos consumidos no processo de realização de tais atividades. Todas as estratégias, planos, metas e ações que a empresa implementa devem objetivar, em última instância, a otimização do lucro. *O lucro, portanto, é a melhor e mais consistente medida da eficácia da organização*". (grifo nosso)

Lucro como Diferença de Patrimônios Líquidos

O lucro empresarial é gerado em cada evento econômico, mas pode e deve ser mensurado periodicamente, considerando a diferença em denominador comum monetário do Patrimônio Líquido empresarial do fim do período menos o Patrimônio Líquido empresarial do início do período, considerando as entradas

[10] GUERREIRO, Reinaldo. Um modelo de sistema de informação para mensuração do desempenho econômico das atividades empresariais. In: *Caderno de Estudos Fipecafi/FEA-USP*, n. 4, p. 13, mar./1992.

adicionais de capital e as saídas a título de distribuição de lucros ou retiradas de capital. Adotamos nesta premissa o conceito de lucro econômico, em vez de lucro contábil.

Dentro dessa premissa, o lucro (L) deixa de ser a visão restrita de receita (R) menos despesa (D):

$$L = R - D$$

para ser a diferença entre o Patrimônio Líquido entre dois momentos, ou seja, o Patrimônio Líquido final (PLf) menos o Patrimônio Líquido no início do período (Pli):

$$L = PLf - PLi$$

Lucro É Maior ou Menor Segundo o Grau de Competência Empresarial

O grau de competência empresarial é o elemento diferenciador das empresas e a garantia da sustentação de sua continuidade e o cumprimento de sua missão. A competência empresarial reflete-se nos resultados empresariais, que são a medida da eficácia gerencial.

A competência empresarial expressa-se nos recursos (custos) através da eficiência e/ou eficácia exercida (aplicada e extraída) em cada recurso ou transação em ocorrência ou ocorrido no processo de obtenção da receita de produtos ou serviços.

Os Empreendimentos Empresariais São Investimentos

As empresas com fins lucrativos são investimentos e, portanto, estão sujeitas a incertezas e riscos. Sendo investimentos de capital, os valores nelas investidos pelos seus proprietários devem ser retornados a eles sob forma de dinheiro ou caixa. Esta premissa permite enfatizar a questão do planejamento ou da previsibilidade ou não do mundo real, bem como da aplicação do conceito de custo de oportunidade dos acionistas ou donos dos empreendimentos negociais.

Valor Econômico da Empresa

Sendo investimentos, as empresas têm um valor que, pela Ciência Contábil, deve estar refletido na figura do Patrimônio Líquido. Assim, têm como fundamento que a mensuração dos eventos econômicos/resultados empresariais deve conduzir à correta mensuração e avaliação do valor econômico da empresa, sob pena de se obterem modelos de mensuração, informação e decisão incompletos. Adicione-se, ainda, que não deveria existir **mais de um valor** da empresa. Uma empresa vale o que ela pode render ou o que dela se pode esperar. Portanto, o valor da empresa é decorrente da avaliação do fluxo futuro de benefícios.

Planejamento É Necessário

Partindo do pressuposto de que um empreendimento é um investimento e este só é feito após o estudo de expectativas, o fundamental para atingir o maior nível de eficácia é o processo contínuo de mensuração econômica dessas expectativas. Para tanto, a capacidade de percepção, associada a um processo contínuo de planejamento e projeções econômicas, é fator condicionante da eficácia empresarial.

A Empresa É a Reunião de Especialidades Humanas

O capital é o recurso que consegue reunir, em um único empreendimento, pessoas de diversas capacitações e especializações, objetivando atingir os resultados propostos pela entidade empresarial. Esta reunião de especialidades dentro da empresa possibilita que esta entregue à sociedade produtos e serviços com qualidade, com custos seguramente inferiores aos que teriam se fossem produzidos individualmente por esses especialistas. O capital é o elemento que consegue promover a maior eficácia dos recursos humanos dentro de uma organização e, portanto, este deve ser remunerado através do lucro empresarial.

Em linhas gerais, as diversas especialidades humanas – do conhecimento humano dentro da empresa – são aglutinadas em setores, departamentos ou áreas, que denominaremos genericamente por atividades. Assim, o capital é o elemento necessário para unir os processos ou atividades transformadoras do produto ou serviço. Normalmente, as atividades são coordenadas por algum responsável, que denominamos gestor.

Os Gestores São Responsáveis pela Geração do Lucro

Conforme Guerreiro, "os gestores são responsáveis pela eficácia da empresa. Como o próprio nome esclarece, os gestores são os responsáveis pela gestão, administração ou processo de tomada de decisão. A gestão corresponde, analiticamente, ao processo de planejar, executar e controlar".[11]

Para Catelli e Guerreiro, "o lucro é gerado pelas diversas atividades e a responsabilidade pela geração do lucro é exatamente dos responsáveis pelas diversas atividades, ou seja, dos gestores".[12]

Informação para Gestão

No entender de Guerreiro[13], "os gestores têm uma grande dependência do recurso 'informação'. A informação é a matéria-prima do processo de tomada de deci-

---

[11] GUERREIRO, Reinaldo. Um modelo de sistema de informação contábil para mensuração do desempenho ecônomico das atividades empresariais. In: *Caderno de Estudos Fipecafi/FEA-USP*, n. 4, p. 14, mar./1992.

[12] CATELLI, Armando; GUERREIRO, Reinaldo. Sistema de informação de gestão econômica: uma proposta para mensuração contábil do resultado das atividades empresariais. *Boletim do CRC-SP*, p. 11, set. 1992.

[13] GUERREIRO, Reinaldo. Um modelo... p. 14. mar./1992.

são. A informação útil é aquela que atende às necessidades específicas dos gestores, segundo as áreas em que atuam, operações que desenvolvem e conceitos que lhes façam sentido lógico. Os sistemas de informações contábeis devem ser configurados de forma a atender eficientemente às necessidades informativas de seus usuários, bem como incorporar conceitos, políticas e procedimentos que motivem e estimulem o gestor a tomar as melhores decisões para a empresa".

2.4. Visão Geral da Empresa: Missão, Crenças e Valores

Para desenvolver a visão geral da empresa e a organização do planejamento estratégico – componentes do subsistema institucional da empresa –, devemos observar e desenvolver os aspectos a seguir.[14]

A *declaração de valores* é um conjunto de crenças e princípios que orientam as atividades e operações de uma empresa, independentemente de seu porte.

A *declaração de visão* é um conjunto preciso e bem elaborado de palavras que anunciam para onde a empresa está caminhando ou traçam um quadro do que a empresa deseja ser ou aonde quer chegar.

A *declaração de missão* da empresa visa comunicar interna e externamente o propósito da organização e do seu negócio. Ela deve ser breve e reunir, em poucas palavras, as atividades da empresa, os mercados que quer atingir, os produtos e serviços que quer fornecer à comunidade, sua diferenciação e o papel da empresa em relação a seus concorrentes e as principais conquistas que a empresa quer atingir.

As *metas* correspondem ao itinerário básico para chegar ao destino que a empresa deseja. Normalmente, são expressas em termos de intenções gerais da empresa. São resultados abrangentes com os quais ela assumiu um compromisso definitivo. As metas devem criar um elo indissolúvel entre as ações da empresa e sua missão.

Os *objetivos* são declarações específicas que se relacionam diretamente a uma determinada meta; fornecem detalhes sobre o que deve ser feito e quando. É comum os objetivos serem associados a números e datas. Para metas, o comum é o uso de palavras, e, para objetivos, devemos usar números, complementando com detalhes específicos.

Exemplos de declarações de valores, visão, missão, metas e objetivos:[15]

- **Valores** – *Johnson & Johnson* (Condensado) – Nossa primeira responsabilidade é para com os médicos, as enfermeiras e os pacientes, as mães e demais

---

[14] Adaptado de TIFFANY, Paul; PETERSON, Steven D. *Planejamento estratégico*. Rio de Janeiro: Campus, 1999; e WARD, Keith. *Strategic management accounting*. Oxford: Butterworth-Heinemann, 1996.

[15] Extraídos de TIFFANY, Paul; PETERSON, Steven D. Op. cit.

pessoas que usam nossos produtos e serviços. Estes devem ser de alta qualidade, com preços razoáveis e feitos ao menor custo. Nossos clientes devem ser atendidos rapidamente e devem ter condições de alcançar lucros justos. Somos responsáveis pelas comunidades nas quais vivemos e trabalhamos e pela comunidade mundial. Nossa responsabilidade final é para com os acionistas, porque as empresas devem gerar lucros sólidos.

- **Visão** – *Apple Computadores* – Mudar o mundo através da tecnologia.
- **Missão** – *Elevadores Otis* – Nossa missão é oferecer a todos os clientes um meio de locomoção a pequenas distâncias para pessoas e cargas, com um grau de confiança superior aos produtos oferecidos por empresas semelhantes no mundo inteiro.
- **Metas** – Ser líder de mercado e criar valor excepcional para nossos acionistas.
- **Objetivos** – Ter 55% de participação no mercado do nosso produto principal e alcançar uma rentabilidade do investimento não inferior a 20% ao ano.

2.5. Modelo de Gestão

As crenças e valores são conceitos que formam a cultura organizacional, que, por sua vez, interagem e conduzem a criação do modelo conceitual a ser adotado para gerir a empresa, o que denominamos de *modelo de gestão*.[16]

O modelo de gestão ideal deve ser estruturado considerando os seguintes aspectos:

- processo de gestão do sistema empresa – planejamento, execução, controle;
- avaliação de desempenho das áreas e dos gestores – responsabilidade pelos resultados das áreas sob seu comando;
- processo decisório – centralização ou descentralização;
- comportamento dos gestores – motivação, empreendedores.

Modelo de gestão é produto do subsistema institucional e pode ser definido como o conjunto de normas e princípios que devem orientar os gestores na escolha das melhores alternativas para levar a empresa a cumprir sua missão com eficácia.

[16] CROZATTI, Jaime. Modelo de gestão e cultura organizacional – conceitos e interações. *Caderno de Estudos Fipecafi*, n. 18, 1998.

A Missão da Empresa e o Processo de Criação de Valor

A empresa só poderá cumprir sua missão – que, em última instância, é satisfazer as necessidades humanas das comunidades nas quais se insere – se obtiver um resultado atrativo para os investidores, ou seja, os supridores dos recursos financeiros para o empreendimento, de tal forma que mantenha sua sobrevivência ao longo do tempo.

Nesse sentido, a maximização do valor da empresa, através do processo de criação de valor, é entendida como objetivo financeiro fundamental do empreendimento. O processo de criação ou adição de valor decorre, basicamente, do processo produtivo na produção de bens e serviços oferecidos pela empresa. A maximização do valor da empresa decorre dos lucros auferidos no processo produtivo e que suplantem o custo de capital de oportunidade dos investidores no empreendimento, tornando a empresa permanentemente atrativa.

Modelo de Gestão e o Processo de Gestão

O modelo de gestão é a matriz do subsistema de gestão, que é traduzido na empresa dentro de um processo orientado que permita a ordenação de sua administração para o fluxo do processo de tomada de decisão em todos os planos empresariais e níveis hierárquicos, denominado de *processo de gestão*.

O processo de gestão tem por finalidade permitir à empresa alcançar os seus resultados dentro de um conjunto coordenado de diretrizes, para atingir as metas e objetivos explicitados na declaração da visão empresarial. O processo de gestão não se limita ao *planejamento*; inicia-se a partir dele e incorpora todas as etapas da *execução* das atividades, bem como do *controle* da execução das atividades. O controle, por sua vez, não se limita a eventos passados, mas deve permitir controles antecedentes e posteriores aos eventos realizados.

2.6. O Processo de Gestão

O processo de gestão, também denominado *processo decisório*, é um conjunto de processos decisórios e compreende as fases do planejamento, execução e controle da empresa, de suas áreas e atividades. Por processo entende-se a sucessão de estados de um sistema, que possibilita a transformação das entradas do sistema nas saídas objetivas pelo mesmo sistema.

O planejamento subdivide-se em duas fases: Planejamento Estratégico e Planejamento Operacional. O Planejamento Operacional incorpora uma etapa adicional, que é a que finaliza o planejamento das operações, denominada Programação.

Na Figura 2.4 podemos visualizar todo o conjunto do processo de gestão.

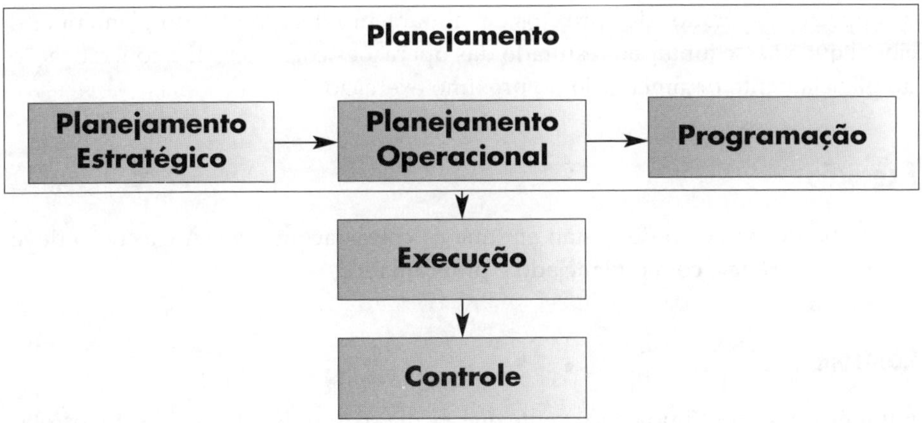

Figura 2.4 Processo de Gestão

Planejamento Estratégico

O planejamento estratégico é a etapa inicial do processo de gestão, em que a empresa formula ou reformula suas estratégias empresariais dentro de uma visão específica do futuro.

É fase de definição de políticas, diretrizes e objetivos estratégicos e tem como produto final o equilíbrio dinâmico das interações da empresa com suas variáveis ambientais. Nesta etapa, realizam-se as leituras dos cenários do ambiente e da empresa, comumente confrontando as ameaças e oportunidades dos cenários vislumbrados com os pontos fortes e fracos da empresa.

Planejamento é a definição de um plano para ligar uma situação desejada com a situação atual.

Planejamento Operacional

É a etapa em que as diretrizes e os planos estratégicos passam a ser trabalhados, ou seja, quando as definições estratégicas são operacionalizadas. Nesta etapa elaboram-se os planos alternativos de ação para os projetos determinados no planejamento estratégico. Exemplificando, se a empresa tomou uma diretriz estratégica de uma nova planta fabril ou uma nova linha de negócios, esta etapa compreende o processo de pôr em prática essas definições estratégicas.

Programação

É a fase do processo de gestão que mensura os planos de curto prazo, o próximo ano. Compreende a programação das operações correntes para o próximo ano e os impactos esperados dos projetos em andamento decorrentes do plano operacional que vão se juntar ao resultado das operações correntes. É a concretização do planejamento orçamentário do próximo exercício.

Execução

É a etapa do processo de gestão em que as coisas acontecem. A execução deve estar em coerência com o planejado e programado.

Controle

É um processo contínuo e recorrente que avalia o grau de aderência entre os planos e sua execução, compreendendo a análise dos desvios ocorridos, procurando identificar suas causas e direcionando ações corretivas. Além disso, deve observar a ocorrência de variáveis no cenário futuro, visando assegurar o alcance dos objetivos propostos. Dentro do enfoque sistêmico, o controle faz também o papel de *feedback* ou retroalimentação do sistema.

Tabela 2.1 Processo de Gestão – Visão Resumida

Fases do Processo	Finalidade	Produto
Planejamento Estratégico	Garantir a missão e continuidade da empresa	Diretrizes e Políticas Estratégicas
Planejamento Operacional	Otimizar o resultado a médio prazo	Plano Operacional
Programação	Otimizar o resultado a curto prazo	Programa Operacional
Execução	Otimizar o resultado de cada transação	Transação
Controle	Corrigir e ajustar para garantir a otimização	Ações Corretivas

Questões e Exercícios

1. Explique com suas palavras, resumidamente, cada um dos subsistemas do sistema empresa.
2. Tomando como referência uma empresa que você conheça, identifique e descreva seus principais componentes de cada subsistema.
3. Conceitue, com suas palavras, eficiência e eficácia e seu relacionamento no sistema empresa.
4. A classificação das variáveis e entidades que afetam o sistema empresa entre ambiente próximo e ambiente remoto não é a mesma para cada empresa. Tome como referência uma empresa de:

a) rede de supermercado;

b) usina de açúcar e álcool;

c) usina siderúrgica;

d) fabricação de computadores;

e) rede de alimentação *fast-food*;

f) serviços de consultoria empresarial.

Pede-se: reclassifique as variáveis e entidades para cada tipo de empresa, indicando se são de características mais próximas ou mais remotas em relação a cada uma delas.

5. Tomando como referência os mesmos tipos de empresa apresentados na questão anterior, analise e evidencie como as variáveis a seguir podem afetar cada uma delas:

   a) tecnologia;

   b) clima;

   c) recursos naturais;

   d) sindicatos;

   e) cultura;

   f) demografia;

   g) concorrentes;

   h) sociedade.

6. Tomando como exemplo empresas dos tipos das listadas a seguir, descreva resumidamente como pode funcionar o subsistema físico-operacional de cada uma delas:

   a) fabricante de televisores;

   b) montadora de veículos;

   c) fabricante de tintas industriais e para construção civil;

   d) fabricante de cerveja.

7. Tome uma empresa qualquer como referência, ou uma empresa fictícia, na qual você poderia determinar o modelo de gestão. Responda:

   a) quais as crenças e valores que você procuraria introduzir nessa empresa?

   b) que missão estabeleceria para ela?

8. Com os eventos econômicos listados a seguir, assuma valores e quantidades e identifique os aspectos operacionais, econômicos, financeiros e patrimoniais de cada um deles:

   a) compra a prazo de mercadoria para estoque;

   b) venda a prazo;

c) contratação de funcionários;

d) compra financiada de ativo imobilizado;

e) pagamento de serviço de consultoria.

9. Dê um ou mais exemplos de atividades que se inserem em cada etapa do processo de gestão.

Capítulo 3

Missão e Estrutura da Controladoria e o Papel do *Controller*

Controladoria é a unidade administrativa dentro da empresa que, através da Ciência Contábil e do Sistema de Informação de Controladoria, é responsável pela coordenação da gestão econômica do sistema empresa.

Conforme Catelli, a missão da Controladoria é assegurar a eficácia da empresa através da otimização de seus resultados.

A visão de Controladoria, segundo Heckert e Willson, parece-nos extremamente esclarecedora. Segundo esses autores, à Controladoria não compete o comando do navio, pois esta tarefa é do primeiro executivo; representa, entretanto, o navegador que cuida dos mapas de navegação. É sua finalidade manter informado o comandante quanto à distância percorrida, ao local em que se encontra, à velocidade da embarcação, à resistência encontrada, aos desvios da rota, aos recifes perigosos e aos caminhos traçados nos mapas, para que o navio chegue ao destino. Dessa forma, podemos explicitar a missão da Controladoria: dar suporte à gestão de negócios da empresa, de modo a assegurar que esta atinja seus objetivos, cumprindo assim sua missão.[1]

Ao mesmo tempo, é a visão do controle permanente e do alerta permanente. Controlar, informar e influenciar para assegurar a eficácia empresarial. Nunca é uma posição passiva, mas ativa, sabendo da responsabilidade que tem a Controladoria de fazer acontecer o planejado.

3.1. O *Controller* e suas Funções

A essência da função de *controller*, segundo Heckert e Willson[2], é uma visão proativa, permanentemente voltada para o futuro. "Essencial para a compreensão apropriada da função de controladoria é uma atitude mental que energiza e vitaliza os dados financeiros por aplicá-los ao futuro das atividades da companhia. É um conceito de olhar para a frente – um enfoque analiticamente treinado, que traz balanço entre o planejamento administrativo e o sistema de controle."

---

[1] PELEIAS, Ivan Ricardo et al. O processo de planejamento e a controladoria. *RBC*, n. 77, p. 65, out.-dez. 1991.

[2] HECKERT, J. Brooks; WILLSON, James D. *Controllership*. 2. ed. Nova York: Ronald Press, 1963. p. 9.

Conforme os mesmos autores[3], as funções do *controller* são as seguintes:

a) planejamento;

b) controle;

c) reporte;

d) contábil.

Horngren[4] entende que as funções do *controller* incluem:

1. planejamento e controle;
2. relatórios internos;
3. avaliação e consultoria;
4. relatórios externos;
5. proteção dos ativos;
6. avaliação econômica.

3.2. A Controladoria na Organização

O *controller* deve responder ao diretor ou vice-presidente administrativo e financeiro e tem suas funções diferenciadas do responsável pela aplicação e captação de recursos, que é denominado tesoureiro.

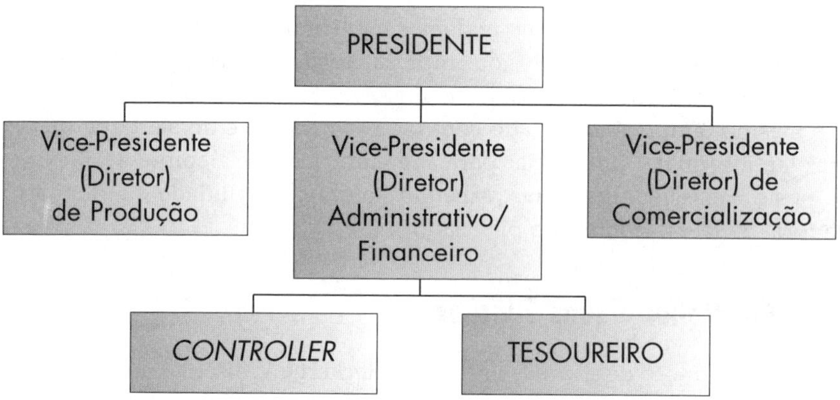

Figura 3.1 A Controladoria na Organização

Fundamentalmente, concordamos com a posição do *controller* separada do responsável pela tesouraria. Entendemos que a função de tesouraria ou de

[3] HECKERT, J. Brooks; WILLSON, James D. Op. cit, p. 13-17.

[4] HORNGREN, Charles T. *Introdução à contabilidade gerencial*. 5. ed. Rio de Janeiro: Prentice-Hall, 1985. p.14.

finanças é uma atividade de linha e operacional, que, basicamente, tem como função o suprimento de recursos para as demais atividades desenvolvidas internamente na companhia, atividade essa que deve ser avaliada igualmente às demais pela Controladoria.

3.3. Missão da Controladoria

A Controladoria, que tem uma missão específica e, por conseguinte, objetivos a serem alcançados, é um órgão que pode ser mais bem caracterizado como de linha, apesar de, em suas funções em relação às demais atividades internas da companhia, as características serem mais de um órgão de apoio. Apresentamos a seguir um quadro que resume a Controladoria na organização, sua missão e suas relações com as demais áreas empresariais.

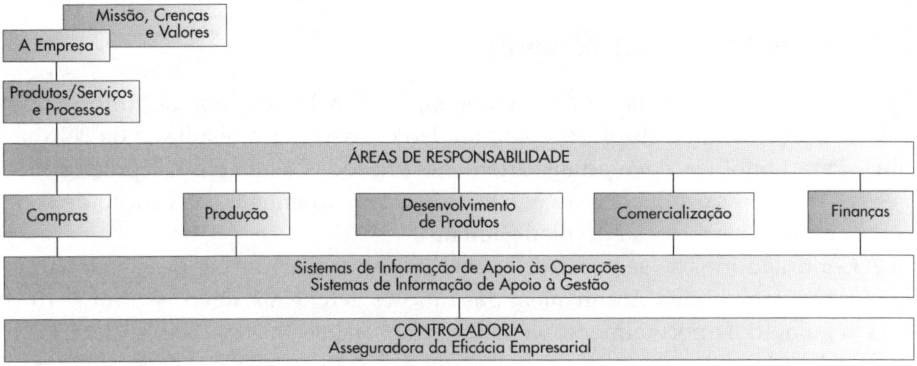

Figura 3.2 Missão da Controladoria e as Demais Áreas da Empresa

A empresa tem a missão de satisfazer às necessidades da sociedade. Ela explicita sua missão por meio dos produtos ou serviços oferecidos aos clientes. A missão da empresa decorre de suas crenças e valores. Para o processo de produção e entrega de bens e serviços, a empresa é segmentada em áreas de responsabilidade, em que são agrupadas as principais especialidades do conhecimento humano necessárias para produzir e comercializar esses bens e serviços. A segmentação em diversas áreas é decorrente da especialização humana, que permite a otimização dos diversos processos necessários para desenvolver, produzir e entregar os produtos e serviços à comunidade.

Para desenvolver as diversas atividades, a empresa necessita de informações, que, em termos de enfoque sistêmico, são o subsistema de informação. O subsistema de informação, por sua vez, pode ser classificado em duas grandes áreas: sistemas de informação de apoio às operações e sistemas de informação de apoio à gestão. Os sistemas de informação de apoio às operações privilegiam as informações necessárias ao planejamento, execução e controle das atividades operacionais. Os sistemas de apoio à gestão têm por objetivo o controle econômico da empresa.

A Controladoria tem como missão suportar todo o processo de gestão empresarial por intermédio de seu sistema de informação, que é um sistema de apoio à gestão. O sistema de informação de Controladoria é integrado com os sistemas operacionais e tem como característica essencial a mensuração econômica das operações para planejamento, controle e avaliação dos resultados e desempenhos dos gestores das áreas de responsabilidade.

Cabe à Controladoria o processo de assegurar a eficácia da empresa, através do controle das operações e seus resultados planejados. Quando do planejamento das atividades empresariais, a empresa espera atingir determinados objetivos econômicos, para satisfazer os acionistas do empreendimento, e esses objetivos são o ponto central de atuação da Controladoria.

3.4. Estrutura da Controladoria

Basicamente, a Controladoria é a responsável pelo Sistema de Informação Contábil Gerencial da empresa, e sua missão é assegurar o resultado da companhia. Para tanto, ela deve atuar fortemente em todas as etapas do processo de gestão da empresa, sob pena de não exercer adequadamente sua função de controle e reporte na correção do planejamento.

A Controladoria não se pode furtar, também, das suas funções de execução das tarefas regulamentares. Assim, além das funções gerenciais, deve assumir as funções regulatórias, normalmente vinculadas aos aspectos contábeis societários e de legislação fiscal.

Além disso, a estruturação da Controladoria deve estar ligada aos sistemas de informações necessários à gestão. Assim, podemos, primariamente, estruturar a Controladoria em duas grandes áreas: a área contábil e fiscal e a área de planejamento e controle.

A área contábil e fiscal é responsável pelas informações societárias, fiscais e funções de guarda de ativos, tais como demonstrativos a serem publicados, controle patrimonial e seguros, gestão de impostos, controle de inventários etc.

A área de planejamento e controle incorpora a questão orçamentária, projeções e simulações, custos e a Contabilidade por responsabilidade (ou contabilidade por unidades de negócio), elaboração e acompanhamento de projetos, análise de investimentos etc. Dentro desta área da Controladoria é imprescindível a existência de um setor que se responsabilize pelas informações para abastecer os responsáveis pela estratégia e informações para o controle da estratégia. Este setor é responsável pelos dados estatísticos para análise do ambiente, análise conjuntural, análise de mercado e projeção de cenários. Os subsistemas de controladoria estratégica podem ser segmentados em quatro grandes subsistemas: informações para acompanhamento do negócio, análise do ambiente e elaboração de cenários, *balanced scorecard* e gestão de riscos corporativos. Utiliza-se pesadamente dos sistemas de informações de apoio às operações e gestão e é o setor que possibilita ao *controller* sua efetiva participação no processo de planejamento estratégico[5].

Na estrutura apresentada a seguir, na Figura 3.3, colocamos a questão do Sistema de Informação Gerencial como responsabilidade direta do *controller*. Objetivando a existência de sistema de informação integrado, a administração do Sistema de Informação Gerencial deve ter o monitoramento permanente do *controller* para alcançar essa integração. Partindo dos dados, em sua maior parte coletados pela área de escrituração da Controladoria, é importante que não exista a duplicação das informações existentes a serem utilizadas pela área de planejamento e controle.

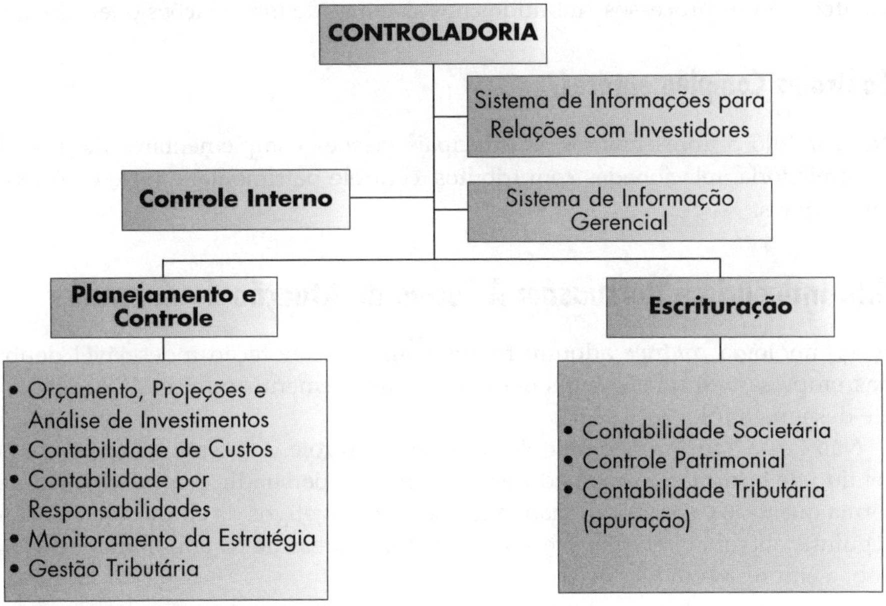

Figura 3.3 Estrutura da Controladoria

Auditoria Interna e Controle Interno

A nossa concepção é que o papel da auditoria interna nas empresas está ligado essencialmente ao controle interno, ou seja, cabe ao setor administrativo de auditoria interna, através de seus conceitos, sistemas e procedimentos, avaliar perma-

[5] Temas trabalhados em detalhes no livro do autor, *Gerenciamento do risco corporativo em Controladoria*. 2. ed. São Paulo: Atlas, 2013.

nentemente a aderência das pessoas, setores, departamentos e atividades ao perfeito cumprimento das normas, instruções e procedimentos constantes do sistema de controle interno da companhia.

Dentro do conceito atual de integração dos sistemas de informações, em que todos os sistemas especialistas são unidos por processos de integração e redes de comunicação, grande parte dos conceitos de controle interno já está incluída dentro dos sistemas de informações operacionais. Os conceitos de automação de escritório – *interoffice, workflow alert, intranet, Internet* etc. – têm substituído os antigos conceitos de Organização & Métodos, bem como grande parte dos manuais de procedimentos.

Cabe à Controladoria, dentro de sua função de monitoramento do controle interno, avaliar permanentemente a observância de todas as etapas e procedimentos para os processos embutidos nos sistemas de informações operacionais.

Controles Complementares

No Capítulo 5 apresentamos as principais gestões complementares da área de Controladoria, relacionadas com tributos, controle patrimonial e relações com os investidores.

3.5. Influência e Persuasão: A Forma de Atuação do *Controller*

A terminologia *controle* adquire frequentemente conotação indesejável dentro das empresas. Muitos o entendem como um elemento punitivo, coercitivo e até desagregador.

Não é essa a forma de o *controller* exercer o controle. A sua atuação deve ser no sentido de informar, formar, educar, influenciar e persuadir, nunca impor, de tal forma que todos ajam coordenadamente com os objetivos da empresa e, por conseguinte, obtenham eficiência e eficácia nas suas áreas de responsabilidade. Com isso, a empresa será lucrativa e eficaz.

O *controller* pode e deve exercer influência junto aos demais gestores, e o faz pelo conhecimento da ciência da gestão econômica. Em outras palavras, o conhecimento da empresa como um todo e o conjunto dos planos de ação, associados ao conhecimento científico da administração econômica, permitem ao profissional de Controladoria exercer um papel influenciador. A persuasão é fundamental para a influência e é uma característica pessoal que deve ser desenvolvida pelo *controller*. Também o conhecimento da Ciência Contábil, da cultura e missão da empresa é elemento que permite exercer a persuasão e o convencimento.

O papel do *controller* é o de monitoramento do plano de ação da empresa, fazendo a avaliação coordenada da atuação de todos os gestores, sempre com foco no desempenho e nos resultados, global e setorial. É importante ressaltar que o *controller* não é o responsável pelo alcance dos resultados planejados. Os gestores são responsáveis pela geração dos resultados de cada uma de suas áreas. Cabe à Controladoria o monitoramento desses resultados, em relação aos números planejados. A função da Controladoria é de apoio, mas não da responsabilidade final pela obtenção dos resultados setoriais. Podemos dizer, então, que a Controladoria não toma decisões operacionais, exceto as necessárias para a condução de sua área de atividades.

Em resumo, o papel do *controller* pode ser resumido em:

- monitoramento dos sistemas de informações gerenciais;
- apoio aos demais gestores;
- influência;
- persuasão;
- não toma decisões operacionais, exceto as da sua área.

3.6. Compromisso com a Mensuração Correta do Lucro

O modelo condutor da Controladoria é o lucro como medida da eficácia da gestão da empresa. Para tanto, a grande missão do *controller* é canalizada para que o máximo de sua capacidade de gestão foque a mensuração correta do lucro. Aparentemente mensurar o lucro parece simples, pois são as receitas menos as despesas. Contudo, dois aspectos são vitais para este compromisso do *controller*:

a) O aspecto técnico;
b) O aspecto ético.

O aspecto técnico da mensuração correta do lucro

O conhecimento profundo da Ciência Contábil pelo *controller* ou contador é a base para a mensuração correta do lucro. As práticas contábeis dão os fundamentos para isso; porém diversos pontos ensejam permanentemente estudos de sua aplicabilidade. O que é despesa? O que é investimento? Diversos eventos permitem julgamentos diferenciados, como os exemplos citados a seguir:

a) Reformas de valor significativo são despesas ou investimentos?
b) Gastos com desenvolvimento de produtos em empresas em que a inovação é obrigatória são intangíveis ou são despesas?
c) É correto ativar como intangível gasto com licenciamento de *softwares*?
d) É correto colocar como despesa uma provisão de um auto de infração incerto?
e) As taxas de depreciação refletem a realidade do horizonte do investimento?

Nosso entendimento é que, na dúvida, deve ser utilizada a convenção do conservadorismo: na dúvida de investimento ou despesa, considere como despesa; na dúvida de receita hoje ou amanhã, considere amanhã.

O aspecto ético na mensuração do lucro

O aspecto ético está ligado às pressões naturais que sofre o *controller* ou contador sobre a mensuração correta do lucro. São inúmeros interessados no valor apurado, seja do lucro operacional, seja do Ebitda[6], seja do lucro líquido. As pressões podem vir de gestores internos (interessados na remuneração variável, se existir), da presidência e diretoria executiva, do proprietário, de investidores, de bancos etc.

Este aspecto é denominado gerenciamento do lucro, mas isso não pode ou deve existir. Não se deve gerenciar o valor do lucro; a única obrigação é apurar o valor correto do lucro, independente de possíveis interesses divergentes dos que utilizam esta informação.

3.7. Estrutura Administrativa

Na Figura 3.1, colocamos as unidades administrativas da Controladoria e da Tesouraria sob um responsável pela área administrativa e financeira, que é a estrutura mais usada e aceita. Como na introdução do tema o objetivo era a questão das responsabilidades pela gestão econômica das empresas, deixamos de mencionar outras áreas administrativas que existem nas empresas, já que, na sua essência, não são responsáveis pela gestão econômica ou financeira da companhia. As outras atividades administrativas que existem dentro das empresas, e que, normalmente, também estão subordinadas ao responsável geral pela administração da companhia, mas que, essencialmente, não são funções de *Controladoria*, são as seguintes:

- Gestão de Recursos Humanos
- Gestão da Tecnologia de Informação
- Gestão de Suprimentos ou Compras
- Gestão de Logística
- Administração Geral

Eventualmente, algumas dessas áreas podem ser geridas cumulativamente pelo *controller*, juntamente com as suas funções essencialmente econômicas. Mesmo as funções de tesouraria podem ser de responsabilidade do profissional denominado *controller*. O importante não é exatamente distribuir essas atividades por unidades administrativas específicas, mas sim saber que são funções que existem dentro das empresas e devem ser executadas por profissionais.

---

[6] *Earnings before interests, taxes, depreciation and amortization*. Lucro antes dos juros, impostos, depreciação e amortização.

Dependendo do tamanho ou da estrutura da empresa, é possível que seja suficiente que uma só pessoa assuma todas as funções. Dependendo da complexidade ou do tamanho da empresa, talvez seja necessário redistribuir essas funções.

Sistema de Informação de Controladoria[7]

Podemos definir *Sistema de Informação* como um conjunto de recursos humanos, materiais, tecnológicos e financeiros agregados segundo uma sequência lógica para o processamento dos dados e tradução em informações, para, com o seu produto, permitir às organizações o cumprimento de seus objetivos principais. Os sistemas de informação classificam-se em: Sistemas de Informação de Apoio às Operações e Sistemas de Informação de Apoio à Gestão.

Os Sistemas de Informação de Apoio às Operações são aqueles que nascem da necessidade de planejamento e controle das diversas áreas operacionais da empresa, estão ligados ao sistema físico-operacional e surgem da necessidade de desenvolver as operações fundamentais da firma. Como exemplo, podemos citar os sistemas de informações de controle de estoque, de banco de dados, de estrutura de produtos, de processo de produção, de planejamento e controle da produção, de compras, controle patrimonial, controle de recursos humanos, carteira de pedidos, planejamento das vendas, acompanhamento de negócios etc.

Os Sistemas de Informação de Apoio à Gestão são aqueles sistemas ligados à vida econômico-financeira da empresa e às necessidades de avaliação de desempenho dos administradores internos. Fundamentalmente, esses sistemas são utilizados pelas áreas administrativa e financeira da empresa e pela alta administração da companhia, com o intuito de planejamento e controle financeiro e avaliação de desempenho dos negócios. São exemplos desses sistemas o sistema de informação contábil, o sistema de custos, de orçamento, de planejamento de caixa, planejamento de resultados, centros de lucros etc. Para que o sistema global de informações empresariais funcione adequadamente, a um custo aceitável, é necessária a perfeita integração desses dois grandes grupos de sistemas.

Como refinamento dos Sistemas de Apoio à Gestão, existem sistemas específicos desenhados para um auxílio direto à questão das decisões gerenciais. São denominados normalmente de DSS – Sistemas de Suporte à Decisão, EIS – Sistemas de Informações Executivas e BI – Inteligência nos Negócios (*Decision Suport Systems, Executive Information Systems* e *Business Intelligence*). Eles se utilizam da base de dados dos sistemas operacionais e dos Sistemas de Apoio à Gestão e têm como foco flexibilizar informações não estruturadas para tomada de decisão.

---

[7] Para maior detalhamento, consultar, do mesmo autor, *Sistemas de informações contábeis*. 7. ed. São Paulo: Atlas, 2015.

3.8. Sistema Integrado de Gestão Empresarial – SIGE

O atual ambiente tecnológico tem apresentado, como solução para a maior parte dos sistemas de informações necessários para as empresas, o conceito de Sistema Integrado de Gestão Empresarial (SIGE). São assim denominados os sistemas de informações gerenciais, que têm como objetivo fundamental a integração, consolidação e aglutinação de *todas* as informações necessárias para a gestão do sistema empresa. Os Sistemas Integrados de Gestão Empresarial também têm sido denominados de ERP – Planejamento de Recursos Empresariais (*Enterprise Resources Planning*).

Esses sistemas unem e integram todos os subsistemas componentes dos sistemas operacionais e dos Sistemas de Apoio à Gestão, através de recursos da tecnologia de informação, de forma tal que todos os processos de negócios da empresa possam ser visualizados em termos de um fluxo dinâmico de informações, que perpassam todos os departamentos e funções. Permitem, com isso, uma visão horizontal e de processo em oposição à visão tradicional verticalizada da hierarquia funcional das empresas. O Sistema de Informação Contábil deverá estar completamente integrado ao Sistema de Gestão Empresarial.

Fatores que Conduzem ao SIGE

Podemos citar três principais fatores que levam as empresas a implantarem um SIGE:

1. movimento de integração mundial das empresas transnacionais, exigindo tratamento único e em tempo real das informações;
2. a tendência de substituição de estruturas funcionais por estruturas ancoradas em processos;
3. a integração, viabilizada por avanços na tecnologia de informação, dos vários sistemas de informação em um sistema único.

Abrangência do SIGE

Em princípio, todos os subsistemas de informação necessários para a gestão do sistema empresa deverão ser cobertos pelo SIGE, que integrará todas as áreas e necessidades informacionais da produção, comercialização e administração. Ressalte-se novamente que, como proposta do SIGE, *todos* os subsistemas deverão ser integrados e, portanto, estarão interligados computacionalmente, através do conceito de banco de dados e outros conceitos computacionais que permitam a navegabilidade dos dados e a sua reestruturação em termos de informação útil, através dos Sistemas de Apoio à Decisão.

O SIGE é segmentado em diversos subsistemas especialistas para cobrir todos os setores e necessidades informacionais da empresa. Contudo, dependendo da

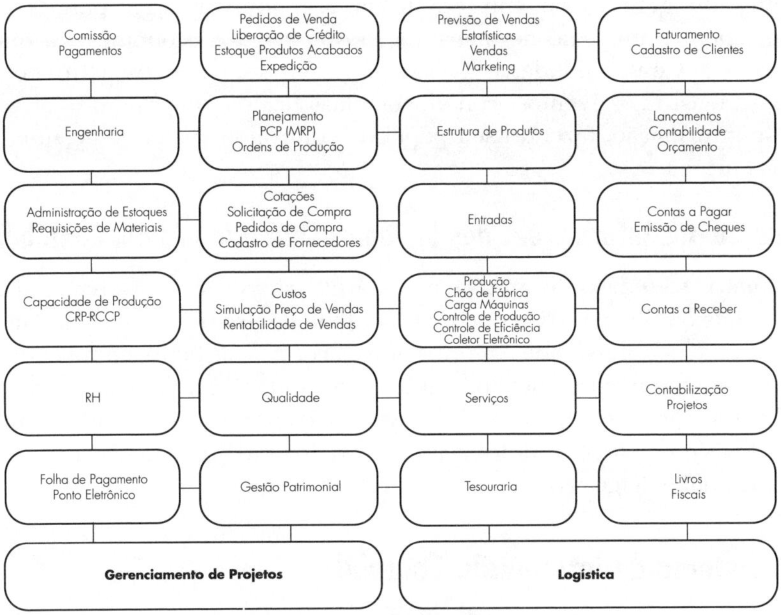

Fonte: Figura elaborada a partir de informações veiculadas por empresas especializadas em SIGE

Figura 3.4 Abrangência e Subsistemas de um SIGE

visão e da arquitetura do sistema, alguns subsistemas poderão estar aglutinados e outros, divididos. A Figura 3.4 apresenta um quadro orientador, buscando evidenciar os principais sistemas que devem compor um SIGE.

3.9. A Contabilidade Dentro do SIGE

Tendo em vista que, para a empresa cumprir sua missão, é preciso a sua continuidade e, para tal, a realização de lucros que satisfaçam plenamente todos os envolvidos com o sistema empresa (acionistas, credores, diretores, funcionários, governo etc.), a parametrização do SIGE deve ser feita a partir das necessidades informacionais dos gestores sobre os eventos econômicos realizados pelas diversas áreas e atividades empresariais, considerando as características do negócio e da organização.

Em outras palavras, todas as ações da empresa, dentro das áreas de produção, comercialização e finanças, devem conduzir a resultados econômicos positivos (lucros). Sendo a Ciência Contábil a única especializada em avaliar economicamente a empresa e seus resultados, todas as ações terminam por convergir para o Sistema de Informação Contábil, que é, essencialmente, um sistema de avaliação de gestão econômica.

Analisando o fluxo de informações dentro da empresa, verifica-se que, em linhas gerais e de alguma forma e em algum momento, todas as informações existentes ou geradas na empresa terminam por convergir para a Contabilidade, para o processo de mensuração dos eventos econômicos a que elas pertencem. A Contabilidade, através da sua metodologia de registro – o lançamento –, mensura os eventos econômicos, classifica-os e incorpora-os ao seu sistema de informação, fazendo seu papel de controle e avaliação econômica do sistema empresa.

Modelação das Informações dos Sistemas Operacionais e a Contabilidade

A parametrização das informações necessárias para os setores, áreas e sistemas operacionais ou de apoio à gestão deve ser feita dentro de modelos que incluam a totalidade das necessidades informacionais contábeis. Tanto em nível de sintetização como em nível de detalhamento de informações, em nível de identificação, classificação e acumulação, elas devem respeitar as necessidades contábeis, por serem as necessidades informacionais contábeis a última instância do processo operacional e de gestão.

3.10. Sistema de Informação Contábil

O Sistema de Informação Contábil, ou o Sistema de Informação de Controladoria, é o meio que o contador-geral, contador gerencial ou *controller* utilizarão para efetivar a Contabilidade e a informação contábil dentro da organização, para que a Contabilidade seja utilizada em toda a sua plenitude. Podemos resumir os objetivos do Sistema de Informação Contábil ou de Controladoria apresentando a definição oficial dos órgãos de classe que sumaria adequadamente o tema:

> "A Contabilidade é, objetivamente, um Sistema de Informação e Avaliação destinado a prover seus usuários com demonstrações e análises de natureza econômica, financeira, física e de produtividade, com relação à entidade objeto de contabilização. Os objetivos da Contabilidade, pois, devem ser aderentes, de alguma forma explícita ou implícita, àquilo que o usuário considera como elementos importantes para seu processo decisório." (CVM-Ibracon-Ipecafi)

3.11. Os Subsistemas do Sistema de Informação Contábil

Para configurar a abrangência do Sistema de Informação Contábil, ou seja, para definir quais os seus componentes ou subsistemas, devemos ter como linha norteadora a concepção da Ciência Contábil como controle patrimonial e de que toda informação contábil deve ser útil à administração.

A Ciência Contábil, mesmo considerando a unicidade de seu arcabouço teórico, ao longo de seu desenvolvimento no correr dos séculos, especializou-se em diversas áreas, segmentando o seu sistema de informação para atender adequadamente aos diversos usuários e às diversas necessidades informacionais.

Essas segmentações deram origem a ramos específicos da Contabilidade, que têm características peculiares que devem ser corretamente contempladas para atender a seus objetivos. Os segmentos do sistema contábil são os componentes do sistema maior que é a Contabilidade.

Subsistemas Contábeis Legais e Gerenciais

Mesmo que a Ciência Contábil propugne uma sistematização única para a informação contábil, as empresas têm, de um modo geral, partilhado os Sistemas de Informação Contábil em duas grandes áreas: a) a área societária e fiscal, a área legal, que denominamos escrituração, e b) a área gerencial, que denominamos planejamento e controle.

Esse partilhamento é mais para fins de entendimento. Na realidade, as duas grandes áreas do Sistema de Informação Contábil devem estar em perfeita integração, e o responsável pelo sistema não deve fazer nenhuma diferenciação, principalmente na questão da relevância. Ambas as áreas têm a mesma importância para a empresa. Dentro da parte considerada legal, existem alguns subsistemas de informação para o primeiro gerenciamento da empresa, que, mesmo tendo conotação gerencial, são análises de elaboração rotineira, tais como análise de balanço e de caixa e gestão dos impostos.

Em nosso entendimento, não é necessário que as duas áreas sejam operacionalizadas de forma diferente ou por setores diferentes. O Sistema de Informação Contábil, seja a parte denominada legal, seja a parte denominada gerencial, deve ser operacionalizado como um todo, sem dar maior ou menor importância a determinada área ou subsistema. *A escrituração dos lançamentos é tão importante como a mais profunda análise de custo, ou projeção de resultados.*

Podemos apresentar o Sistema de Informação Contábil em três grandes áreas e nos seguintes principais subsistemas:

Tabela 3.1 Áreas e Subsistemas do Sistema de Informação Contábil

Sistema de Informação Contábil		
Área Legal/Fiscal	**Área de Análise**	**Área Gerencial**
• Contabilidade Geral	• Análise de Balanço	• Orçamentos e Projeções
• Correção Monetária Integral	• Análise de Fluxo de Caixa	• Custos e Preços de Venda
• Contabilidade em Outras Moedas	• Gestão de Tributos	• Contabilidade por Responsabilidade
• Consolidação de Balanços		• Centros de Lucros e Unidades de Negócios
• Valorização de Inventários		• Acompanhamento do Negócio, *Balanced Scorecard* e Gestão de Riscos
• Controle Patrimonial		

A Escrituração como Fonte dos Demais Subsistemas Contábeis

O cerne do Sistema de Informação Contábil é o subsistema de Contabilidade Geral (ou Contabilidade Financeira, como é também chamada), que tem como pano de fundo as necessidades legais, societárias e fiscais. As áreas de análise e gerencial podem ser elaboradas e operacionalizadas a partir do subsistema de Contabilidade Geral. Em termos práticos, as áreas gerencial e de análise tendem a ser construídas com procedimentos contábeis complementares.

Por exemplo, a Contabilidade Geral tem como referencial, para fins de custo, o princípio de custo como base de valor. Se a empresa decidir, para fins gerenciais, trabalhar com o custo de reposição para fins gerenciais (custo, formação de preço de venda, análise de rentabilidade de produtos), serão feitos registros complementares da diferença entre o custo histórico e o de reposição, para as áreas gerencial e de análise, sem interferir diretamente no banco de dados da Contabilidade.

A Importância do Lançamento Contábil

Se o cerne do Sistema de Informação Contábil é o subsistema de Contabilidade Geral, o cerne do subsistema de Contabilidade Geral é o lançamento contábil, ou seja, o processo de escrituração contábil. Desta maneira, para se ter um bom Sistema de Informação Contábil de cunho gerencial, é fundamental toda uma atenção especial para o registro da informação contábil através do lançamento.

Cada lançamento deverá ser feito de forma extremamente cuidadosa, pois é ele que representará o fato contábil ou a transação de um determinado evento econômico. Após isso, é o lançamento que possibilitará o efeito científico preditivo da informação contábil.

O *lançamento deve possibilitar a ação*. Tanto quanto, ou até mais que as informações acumuladas nas contas contábeis, ele evidencia, no seu maior grau de detalhe, tudo o que aconteceu e, seguramente, possibilitará uma ação para o futuro. Portanto, ele deve ser completo e ter todas as informações que mostrem o evento acontecido, sem dúvidas. Lançamentos de forma aglutinada só serão possíveis ou aceitos sob condições extremadas, ou quando a grande quantidade de dados, aglutinada em um único lançamento, não prejudicar o entendimento do evento econômico daquele momento.

Os Subsistemas de Informação Contábil – Visão Geral

Apresentamos a seguir, na Figura 3.5, uma visão geral e compacta do Sistema de Informação Contábil, seus principais subsistemas e suas interligações, bem como a interligação com os principais sistemas operacionais.

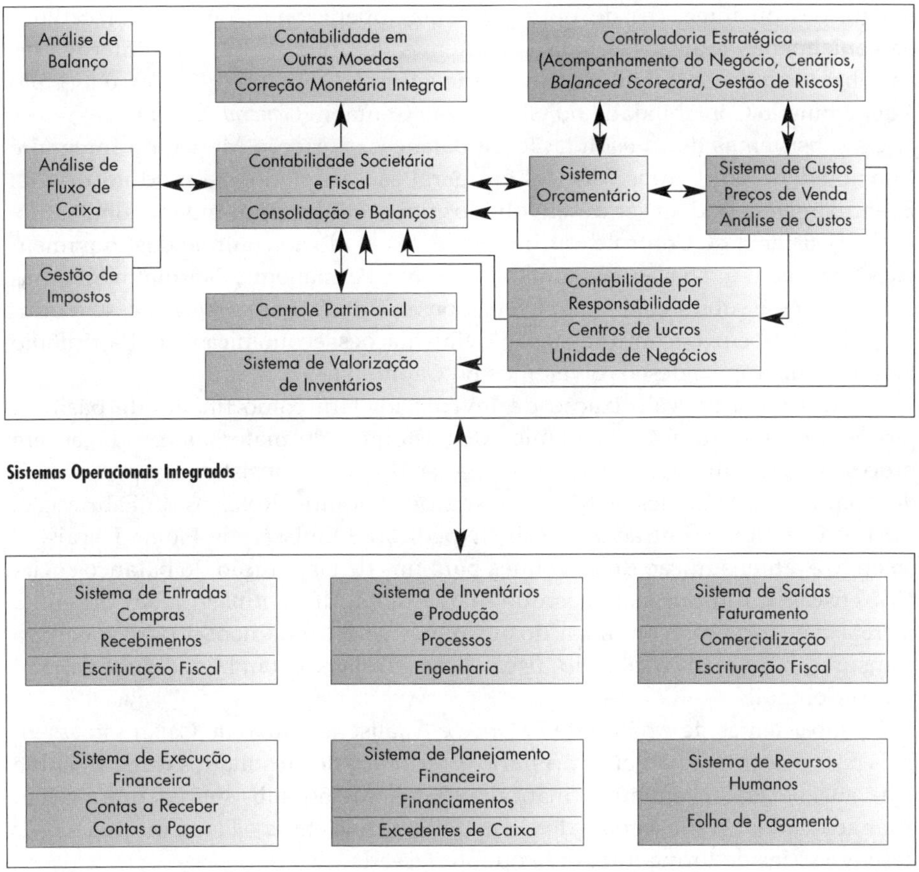

Figura 3.5 Sistema de Informação Contábil, seus Subsistemas e Integração Operacional

Sistemas de Informação de Contabilidade e a Estrutura da Controladoria

Os subsistemas de informações de Controladoria, como podemos verificar na Tabela 3.1, são os subsistemas necessários para que a Controladoria exerça suas funções e atenda sua estrutura básica, que representamos na Figura 3.3. Os subsistemas das áreas Legal/Fiscal e de Análise são os subsistemas que abastecem a estrutura de Escrituração da Controladoria. Os subsistemas de área gerencial são os que abastecem a estrutura de Controladoria para o Planejamento e Controle.

Subsistemas Contábeis de Escrituração e Análise

O coração do sistema de informação da Controladoria é o Subsistema de Contabilidade Societária e Fiscal. Esse sistema é abastecido pelos lançamentos contábeis, feitos diretamente no sistema dentro do setor de Contabilidade, ou através de integrações ou interfaces de outros sistemas operacionais ou de gestão. Fundamentalmente, todos os demais subsistemas de Controladoria são interligados ao subsistema de Contabilidade Societária e Fiscal. Dentro do SIGE, esse módulo é denominado Contabilidade ou GL – Razão Contábil (*General Ledger*).

Os subsistemas de Consolidação de Balanços, Correção Monetária Integral e Contabilidade em Outras Moedas em geral são acoplados ao módulo do GL. Eventualmente, podem ser desenvolvidos por módulos semi-independentes.

O subsistema de Controle Patrimonial é destinado ao controle das movimentações físicas e avaliação econômica do Ativo Permanente. Normalmente, nas empresas, esse subsistema fica sob a responsabilidade do *controller*, e esse módulo inclui também o controle das movimentações econômicas do Patrimônio Líquido, cujo tópico desenvolveremos no Capítulo 6.

O subsistema de Valorização de Inventários tem como finalidade básica o processo de mensuração econômica dos estoques de materiais, produção em processo e produtos acabados. Ele é abastecido pelos subsistemas operacionais de Controle de Estoques, MRP, Estrutura de Produtos, Roteiros de Fabricação, Custos, Compras e Entradas Fiscais, Expedição e Emissão de Notas Fiscais. O objetivo é a mensuração dos estoques para fins de elaboração do balanço societário/fiscal. É um dos sistemas que mais exigem do *controller*, além do que a correta mensuração econômica dos estoques será fundamental para a correta mensuração do lucro societário/fiscal. Esse subsistema também é denominado Custo Contábil.

Os subsistemas de Análise de Balanço e Análise do Fluxo de Caixa são essenciais para o acompanhamento primário e periódico dos resultados da companhia e da sua posição econômico-financeira. Também são subsistemas que podem estar acoplados ao subsistema de Contabilidade Societária e Fiscal ou podem ser desenvolvidos de forma integrada ou interfaceada.

O subsistema de Gestão de Impostos é destinado ao acompanhamento periódico da geração e recolhimento dos tributos da empresa, suas bases de cálculo e impostos pendentes ou parcelados. Desenvolveremos esse tópico no Capítulo 6.

Subsistemas Contábeis para Planejamento e Controle

O subsistema Orçamentário deve, em princípio, ser acoplado ao subsistema de Contabilidade Societária e Fiscal, pois o produto final desse sistema é o Controle Orçamentário, caracterizado pelo relatório de Análise das Variações Orçamentárias – Real x Orçado. Esse subsistema, desenvolvido de forma isolada, fatalmente provocará duplicação e redundância de dados.

Na fase de introdução dos dados do orçamento para o próximo ano, o subsistema Orçamentário poderá ser auxiliado por Sistemas de Suporte à Decisão, onde, após estudos de cenários alternativos e a escolha de um deles, precipitará os lançamentos de orçamento no subsistema de Contabilidade Societária e Fiscal (módulo GL).

O subsistema de Custos é destinado à apuração dos custos unitários dos produtos e custos dos processos e das ordens de produção. Este sistema deverá permitir o processo de Formação e Gestão de Preços de Venda, bem como informações para todas as análises de custos e rentabilidade de produtos. Normalmente, esse subsistema é formatado segundo as necessidades da empresa, sendo de difícil generalização, ou seja, é difícil construir um subsistema de Custos que atenda a todas as empresas, já que, neste particular, cada empresa tem sua própria visão de custos.

O subsistema de Contabilidade por Responsabilidade pode ser desenvolvido independentemente, com integração ou em interface com o GL, ou pode estar também acoplado ao GL. Esse subsistema é necessário para o processo de avaliação de resultados setoriais, bem como do processo de avaliação de desempenho dos gestores das divisões, unidades de negócios, centros de lucros, departamentos ou atividades da companhia. Identicamente ao subsistema de Custos, esse subsistema será formatado especificamente segundo a visão da empresa sobre Contabilidade Divisional, sendo difícil sua construção para utilização genérica para qualquer empreendimento.

O subsistema de Controladoria Estratégica registra, acumula, controla e fornece informações, de forma rotineira, para o processo de Planejamento Estratégico e Controle da Estratégia. Também, por suas próprias características, é comum ele ser desenvolvido dentro da empresa, com banco de dados específicos, parcialmente alimentados pelos subsistemas operacionais e pelos próprios subsistemas contábeis. Desenvolveremos esse tópico no Capítulo 6.

Questões e Exercícios

1. Alguns estudiosos entendem que a Controladoria é uma posição de *staff* na empresa, e outros defendem a sua atuação como área operacional. Tendo como referência este capítulo, faça sua análise e apresente os argumentos que justifiquem sua posição sobre o assunto.

2. Discorra sobre as funções que existem e são necessárias dentro das empresas e a possibilidade do exercício dessas funções por uma ou mais pessoas ou diferentes pessoas.

3. Alguns estudiosos entendem que o setor de Controladoria deve situar-se hierarquicamente acima de todas as outras funções operacionais. Apresente argumentos a favor e contra essa colocação. Faça sua opção.

4. Dê alguns exemplos de como a Controladoria pode apoiar os gestores operacionais no processo de condução de suas atividades.

5. Conceitue Sistemas Operacionais, de Apoio à Gestão e Apoio à Decisão. Faça uma estruturação esquemática.

6. Quais os conceitos fundamentais de um SIGE?

7. Qual tipo de abordagem você acha que a Contabilidade deve tomar em relação aos usuários?

8. Qual a missão básica do subsistema de Informação Contábil?

9. Uma empresa de prestação de serviços, dentro de um grupo que deve ter seu balanço consolidado, presta serviços de auditoria externa contábil, consultoria tributária e consultoria de custos. Nas três atividades, presta serviços contínuos e especiais, no Brasil e no exterior. Ela tem a seguinte constituição organizacional:

   - Presidência;
   - Gerência Comercial, dividida entre Setor de Marketing e Setor Comercial;
   - Gerência Administrativa, dividida em Setor de Finanças, Setor de Controladoria e Setor de TI;
   - Gerência Operacional, dividida nas três atividades já citadas.

   Pede-se:

   a) elabore a estrutura básica da conta contábil, codificando-a;

   b) elabore um plano de contas codificado de receitas e despesas (contendo pelo menos dez tipos de despesas). Se desejar, use o conceito de tabelas.

   Nota: o objetivo é que os dois itens atendam às necessidades mínimas de informações fiscais e principalmente gerenciais.

10. Elabore:

   a) uma estrutura de conta contábil (fiscal e gerencial);

   b) um plano de contas de despesas e receitas;

   c) tendo como referência os seguintes tipos de empresa:

   I. uma empresa que desenvolve uma atividade de *concessionária de veículos autorizada* (e também comercializa veículos importados, além de todas as atividades já conhecidas – venda, financiamento, revenda, oficina, filiais etc.);

   II. uma empresa que desenvolve uma atividade de *buffet de serviços de grande porte* (e também comercializa salgadinhos, refeições, bebidas, locação de equipamentos e utensílios para restaurantes, eventos etc.);

   III. uma empresa que desenvolve uma atividade de *revendedora de pneus para qualquer tipo de veículo* (e também comercializa amortecedores, rodas e, eventualmente, outros itens correlatos e presta os serviços de consertos, alinhamento, balanceamento etc., além de ter algumas filiais);

   IV. uma empresa que desenvolve uma atividade de *rede de lojas de departamento*, como Lojas Cem, Casas Bahia etc. (e inclui centro de distribuição, marketing e transporte próprio).

Para tanto, identifique, desenvolva e descreva os seguintes pontos:

a) a *visão de negócios* da organização, que compreende a descrição dos mercados, os principais tipos de clientes, os produtos/serviços e as linhas de produtos/serviços que uma empresa desse ramo deve ter;

b) a *visão da organização*, que compreende uma descrição da estrutura hierárquica da empresa e dos setores/atividades/departamentos/divisões em que é constituída, utilizando preferencialmente o conceito de organograma;

c) as principais *necessidades de informações gerenciais* que os três níveis da hierarquia gerencial devem requerer (cúpula, nível gerencial, último nível de decisão).

Apresente:

a) uma estrutura codificada da conta contábil que atenda aos três pontos anteriores, incluindo necessariamente os conceitos de produtos/serviços e unidades de negócios/divisões;

b) tabelas sumariadas exemplificando os segmentos da conta e sua relação com os negócios e a organização;

c) um plano de contas sumariado de despesas e receitas, considerando os mesmos aspectos.

Capítulo 4

Valor da Empresa: O Foco da Controladoria

O atual foco das pesquisas sobre a missão das entidades empresariais está centrado no conceito de criação de valor, associando dentro do mesmo escopo o processo de informação gerado pela Contabilidade para que as entidades possam cumprir adequadamente sua missão.

Mais especificamente, na administração financeira, Van Horne inicia seu último trabalho também dentro do mesmo enfoque quando diz: "*O objetivo de uma companhia deve ser a criação de valor para seus acionistas.* O valor é representado pelo preço de mercado da ação ordinária da companhia, o qual, por outro lado, é uma função das decisões de investimento, financiamento e dividendos da empresa (...) Por todo este livro, o tema unificante é a criação de valor".[1]

A Contabilidade Gerencial é vista como uma *parte integral do processo de gestão*, com informações sendo disponibilizadas em tempo real diretamente para a administração e com a distinção entre administração de *apoio* e *linha* sendo progressivamente embaçada. *O foco do uso dos recursos (incluindo a informação) para criar valor é uma parte integral do processo gerencial nas organizações* – na criação de valor para os acionistas, clientes e outros credores.[2] Apresentamos a seguir os principais conceitos que devem ser revistos à luz dessa função-objetivo da Contabilidade Gerencial, que é a adição e criação de valor.

4.1. Criação de Valor – Atividade Produtiva e Valor Agregado

A Ciência Econômica é responsável pelo conceito base de adição ou agregação de valor. Conforme Rossetti, "a produção deve ser vista como um processo contínuo de entradas (*inputs*) e saídas (*outputs*). O produto deve ser entendido como a diferença entre o valor das saídas e o valor das entradas, o que equivale a dizer que o conceito de produto corresponde ao *valor agregado* pelas empresas no decurso do processamento da produção".[3]

---

[1] VAN HORNE, James C. *Financial management and policy*. 11. ed. Upper Saddle River: Prentice-Hall, 1998. p. 3.

[2] INTERNATIONAL FEDERATION OF ACCOUNTANTS/INTERNATIONAL MANAGEMENT ACCOUNTING PRACTICE STATEMENT. *Management accounting concepts. Relatório Revisado*. Mar. 1998, p. 4.

[3] ROSSETTI, José Paschoal. *Contabilidade social*. 7. ed. São Paulo: Atlas, 1992. p. 81.

Portanto, a base sobre a qual se fundamenta o processo de criação de valor empresarial é a produção e a venda dos produtos e serviços da empresa. Cada unidade de produto ou serviço traz dentro de si seu valor agregado (VA), que é a diferença entre o preço de venda obtido no mercado e o preço de compra dos insumos e serviços adquiridos de terceiros também no mercado.

Para produzir e entregar os produtos e serviços, a empresa precisa desenvolver uma série de atividades internas, que, por sua vez, também têm um preço de venda e, portanto, um valor agregado. Desta maneira, a máxima eficiência e eficácia obtida no desenvolvimento de todas as atividades do sistema empresa é que permitem à empresa a possibilidade de criação de valor que se traduz no lucro operacional. Denominamos apropriação de valor agregado o processo de criação de valor empresarial, que pode ser visto resumidamente conforme apresentado na Figura 4.1:

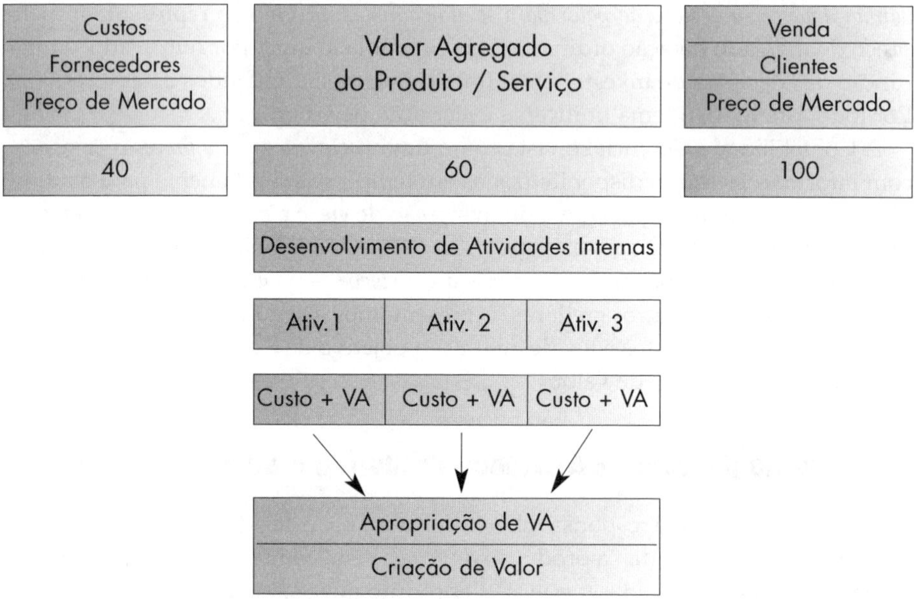

Figura 4.1 Processo de Apropriação de Valor

4.2. Criação de Valor para o Acionista e Valor Econômico Adicionado (EVA®[4] – *Economic Value Added*)

A função-objetivo da Contabilidade Gerencial de criação de valor para os acionistas nos parece clara, e é um conceito objetivo, pois pode ser mensurado economicamente. A criação do valor para o acionista centra-se na geração do lucro

[4] EVA® é uma marca registrada de Stern Value Managment (anteriormente Stern Stewart & Co).

empresarial, que, por sua vez, é transferido para os proprietários da entidade, denominados genericamente *acionistas*.

Dentro da área de Finanças, mais ligada à análise de investimentos, surgiu o conceito de EVA/MVA – Valor Econômico Adicionado/Valor Adicionado de Mercado. Conforme Atkinson e colaboradores, "recentemente, um número de analistas e consultores tem proposto o uso do valor econômico adicionado como uma ferramenta para avaliação do desempenho da organização (...). O analista ajusta o lucro contábil, corrigindo-o com o que os proponentes do valor econômico adicionado consideram para sua visão conservadora. Por exemplo, os ajustes incluem a capitalização e amortização de custos de pesquisa e desenvolvimento e custos significativos de lançamento de produtos. A seguir, o analista computa a importância do investimento na organização e deriva o valor econômico adicionado:

Valor Econômico Adicionado =
Lucro Contábil Ajustado (–) Custo de Capital × Nível de Investimento".[5]

Na realidade, podemos dizer que o conceito do EVA nada mais é do que uma aplicação do conceito de **custo de oportunidade** do capital e do conceito de manutenção do capital financeiro da empresa.

Custo de Oportunidade

Todas as atividades devem ser avaliadas pelo mercado, que representa o custo de oportunidade de manter determinada atividade. Fundamentalmente, isso é explicitado em dois conceitos de custo de oportunidade:

1. Preço de mercado e preço de transferência baseado no preço de mercado, para avaliação dos estoques e produtos finais e dos produtos e serviços produzidos pelas atividades internas.
2. Custo de oportunidade financeiro, para mensurar e avaliar o aspecto financeiro das atividades e do custo de oportunidade dos acionistas e dos fornecedores de capital à empresa e às atividades.

A adoção do custo de oportunidade para os acionistas implica criar uma área de resultados específica para mensurar a rentabilidade dos acionistas. O custo de oportunidade dos acionistas é o lucro mínimo que eles devem receber para justificar seu investimento (o seu custo de oportunidade, a preço de mercado). O conceito de custo de oportunidade dos acionistas permite uma visão correta de lucro distribuível – ou seja, só distribuir o excedente à manutenção do capital financeiro – e, com isso, dá as condições econômicas para o processo de sobrevivência do sistema empresa e, portanto, sua continuidade. O conceito de custo de oportuni-

[5] ATKINSON, Anthony A. et al. *Contabilidade gerencial*. São Paulo: Atlas, 2000.

dade, acoplado a conceitos de mensuração relacionados com o fluxo futuro de benefícios, configura o conceito de lucro econômico em oposição ao conceito tradicional de lucro contábil.

4.3. Lucro Econômico *Versus* Lucro Contábil

O resultado apurado segundo os princípios contábeis geralmente aceitos é denominado **Lucro Contábil**. Denominamos Lucro Econômico o resultado apurado segundo os conceitos de mensuração não atrelados ao custo original como base de valor, e sim em valores de realização ou de fluxo futuro de benefícios, decorrente da abordagem das atividades para mensuração do lucro.[6]

Estamos adotando como premissa que o lucro é obtido pela diferença entre o valor do Patrimônio Líquido final e o inicial. Nesse sentido, adotamos o conceito de Lucro Econômico como mensuração do resultado empresarial, em acordo com as colocações de Guerreiro: "Em termos econômicos, o lucro é visto como a quantia máxima que a firma pode distribuir como dividendos e ainda continuar tão bem ao final do período como estava no começo. Continuar tão bem, economicamente falando, é interpretado como manter o capital intacto em termos do valor descontado do fluxo de recebimentos líquidos futuros. O lucro econômico é gerado, portanto, assim que exista um aumento no patrimônio líquido. Por outro lado, para mensurar o lucro como incremento do patrimônio líquido, é necessária a avaliação de todos os ativos da empresa, com base nos recebimentos líquidos futuros esperados. O lucro é mensurado através do crescimento do patrimônio líquido, originado pela manipulação dos ativos. Sob esse prisma, os ativos de qualquer natureza são 'recebíveis' esperados para fluir para a empresa período a período".[7]

Lucro Econômico, *Goodwill* e Custo de Oportunidade

Para manter o capital intacto é necessária a adoção do conceito de custo de oportunidade do capital. Esse conceito implica uma rentabilidade mínima de mercado, de tal forma que os investidores sejam remunerados além dessa rentabilidade mínima, sob pena de abandonarem os investimentos na empresa. Assim, dois conceitos de mensuração são fundamentais para a Contabilidade Gerencial, para obter o correto valor da empresa e o resultado econômico correto: custo de oportunidade e fluxo líquido de benefícios futuros.

---

[6] HENDRIKSEN, Eldon S. *Accounting theory*. 3. ed. Homewood: Richard D. Irwin, 1977. p. 143-144.

[7] GUERREIRO, Reinaldo. Mensuração do resultado econômico. *Caderno de Estudos Fipecafi/FEA-USP*, n. 3, set. 1991. p. 1-23.

Nesse sentido, a figura do *goodwill** emerge naturalmente, como o valor resultante da maior valia do valor da empresa sobre a avaliação individual de seus ativos, como diz Martins: "O *goodwill* tem sido genericamente aceito como o fruto da existência de diversos fatores que a Contabilidade não aceita formalmente como elementos do Ativo, quer sejam eles a organização interna da empresa, o bom relacionamento com os empregados, a condição monopolística, a localização da firma, ou outros quaisquer".[8]

Como vemos, o conceito de Lucro Econômico é muito mais abrangente, pois permite incorporar as questões fundamentais da mensuração do resultado, eficácia, sobrevivência e valor da empresa, além do que o faz de uma forma integrada e dentro da visão sistêmica.

> * "Goodwill": *valor da diferença obtida entre o valor total da empresa, avaliada por determinados critérios, e o valor resultante da soma aritmética do valor dos ativos e passivos avaliados isoladamente; valor intangível adicional da empresa.*

EVA e Destruição de Valor

O conceito de destruição de valor emerge como conceito inverso ao conceito de adição de valor, considerando o custo de oportunidade de capital. Todas as atividades que tiverem um resultado inferior ao custo de oportunidade do investimento apresentam destruição de valor, pois os acionistas estarão sendo remunerados com rentabilidade inferior ao custo médio de oportunidade do mercado.

A distribuição de resultados nessa condição implicaria um processo de destruição do capital da empresa, pois estaria, na realidade, distribuindo capital dos acionistas e, consequentemente, reduzindo o valor da empresa.

4.4. Modelo da Gestão Econômica para Criação de Valor

Os conceitos apresentados podem ser incorporados e resumidos dentro do balanço patrimonial. O conceito de valor agregado pela empresa, decorrente da venda dos produtos e serviços a seus clientes, é ligado ao ativo. Em outras palavras, o ativo são os recursos necessários para gerar o valor agregado pela empresa mediante compra, produção e venda de seus produtos e serviços.

O conceito de valor adicionado para os acionistas é ligado às fontes supridoras de capital – no caso, os proprietários da empresa. Desta maneira, os dois con-

[8] MARTINS, Eliseu. *Contribuição à avaliação do ativo intangível*. São Paulo, 1972, p. 78. Tese (Doutorado) – FEA/USP.

ceitos de criação de valor podem ser associados ao Balanço Patrimonial. A criação de valor pela empresa, através de seus produtos, é operacionalizada pelo ativo. A criação de valor para os acionistas é parametrizada pelo custo de oportunidade de capital desses acionistas e fica evidenciada na figura do passivo, como mostra o quadro a seguir.

Quadro 4.1 Criação de Valor e o Modelo Contábil

Ativo	Passivo
Criação de valor pela empresa através do valor agregado dado pelos produtos e serviços	Criação de valor para o acionista através da adoção do custo de oportunidade de capital

Pontos Limítrofes ou Referenciais no Processo de Criação de Valor

Conclui-se, então, que existem dois pontos referenciais na análise do processo de criação de valor:

I. O conceito de Valor Agregado, decorrente da Teoria Econômica, que é expresso pelo valor de mercado do produto final entregue aos clientes, menos o valor dos insumos adquiridos de terceiros, também a preços de mercado, ou seja, o conceito de Valor Adicionado adotado pela Ciência Contábil.

II. O Custo de Oportunidade de Capital dos Acionistas, que entende como criação de valor o lucro empresarial que excede o custo de oportunidade do capital sobre o valor dos investimentos no negócio.

Nesses pontos referenciais, a Controladoria, no exercício da função contábil gerencial, pode monitorar adequadamente o processo de geração de valor dentro da empresa mediante:

- adoção dos conceitos adequados de mensuração do Lucro Empresarial, que, em nosso entendimento, são derivados do conceito de Lucro Econômico;
- apoio às atividades operacionais no processo de geração de valor, através do Sistema de Informação Contábil Gerencial.

Os fundamentos do Lucro Econômico são:

I. o Resultado da Empresa é obtido pela diferença entre Patrimônios Líquidos, Final menos Inicial, excluídos os aumentos e reduções de capital durante o período;

II. ativos avaliados pelo Valor Presente do Fluxo Futuro de Benefícios e, consequentemente, incorporação do conceito de *goodwill*;

III. adoção do Custo de Oportunidade de capital para mensuração do resultado dos produtos, atividades, divisões e da empresa;

IV. adoção do Custo de Oportunidade para o processo de distribuição de dividendos e manutenção do capital da empresa.

Nesse sentido, todas as estruturas organizacionais da empresa trabalharão de forma congruente junto aos acionistas, objetivo maior da entidade e da continuidade do empreendimento. A Controladoria, através do sistema contábil gerencial, que incorpora os conceitos de lucro econômico, dá as condições à empresa de avaliar todo o processo de geração ou criação de valor da empresa e para os acionistas.

4.5. Valor da Empresa

Sendo o foco da Controladoria a maximização do valor da empresa, através do processo de criação de valor, é necessário um processo de avaliação permanente do valor da empresa.

O valor da empresa é o valor que será obtido pela venda da empresa a seus novos proprietários.

O pressuposto para a Controladoria ter sempre o valor da empresa é no sentido de nortear sua missão. A Contabilidade deve mensurar adequadamente o valor da empresa para que os gestores da empresa, a qualquer momento, possam redirecionar seu planejamento no sentido de manter ou não o investimento. Em outras palavras, saber se continuam ou não com a empresa. Terão de continuar com a empresa caso ela esteja mantendo ou criando valor; deverá haver a descontinuação com o investimento na empresa, caso ela esteja diminuindo de valor, ou seja, destruindo valor.

Critérios de Avaliação de Empresas e os Princípios Contábeis Geralmente Aceitos

Na Contabilidade Financeira (a Contabilidade tradicional regida pelos Princípios Fundamentais de Contabilidade), os critérios de avaliação são centrados no custo como referência de valor, tendo como base o *postulado da continuidade*. Nesse sentido, a avaliação da empresa feita por outros critérios que não o custo (preços de mercado, fluxo futuro de benefícios etc.) pressupõe a *descontinuidade* da empresa, ou seja, sua paralisação definitiva ou momentânea.

Em nossa visão de Controladoria, em que aplicamos a Ciência Contábil como a ciência do controle econômico, esse conceito não é importante. Entendemos que é necessário o valor da empresa segundo critérios econômicos, que basicamente centram-se nos fluxos futuros de benefícios, e que esses critérios não pressupõem, de forma nenhuma, a descontinuidade empresarial.

Podemos afirmar até o contrário: a obtenção permanente do valor da empresa, segundo critérios econômicos, e sua incorporação no Sistema de Informação de Controladoria, é vital para a continuidade do empreendimento. Se não houver uma avaliação do potencial de benefícios futuros do empreendimento, poderá, sim, haver a descontinuidade. O valor da empresa, que indica se está havendo criação de valor, é fundamental para a continuidade do investimento.

O valor da empresa é que determina a atratividade do investimento, e, por conseguinte, da empresa, junto aos potenciais investidores. Portanto, é fator determinante para sua sobrevivência, que é a condição final da eficácia empresarial.

4.6. Principais Critérios para Apurar o Valor da Empresa

O ponto fundamental para a decisão de comprar ou não uma empresa ou participação acionária, ou avaliar a continuidade do investimento, está no valor-base para negociação, determinado por alguns critérios de avaliação. Em caso de negociação, provavelmente o valor final da negociação será um valor que se situará entre os principais critérios aplicados à mensuração econômica do empreendimento. Contudo, seguramente haverá a proeminência dos critérios centrados no fluxo futuro de benefícios. De qualquer forma, é importante que a Controladoria ofereça todos os critérios possíveis.

Quanto ao critério de avaliação pelo fluxo futuro de benefícios, alguns consideram esse critério discutível, pois conta com forte dose de subjetividade. Em nosso entendimento, o profissional de Controladoria tem todas as condições de fazer o melhor, pois tem a Ciência Contábil e outros ramos do conhecimento humano (Economia, Matemática, Sociologia, Administração, Marketing etc.) ao seu dispor. Nessa linha de raciocínio, o valor da empresa será decorrente da competência técnica dos avaliadores. Seguramente, não haverá ninguém com melhores condições do que as pessoas dentro da própria empresa para avaliá-la.

Os principais critérios de avaliação de empresas são:

1. Valor Contábil;
2. Valor de Mercado;
3. Cotação da Ação ou Cota;
4. Potencial de Rentabilidade Futura.

Valor Contábil

O valor contábil é o valor constante da Contabilidade Financeira, segundo os princípios contábeis geralmente aceitos. Tem como fundamento o princípio do custo como base de valor e o regime de competência de exercícios. Como o valor da empresa na Contabilidade é evidenciado pelo valor total do Patrimônio Líquido, automaticamente o valor de uma empresa, segundo a Contabilidade, é o total do Patrimônio Líquido.

O valor de patrimônio líquido de uma empresa é avaliado sob o postulado contábil da continuidade. Assim, os ativos estão avaliados a custos de aquisição ou produção, e os direitos e obrigações estão avaliados com os encargos e direitos até a data do Balanço Patrimonial. É importante verificar a possibilidade da existência de passivos contingenciais não declarados, como avais, processos judiciais sem depósito, *leasings* etc., bem como de ativos intangíveis ou não declarados, como impostos a recuperar, *franchisings* etc., que deverão ser excluídos ou adicionados ao valor contábil para obtenção do valor final.

Valor Contábil = Valor do Patrimônio Líquido Contábil

Valor de Mercado

O valor de mercado normalmente é diferente do valor contábil, porque as avaliações contábeis, obtidas através de critérios gerais de avaliação de ativos e passivos, fundamentadas em documentação existente e valores históricos, por mais acuradas que sejam, dificilmente são iguais ao valor que o mercado pode pagar em determinado momento.

O valor de mercado, outrossim, deve levar em consideração o fato de a empresa estar encerrando suas atividades ou não. Se estiver, provavelmente os valores de seus ativos terão um valor que o mercado pagará como um bem usado. Caso a empresa esteja em continuidade, ou seja, em operação, a avaliação do valor de mercado poderá ser diferente.

De qualquer forma, é possível fazer uma avaliação a preços de mercado de todos os ativos e passivos da empresa, cujos valores podem ser maiores ou menores que os valores constantes da Contabilidade. Nesse critério de avaliação, cada ativo e cada passivo será individualizado para a feitura das avaliações, no pressuposto de que podem ser vendidos separadamente.

Valor de Mercado = Patrimônio Líquido a Preços de Mercado
(Valor de Mercado dos Bens e Direitos Avaliados Individualmente (–) Valor de Mercado das Dívidas Avaliadas Individualmente)

No exemplo a seguir, pelo critério de avaliação pelo *Valor Contábil*, o valor da empresa é igual a $ 8.530, que é o valor total do Patrimônio Líquido pela Contabilidade tradicional.

No critério de avaliação pelo *Valor de Mercado*, o valor da empresa é igual a $ 11.700, decorrente da avaliação individual dos ativos e passivos a preços de mercado, ficando a diferença como Valor de Mercado Residual ou Patrimônio Líquido a Preços de Mercado.

Tabela 4.1 Valor da Empresa: Valor Contábil e Valor de Mercado

Elementos Patrimoniais	Valor Contábil – $	Valor de Mercado – $	Critério Básico de Valor de Mercado
ATIVO CIRCULANTE	11.480	12.860	
Caixa e Bancos	200	200	Não há ajuste
Aplicações Financeiras	2.200	2.180	Ajuste pelo valor justo, se disponíveis para venda ou negociação (1)
Clientes	3.350	3.280	Ajuste a valor presente - dedução dos juros adicionados nas vendas a prazo
Estoques	5.730	7.200	Ajuste a preços de reposição (materiais) ou preço de venda realizável líquido (produtos acabados)
ATIVO NÃO CIRCULANTE	7.880	9.780	
Realizável a Longo Prazo	110	10	Ajuste a valor de mercado ou provável realização (valor justo)
Investimentos	1.200	1.330	Avaliação a valor de mercado ou potencial de benefício futuro
Imobilizado	9.800	8.140	Preço de Mercado ou de Construção (Imóveis), Valor de Mercado no estado ou valor em uso (máquinas e equipamentos) (2)
(–) Depreciação Acumulada	(2.430)	0	Os preços de mercado já evidenciam os bens depreciados
(–) Perdas do valor recuperável	(1.000)	0	Os preços de mercado já evidenciam o valor da desvalorização dos bens
Intangível	350	300	Avaliação a valor de mercado ou potencial de benefício futuro
(–) Amortização Acumulada	(100)	0	Os preços de mercado já evidenciam os intangíveis amortizados
(–) Perdas do valor recuperável	(50)	0	Os preços de mercado já evidenciam o valor da desvalorização dos intangíveis
ATIVO TOTAL	**19.360**	**22.640**	

(1) Valor justo: é um valor de mercado, se houver, ou o valor em uso

(2) Valor em uso: valor dos benefícios econômicos advindos de um ativo, calculados pelo fluxo de caixa descontado

continua

Tabela 4.1 Valor da Empresa: Valor Contábil e Valor de Mercado (continuação)

Elementos Patrimoniais	Valor Contábil – $	Valor de Mercado – $	Critério Básico de Valor de Mercado
PASSIVO CIRCULANTE	6.270	6.330	
Fornecedores	2.280	2.260	Ajuste a valor presente - dedução dos juros adicionados nas compras a prazo
Salários e contas a pagar	2.740	2.740	Dificilmente há ajustes, salvo se existirem compromissos atrasados
Impostos a Recolher	1.250	1.330	Ajustes por possíveis multas e juros por atraso
PASSIVO NÃO CIRCULANTE			
Exigível a Longo Prazo	4.560	4.610	
Empréstimos e Financiamentos	4.560	4.610	Ajustes por contratos de hedge cambial, contratos de swap etc., se houver, ao valor justo
Patrimônio Líquido	8.530	11.700	
Capital Social	5.000	5.000	
Reservas e Lucros Acumulados	3.530	6.700	Valor de mercado residual, obtido por diferença
PASSIVO TOTAL	**19.360**	**22.640**	

Cotação da Ação

Neste critério, a empresa vale a cotação da ação ou cota no mercado de bolsa de valores ou mercado de balcão. Este critério é quão mais válido quanto mais o mercado acionário representar a realidade econômica do país e do mercado, bem como o desempenho das empresas, como tende a acontecer nos países em que há grande número de empresas de capital aberto.

Sabe-se que, em linhas gerais, os princípios que direcionam o valor da cotação da ação das empresas em bolsas de valores são conceitos econômicos atrelados a fluxo futuro de dividendos ou lucros, sendo, portanto, um critério antecipatório do critério mais recomendado de avaliação de empresas.

Neste critério, para se obter o valor da empresa, basta multiplicar a quantidade de ações ou cotas representativas do capital social da empresa pelo valor da cotação ou cota no mercado, por ocasião da negociação ou momento de mensuração do valor da empresa. Respeitam-se, obviamente, as diversas classes de ações representativas do capital e suas eventuais cotações diferenciadas. Se as ações preferenciais têm valor diferente das ações ordinárias, essas diferenças devem ser consideradas junto às respectivas quantidades.

Valor da Empresa pela Cotação da Ação =
Quantidade de Ações × Cotação da Ação na Bolsa

Tabela 4.2 Valor da Empresa pelo Critério de Cotação da Ação

Cotação da Ação	Ordinárias	Preferenciais	Total
Quantidade integralizada	3.200.000	4.500.000	7.700.000
Cotação unitária da ação no mercado – em R$	1,25	1,45	
Valor da Empresa – Em R$	**4.000.000**	**6.525.000**	**10.525.000**

Potencial de Rentabilidade Futura

Neste conceito, o *valor atual* da empresa é decorrente de sua *rentabilidade futura*, ou, em outras palavras, do fluxo futuro de benefícios. Em princípio, devemos projetar os lucros da empresa considerando os produtos e mercados atuais, os produtos e mercados futuros e avaliar sua rentabilidade, trazendo-os a valor atual por uma taxa de juros de desconto. Este critério é considerado o mais adequado para avaliação de uma empresa, pois fundamenta-se no cerne da questão empresarial: a capacidade de geração de lucros, que possibilitará o que se busca em um investimento de risco: a geração de caixa e, consequentemente, o retorno do investimento. Gerando lucros e caixa, a empresa terá condições de distribuir resultados e, com isso, possibilitará tanto fluxos futuros de dividendos como manterá sua atratividade junto aos atuais e potenciais acionistas e investidores.

A possibilidade real de dividendos futuros influenciará decididamente na avaliação da ação no mercado, trazendo sua cotação a preços que reflitam o patrimônio da empresa, sua rentabilidade futura, e, portanto, refletirá seu desempenho empresarial.

Dentro deste critério, podemos incluir os seguintes critérios, que, em nosso entendimento, são similares:

- Fluxo Futuro de Benefícios;
- Fluxo Futuro de Dividendos;
- Fluxo Futuro de Lucros;
- Fluxo Futuro de Caixa ou Fluxo de Caixa Descontado.

A dúvida que pode existir sobre se devemos utilizar o conceito de lucros futuros ou o conceito de fluxos futuros de caixa é, em nosso entendimento, dirimida pelas colocações de Iudícibus, quando diz: "A curto prazo, no que se refere ao modelo informacional que precisa ser suprido para o modelo decisório, pode parecer que este condiciona modelos diferenciados para aquele, caso estejamos contemplando o usuário interno ou externo. Assim, podemos ter modelos baseados em *fluxos de renda ou de caixa* [grifo nosso], conforme o usuário. Mas, a longo prazo, tanto os fluxos de renda (competência) podem ser transformados em fluxos de caixa, como estes são, em última análise, os insumos informacionais mais relevantes. Se examinarmos bem, o que todos os usuários da informação contábil procuram é maximizar o valor presente dos fluxos de caixa futuros por meio de manipulações com elementos patrimoniais. Como já afirmei em outros trabalhos, a empresa, por exemplo, somente mantém outros ativos (que não caixa) na esperança de obter mais caixa no futuro. Assim, basicamente, pensamos que não existe grande diferença nos objetivos decisórios de usuários, os mais variados. *A maximização do fluxo de caixa é um objetivo comum* [grifo nosso]".[9]

Ativos Intangíveis e *Goodwill*

Uma das questões cruciais na avaliação de empresas é determinar o valor dos denominados ativos intangíveis, que são elementos patrimoniais que adicionam valor ao empreendimento negocial, mas que não existem fisicamente nem são mensurados tradicionalmente pela Contabilidade, salvo se já houverem sido objeto de uma negociação anterior.

---

[9] IUDÍCIBUS, Sérgio de. Por uma teoria abrangente de Contabilidade. *Boletim do Ibracon,* ano XVII, n. 200, p. 6, jan. 1995.

Alguns conceitos expressam bem os ativos intangíveis, pois eles evidenciam elementos que de fato agregam valor ao negócio, mas não são normalmente mensurados. São exemplos: o *goodwill*, o fundo de comércio, a marca da empresa ou de produtos etc. De um modo geral, o conceito de *goodwill* engloba todos esses aspectos e elementos intangíveis.

Goodwill pode ser entendido como um elemento patrimonial intangível que possibilita um ganho para a empresa além do normal.[10] É importante ressaltar que o *goodwill* não pode ser mensurado isoladamente, só existindo em função de determinados acontecimentos ou aspectos, que fazem que a empresa consiga ganhos acima do normal. Sem ele, a empresa faturaria e lucraria menos.

De um modo geral, o *goodwill* é um elemento que determina o caráter sinérgico da empresa, ou seja, o resultante de uma série de fatores coordenados dentro da empresa, nos seus aspectos de produtos, produção, mercados, administração, localização, cultura empresarial etc., que empurram a empresa para maiores lucros do que os que seriam obtidos após a análise puramente técnica dos elementos tradicionais dos investimentos negociais. O *goodwill* está ligado, então, à empresa como um todo, podendo ser determinado pela diferença entre o valor da empresa como um todo, avaliado pelo potencial de rentabilidade futura, e o valor dos ativos avaliados individualmente, mesmo que esses ativos sejam, também, avaliados pelo potencial de serviços futuros específico de cada um.

Elementos para Avaliar a Empresa pelo Potencial de Rentabilidade

Tabela 4.3 Apuração do Valor do *Goodwill*

A = Valor da Empresa pelo critério de potencial de rentabilidade	= $ 13.127.022
B = Valor da Empresa pelos ativos e passivos avaliados individualmente	= $ 11.700.000
C = Valor do *Goodwill* (A – B)	= $ 1.427.022

O valor da empresa no momento, como já vimos, deve ser encarado como o valor atual dos lucros futuros até o horizonte, descontado pelo custo de oportunidade do investimento em cada início de período em que se gerar lucro, somado ao valor de realização do patrimônio líquido no início do horizonte (ou o provável

[10] NEIVA, Raimundo Alelaf. *Valor de mercado da empresa*. São Paulo: Atlas, 1992. p. 63.

valor de realização no final do horizonte de tempo considerado), descontado a uma taxa adequada. Desta maneira, os elementos para esse critério de avaliação são os seguintes:

- *horizonte do empreendimento*, ou seja, o número de anos a serem utilizados para projeção dos lucros futuros (em condições de continuidade, a faixa de horizonte mais utilizada situa-se entre cinco e dez anos);
- *lucro projetado ou fluxo de caixa projetado* (para todos os períodos considerados no horizonte do empreendimento);
- *investimento inicial ou valor de realização (valor residual) do investimento ao final do horizonte de tempo*; em caso de empresa em andamento, o valor a ser considerado será o valor residual, ou seja, o provável valor da empresa após a distribuição dos lucros projetados;
- *taxa de desconto adequada*, ou seja, a taxa para descontar os fluxos futuros periódicos, dentro do conceito de juro composto, objetivando trazer os valores futuros a valor presente;
- *surgimento do* goodwill, já que, mesmo sob o melhor critério de avaliação individual dos ativos e passivos existentes, emergirá o valor do *goodwill* como o valor que complementa a avaliação global pelo potencial de rentabilidade em relação à avaliação anterior existente.

Os Elementos e seus Problemas

Todos os elementos componentes do critério de avaliação pelo potencial de rentabilidade futura podem ser objeto de críticas, pois todos eles têm um grande grau de subjetividade ou de incerteza na obtenção de seus dados. Todos os elementos devem ser trabalhados no sentido de obter a melhor solução, seja com alguns caminhos práticos, seja com o auxílio de métodos quantitativos e probabilísticos.

Mesmo considerando todos esses problemas, o valor da empresa deve ser calculado segundo a melhor competência dos gestores empresariais, lembrando sempre que a importância do valor da empresa está em se ter o melhor parâmetro para a gestão de Controladoria, que é o processo de criação de valor.

A seguir, apresentamos um modelo numérico de avaliação econômica da empresa sob o conceito de fluxos futuros.

Tabela 4.4 Exemplo: Potencial de Rentabilidade Futura

Custo de Oportunidade		**10% a.a.**	
Período considerado		5 anos	
Valor atual / residual		6.097.000	
	Rentabilidade Futura	**Taxa de Desconto**	**Valor Descontado**
Ano 1	1.200.000	1,10000	1.090.909
Ano 2	1.500.000	1,21000	1.239.669
Ano 3	1.850.000	1,33100	1.389.932
Ano 4	2.300.000	1,46410	1.570.931
Ano 5	2.800.000	1,61051	1.738.580
Soma	9.650.000		7.030.022
Valor atual / residual	6.097.000		6.097.000
VALOR DA EMPRESA	**15.747.000**		**13.127.022**

Questões e Exercícios

1. Uma empresa decide entrar no ramo de leite longa vida e espera vender cinco milhões de litros ao mês. O preço pago pela matéria-prima é de $ 0,25 o litro, e o preço de mercado do produto final é igual a $ 1,10. Qual será o valor agregado máximo dado pelo produto em um ano de faturamento? Desconsidere impostos para esse cálculo.

2. O gasto estimado para suportar as atividades internas desenvolvidas para fabricar e comercializar o produto do exercício anterior soma $ 46.500.000 para um ano. Os investimentos necessários para implantação do projeto de leite longa vida são da ordem de $ 38.000.000. Calcule a rentabilidade anual do investimento considerando os dados já obtidos na questão 1.

3. Considerando a solução da questão 2 e supondo que os financiadores do projeto tenham em mente um custo de oportunidade do capital de 11% ao ano, qual será a criação de valor para os acionistas estimada anualmente?

4. Utilizando os dados já existentes nas questões 1 e 2, considere uma outra alternativa, quando o preço de venda do litro de leite pode crescer 3%, e o preço da matéria-prima, apenas 2%. Considere que o custo anual das atividades seja o mesmo, bem como o investimento inicial. Calcule:

   a) o novo Valor Agregado gerado pela empresa;

   b) a rentabilidade anual do investimento;

c) o valor criado para o acionista, partindo agora do pressuposto de que o custo de oportunidade dos fornecedores de capital seja de 18% ao ano.

5. Considere os seguintes demonstrativos contábeis de uma empresa:

ATIVO CIRCULANTE	Valor Contábil
Cx./Bcos./AF	1.000
Estoques	5.000
Clientes	7.000
NÃO CIRCULANTE	
Imobilizado	12.000
(–) Deprec. Acumulada	(2.000)
TOTAL	23.000
PASSIVO	
CIRCULANTE	
Fornecedores	2.700
Contas a Pagar	200
Impostos a Recolher	100
PASSIVO NÃO CIRCULANTE	
Empréstimos	8.000
PATRIMÔNIO LÍQUIDO	
Capital Social	10.000
Lucro Acumulado	2.000
TOTAL	23.000

DEMONSTRAÇÃO DO RESULTADO DO PERÍODO	
Vendas Brutas	9.600
(–) Impostos sobre Vendas	(1.600)
Vendas Líquidas	8.000
(–) CMV	(5.000)
= Lucro Bruto	3.000
(–) Despesas Operacionais	(700)
(–) Juros	(200)
(–) Depreciação	(1.000)
= Lucro Líquido	1.100

a) Determine o valor da empresa a preços de mercado, considerando as seguintes premissas:

- os estoques a preços de reposição valem mais 12%;
- os clientes têm embutido taxas médias de juros de 4%;
- o imobilizado a valor contábil está superavaliado em 20%;
- a depreciação a preços de mercado deve seguir a proporção do valor contábil;
- os fornecedores têm embutido taxas médias de juros de 2%.

b) Determine o valor da empresa pelo fluxo futuro de lucros, considerando que nos próximos três anos a empresa lucrará 20% a mais em cada ano, de forma consecutiva e sempre sobre o ano anterior. Considere como taxa de desconto o custo de oportunidade de 10% e um valor residual da empresa de $ 4.500.

c) Apure o valor do *goodwill*.

6. A projeção do fluxo líquido de caixa de uma empresa para os próximos cinco anos é a seguinte:

	Fluxo de Caixa Projetado (em R$)
Ano 1	20.000
Ano 2	23.500
Ano 3	24.000
Ano 4	28.000
Ano 5	30.000

Considerando um valor residual de $ 35.000 e um custo de oportunidade de capital de 13% ao ano, qual será o valor da empresa pelo critério de fluxos futuros?

7. Uma empresa tem um valor atual de mercado de $ 154,5 milhões. Novas premissas e condições do ambiente indicam que ela tem uma capacidade anual de geração de lucro de $ 19,2 milhões por ano. Considerando um custo de oportunidade de capital de 12% ao ano, em perpetuidade, calcule qual será o novo valor de mercado da empresa e o *goodwill* resultante do novo valor obtido.

Capítulo 5

Gestões Complementares: Gestão de Tributos, Controle Patrimonial, Relações com Investidores

Este capítulo se destina a apresentar um painel das principais atividades complementares da Controladoria, dentro da sua estrutura ligada à escrituração e a atividades regulamentares. Não esgota o tema, uma vez que cada empresa pode apresentar necessidades específicas, fruto de sua estrutura organizacional, produtos ou negócios. Porém, em linhas gerais, a Controladoria tem um papel relevante na gestão, parcial ou total, dos tópicos que serão apresentados neste capítulo.

5.1. Gestão de Tributos

Apesar do forte componente jurídico, o desenvolvimento dessa atividade pela Controladoria impõe-se pela natural tendência de a Contabilidade dispor e utilizar as informações relativas aos tributos. Acrescente-se a isso que a maior parte dos tributos permeia as atividades operacionais de compra e venda; portanto, tem um forte componente operacional, impactando todas as atividades da companhia. Como é função precípua da Controladoria o apoio aos demais gestores, é uma tendência natural que as questões tributárias envolvendo as operações tenham a assessoria e o monitoramento da Controladoria.

Outro fator importante que faz essa atividade ser exercida pela Controladoria é que o Sistema de Informação de Controladoria permite uma visão geral de todos os aspectos da empresa e, consequentemente, de todos os tributos. A gestão dos tributos pela Controladoria deve ser feita através de um sistema de informação específico.

Gestão de Tributos *Versus* Planejamento Tributário

É comum a utilização dessas duas nomenclaturas para atividades semelhantes. Contudo, no nosso entender, há uma diferença significativa.

Podemos conceituar *planejamento tributário* como estudos pontuais e específicos objetivando melhorar a carga tributária geral da empresa, através de contenciosos, reorganizações societárias etc. Basicamente, essa atividade tende a ser desenvolvida pelo setor jurídico da empresa, uma vez que envolve questões de ordem jurídica processual.

Conceituamos como *gestão de tributos* o acompanhamento sistemático de todos os tributos da corporação, empresa e estabelecimentos fiscais. Para tanto, é necessário um sistema de informação. Geralmente, é da gestão dos impostos, feita de forma rotineira, que emergem as questões para o planejamento tributário.

Quando as questões levantadas pelo sistema de gestão de tributos implicam um contencioso ou outra atividade processual, a Controladoria deve se juntar ao setor jurídico da empresa e auxiliá-lo na gestão do planejamento tributário levantado.

Comitê de Assuntos Tributários

Dada a natural complexidade do assunto, recomenda-se que a empresa constitua um comitê para discussão dos assuntos tributários, que examine as questões tributárias existentes e a existir de forma periódica. Normalmente, esse comitê deve ser composto por pessoas que exerçam as seguintes funções:

- diretor ou gerente administrativo financeiro;
- *controller* ou contador-geral;
- responsável pelo setor jurídico da empresa;
- assessor jurídico externo.

Quando determinadas questões envolvem aspectos operacionais, recomenda-se a participação do principal responsável pela atividade. Exemplo: se a questão é de impostos sobre vendas, recomenda-se a participação do responsável pela emissão das notas fiscais da empresa ou estabelecimento.

Sistema de Informação de Gestão de Tributos

O *controller* é o responsável pela estruturação desse sistema de informação. A base para a existência desse subsistema está na grande quantidade de impostos, taxas e contribuições existentes no país. As bases de cálculo e formas de tributação também se apresentam de muitas maneiras.

Adicionem-se a esses fatores as inúmeras possibilidades de exceções tributárias, como as isenções, suspensões, não incidências, não tributação etc., que tornam necessário um detalhamento adequado sobre os tipos de bases de cálculo (despesas, receitas, resultados, saídas, entradas etc.), de modo a permitir um gerenciamento eficaz dos tributos gerados pela empresa, buscando a otimização e a redução do impacto financeiro ocasionado por eles.

Complementarmente, as necessidades informacionais do Balanço Social têm exigido acurácia nas informações dos impostos e contribuições geradas pela empresa.

Tendo em vista a magnitude mais comum para as empresas, podemos seccionar esse subsistema em quatro grandes blocos de informações, considerando os diversos tipos de impostos e contribuições:

- impostos e contribuições sobre mercadorias;
- impostos e contribuições sobre o lucro;
- contribuições sobre folha de pagamento;
- outros impostos, taxas e contribuições.

Objetivos do Subsistema de Gestão de Tributos

O principal objetivo desse subsistema é apresentar as informações sobre as bases de cálculo sobre as quais os tributos foram gerados e também quais as bases de cálculo que, em geral, seriam objeto de tributação, mas que, pelas exceções tributárias, não tiveram a incidência de impostos, taxas e contribuições.

Os objetivos principais são, então, os seguintes:

- informar as bases de cálculo de incidência dos tributos;
- informar as exceções das bases de cálculo dos tributos;
- permitir a gestão operacional dos tributos, na busca do impacto mínimo para a empresa;
- permitir a visão do impacto dos tributos sobre todos os estabelecimentos da empresa e das empresas do grupo corporativo;
- possibilitar o acompanhamento sistemático dos impostos a recuperar, dos créditos tributários pendentes (regulares e contenciosos) e dos impostos parcelados;
- dar as informações para o Balanço Social.

Atributos e Funções

A principal função do administrador deste subsistema é identificar com clareza e precisão as informações relevantes que serão utilizadas pelos usuários das saídas desse subsistema. A importância dessa função está em que as informações geradas, após coleta e processamento dos dados de outros subsistemas, devem estar no grau adequado de síntese.

Apresentar todas as bases de cálculo resultará em relatórios longos, que dificultarão o processo de gestão. Sintetização em demasia não permitirá uma gestão adequada. Deve-se fazer uma condensação suficiente para a tomada de decisão e ação.

Operacionalidades do Sistema

A operacionalidade básica é a alimentação automática do sistema. Como o volume de informações geradas sobre os impostos é muito grande, o subsistema deve ter na integração e interfaceamento abrangente sua principal operacionalidade.

Outra operacionalidade necessária é um processo inteligente de indexação e cálculo de juros moratórios, tendo em vista que os tributos poderão ser objeto de recuperação por vários períodos, ao mesmo tempo que, nos casos de parcelamento de tributos, os pagamentos sofrerão o processo de acréscimo de juros e multas pela postergação do pagamento.

Informações e Relatórios Gerados

Deverá sair um relatório para cada tributo importante, devendo conter as seguintes informações sobre cada tributo:

- Principais bases de incidência dos tributos.
- Principais bases de não incidência dos tributos.
- Tipos de movimentação mais relevantes (entradas, compras, importações, exportações, transferências, remessas, despesas operacionais, receitas operacionais, receitas financeiras etc.).
- Prazos de recolhimento, indexador legal (se existir), prazo de entrega das guias ou declarações.
- Alíquotas básicas para as movimentações mais relevantes.
- Valor dos impostos debitados, creditados, aproveitados, postergados, diferidos, a recuperar etc.

Os principais tributos, atualmente, que devem merecer relatórios e análises específicas, são:

- Sobre Mercadorias: IPI, ICMS, ISS, PIS, Cofins, Imposto de Importação, Imposto de Exportação, Simples.
- Sobre o Lucro: Imposto de Renda, Contribuição Social, IR na Fonte sobre Juros sobre o Capital Próprio, Lucro Presumido.
- Sobre a Folha de Pagamento: INSS, FGTS, Sesi/Senai/Sest, Seguro Acidente etc.
- Outros Impostos: IR nas Remessas para o Exterior, Imposto sobre Operações Financeiras (IOF), Imposto/Contribuição sobre Movimentação Financeira, IR Fonte, INSS sobre Autônomos, Imposto Territorial Rural (ITR), Imposto Predial e Territorial Urbano (IPTU), Imposto sobre Veículos Automotores (IPVA) etc.

5.2. Controle Patrimonial

Esta atividade também tem sido tradicionalmente desenvolvida pelo setor de Controladoria. Um dos principais motivos é que há a necessidade de controle escritural dos bens e direitos do Ativo Imobilizado e Intangível, objetivando a sua avaliação econômica, através dos critérios de ativamento, reavaliações, depreciações, amortizações e exaustões.

Sistema de Informação de Controle Patrimonial

Este subsistema tem sido necessário devido à grande quantidade de itens de ativo imobilizado e intangível, que devem ser controlados dentro de uma empresa. Ao par da grande quantidade de itens, o próprio atributo de serem ativos fixos determina um modelo específico de gestão, decorrente dessa característica de fixação e imobilidade física e escritural. Adicionalmente, necessidades legais e fiscais determinam toda uma sistemática de cálculos e controles, que, pela sua complexidade, exigem tratamentos contábeis bastante específicos.

Objetivos do Subsistema de Controle Patrimonial

São os seguintes:

- Assegurar o controle físico e escritural de todos os itens classificados como imobilizados e intangíveis;
- Permitir o processo de valorização contábil, fiscal e gerencial dos imobilizados e intangíveis;
- Permitir o processo de planejamento e controle dos recursos imobilizados e intangíveis à disposição da empresa;
- Armazenar todas as informações necessárias e geradas para todas as gestões relacionadas com os imobilizados e intangíveis;
- Permitir o processo de segurança e responsabilidade dos bens e direitos imobilizados à disposição dos funcionários da empresa;
- Identificar o valor dos ativos imobilizados e intangíveis à disposição das atividades, departamentos, divisões e unidades de negócio da empresa.

Atributos e Funções

Dentro da administração desse sistema contábil, podemos alinhavar as seguintes atribuições e funções da Controladoria na gestão desse sistema:

Conceito de Controle

É a atribuição-chave do administrador desse sistema. Qualquer controle parte de determinados conceitos, que conduzirão a uma série de procedimentos. Teoricamente, podemos ter três grandes variantes conceituais em termos de Controle Patrimonial:

- controle geral e irrestrito, físico e escritural de todos os itens considerados permanentes;
- controle apenas escritural e nenhum controle físico;
- controle parcial físico e escritural dos itens relevantes e controle apenas escritural dos itens classificados como não relevantes.

O mais comum tem sido a adoção do primeiro conceito de controle e, em seguida, o último conceito, ou seja, ou há um controle geral e irrestrito ou um controle dos itens mais relevantes, tanto em termos físicos como escriturais.

Contudo, o conceito de controle apenas escritural, sem controle físico, que, em um primeiro momento, parece absurdo, pode ser bastante viável. O que o torna viável são exatamente as características e os atributos físicos dos bens e direitos permanentes: a sua fixação e imobilidade.

Se o grande tema do controle geral e irrestrito, físico e escritural é a questão da segurança, esta, na realidade, só pode ser comprometida em itens de pequeno porte. Itens tradicionais, como máquinas, veículos e equipamentos, não conseguirão ser movimentados de forma invisível pelos funcionários responsáveis. Portanto, a segurança está garantida.

Com relação aos itens de pequeno porte e, eventualmente, de grande valor, o problema da segurança está em condições de igualdade com a segurança de qualquer outro item dentro da empresa que não seja permanente, como dinheiro em caixa, itens de estoque etc., que não têm um controle físico e escritural nos moldes tradicionais do Controle Patrimonial.

Desse modo, a adoção de um sistema de controle apenas escritural pode ser viabilizada e trazer resultados econômicos significativos para a empresa, com a simplificação do sistema de controle. Com isso, o subsistema de Controle Patrimonial teria como função básica apenas atender as necessidades legais e gerenciais de forma escritural, como as contabilizações e as transferências e as baixas, quando houver.

Normalização dos Procedimentos dos Eventos Patrimoniais

Denominamos *evento patrimonial* as diversas possibilidades de ocorrências (entradas e saídas) com os bens e direitos permanentes.

Assim, uma atribuição da administração do sistema e uma função do Sistema de Controle Patrimonial são a classificação e normalização dos procedimentos dos eventos patrimoniais.

Considerando a existência de aplicativos genéricos tipo *workflow*, tais procedimentos devem ser registrados no sistema em formato computacional, não apenas mediante norma escrita.

Os principais eventos patrimoniais são:

- aquisição de bens e direitos permanentes;
- transferências de bens entre estabelecimentos fiscais;
- transferências de bens entre departamentos ou divisões (centros de custos);
- empréstimos e comodato de bens;
- doação de bens e direitos;
- locação e arrendamento mercantil de bens;

- ativamento interno de bens;*
- reformas de equipamentos ou aquisições complementares ativáveis;*
- obras civis (novos edifícios, ampliações e reformas ativáveis);*
- sinistro de bens;
- sucateamento e desmanche de bens;
- bens para museus;
- venda de bens e direitos.

* Normalmente contabilizados como Obras em Andamento.

Critérios de Atribuição de Valor e Depreciações e Decisão de Ativamento de Gastos

É função do administrador deste subsistema, em conjunto com os subsistemas de contabilidade societária, fiscal e por unidades de negócio, a definição dos critérios para definir os valores a serem registrados no sistema, como os ativamentos internos, obras civis, crédito de tributos recuperáveis, depreciações e amortizações etc.

A decisão de ativamento dos gastos está relacionada com as possibilidades legais e gerenciais de ativamento de valores de bens ou gastos, incluindo os itens intangíveis, bem de pequeno valor, capitalização ou não de juros nas imobilizações em andamento, gastos de manutenção, reformas etc.

Especial atenção deve ser dada ao cálculo das depreciações, amortizações e provisões para desvalorização de ativos (*impairment*), uma vez que as práticas contábeis brasileiras determinam critérios distintos dos aceitos pela legislação fiscal do imposto de renda. Assim, o subsistema deve prever campos de trabalho para os cálculos a serem feitos, como a vida útil estimada do bem ou direito, o valor residual provável de venda do bem após a vida útil estimada, o valor depreciável e o valor justo utilizado quando efetuada uma provisão para desvalorização de ativos.

Identificação Patrimonial

Função administrativa e complementar do sistema. É o processo de atribuir número de ordem aos bens e direitos internados dentro da empresa. Tradicionalmente, essa identificação tem sido efetuada com as plaquetas de patrimônio, que são acopladas aos bens adquiridos. Com os avanços da tecnologia de informação, como o código de barras, a identificação tem sido feita dessa forma. Esse novo processo facilita necessidades posteriores de reinventário físico dos bens e direitos.

A identificação é necessária tanto para gerenciamento interno dos itens do permanente como para as necessidades escriturais de controle das depreciações e baixas patrimoniais.

Informações para Manutenção

Algumas empresas e alguns sistemas oferecidos no mercado apresentam essa operacionalidade. É a utilização do subsistema de Controle Patrimonial para a gestão das manutenções dos bens da empresa, seja de caráter escritural ou operacional. Dependendo da complexidade da empresa e de seus equipamentos, a gestão da manutenção tem sido feita com *softwares* específicos para tal atividade.

5.3. Relações com Investidores

As sociedades anônimas de capital aberto, em nosso país, são obrigadas a manter uma função denominada Diretoria de Relações com os Investidores, cujo objetivo é estruturar um canal oficial de comunicação entre a empresa e os investidores, para que as informações da empresa disponibilizadas no mercado tenham a coerência de uma única fonte de emissão.

Entende-se por investidores todos os agentes do mercado financeiro (corretoras, bancos de investimento, investidores institucionais, investidores individuais etc.), incluindo:

- as entidades oficiais, como a Comissão de Valores Mobiliários (CVM) e as bolsas de valores;
- as entidades patronais, como a Associação Brasileira das Companhias Abertas (Abrasca), o Instituto Brasileiro de Relações com Investidores (Ibri) e o Instituto Brasileiro de Conselheiros de Administração (IBCA);
- as entidades de classe de investidores, como a Associação Brasileira de Analistas de Mercado de Capitais (Abamec), o Instituto Brasileiro dos Executivos Financeiros (Ibef) etc.

Não é atividade específica da Controladoria exercer a função de relações com os investidores. Contudo, é clara a sua função em fornecer o painel de informações para que a pessoa investida nessa função a exerça adequadamente, com informações de cunhos operacional, econômico, financeiro e patrimonial geradas pelo Sistema de Informação da Controladoria.

Os investidores desejam informações sobre a empresa, de modo que possam avaliar o investimento que nela fizeram ou pretendem fazer. Nesse sentido, há um desejo de informações de todo o processo de gestão, desde os planos estratégicos até os instrumentos de gestão operacional e de controle. Os investidores desejam informações que possam vislumbrar o futuro da empresa e o valor da empresa no futuro, bem como avaliar o fluxo possível e provável de dividendos.

O investimento nas empresas caracteriza-se por ser de risco e renda variável, e a melhor maneira de reduzir o risco é ter acesso à maior quantidade de informações úteis que permitam vislumbrar o futuro do desempenho econômico-financeiro e patrimonial da empresa. Portanto, as informações desejadas não se limitam à análise de custos ou dos atuais balanços. Há necessidade de suprir os investidores de informações de caráter estratégico, como produtos, setor de atuação, negócios, parcerias etc.

Os demonstrativos contábeis básicos contêm uma quantidade de informações de extrema relevância para os investidores, por serem seguras e de qualidade, e se apresentam naturalmente com caráter preditivo, característica intrínseca da informação contábil. Mas, no seu conjunto, são informações históricas. Os aspectos que dizem respeito ao futuro de forma mais clara devem ser expressos por outros relatórios ou meios.

5.4. Relatório da Administração

Dentro dos relatórios, especial atenção deve ser dada ao Relatório da Administração, também denominado Relatório Anual, o qual é peça-chave nas demonstrações contábeis publicadas e é o instrumento maior de apresentação de informações relevantes que apresentam a empresa dentro do seu negócio de atuação.

Lembramos também que, apesar de esse tema estar intimamente ligado às sociedades por ações, esses assuntos são necessários e inerentes a qualquer empresa, seja para seus investidores particulares, seja para atender o conceito de responsabilidade social que caracteriza a atividade empresarial.

O objetivo do Relatório da Administração é evidenciar os principais aspectos que motivaram o desempenho da empresa no último exercício, tornando claro como os resultados foram obtidos e os motivos que levaram a empresa à atual situação, de tal forma que as eventuais dúvidas dos investidores com os números apresentados nos demonstrativos contábeis sejam sanadas.

Apresentação Geral

Os seguintes aspectos devem ser observados:

- *Linguagem:* clara, precisa, direta, concisa, com simplicidade.
- *Evitar:* relatórios mudos, temas e modismos das teorias de administração, análises de conjuntura sem correlação com a empresa, omissão de aspectos relevantes, *window dressing* (enfeites desnecessários ou para desviar atenção), exagerada predominância de análise retroativa, apresentação cara mas não criativa.
- *Enfatizar:* retorno sobre o investimento; capacidade de pagamento; análise da geração de lucros e caixa; informações segmentadas (isto é, detalhamento mínimo do resultado por unidades de negócio); apresentação sumária e concisa das estratégias adotadas, existentes e a adotar; produtividade; aspectos internacionais dos negócios; inovação; tecnologia; alianças estratégicas; fusões e aquisições.

Conteúdo Básico

O relatório deve abordar os seguintes pontos:

- breve análise da conjuntura econômica do País e do exterior, se for o caso, que, na avaliação da diretoria, refletiu nos negócios da empresa, evidenciando quais foram esses reflexos e, eventualmente, até quantificando os impactos no resultado e no patrimônio empresarial;
- avaliação da participação dos diversos produtos e serviços, dentro dos mercados de atuação da empresa, e os impactos concorrenciais existentes ou a existir;
- avaliação do desempenho dos produtos, mercados e investimentos nas principais unidades de negócio, não tratando genericamente negócios que tenham atuação distinta;
- avaliação do estado da arte da tecnologia dos produtos e serviços da empresa e as estratégias adotadas ou por adotar na atualização tecnológica;
- atuação social da empresa;
- avaliação do desempenho dos títulos da empresa junto ao mercado de investimentos, bem como dos rendimentos gerados para os acionistas;
- apresentação sumária dos investimentos e das perspectivas para o próximo ano, com ênfase para as estratégias a serem adotadas, dentro do cenário adotado para a conjuntura econômica nacional e internacional.

Questões e Exercícios

1. Discorra sobre a diferença básica entre os conceitos de planejamento tributário e gestão de impostos.
2. Faça um estudo/pesquisa sobre os encargos sociais tributários que incidem sobre a folha de pagamento de sua empresa (ou de alguma outra que conheça). Elabore um quadro de análise percentual.
3. Faça um estudo/pesquisa sobre os demais tributos que incidem sobre sua empresa ou uma outra que conheça (excetuando sobre folha de pagamento), relacionando:
   a) o imposto ou contribuição;
   b) a base ou as bases principais sobre as quais ele é aplicado (vendas, compras, receitas financeiras, lucro etc.);
   c) a alíquota (ou alíquota média ou principal, caso haja várias alíquotas);
   d) os prazos de recolhimento.
4. Uma empresa do grupo corporativo, Unidade A, compra materiais por $ 100.000,00 e vende o produto final para uma empresa coligada, Unidade B, por

$ 300.000,00. Esta, logo em seguida, revende para o consumidor final por $ 550.000,00. Calcule o recolhimento dos impostos de ICMS a 18% e PIS e Cofins com as alíquotas normais, para cada empresa e o total do grupo corporativo. Considere que todas as operações foram realizadas à vista e que ambas as empresas estão no regime de lucro presumido. Em seguida, faça os mesmos cálculos considerando que as duas empresas estariam no regime de lucro real.

5. Tendo como base os dados do exercício anterior, vamos supor que a Unidade B deixe de ser uma empresa juridicamente independente e passe a ser apenas uma filial, um estabelecimento da Unidade A. Assim, a remessa do material será feita por nota fiscal de transferência e não mais de venda, da Unidade A para a Unidade B. A Unidade B continuará vendendo pelo mesmo valor para o consumidor final. Calcule o recolhimento dos impostos de ICMS a 18% e PIS e Cofins com as alíquotas normais, para cada empresa e o total do grupo corporativo. Considere que todas as operações foram realizadas à vista e que ambas as empresas estão no regime de lucro presumido. Em seguida, faça os mesmos cálculos, considerando que as duas empresas estariam no regime de lucro real. Compare com os resultados do exercício anterior e faça seus comentários sobre as diferenças observadas.

6. Considere um bem adquirido por R$ 1.000,00 e que tenha uma vida útil estimada de cinco anos, ao final da qual terá um valor residual estimado de R$ 200. Calcule a depreciação anual pelos seguintes métodos de depreciação:
   a) método das taxas constantes;
   b) método da soma dos dígitos;
   c) método da depreciação geométrica, considerando a manutenção do valor residual.

7. Através de balanços publicados, analise se o Relatório de Administração da empresa escolhida apresenta um mínimo de condições para atendimento das necessidades de comunicação com os acionistas e investidores. Apresente pontos favoráveis, desfavoráveis e alternativas.

8. Com os dados da empresa em que trabalha ou de alguma outra conhecida, pesquise e elabore um relatório, em formato de caderno de informações, contendo as principais informações que interessariam aos investidores em uma entrevista ou apresentação formal. Estruture e faça a apresentação para a classe de alunos.

PARTE II

A CONTROLADORIA NO PLANEJAMENTO

Capítulo 6

Controladoria Estratégica

Falar sobre Controladoria Estratégica pressupõe, de alguma maneira, que o profissional contábil possa exercer esse papel junto com os demais principais gestores de uma entidade que tem essa responsabilidade. Qualquer funcionário de uma empresa é estratégico; nenhuma permitirá, de forma consciente, a presença de algum funcionário, ou mesmo outro recurso, sem que este esteja alinhado com a sua estratégia. Portanto, todos os recursos, humanos ou não, são estratégicos. No entanto, nem todas as pessoas que trabalham na empresa têm condições de participar da elaboração da estratégia da organização.

Sabemos que o processo da estratégia, o Planejamento Estratégico, é reservado a poucas pessoas na organização, normalmente àquelas que são responsáveis pelas funções de cúpula. Em síntese, a função estratégica é para os responsáveis pela alta administração da companhia.

Participar da estratégia empresarial pressupõe um conhecimento adicional para qualquer profissional. Além do conhecimento necessário para efetivar o exercício de sua função, ele deve ter conhecimentos profundos de todos os outros fatores que são necessários para entender e tomar decisões estratégicas.

6.1. Competitividade

O atual momento empresarial caracteriza-se pela questão da *competitividade*. Não podemos deixar de colocar que essa questão não é específica do atual momento empresarial e que sempre esteve presente no mundo dos negócios, com maior ou menor evidência, dependendo do momento e da situação geográfica, política ou cultural em que se situava uma empresa.

Todavia, a globalização dos mercados colocou o enfoque da concorrência e da competitividade em um elevado grau de importância, impactando não só os empreendimentos negociais, mas também afetando intensamente as relações econômicas e políticas entre as nações.

Como conceito de competitividade, assumimos a colocação de um trabalho divulgado pelo Banco Nacional do Desenvolvimento Econômico e Social (BNDES), incluído na obra de Nakagawa, *Custos para a competitividade*. O relatório do BNDES diz:

> "Competitividade de uma empresa pode ser definida, em sentido amplo, como sua capacidade de desenvolver e sustentar vantagens competitivas que lhe permitam enfrentar a concorrência. Esta capacidade competitiva

empresarial é condicionada por um amplo conjunto de fatores internos e externos à empresa. Em nível interno, a competitividade empresarial resulta, em última instância, de decisões estratégicas, através das quais são definidas suas políticas de investimento, de marketing, tecnológica, de gestão da produção, financeira, de recursos humanos etc. O objetivo de tais decisões deve ser atingir padrões de preço, qualidade e prazo de entrega competitivos com os padrões vigentes nos mercados atendidos pela empresa".[1]

Estratégia Competitiva e Vantagem Competitiva

A *estratégia competitiva* pode ser definida como cursos de ação específicos que são desenvolvidos para criar vantagens competitivas sustentáveis em produtos particulares ou mercados identificados na persecução de objetivos identificados. Consequentemente, as estratégias competitivas devem estar no mais preciso nível do Planejamento Estratégico, uma vez que elas se relacionam com as ações a respeito de produtos e mercados, que devem ser implementadas para encontrar os objetivos mais específicos (isto é, no menor nível) da organização.

A *vantagem competitiva* é distinta e idealmente sustentável sobre os competidores ou concorrentes. É mais do que a ideia de uma estratégia competitiva, que pode ou não ser distintamente comprovada. Porter diz que ela pode provir de:[2]

- **Liderança de Custo**, quando a empresa consegue preços ao redor da média do mercado e lucros superiores, porque seus custos são menores que os de seus rivais.
- **Diferenciação**, quando o valor é adicionado às áreas de significância real para os clientes que estarão, então, desejando pagar um preço prêmio pela distinguibilidade ou diferenciação. Isso é possível através de uma faixa de produtos ou serviços diferenciados, cada qual desenhado para dar um apelo a um segmento diferente, assim como focar apenas um único segmento.[3]

Com base no conceito de competitividade como o conceito central para a análise do ambiente empresarial, faremos a seguir uma apresentação dos principais conceitos, teorias e técnicas que envolvem a participação da Controladoria na estratégia.

---

[1] NAKAGAWA, Masayuki. *Custos para a competitividade*. Trabalho apresentado para o Concurso de Professor Titular. São Paulo: FEA-USP, 1993. p. 5-6.

[2] PORTER, Michael E. *Vantagem competitiva: criando e sustentando um desempenho*. Rio de Janeiro: Campus, 1996.

[3] THOMPSON, John L. *The Cima handbook of strategic management*. Londres: Butterworth Heinemann, 1995.

6.2. Controladoria Estratégica

Podemos definir Controladoria Estratégica como a atividade de Controladoria que, através do Sistema de Informação Contábil, abastece os responsáveis pelo Planejamento Estratégico da companhia com informações tanto financeiras quanto não financeiras, para apoiar o processo de análise, planejamento, implementação e controle da estratégia organizacional.

Sob esse enfoque, é imperioso que o *controller* faça parte da estratégia administrativa, uma vez que o seu sistema de informação deverá estar alinhado com as estratégias organizacionais e de negócios.

Foco de Atuação da Controladoria/Contabilidade Estratégica

Sobre o tema, Martins indica os seguintes pontos a serem abordados por essa área de atuação da Contabilidade e Controladoria:[4]

Fundamentos

- Atenção a todos os credores ou depositários (*stakeholders*) (clientes, fornecedores, empregados, acionistas, sociedade em geral).
- Preocupação com o longo prazo.
- Inclusão dos indicadores de aderência ao Planejamento Estratégico.
- Uso de informações monetárias, físicas, de produtividade e de qualidade.
- Foco constante ao ambiente externo à empresa.

Informações para a Controladoria Estratégica

- Custos dos competidores.
- Rentabilidade dos produtos dos competidores.
- Informações sobre o processo de gestão de preços de vendas dos competidores.
- Capacidade produtiva dos concorrentes.
- Satisfação dos clientes em relação à concorrência.
- Motivos dos negócios perdidos.
- Grau de satisfação dos empregados.
- Imagem da empresa junto aos recrutadores e funcionários potenciais.
- Índice de absenteísmo.
- Indicadores de produtividade × produtividade esperada.
- Evolução da qualidade dos fornecedores.
- Capacidade produtiva e saúde financeira dos fornecedores.
- Grau de relacionamento e satisfação com os fornecedores.
- Imagem institucional.

---

[4] MARTINS, Eliseu. O papel do contador estratégico do futuro – Controladoria e contabilidade estratégicas. In: I SIMPÓSIO NACIONAL IOB DE CONTABILIDADE. 19/6/1998 – São Paulo.

- Impacto, na empresa, das conjunturas econômica, política e social.
- Indicadores do mercado externo, importações, câmbio etc.
- Satisfação dos acionistas.
- Valor da empresa etc.

O *Controller* como Estrategista Organizacional

O papel do *controller* como estrategista organizacional fica evidente a partir da estruturação da Contabilidade na organização. Dentro das áreas administrativa e financeira, ele é o responsável pelo processo de planejamento e controle dos resultados empresariais. A sua missão é assegurar o resultado planejado da empresa.

Para cumprir essa missão, ele tem como instrumento fundamental o Sistema de Informação Contábil. E, no sistema integrado de gestão empresarial, verificamos que o sistema contábil tem um papel primordial, por ser ao mesmo tempo a etapa final do fluxo de informações operacionais e o sistema que direciona a parametrização da estruturação dos demais sistemas operacionais, para, posteriormente, enviarem as informações necessárias ao planejamento e controle empresarial.

O Sistema de Informação Contábil deve ser estruturado para atender as necessidades informacionais de todo o processo de gestão da empresa. Desde a etapa do Planejamento Estratégico até o processo final de controle, passando pela programação, o sistema contábil deve estar apto para municiar e receber informações operacionais e financeiras.

Como a continuidade da empresa é decorrente do acerto das decisões estratégicas, a Contabilidade tem se desenvolvido continuadamente no sentido de estar em linha com as estratégias de negócios e da organização. Mostramos as diversas visões de Contabilidade estratégica e apresentamos nossa opção pelas correntes que enfocam como básico o planejamento e o controle, com ênfase nos resultados. Nesse sentido, temos como premissa maior que o lucro é a melhor e mais consistente medida de eficácia do sistema empresa e deve ser o parâmetro para avaliação de desempenho das atividades empresariais e de seus gestores.

Desta maneira, a forma com que o contador explicita sua atuação estratégica está centrada:

- no processo de mensuração dos resultados corretos das atividades empresariais, permitindo à empresa a tomada de decisão adequada;
- no seu papel influenciador, pelo apoio que presta às demais atividades dentro da empresa, e na sua missão como assegurador da eficácia empresarial;
- em ele ser o responsável pelos sistemas de informações abastecedores do Planejamento Estratégico e do controle das metas estratégicas.

6.3. Planejamento Estratégico[5]

Planejar é uma estratégia para aumentar as chances de sucesso de uma empresa em um mundo de negócios que muda constantemente. Planos estratégicos não são garantia de sucesso. O Planejamento Estratégico será tão eficaz quanto as premissas que foram nele incluídas. O foco da Controladoria Estratégica é o Planejamento Estratégico.

O planejamento estratégico é um processo que prepara a empresa para o que está por vir.

Fundamentos para Desenvolver o Planejamento Estratégico

Um plano estratégico é uma visão específica do futuro da empresa, com as seguintes descrições:

- como será o setor de atuação da empresa;
- em quais mercados ela irá competir;
- quais os competidores no mercado;
- quais produtos e serviços a empresa estará oferecendo;
- quem são e como são os seus clientes;
- que valor estará oferecendo a seus clientes através de seus produtos e serviços;
- quais vantagens ela terá no longo prazo;
- qual será ou deverá ser o seu porte;
- qual será ou deverá ser a sua rentabilidade;
- quanto será agregado de valor aos acionistas.

Informações Analíticas Necessárias para o Planejamento Estratégico: Análise SWOT

O Planejamento Estratégico emerge de um processo de tradução das informações existentes em planos para atender as metas e os objetivos organizacionais. A base de todo o processo está em identificar, coletar, armazenar, mensurar, analisar, entender, interpretar e julgar informações, além de consolidar ideias e conceitos baseados nessas informações para os processos decisórios subsequentes.

O processo recomendado é a análise do ambiente do sistema empresa. Como evidenciamos no Capítulo 2, a empresa é um sistema inserido em outros sistemas

[5] Extraído de TIFFANY, Paul; PETERSON, Steven D. *Planejamento estratégico*. Rio de Janeiro: Campus, 1998; e WARD, Keith. *Strategic management accouting*. Oxford: Butterworth-Heinemann, 1996.

maiores e é envolvida pelo ambiente externo, próximo e remoto, bem como tem o seu próprio ambiente interno. Então, um Planejamento Estratégico será tanto ou mais eficaz quanto mais eficazes forem a interpretação e o julgamento de todas as variáveis e entidades desses ambientes.

A análise dos pontos fortes e fracos, das ameaças e das oportunidades (análise SWOT) é o procedimento mais recomendado.

- **S** – *Strenghts* – Forças – Pontos Fortes
- **W** – *Weaknesses* – Fraquezas – Pontos Fracos
- **O** – *Opportunities* – Oportunidades
- **T** – *Threats* – Ameaças

Essa análise pode ser vislumbrada na Figura 6.1 em relação aos ambientes da empresa (externos e internos).

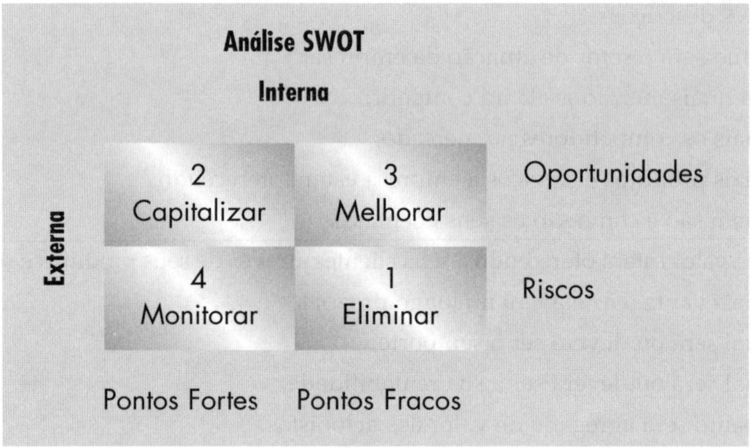

Figura 6.1 Análise SWOT

As forças e fraquezas referem-se aos aspectos internos da organização comparados com a competição e as expectativas do mercado, isto é, se comparativamente os negócios atuais estão relativamente bons ou não. Essa análise deve ser confrontada com os objetivos da empresa, que indicará quais áreas de forças ou fraquezas provavelmente serão importantes no futuro.

As ameaças e oportunidades dizem respeito ao ambiente externo e devem identificar potenciais problemas que os fatores ambientais poderão trazer no futuro para a empresa. Além disso, as oportunidades podem revelar áreas a serem trabalhadas, que podem, inclusive, mudar os objetivos da empresa.

Os principais fatores do ambiente externo são: concorrentes, fornecedores, clientes, mercados, ambientes econômico, social e político, fatores legais e regulatórios, demografia, clima e desenvolvimento tecnológico.

Leitura do Ambiente e Elaboração da Estratégia

A leitura do ambiente compreende, como já vimos, os ambientes externos e internos e é baseada na análise SWOT, de pontos fortes e fracos, ameaças e oportunidades. Cada componente da leitura deve ser mensurado, salvo se for explicitamente qualitativo ou interpretativo, quando se deve colocar pelo menos uma indicação de tendência ou aceitação.

O quadro de análise do ambiente da empresa deve ser interpretado pelos responsáveis pelo Planejamento Estratégico por meio de um relatório, não muito extenso, que deixe bem claro como a empresa tem consciência de todos os aspectos que interferem nas suas operações atuais e poderão interferir no futuro, e como, onde e por que poderão interferir.

Cada um dos pontos levantados nesse quadro deve merecer um aprofundamento crítico e resumido em algumas frases dentro do relatório interpretativo. Cabe ressaltar, como já citamos, a consciência que a empresa tem, por intermédio dos responsáveis pela estratégia, de cada aspecto que a afeta.

A etapa seguinte ao processo de Planejamento Estratégico é a elaboração de planos operacionais, ou plano diretor, como preferem algumas empresas e autores.

Elaboração da Estratégia: O Plano Estratégico

Depois da interpretação do ambiente em que a empresa está e a consciência de todos os aspectos em que ela está envolvida, faz-se mister elaborar a estratégia e traduzi-la em um plano formal. A estratégia a ser adotada deve estar em consonância com a missão da empresa, suas metas e objetivos. Basicamente, a estratégia é uma visão de longo prazo, que pode ser até configurada em número de anos.

Não existe um horizonte temporal definido para o Planejamento Estratégico, mas pensar no mínimo para os próximos dois anos até um horizonte de cinco a oito anos é razoável. Em nosso exemplo, estamos imaginando visualizar a empresa para os próximos cinco anos, e o que devemos fazer agora para que aquilo que está se vislumbrando possa ocorrer. O plano estratégico deve conter claramente as intenções que a empresa tem e o que e como ela deve proceder, com o máximo possível de dados quantitativos das metas incorporadas no plano estratégico.

6.4. Construção de Cenários

A técnica de construção de cenários é praticamente a mesma desenvolvida para a leitura do ambiente, só que enfocando o curto prazo, ou seja, o ano em curso mais o ano vindouro; tem por fim nortear as ações atuais para o futuro próximo, a partir da leitura do ambiente para o aspecto temporal de curto prazo. É o processo-base para iniciar o plano orçamentário. É uma etapa que se sucede à leitura do ambiente. Enquanto a leitura do ambiente tem um caráter de maior permanência, já que não existe necessidade de que ela seja feita periodicamente, por outro lado, a construção de cenários deve ser realizada para o exercício em questão, se for o caso, e para o próximo exercício, necessariamente, ou, no máximo, para os dois próximos exercícios. O objetivo da construção de cenários é fundamentar as premissas orçamentárias.

Tanto a leitura do ambiente quanto a construção de cenários são instrumentos para o Planejamento Estratégico, pois lidam com informações sobre o macroambiente econômico, político e social. A leitura do ambiente deve abranger todas as variáveis e entidades que afetam o sistema empresa, sejam internas ou externas, e a construção de cenários é fundamentalmente ligada com o ambiente macroeconômico e suas implicações visíveis à empresa e seu setor.

É comum as empresas contratarem especialistas ou consultorias na área macroeconômica para essa tarefa. A maior parte das instituições financeiras e de investimentos tem um setor específico para essa tarefa e também fornece seus cenários elaborados para seus clientes, cabendo-lhes aceitar ou não. Mesmo que a organização contrate esse serviço, é imprescindível que o *controller* e os participantes do comitê orçamentário participem da leitura e do processo de discussão das variáveis encenadas.

As fontes de dados para a construção de cenários são as existentes na mídia, nas publicações especializadas, nas associações de classe, entidades governamentais etc., as quais devem ser analisadas e transformadas em informações que permitam indicar os caminhos mais prováveis a serem seguidos. A técnica mais utilizada é traduzir as variáveis macroeconômicas em dois ou três cenários mais prováveis, que são decorrentes da leitura das perspectivas baseadas no atual ambiente econômico. As informações geradas constantes no cenário tido como o mais provável deverão ser assumidas para direcionar as premissas do plano orçamentário para o próximo período. Na Tabela 6.1, apresentamos um quadro exemplificativo de cenários construídos. Em princípio, os dados do cenário moderado deverão ser os que a empresa adotará como mais prováveis.

6.5. Sistema de Informação de Acompanhamento do Negócio

Acompanhamento do negócio significa a necessidade que a empresa tem de acompanhar o mercado de seus produtos, bem como de se situar na conjuntura econômica do País e do exterior. O acompanhamento do negócio reúne informações para o Planejamento Estratégico da empresa, para análise das oportunidades e ameaças do ambiente, bem como para enfatizar os pontos fortes e fracos da companhia.

Dentro de um Sistema Integrado de Gestão Empresarial, informações para acompanhamento do negócio, geradas dentro da empresa, estão nos diversos módulos ou subsistemas. Essas informações têm caráter estatístico e com uma tendência de serem trabalhadas em sistemas especialistas, como os Sistemas de Suporte à Decisão (DSS/EIS).

Contudo, para o acompanhamento do negócio, são necessárias outras informações, de origem externa, tais como dados dos concorrentes, da conjuntura

Tabela 6.1 Cenários

Variáveis	I Otimista (Em %)	II Moderado (Em %)	III Pessimista (Em %)
Probabilidade	25,0	50,0	25,0
PIB – Mundial – Variação	2,5	1,5	0,5
PIB – Estados Unidos – Variação	4,0	2,5	1,5
PIB – Europa – Variação	3,5	2,0	1,0
PIB – Japão – Variação	3,0	1,5	0,5
PIB – Brasil – Variação	0,5	–2,0	–4,0
Balanço de Pagamentos – US$ bi	4,0	6,0	8,0
Reservas Internacionais – US$ bi	30,0	32,0	34,0
Déficit Público – % do PIB	4,0	4,5	5,0
Dívida Externa – US$ bi	200	198	196
Juros Nominais	20,0	24,0	28,0
Taxa de Câmbio	5,0	7,0	9,0
Inflação anual – IPC	12,0	10,0	8,0
Taxa Média Desemprego	7,5	8,5	9,5
Crescimento do Setor	10,0	5,0	0,0
Crescimento da Empresa	12,0	7,0	2,0
Crescimento da Unidade de Negócio 1	15,0	12,0	10,0
Crescimento da Unidade de Negócio 2	10,0	9,0	7,0

econômica etc., que, em nosso entendimento, devem fazer parte de um rol mínimo para essa finalidade. Tais informações devem ser inseridas de alguma forma dentro desse subsistema e, em conjunto com as informações internas geradas, permitirão dar uma visão de acompanhamento do negócio e seus mercados, de caráter contínuo e sistemático.

Objetivos e Funcionamento do Sistema de Acompanhamento do Negócio

Os objetivos deste subsistema centram-se em coletar e armazenar informações que possibilitem visualizar a empresa no seu ramo de atuação, dentro da conjuntura econômica. Para tanto, o subsistema deve ter informações para:

- acompanhamento periódico do desempenho das vendas, clientes e mercados;
- acompanhamento periódico da situação econômica geral do setor de atuação da empresa;
- acompanhamento periódico da situação econômica geral do País e do mundo;
- acompanhamento dos indicadores de evolução internos *versus* os externos (preços, crescimento das vendas, indicadores de produtividade etc.);
- acompanhamento periódico do desempenho das empresas concorrentes;
- acompanhamento periódico das importações dos produtos concorrentes e substitutos;
- acompanhamento periódico das exportações dos produtos concorrentes e substitutos;
- avaliação do tamanho dos mercados em que a empresa atua (consumo aparente);
- informações para avaliação da participação da empresa no mercado (*market share*);
- informações sobre produtividade, qualidade, recursos humanos, satisfação dos clientes etc.

Atributos e Funções do Gestor do Sistema de Acompanhamento do Negócio

As atribuições básicas do administrador desse subsistema são:

- definição de quais informações devem fazer parte do banco de dados do sistema;
- identificação das fontes das informações, bem como dos meios e processos de coleta;
- definição dos critérios de ajustes das informações externas que devem ser internados no sistema.

Operacionalidades do Sistema

Como já vimos, a estrutura deste sistema se assemelha fortemente com sistemas de suporte à decisão. Desta maneira, a operacionalidade fundamental é a possibilidade de este sistema coletar, de forma rápida, precisa e automática, as informações de todos os outros sistemas empresariais.

Por conseguinte, uma operacionalidade consequente é a necessidade de o sistema permitir o tratamento gráfico-estatístico das informações coletadas, que serão apresentadas, seguramente, em formato visual.

A outra operacionalidade necessária é que este sistema deve ser totalmente aberto para uso da tecnologia de EDI – Troca Eletrônica de Dados, uma vez que grande parte das informações é de origem externa.

6.6. *Balanced Scorecard* (Controle de Metas Estratégicas)

Como complemento das medidas de desempenho não financeiras, há a proposta da adoção do conceito de *balanced scorecard* (literalmente: cartão de marcação balanceado), objetivando unir a visão estratégica com as fases de execução e controle do processo de gestão empresarial.

A proposta de Kaplan e Norton[6] parte do pressuposto de que as empresas constroem metas estratégicas, porém não desenvolvem um sistema de acompanhamento para o dia a dia da empresa e dos gestores divisionais. Assim, os autores propõem um sistema simples e eficiente de acompanhamento do desempenho da estratégia da empresa.

Os próprios autores fazem questão de referir que, na realidade, um sistema semelhante é utilizado na Europa, principalmente na França, já há mais de duas décadas, denominado *Tableau de Bord*, o qual tem por finalidade ajudar a pilotar a empresa mediante a identificação dos fatores-chave de sucesso, principalmente aqueles que podem ser medidos por variáveis físicas.

Ambos se apoiam no conceito de que "o que não é medido não é gerenciado". Um sistema de indicadores afeta fortemente o comportamento das pessoas dentro e fora da empresa.

A implantação do conceito do *balanced scorecard* pode ser dividida em duas etapas:

- elaboração e difusão do *balanced scorecard*;
- elaboração e acompanhamento dos indicadores.

> *O* **balanced scorecard** *é um sistema de informação para gerenciamento da estratégia empresarial. Traduz a missão e a estratégia da empresa em um conjunto abrangente de medidas de desempenho financeiras e não financeiras que serve de base para um sistema de medição e gestão estratégica.*

Relações de Causa e Efeito da Estratégia

O *balanced scorecard* continua enfatizando a busca de objetivos financeiros, mas também inclui os vetores de desempenho desses objetivos. Procura medir o desempenho organizacional sob quatro perspectivas equilibradas: financeira, do cliente, dos processos internos da empresa e do aprendizado e crescimento.[7]

---

[6] KAPLAN, Robert S.; NORTON, David P. Using the balanced scorecard as a strategic management system. In: *Harvard Business Review*, jan.-fev. 1996.

[7] KAPLAN, Robert S.; NORTON, David P. *A estratégia em ação: "balanced scorecard"*. Rio de Janeiro: Campus, 1997.

É interessante notar que, apesar da conotação estratégica, o *balanced scorecard* atua fortemente na área operacional, pois grande parte dos indicadores sugeridos são, na realidade, objetivos e metas de cunho operacional. Adicionalmente, convém ressaltar o aspecto sistêmico desse conceito.

O *enfoque financeiro*, que conclui os vetores operacionais e estratégicos, *está relacionado com o objetivo* da empresa e a visão do lucro como medida da eficácia empresarial. Portanto, relaciona-se ao elemento mais importante de um sistema, que é o seu objetivo.

O *enfoque do cliente* relaciona-se claramente com o componente da saída do processo sistêmico, pois os clientes é que recebem os produtos e serviços gerados pelo sistema empresa.

O *enfoque dos processos do negócio* relaciona-se com o elemento *processamento* do sistema. Portanto, há de haver indicadores que monitorem os objetivos e metas para gestão dos processos de negócios.

O *enfoque do aprendizado e crescimento* relaciona-se com os elementos das *entradas ou recursos* do sistema. No caso do *balanced scorecard*, a ênfase, como não poderia deixar de ser, é na capacitação do funcionário, ou, em outras palavras, no capital humano e intelectual, o recurso mais importante do sistema empresa. Isso pode ser visualizado conforme mostra a Figura 6.2.

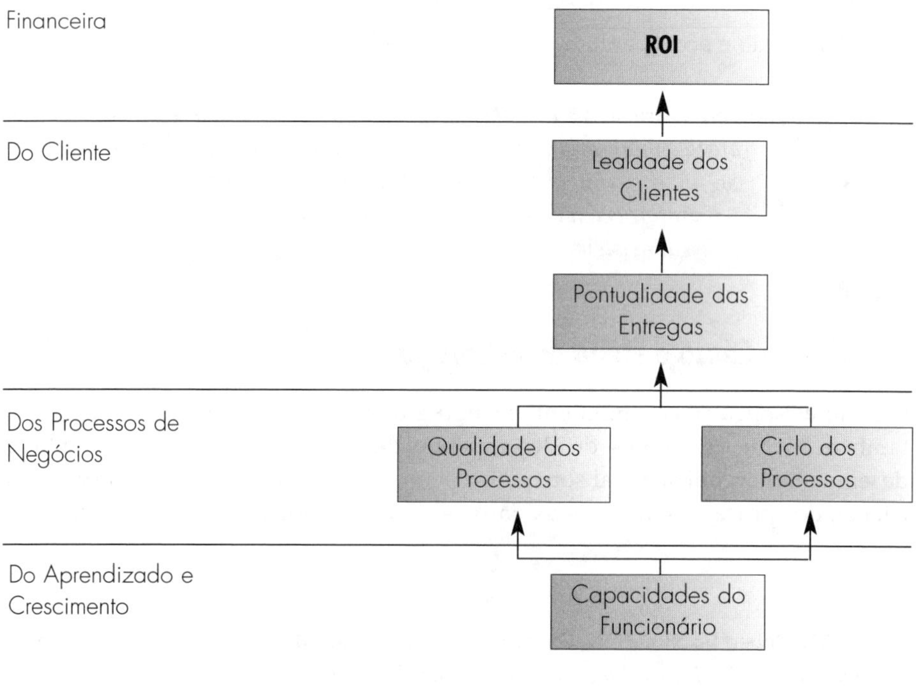

Figura 6.2 Relações de Causa e Efeito da Estratégia

Os Quatro Processos do *Balanced Scorecard*

O processo de elaboração e difusão do *balanced scorecard* é efetuado em quatro etapas ou processos:

- tradução da visão;
- comunicação e comprometimento;
- planejamento de negócios;
- *feedback* e aprendizado.

Tradução da Visão

É o processo de traduzir a missão da empresa de forma compreensível para os gestores divisionais. Isso ajuda os gestores a formar um consenso em torno da visão e estratégia da organização. As diretrizes estratégicas devem ser traduzidas de forma fácil em termos operacionais e oferecer orientação útil para as ações dos gestores. As declarações da missão empresarial devem ser expressas como um conjunto integrado de objetivos e indicadores, que descrevem direcionadores de sucesso de longo prazo e que devem ser aceitos por todos os gestores divisionais.

Comunicação e Comprometimento

Esta segunda etapa ou processo permite aos gestores comunicar sua estratégia, para cima e para baixo, na organização, e ligar os objetivos empresariais aos departamentais e individuais. O *scorecard* proporciona aos gestores uma forma de assegurar que todos os níveis da organização entendam as estratégias de longo prazo e que tanto os objetivos departamentais quanto os individuais estejam alinhados entre si.

Planejamento de Negócios

Este processo possibilita às empresas integrar seus planos comerciais e financeiros. É nesta etapa que as estratégias e iniciativas da empresa devem ser transformadas em indicadores para os planos dos gestores divisionais, bem como para formar uma base para alocar recursos e estabelecer prioridades.

Feedback *e Aprendizado*

O *feedback* e os processos de revisão de foco existentes concentram-se no fato de a empresa, seus departamentos ou seus empregados, isoladamente, terem alcançado suas metas financeiras orçadas. Com o *balanced scorecard* no centro de seus sistemas de gerenciamento, uma empresa pode monitorar os resultados de curto prazo a partir de três diferentes perspectivas adicionais – clientes, processos internos de negócios e aprendizado e crescimento –, e assim avaliar a estratégia adotada à luz do recente desempenho. Este quarto processo possibilita o que Kaplan e Norton denominam *aprendizado estratégico*.

Figura 6.3 Quatro Processos do *Balanced Scorecard*

Tabela 6.2 Exemplo de *Balanced Scorecard*

Objetivos Estratégicos	**Indicadores Estratégicos (Indicadores de Ocorrência)**	**(Indicadores de Tendência)**
Financeiros		
F1 – Melhorar Lucros	Retorno sobre Investimento	Variedade de Produtos /
F2 – Ampliar *Mix* de Receita	Aumento da Receita	Serviços Geradores de Receita
F3 – Reduzir Estrutura de Custos	Mudança do Custo de Manutenção de Depósitos	
Dos Clientes		
C1 – Aumentar o Nível de Satisfação dos Clientes com nossos Produtos e Pessoal	Participação no Segmento	Profundidade do Relacionamento
C2 – Aumentar o Nível de Satisfação "Após a Venda"	Retenção de Clientes	Pesquisa de Opinião sobre Satisfação
Internos		
I1 – Compreender Nossos Clientes	Receita Gerada por Novos Produtos	
I2 – Criar Produtos Inovadores		
I3 – Efetuar a Venda Cruzada dos Produtos	Quociente de Venda Cruzada	Ciclo de Desenvolvimento de Produtos

continua

Exemplo de *Balanced Scorecard*

A seguir, daremos exemplo de um conjunto de indicadores de acompanhamento da estratégia, também extraído do trabalho de Kaplan e Norton.

Tabela 6.2 Exemplo de *Balanced Scorecard* (continuação)

Objetivos Estratégicos	Indicadores Estratégicos (Indicadores de Ocorrência)	(Indicadores de Tendência)
I4 – Transferir Cliente para Canais Rentáveis	Mudança de *Mix* de Canais	Horas Passadas com o Cliente
I5 – Minimizar Problemas Operacionais	Taxa de Erros de Serviço	
I6 – Atendimento Eficiente	Tempo de Atendimento de Solicitações	
Do Aprendizado		
A1 – Desenvolver Habilidades Estratégicas		Índice de Cobertura de Funções Estratégicas
A2 – Fornecer Informações Estratégicas		Índice de Disponibilidade de Informações Estratégicas
A3 – Alinhar Metas Pessoais	Satisfação dos Funcionários Receita por Funcionário	Alinhamento de Metas Pessoais (%)

Indicadores Essenciais

Na avaliação de Kaplan e Norton, os indicadores essenciais que devem compor o *balanced scorecard* são os seguintes:

Indicadores financeiros essenciais

- Retorno sobre o Investimento/Valor Econômico Adicionado
- Lucratividade
- Aumento/*mix* de receita
- Produtividade da redução de custos

Medidas essenciais dos clientes

- Participação de mercado
- Aquisição de clientes
- Retenção de clientes
- Lucratividade dos clientes
- Satisfação dos clientes

Medidas essenciais de aprendizado e crescimento

- Satisfação dos funcionários
- Retenção de funcionários
- Lucratividade por funcionário
- Produtividade por funcionário

6.7. Gerenciamento do Risco

A questão do gerenciamento do risco tem merecido revisões conceituais constantes. A visão tradicional do risco e seu gerenciamento é trabalhada profundamente na teoria de Finanças, com a associação do retorno do investimento. O dilema risco-retorno tem ocupado a maior parte dos capítulos dos livros de Administração Financeira. Podemos denominar essa visão tradicional de *risco financeiro*.

Outrossim, a empresa está sujeita a outros tipos de riscos, cujas origens não são estritamente financeiras e devem merecer uma gestão igualmente importante. A relação com clientes, fornecedores, recursos humanos, tecnologia, câmbio etc. envolve riscos e deve ser considerada dentro de um modelo geral de risco empresarial.

Não há dúvida de que todos os riscos que envolvem a empresa impactam os resultados. Portanto, o efeito da exposição da empresa aos diversos riscos é mensurado normalmente pela Contabilidade, através da demonstração de resultados e do Balanço Patrimonial. Nesse sentido, os conceitos de mensuração do valor da empresa com base em fluxos futuros são os mais adequados para o modelo de gestão focado em resultados.

Conceitos e Visão Geral[8]

O foco da gestão do risco é manter um processo sustentável de criação de valor para os acionistas, uma vez que qualquer negócio sempre está exposto a um conjunto de riscos. Para tanto, é necessário criar uma arquitetura informacional para monitorar a exposição da empresa ao risco.

Dentro do conceito geral de risco, pode-se defini-lo como eventos futuros incertos, que podem influenciar o alcance dos objetivos estratégicos, operacionais e financeiros da organização.

A gestão do risco insere-se no conceito sistêmico e pode ser organizada e reconciliada em duas áreas de atuação, em relação aos ambientes interno e externo do sistema. Considerando o ambiente interno, a gestão do risco vê o risco em

[8] Extraído e adaptado do Estudo nº 9 – *International Management Accounting Study*, da International Federation of Accountants, jun. 1999.

uma perspectiva de conformidade (perspectiva de *conformance*) e, levando em conta o ambiente externo, vê o risco em uma perspectiva de desempenho (perspectiva de *performance*). Tais perspectivas podem ser vistas na Figura 6.4.

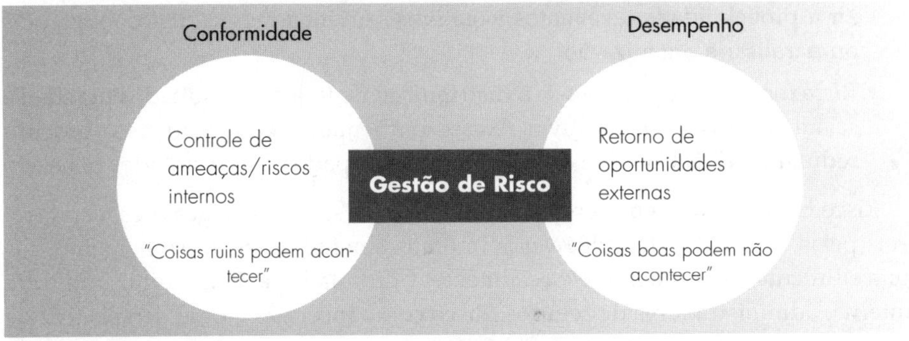

Figura 6.4 Conciliação de Duas Perspectivas

A importância do relacionamento da gestão do risco com valor para o acionista não pode ser subestimada. Como os administradores estão acautelando-se mais em relação à importância do risco, está havendo um progresso na gestão do espectro do risco que deve ganhar maior sofisticação. Há um conceito que indica que deve haver uma progressão natural da gestão dos riscos associados com prevenção e *compliance*[9] (isto é, dentro da empresa) para uma gestão objetivando minimizar os riscos da incerteza do desempenho operacional, movendo-se para o nível da gestão dos riscos das oportunidades (isto é, fora da empresa), com o objetivo de possibilitar um crescimento sustentável de valor para o acionista.

Perfil de Risco da Organização

Cada organização apresenta um conjunto específico de riscos. Para identificar o perfil de cada um deles, é necessário, primeiro, reconhecer que o seu conceito frequentemente é utilizado em diversas perspectivas:

- *Risco como oportunidade:* está implícito no conceito de risco e retorno. Quanto maior o risco, maior o potencial de retorno e, necessariamente, de perda. Neste contexto, a gestão do risco significa utilizar técnicas para maximizar a parte exterior considerando as restrições do ambiente operacional da organização, dada qualquer limitação que exista para minimizar a parte interior.

[9] *Compliance* pode ser entendido como o processo de aderência às regras e o cumprimento de normas e leis.

- *Risco como perigo ou ameaça:* é o que os administradores mais comumente entendem pelo termo. Eles estão se referindo a eventos potencialmente negativos, tais como: perdas financeiras, fraudes, danos à reputação, roubo ou furto, morte ou injúria, falha de sistemas ou demandas judiciais. Neste contexto, a gestão do risco significa instalar técnicas administrativas para reduzir a probabilidade de eventos negativos sem incorrer em custos excessivos ou paralisar a organização.
- *Risco como incerteza:* refere-se à distribuição de todos os resultados possíveis, sejam positivos ou negativos. Nesse particular, a gestão do risco procura reduzir a variância entre os resultados antecipados e os resultados reais.

Risco como perigo representa tipicamente a perspectiva de gestores responsáveis pelas atividades de *conformance* (monitoramento do acompanhamento dos procedimentos internos) – especialmente Controladoria Financeira, auditoria interna, administradores de seguros. Risco como incerteza é uma perspectiva de governança do responsável por administração e finanças e os gerentes de linha responsáveis pelas operações. Risco como oportunidade frequentemente reflete a perspectiva da alta administração e os setores de planejamento.

Em resumo, a natureza dos três componentes da percepção do risco é assim apresentada:

Identificação e Avaliação dos Riscos

A *identificação* dos riscos de uma empresa passa sempre por um processo de análise dos ambientes interno e externo e consideração das variáveis e entidades que afetam o sistema empresa. É uma das etapas cruciais no processo de gerenciamento do risco. Cada ambiente deve ser explorado para identificar como ele potencialmente evolui através da organização. É preciso assegurar que o risco esteja cuidadosamente definido e explicado para facilitar análises posteriores; a sua acurada definição é um elemento crítico para o sucesso da gestão do risco.

Para cada risco identificado, deve haver uma avaliação do seu possível impacto e correspondente probabilidade de ocorrência, usando parâmetros consistentes que deverão possibilitar o desenvolvimento de um mapa de risco priorizado.

A *avaliação* do impacto e da probabilidade de cada risco normalmente é apresentada da seguinte forma:

– Impacto:

- Alto
- Moderado
- Baixo

– Probabilidade de ocorrência:

- Alta – provável
- Moderada – possível
- Baixa – remota

Matriz ou Mapa de Risco: Identificando e Mensurando Riscos Específicos

Neste conceito amplo de gestão de riscos, há possibilidade de se fazer um mapeamento mais específico dos riscos da empresa, buscando elementos mais objetivos para mensuração dos riscos identificados. Desta maneira, uma metodologia possível seria classificar os riscos possíveis em dois grandes blocos de riscos associados aos:

- riscos do que existe e em operação;
- riscos do que vai existir.

Os riscos do que vai existir seriam os de longo prazo e estariam intimamente ligados ao Planejamento Estratégico. Os elementos, variáveis e entidades que representam fraquezas da empresa e ameaças do ambiente externo seriam as fontes de identificação desses riscos. Normalmente, podem ser mensurados de forma genérica nos fluxos futuros de lucro de longo prazo.

Exemplos representativos desses riscos seriam os relacionados com:

- a manutenção, criação ou perda de clientes;
- os mercados interno e externo;
- os produtos e seus respectivos mercados e clientes;
- a manutenção, perda ou criação de tecnologia produtiva, comercial e administrativa;
- os concorrentes atuais e potenciais;
- a manutenção, perda ou criação de fornecedores estratégicos etc.

Os riscos do que existe e da empresa em operação são mais visíveis, e grande parte deles *pode ser associada ao Balanço Patrimonial e à Demonstração de Resultados*. Como exemplo, poderíamos citar os riscos:

- associados às aplicações financeiras e à concentração de operações bancárias;
- associados aos valores em moeda estrangeira e sua exposição à volatilidade das taxas de câmbio;
- de obsolescência de estoques;
- de concentração de vendas para clientes;
- de perdas com inadimplência;
- com passivos trabalhistas e contingências tributárias;
- com tecnologia e obsolescência das plantas fabris;

- com aumentos de custos dos fornecedores de bens e serviços;
- de mudança de políticas tributárias e trabalhistas;
- de perda de controle interno;
- de fraudes etc.

A maior parte dos riscos de curto prazo permite facilidades de mensuração, já que estão relacionados com ativos e passivos e as operações existentes. Pode-se fazer um mapa desses riscos mensurando perdas prováveis. Como modelo geral, sugerem-se o balanço e a demonstração de resultados dentro de um conceito de contas analíticas. Cada elemento patrimonial do balanço e da demonstração de resultados pode ser alinhado e, em cima disso, trabalhar as possibilidades de perdas para um horizonte de um ou dois anos.

6.8 Simulação no Planejamento Econômico[10]

A principal variável que vincula o planejamento estratégico ao planejamento operacional é a previsão das receitas de vendas e prestação de serviços para os próximos anos. A estimativa das vendas para os próximos períodos terá sempre como referência as diretrizes do planejamento estratégico, diretrizes essas que são determinadas a partir da leitura do ambiente e dos cenários, em conjunto com os objetivos estratégicos da companhia. Deste conjunto de variáveis assumidas, a empresa estrutura as premissas orçamentárias para os próximos períodos, das quais a previsão das vendas é a primeira a ser determinada, uma vez que a partir da previsão de vendas é que as outras peças orçamentárias podem ser projetadas. Esta visão de integração pode ser vista na Figura 6.5.

A assunção de cenários significa assumir as variáveis macroeconômicas que a empresa julga que prevalecerão para os próximos períodos e que têm correlação

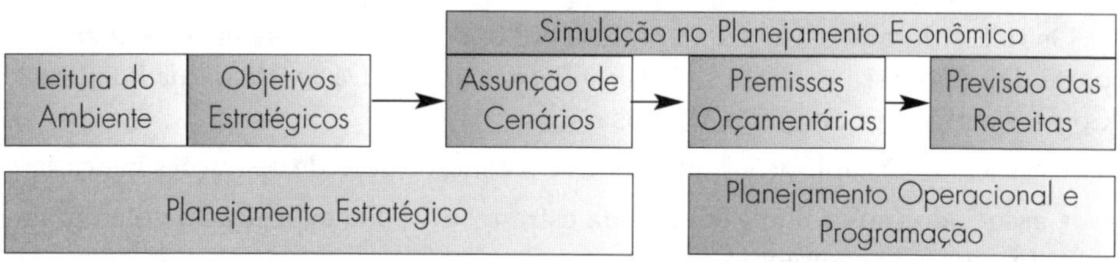

Figura 6.5 Simulação no Planejamento Econômico – Ligação da Estratégia ao Planejamento Operacional

[10] Com base em: FRANCISCHETTI, Carlos E. *Aplicação de contabilometria no processo de planejamento econômico de uma empresa de varejo nacional*. Piracicaba, 2015. Tese (Doutorado em Administração) – Unimep.

direta ou indireta com o desempenho futuro das vendas da companhia. As variáveis macroeconômicas mais importantes normalmente são:

a) A expectativa de crescimento ou redução do PIB dos mercados em que a empresa atua;
b) A expectativa dos principais índices de inflação que podem afetar as transações da empresa (IPCA, IGPM etc.);
c) A expectativa das taxas de juros primárias, secundárias e terciárias (Selic, CDI, Poupança, TJLP, Libor, Prime Rate, Euribor[11] etc.);
d) A expectativa das variações das taxas de câmbio das principais moedas estrangeiras;
e) A expectativa da variação das taxas de desemprego;
f) A expectativa de crescimento ou redução do nível de atividade do setor de atuação da empresa etc.

Caracterizamos como um sistema de informação de controladoria estratégica a realização sistemática de um processo de aplicação de métodos quantitativos (contabilometria) que possa identificar as possíveis correlações entre as variáveis macroeconômicas e o desempenho futuro da empresa em termos de vendas e receitas. A este sistema estruturado denominamos simulação no planejamento econômico.

A simulação no planejamento econômico significa a aplicação de métodos quantitativos (pesquisa operacional, simulação de Monte Carlo, regressão linear simples e múltipla etc.) numa análise histórica com dados de longo prazo (10, 20 anos), correlacionando as variáveis macroeconômicas que a empresa entende que são as relevantes para o seu negócio com o desempenho de suas receitas.

A partir da identificação de correlações estatísticas positivas, a empresa tem condições de simular várias alternativas de crescimento, baseadas em dados estratégicos, fazendo a integração entre o planejamento estratégico e o planejamento operacional e programação.

Questões e Exercícios

1. O Planejamento Estratégico não é uma técnica que se limita às grandes empresas, valendo para qualquer tipo de empreendimento. Tomando como referência as que atuam nos setores apresentados a seguir, elabore, em grupo de três ou mais colegas, uma análise do ambiente e seu relacionamento com a empresa.

[11] Selic é a taxa básica de juros determinada pelo Banco Central do Brasil; CDI é a taxa interbancária dos bancos brasileiros mais importantes; TJLP é a taxa básica de juros do BNDES; Libor – London Interbank Offered Rate é a taxa básica de juros da Grã-Bretanha; Prime Rate é a taxa básica de juros dos principais bancos norte-americanos; Euribor é a taxa básica de juros do Banco Central Europeu.

a) Empresa de alimentação de rua.

b) Pequena empresa de confecção de roupas.

c) Empresa de fornecimento de alimentação para outras empresas.

d) Empresa de produtos alimentícios (biscoitos, salgadinhos etc.).

e) Empresa de prestação de serviços contábeis.

f) Comércio varejista de armas de fogo.

g) Indústria processadora de plásticos para utensílios (baldes, lixos etc.).

h) Empresa montadora de microcomputadores.

i) Instituição de ensino médio particular.

j) Instituição de ensino particular de terceiro grau (ensino superior).

k) Empresa de fretes e transportes.

l) Revendedora de automóveis novos e usados.

2. Após o trabalho executado no exercício anterior, prepare:

   a) uma conclusão com as principais variáveis e entidades que afetam a empresa;

   b) um plano estratégico para a empresa;

   c) um caderno para uma apresentação formal do plano à diretoria ou aos investidores.

3. Pesquise e identifique os dados da variação do PIB do Brasil desde 1995. Juntamente com o faturamento anual de uma empresa escolhida nesse mesmo período, elabore uma tabela com as variações entre um ano e outro, a variação acumulada em todos os anos e uma análise gráfica comparativa.

4. Faça uma análise da evolução mensal da taxa do dólar nos últimos três anos, comparando-a com a evolução mensal do IGPM nesse período. Procure tirar algumas observações para inferir um futuro próximo.

5. Faça uma pesquisa em jornais e revistas especializadas, ou mesmo no IBGE, e procure identificar o tamanho do mercado brasileiro, para um ano de consumo, para os seguintes setores:

   a) produção de aço;

   b) cerveja;

   c) veículos de passeio;

   d) produção de televisores;

   e) telefonia móvel (celulares).

6. Faça uma pesquisa e identifique o Valor de Mercado e o Valor Patrimonial de pelo menos cinco empresas sociedades anônimas de capital aberto, com ações cotadas em bolsa, nos últimos três anos. Faça um quadro e gráficos comparativos.

7. Faça uma pesquisa em empresas da região e identifique as que utilizam o *balanced scorecard* como instrumento de gerenciamento da estratégia. Apresente um quadro-resumo dos indicadores de acompanhamento.

8. Como exemplo, tome uma empresa conhecida que não tenha ainda o *balanced scorecard* e estruture uma sugestão desse instrumento.

9. Tome uma empresa conhecida como exemplo e estruture um mapa de gerenciamento de risco. Para cada risco identificado, faça uma explanação, indicando se:

   a) o impacto é alto, moderado ou baixo;

   b) a probabilidade de ocorrência é alta, moderada ou baixa.

10. Tome o Balanço Patrimonial de uma empresa conhecida e procure identificar o risco possível em cada elemento patrimonial, do ativo e do passivo, atribuindo probabilidade e mensurando em termos de valor as possibilidades de perda.

Capítulo 7

Controladoria no Planejamento Operacional

O processo de planejamento operacional está totalmente ligado com a estrutura básica do Balanço Patrimonial nas suas duas grandes áreas: ativo e passivo. Inicialmente, caracteriza-se pela determinação da estrutura do ativo das unidades de negócio e, em seguida, pela determinação da estrutura desejada ou ideal de financiamento dos investimentos do ativo.

Assim, dentro do processo de planejamento operacional, cabe à Controladoria a criação de modelos de decisão, mensuração e informação ligados à determinação das estruturas de ativos e passivos das unidades de negócio e da empresa, bem como para as decisões posteriores de adaptação das estruturas determinadas.

7.1. Determinação da Estrutura do Ativo

Praticamente todos os autores de Finanças são unânimes em definir as funções fundamentais do administrador financeiro. São elas: decisões de investimento, de financiamento e de dividendos. Conforme Van Horne,[1] "(...) as funções de finanças envolvem três principais decisões que a companhia tem de tomar: a decisão de investimento, a decisão de financiamento e a decisão de dividendos. Cada uma deve ser considerada em relação ao nosso objetivo; uma ótima combinação das três irá criar valor. A **decisão de investimento** é a mais importante das três quando no propósito de criar valor. Investimento de capital é a alocação de capital para as propostas de investimentos cujos benefícios serão realizados no futuro. Uma vez que os futuros benefícios não são conhecidos com certeza, as propostas de investimento necessariamente envolvem riscos. Consequentemente, elas devem ser avaliadas na relação de seu retorno e risco esperado, uma vez que esses fatores afetam a avaliação da empresa no mercado".

Queremos ressaltar que essas três decisões, apesar de serem consideradas típicas funções do administrador financeiro, fazem parte, na realidade, do escopo da Controladoria e estão sob a responsabilidade do *controller*, uma vez que têm por fim apoiar a empresa em todo o processo de gestão, que inclui o planejamento operacional.

Para a decisão de planos operacionais, devem ser feitos estudos e modelos para as decisões de investimentos, que, por sua vez, exigem, automaticamente, a

[1] VAN HORNE, James C. *Financial management and policy*. 11. ed. Upper Saddle River: Prentice-Hall, 1998. p. 5-6.

consequente decisão de financiamento e, por isso, são impossíveis de ser analisadas, a não ser em conjunto. A decisão de dividendos necessita do apoio do *controller*, como uma decisão que afeta o processo de criação de valor e faz parte também das atribuições da Controladoria.

Decisão de Investimento e Determinação da Estrutura do Ativo

O tema decisão de investimento tem sido explorado, na literatura financeira, em termos de uma decisão em cima de opções de investimentos, com seus respectivos riscos e retornos. Os investimentos possíveis são apresentados dentro do conceito de fluxos de caixa, e a decisão deve ser feita à luz do conceito de valor do dinheiro no tempo, retorno e risco esperados. Os critérios mais utilizados são o Valor Presente Líquido (VPL) e a Taxa Interna de Retorno (TIR). Será escolhido o investimento, ou conjunto de investimentos, que apresentar o melhor retorno com o menor risco.

Contudo, não tem sido explorado nem desenvolvido um modelo de decisão que evidencie os critérios e conceitos para se chegar ao valor que deverá ser investido em cada uma das opções. Os modelos apresentados em Finanças partem de valores totais estimados, sem evidenciar os meios, critérios e conceitos para se chegar a tais valores.

Conforme Gitman, no entanto, "(...) as decisões de investimento determinam a combinação e o tipo de ativos constantes do balanço patrimonial da empresa (...) A combinação refere-se ao montante de recursos aplicados em ativos circulantes e ativos permanentes".[2]

Esse aspecto, que, em nosso entender, é da etapa do planejamento operacional, será o objeto de apresentação neste capítulo.

Conceito e Classificação de Investimentos

> *Um investimento caracteriza-se por ser um gasto não consumido imediatamente, cujos resultados virão dos benefícios futuros desse gasto.*

Um investimento caracteriza-se por:

- todos os gastos que utilizam determinado modelo de mensuração, geralmente fluxo de caixa descontado;
- geradores de outros produtos e serviços;
- instrumentos e meios para desenvolver as atividades;

[2] GITMAN, Lawrence J. *Princípios de administração financeira*. 7. ed. São Paulo: Harbra, 1997. p. 14.

- não se exaurirem de uma única vez;
- haver o usufruto (uma obra de arte não seria considerada um investimento industrial).

A Contabilidade denomina esses investimentos Ativos Permanentes, e as Finanças, Ativos Fixos.

Investimentos e Atividades

Uma das características dos investimentos é que eles são um dos recursos, meios ou instrumentos utilizados pelas atividades para que estas produzam os produtos e serviços a que se destinam. Podemos definir as atividades como unidades de aglutinação de especializações do conhecimento humano, dentro da empresa, necessárias para que esta atinja seus objetivos com eficácia. Como as pessoas desenvolvem suas atividades na empresa consumindo recursos, ela pode ser caracterizada como uma matriz de especializações e recursos.

Desse modo, é possível classificar as atividades (especializações) da empresa, em relação aos recursos utilizados para obtenção dos produtos e serviços finais, em dois grandes tipos:

- as que utilizam os recursos;
- as que coordenam ou distribuem recursos.

Compras, estocagem, produção e vendas são os principais exemplos de atividades que utilizam os recursos. Finanças, recursos humanos, sistemas, engenharia, Controladoria etc. são exemplos de atividades que têm como função monitorar ou distribuir recursos.

Ativos Fixos e Capital de Giro

No Balanço Patrimonial, o ativo representa os investimentos da empresa, que são agrupados em duas classes principais:

- os que têm uma dinâmica própria e acompanham o ciclo de operações da empresa, denominados Investimentos no Capital de Giro (estoques, contas a receber, contas a pagar);
- os que se caracterizam por um forte grau de imutabilidade ou fixidez, denominados Ativos Fixos (imóveis, equipamentos, utensílios, intangíveis adquiridos).

Para desenvolver suas funções, as atividades requerem, além dos recursos imediatamente consumidos no processo de execução de suas atividades e da obtenção dos produtos e serviços, investimentos nas duas classes de ativos.

Tipos de Investimentos

As possibilidades de investimentos são infinitas e podem ocorrer de forma ininterrupta e variada para as pessoas físicas dentro das empresas e corporações. Podemos investir em ativos financeiros (títulos do governo, títulos de renda fixa, ações de empresas, derivativos, mercado futuro etc.), em *commodities* (metais, produtos agropecuários, minerais etc.), no mercado imobiliário, em artes etc.

O que nos interessa, no entanto, é o ambiente empresarial, no qual podemos vislumbrar quatro grandes principais tipos de investimentos:

I – aquisição de uma empresa já existente;

II – investimento em uma nova empresa;

III – investimento da empresa em uma nova unidade de negócio ou novo produto;

IV – investimento da empresa em ativos específicos.

Todos eles requerem análise do retorno e do risco. No entanto, a decisão sobre os investimentos dos tipos I e IV caracteriza-se, fundamentalmente, por ser baseada em único valor – o valor total da empresa ou o valor do ativo específico. Já a decisão sobre os investimentos dos tipos II e III caracteriza-se por um valor decorrente da combinação das duas classes de investimentos: Ativos Fixos e Capital de Giro, os quais requerem um estudo diferenciado, que denominamos determinação da estrutura do ativo.

Determinação da Estrutura do Ativo

Determinar a estrutura do ativo significa identificar a quantidade e a qualidade do investimento.

Conceitua-se determinação da estrutura do ativo como a decisão de investimento que é tomada para obtenção da combinação de ativos fixos e de capital de giro para cada alternativa possível do negócio em estudo, objetivando o melhor retorno do investimento, dentro das possibilidades de fundos possíveis dos investidores.

O propósito dessa combinação é determinar a parcela ideal de investimentos em Ativos Fixos e Capital de Giro para o negócio ou empresa a ser constituída.

Esta talvez seja uma das decisões mais difíceis de serem modeladas na gestão econômica das empresas. A determinação da estrutura do ativo é consequência de uma série de outras decisões anteriores que decorreram do Planejamento Estratégico. Da análise do plano estratégico para investir em uma nova empresa, ou em uma nova unidade de negócio, sairão as diretrizes e os pontos referenciais que determinarão a estrutura do ativo do investimento.

Modelo de Decisão para Definição da Estrutura do Ativo[3]

O processo de decisão da definição da estrutura do ativo é complexo, pois envolve uma série muito grande de variáveis. Variáveis como volume, preços de venda, tecnologias, processos, estrutura do produto, atividades a serem internadas etc. devem ser definidas com antecedência, já que a necessidade de investimentos e o tipo de ativo decorrem de opções efetuadas em cada uma delas, cada uma a seu tempo, obedecendo a uma ordenação e dentro de uma estrutura lógica de geração e inter-relacionamento de variáveis.

É possível, contudo, construir um modelo de decisão orientador. Em linhas gerais, qualquer modelo de definição da estrutura do ativo passa por definir o produto ou linha de produtos que a empresa ou unidade de negócio irá oferecer aos consumidores. Portanto, o modelo deve partir das seguintes definições prévias:

a) definição dos produtos ou linha de produtos que serão oferecidos;

b) definição, concomitante, dos mercados em que serão oferecidos;

c) definição, também concomitante, do volume normal esperado e do(s) preço(s) de venda;

d) definição, logo a seguir, sobre qual segmento da cadeia produtiva ou comercial a empresa ou unidade de negócio operará;

e) definição, em conclusão, da tecnologia básica a ser adotada para produção e comercialização.

Essas definições conduzirão a uma estrutura de ativos da empresa ou unidade de negócio, assim como, consequentemente, a uma estrutura de custos dos produtos.

A Figura 7.1 apresenta um exemplo de cadeia produtiva do ramo têxtil de confecções. Esta etapa do processo decisório é fundamental, uma vez que, decidido a opção pela etapa da cadeia produtiva do produto ou serviço escolhido, esta decisão direciona a estrutura do ativo a ser formada. Se a empresa opta por entrar desde o início da cadeia produtiva, fatalmente terá uma estrutura produtiva mais verticalizada, demandando mais ativos fixos. Se optar por trabalhar nas etapas finais da cadeia produtiva, como no varejo, terá uma estrutura mais horizontalizada, com menor demanda de ativos fixos e mais demanda de capital de giro, basicamente de estoques.

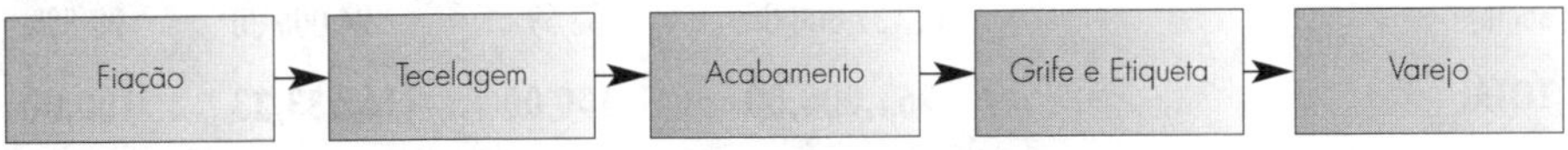

Figura 7.1 Exemplo de cadeia produtiva – confecção

[3] Esse modelo está detalhado no artigo do autor: A controladoria no planejamento operacional: Modelo para determinação da estrutura do ativo. *Revista de Contabilidade do CRC-SP*, ano VI, n. 20, p. 24-44, jun. 2002.

7.2. Exemplos de Estruturas de Ativos

A seguir, trabalharemos um pequeno e simples exemplo de como pode se apresentar a estrutura do ativo de uma nova empresa ou unidade de negócio estruturada em cima do setor de confecção de vestuário. O exemplo apresenta duas opções para o decisor, a partir de uma definição inicial. A empresa pode ser estruturada desenvolvendo o máximo possível de atividades operacionais internamente (Opção 1), como pode entregar a terceiros o desenvolvimento das atividades necessárias para levar o produto ao consumidor final (Opção 2).

A Opção 1 representa uma empresa de confecção que produz e vende com corpo próprio de vendas. A Opção 2 representa uma empresa que não produz e apenas põe sua marca e, também, vende através de vendedores terceirizados que ganham por comissão. A Tabela 7.1 representa como uma estrutura de ativo pode ser diferente de outra, a partir de decisões de tecnologias e segmento da cadeira operacional. As quantidades a serem vendidas são as mesmas para as duas opções.

Tabela 7.1 Estrutura do Ativo (Investimentos)

	Opção 1		Opção 2	
	$	%	$	%
GIRO				
. Estoque de Materiais	24.000,00	9,56%	0,00	0,00%
. (–) Fornecedores	(8.000,00)	–3,19%	(16.266,67)	–13,96%
. Estoque de Produtos Acabados	43.000,00	17,13%	48.800,00	41,88%
. Clientes	60.000,00	23,90%	60.000,00	51,49%
Soma	119.000,00	47,41%	92.533,33	79,41%
ATIVO FIXO				
. Imóveis – Fábrica	48.000,00	19,12%	0,00	0,00%
. Equipamentos – Fábrica	60.000,00	23,90%	0,00	0,00%
. Equipamentos – Administração / Vendas	24.000,00	9,56%	24.000,00	20,59%
Soma	132.000,00	52,59%	24.000,00	20,59%
TOTAL	**251.000,00**	**100,00**	**116.533,33**	**100,00**

Fica evidente que o ativo decorrente da escolha pela Opção 1 é muito maior do que se escolhida a Opção 2, porque, internando mais processos, há necessidade de ter mais Ativos Fixos e estoques. A Opção 2 exige menos investimentos.

Um outro ponto importante é a estrutura percentual do ativo. A Opção 1 tem 52,59% de ativos fixos e 47,41% de capital de giro. A Opção 2 tem muito mais participação de Capital de Giro (79,41%), já que, por não ter fábrica, exige menos investimentos em Ativos Fixos.

Lucro Esperado

Cada opção traz resultados diferentes em termos de lucro ou prejuízo. As estruturas de gastos, de materiais e de ativos são diferentes. Portanto, fica claro que o lucro será diferente. Na Tabela 7.2, apresentamos em termos de resultado, das duas opções, a partir dos dados levantados inicialmente. Neste momento, não introduziremos as despesas financeiras do financiamento dos investimentos, nem os impostos sobre o lucro, objetivando uma análise operacional mais focada.

Tabela 7.2 Demonstração de Resultados

	Opção 1		Opção 2	
	$	%	$	%
RECEITA TOTAL	**40.000,00**	**100,00**	**40.000,00**	**100,00**
(–) Custos Variáveis				
. Materiais	8.000,00	20,00%	24.400,00	61,00%
. Comissões	0,00	0,00%	6.000,00	15,00%
Total	8.000,00	20,00%	30.400,00	76,00%
Margem de Contribuição (1)	**32.000,00**	**80,00%**	**9.600,00**	**24,00%**
(–) Custos/Despesas Fixas (A+B+C)	28.700,00	71,75%	7.700,00	19,25%
Lucro Operacional (2)	**3.300,00**	**8,25%**	**1.900,00**	**4,75%**
GRAU DE ALAVANCAGEM				
OPERACIONAL (1 : 2)		9,70		5,05

A Opção 1 evidencia um lucro operacional mensal de $ 3.300,00, bem maior que o lucro operacional de $ 1.900,00 da Opção 2. Se atentássemos apenas para o valor absoluto do lucro, poderíamos preferir a Opção 1. Essa análise, porém, não é conclusiva. É necessário fazer a análise de rentabilidade, através do retorno sobre o ativo, uma vez que cada opção exigiu valores de investimentos diferentes nos ativos.

De qualquer maneira, as diversas etapas do modelo de decisão conduziram a determinadas estruturas de ativos, que, por sua vez, conduziram a determinadas estruturas de resultado e, consequentemente, de lucro esperado.

Retorno do Investimento

Esta é a análise final dentro dessa etapa de definição. O retorno do investimento é que deve ser o elemento determinado para se escolher uma alternativa ou outra. O retorno do investimento é a relação entre o lucro operacional e os ativos necessários para se obter esse lucro, pelo processamento das transações e operações necessárias para produzir, administrar e vender o produto escolhido para a nova empresa ou unidade de negócio. Essa análise é apresentada na Tabela 7.3 a seguir. A anualização da rentabilidade foi feita de forma simples, multiplicando por 12 a rentabilidade mensal obtida.

Tabela 7.3 Rentabilidade do Ativo

	Opção 1	Opção 2
Lucro Operacional (A)	3.300,00	1.900,00
Ativo Total (B)	251.000,00	116.533,33
Rentabilidade do Ativo (anualizada) (A : B)	**15,78%**	**19,57%**

De posse dessa análise, verificamos que, apesar de o lucro operacional da Opção 2 ser menor, pelo fato de ter exigido menos investimentos de recursos financeiros na sua estrutura de ativos, ela apresenta uma rentabilidade maior – 19,57%, contra os 15,78% da Opção 1. A Opção 1 exigiu mais ativos, à luz dos dados elaborados. Assim, mesmo tendo lucro maior, a rentabilidade final foi menor que a da Opção 2.

A decisão seria, nesse momento, pela Opção 2.

7.3. Determinação da Estrutura do Passivo

Como complemento natural da determinação da estrutura do ativo, qualquer projeto de investimento requer a decisão de financiamento, ou seja, quais serão as fontes de recursos a serem buscadas que permitirão a efetivação do investimento proposto. A decisão de financiamento para um projeto específico determina sua estrutura específica de passivo. Contudo, na visão de uma operacionalidade contínua, uma empresa não deixa de ser uma sucessão de projetos de investimentos. Assim, a decisão de financiamento de um projeto juntar-se-á a decisões anteriores de financiamento de outros projetos, formando, no seu conjunto, a estrutura de passivo da empresa. Essa estrutura de passivo tem de ser administrada continuadamente. Apesar de ser uma atividade ligada à Tesouraria, cabe também à Controladoria seu monitoramento, pois a estrutura de passivo adequada gera resultados econômicos mensuráveis que causam impacto no valor da empresa e é componente fundamental do processo de planejamento orçamentário.

Estrutura de Passivo ou Estrutura de Capital – Definição e Conceitos Principais

Define-se estrutura de passivo a participação relativa dos diversos tipos de fontes de capital remuneradas que estão sendo utilizados para financiar os investimentos do ativo da empresa. A estrutura de passivo também é denominada *estrutura de capital*.

Dentro do estudo da estrutura de passivo, não se consideram como fontes de capital os passivos normais decorrentes do financiamento dos custos das operações da empresa, tais como fornecedores, contas a pagar, salários e encargos sociais a pagar, impostos a recolher e adiantamentos de clientes. Estes são denominados passivos de *funcionamento*, pois não são remunerados explicitamente com juros, e os prazos de pagamento desses passivos existem para dar operacionalidade de rotina de pagamentos. Esses passivos, para estudo da estrutura de passivo, devem ser alocados no ativo com sinal negativo, pois fazem parte do investimento no Capital de Giro. Os passivos remunerados com juros, que fazem parte do conceito de estrutura de passivo, são denominados passivos de *financiamento*.

Apresentamos a seguir dois exemplos de estrutura de passivo.

Tabela 7.4 Exemplos de Estrutura de Passivo

	Empresa A		Empresa B	
	Valor – $	Participação %	Valor – $	Participação %
Financiamentos	100.000	10%	250.000	25%
Debêntures	250.000	25%	350.000	35%
Ações Preferenciais	300.000	30%	150.000	15%
Ações Ordinárias	350.000	35%	250.000	25%
Total	1.000.000	100%	1.000.000	100%

A empresa A apresenta fontes de capital captadas externamente – financiamentos e debêntures – que totalizam 35% da estrutura do passivo. A maior parte está representada por captação junto a acionistas ordinários e preferenciais, que detêm 65% da estrutura do passivo.

A empresa B tem uma situação oposta. Sessenta por cento de sua participação é captação externa, e apenas 40% é de captação junto aos acionistas. Normalmente, a estrutura de passivo é apresentada de forma gráfica em formato de pizza, como na Figura 7.2 a seguir.

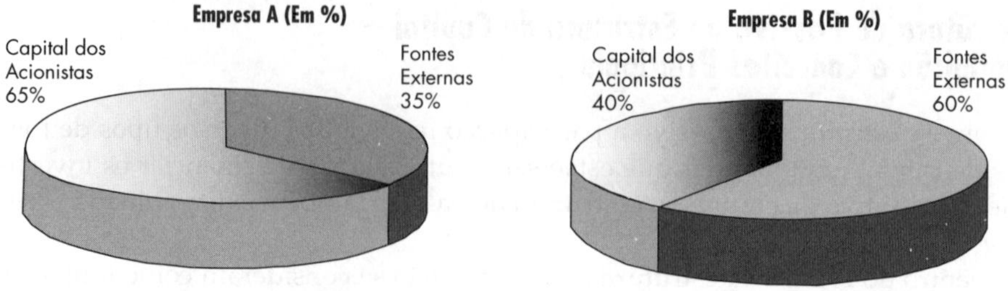

Figura 7.2 Estrutura de Passivo – Apresentação Gráfica

Estrutura de Passivo como Opção

Já vimos que a decisão de investimento e a determinação da estrutura do ativo apresentam possibilidades opcionais. Sabe-se, contudo, que determinados negócios, dentro de volumes e tecnologias recomendadas, exigem determinadas estruturas de ativo que permitem menor liberdade de ação para sua decisão.

Já para a determinação da estrutura do passivo existe maior grau de liberdade, tanto nas decisões iniciais de financiamento dos investimentos como posteriormente, quando, dentro de um conjunto normal de condições empresariais, há sempre possibilidades de refazer o perfil da dívida, tanto em termos de participações percentuais como de prazos de amortização e taxas de juros.

Os principais parâmetros norteadores da estrutura do passivo são:

- grau de aversão ao risco;
- dilema liquidez *versus* rentabilidade;
- mensuração do endividamento.

Grau de Aversão ao Risco

As empresas são de propriedade de pessoas e administradas por pessoas que têm comportamentos específicos. Esses comportamentos se refletem nas várias atividades empresariais dentro dos diversos modelos decisórios. Talvez seja no modelo decisório da decisão de financiamento que as variáveis comportamentais ou os elementos culturais, crenças e valores estejam mais presentes.

O risco pode ser definido como probabilidade de perda em relação a resultados esperados. Uma decisão inadequada de financiamento pode afetar enormemente outras decisões anteriores de investimentos. Assim, as pessoas têm posturas diferentes em relação aos riscos decorrentes de um negócio. No caso da decisão de financiamento, o risco em questão é o risco financeiro. O risco financeiro refere-se à possibilidade de a empresa não gerar lucros operacionais suficientes para honrar seus compromissos de pagamentos das dívidas e seus encargos de juros.

O grau de aversão ao risco indica como a empresa vê o risco financeiro, que é evidenciado na sua estrutura de passivo. Quanto mais a empresa se vale de fontes externas de capital, menos aversão ao risco ela tem. A empresa que se vale mais de fontes dos seus acionistas evidencia maior grau de aversão ao risco financeiro. Também dizemos que as empresas com menor grau de aversão ao risco financeiro são mais arrojadas na sua estrutura de capital e as com maior grau de aversão ao risco são consideradas empresas financeiramente conservadoras.

O Dilema Liquidez *versus* Rentabilidade

A busca de uma ótima estrutura de capital parte do pressuposto de que é possível ter lucros maiores quando se obtém a maior quantidade de fontes baratas de capital. O custo das fontes de capital são os juros e qualquer outra remuneração que se pague aos detentores e cedentes do capital. Quanto menor o custo das fontes de capital, mais lucros a empresa poderá conseguir. Dentro desse pressuposto, há uma ideia inicial de se buscar a maior quantidade de fontes externas de capital, desde que a um custo menor que as fontes dos acionistas.

A empresa, contudo, pode não conseguir os resultados esperados, em função de outros riscos existentes, e perder, parcial ou totalmente, temporária ou definitivamente, a condição de honrar as parcelas dos juros e das amortizações do principal. Denominamos *liquidez* a condição que a empresa tem de honrar todos os seus compromissos financeiros. Quanto maior a liquidez, mais segurança financeira a empresa tem. Denominamos *iliquidez* quando a empresa se apresenta sem condição de honrar seus compromissos financeiros.

Portanto, na busca da maior rentabilidade através do uso intensivo de fontes externas de capital, a empresa pode se ver, no horizonte futuro, às voltas com a possibilidade de perda parcial ou total de liquidez. Esse dilema, não facilmente solúvel, é denominado *dilema liquidez × rentabilidade*. Essa é uma das gestões prioritárias da área financeira das empresas.

Capital Próprio e Capital de Terceiros

A visão tradicional de Finanças (denominada *abordagem ortodoxa*) encara os fornecedores de fontes externas de capital (financiamentos e debêntures) como capital de terceiros, ou seja, seus detentores não fazem parte da gestão da firma.

O valor das fontes dos acionistas, considerados fornecedores internos de capital, é denominado *capital próprio*. Em nosso país, enquadram-se aí os acionistas preferenciais e ordinários. Na literatura financeira internacional, basicamente dominada pela literatura norte-americana, as ações preferenciais são consideradas como capital de terceiros.

Basicamente, a separação entre capital próprio e capital de terceiros decorre de dois fundamentos:

1. *Aspecto Jurídico:* legalmente, os acionistas é que assumem os riscos e as responsabilidades finais pelo empreendimento, quando de sua eventual liquidação.
2. *Tipo de Remuneração:* as fontes de capital de terceiros devem ser remuneradas de acordo com os termos contratuais, através dos juros ou prêmios, independentemente de a empresa ter tido ou não lucro suficiente para tanto. São considerados como *renda fixa*. Já as fontes de capital próprio são remuneradas basicamente pelo lucro residual, após o pagamento dos juros aos financiadores externos. No caso da inexistência de lucros residuais (prejuízo), os acionistas não terão lucros para serem distribuídos. Os lucros pagos aos acionistas são denominados *dividendos* ou *lucros distribuídos*. São considerados como *renda variável*, por serem lucros residuais.

7.4. Estrutura de Ativos e Passivos, Alavancagem e Risco

A palavra "alavancagem", derivada do conceito de alavanca da física, é utilizada para indicar a obtenção de um resultado final em uma relação mais do que proporcional ao esforço empregado. A alavancagem caracteriza-se quando, dado um determinado aumento de volume (do nível de atividade), a empresa obtém um aumento maior no lucro. Essa possibilidade ocorre quando existem custos e despesas fixas dentro da empresa. Os juros pagos ao capital de terceiros são considerados despesas fixas. Como também há custos fixos operacionais, existe a possibilidade de termos a alavancagem operacional e a alavancagem financeira. A junção das duas alavancagens dá a alavancagem da empresa ou alavancagem combinada.

Alavancagem Operacional

> *Alavancagem operacional é a possibilidade de um acréscimo percentual, no lucro operacional, maior do que o percentual obtido do aumento das vendas.*

A alavancagem operacional é um instrumento gerencial de otimização de gastos fixos, pelo aumento do volume. Quanto maior a incidência de gastos fixos, maior a possibilidade de alavancagem operacional. A alavancagem operacional traz o risco operacional. O risco, nesse caso, caracteriza-se quando, ao invés de aumento do volume, ocorre a sua redução, prejudicando o resultado operacional da empresa.

Alavancagem Financeira

Alavancagem financeira significa a possibilidade de os acionistas da empresa obterem maiores lucros para suas ações, com o uso mais intensivo de capital de terceiros, ou seja, empréstimos. O fundamento da alavancagem financeira é que os juros são custos fixos e, portanto, permitem o fenômeno alavancagem. Como sempre, no dilema risco × retorno, todo fenômeno alavancagem, baseado em custos fixos, tem a sua contrapartida negativa, que é o risco. Assim, a alavancagem financeira traz também o risco financeiro.

O fato de os juros serem um custo fixo permite duas possibilidades de alavancagem financeira, que podem ser utilizadas conjuntamente. A primeira decorre de obter custos de financiamentos das fontes externas em percentual inferior à rentabilidade oferecida pelos ativos da empresa, como vimos no exemplo anterior. A segunda alavancagem decorre da natural possibilidade de as empresas aumentarem seu nível de atividade, com vendas e lucros operacionais maiores, e alavancando rentabilidade para os acionistas por manterem fixos os valores pagos ao capital de terceiros.

A alavancagem financeira decorrente do aumento do volume é similar à alavancagem operacional e, dentro de expectativas de volumes maiores esperados, pode até permitir aceitar taxas de juros maiores, daquelas admissíveis dentro de volumes menores de atividade e vendas.

Relação entre Estrutura de Ativo e Passivo e Alavancagem

A alavancagem operacional decorre de uma estrutura operacional montada para uma empresa ou unidade de negócio – ou seja, decorre da montagem de uma estrutura de ativo para atender às operações necessárias para produzir e vender os produtos e serviços definidos.

A estrutura de ativos adotada conduz a uma estrutura de custos, ou seja, uma parcela de custos fixos e uma parcela de custos variáveis. A alavancagem operacional maior ou menor decorre de uma estrutura de custos com maior ou menor incidência de custos fixos. Desta maneira, fica configurada a relação entre estrutura de ativos e alavancagem operacional, já que a estrutura de ativos determina uma estrutura de custos, e a alavancagem operacional decorre da estrutura de custos configurada.

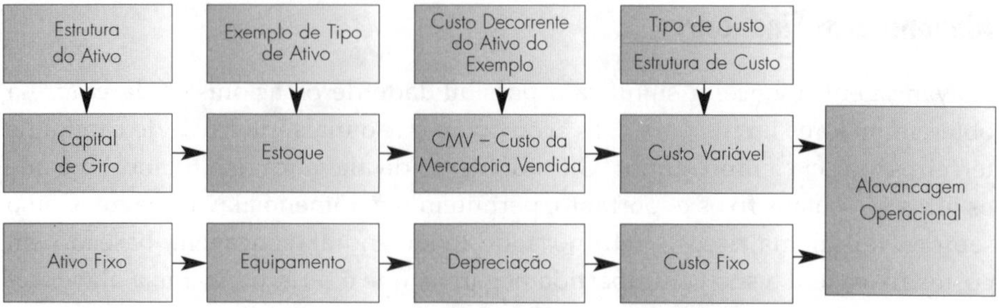

Figura 7.3 Relação entre Estrutura do Ativo e Alavancagem Operacional

A estrutura de passivo conduz a dois tipos de renda dos financiamentos. Os juros devidos ao capital de terceiros são considerados despesas fixas. O lucro remanescente, para o capital próprio, é considerado renda variável. Portanto, a existência de gastos fixos de juros conduz ao fenômeno alavancagem financeira.

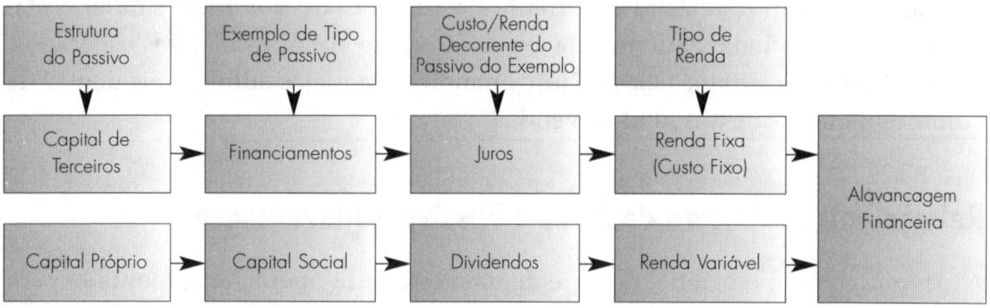

Figura 7.4 Relação entre Estrutura do Passivo e Alavancagem Financeira

Alavancagem Combinada e o Risco da Empresa

A combinação de uma determinada estrutura de ativo com uma determinada estrutura do passivo dá origem a um grau determinado de alavancagem geral da empresa, que denominamos *alavancagem combinada*. O grau de alavancagem combinada é obtido pela multiplicação do grau de alavancagem operacional pelo grau de alavancagem financeira. Por conseguinte, o grau de alavancagem combinada determina o grau de risco do empreendimento dentro daquela combinação de alavancagem escolhida.

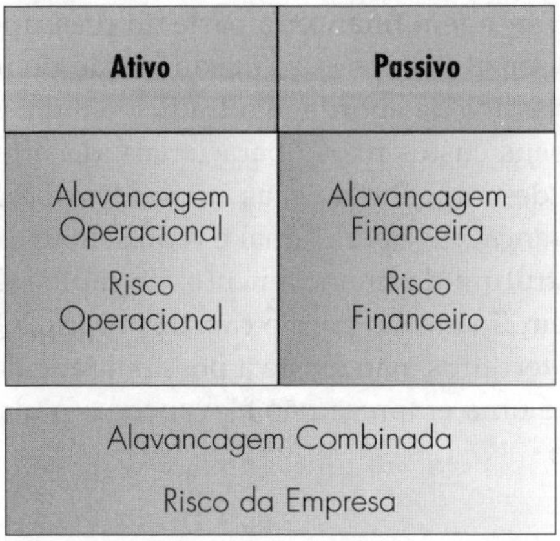

Figura 7.5 Alavancagem e Risco no Balanço Patrimonial

7.5. Grau de Alavancagem

O fenômeno alavancagem e seu oposto, o risco, pode ser medido por meio do grau de alavancagem. O grau de alavancagem operacional é a medida da extensão da utilização dos custos e despesas fixas dentro da empresa. É um indicador que mede o potencial da possibilidade da alavancagem operacional e pode ser representado pela seguinte fórmula:

$$\frac{\text{Margem de Contribuição Total}}{\text{Lucro Operacional}} = \text{Grau de Alavancagem Operacional (GAO)}$$

O grau de alavancagem financeira pode ser medido pela seguinte fórmula:

$$\frac{\text{Lucro Operacional}}{\text{Lucro Líquido}} = \text{Grau de Alavancagem Financeira (GAF)}$$

O grau de alavancagem combinada é a multiplicação do grau de alavancagem operacional pelo grau de alavancagem financeira. Pode ser medido pela seguinte fórmula:

$$\frac{\text{Margem de Contribuição Total}}{\text{Lucro Líquido}} = \text{Grau de Alavancagem Combinada (GAC)}$$

Já vimos que a alavancagem financeira parte do pressuposto de que os custos fixos de juros podem ser utilizados para maximização do retorno dos acionistas e é um fundamento clássico da abordagem tradicional da estrutura de capital.

As empresas têm seus custos fixos operacionais, decorrentes da estruturação de seus ativos para o desempenho de suas atividades operacionais. Esses custos fixos permitem a alavancagem operacional e representam o risco operacional.

A existência, na estrutura de financiamento, de capital de terceiros permite o fenômeno alavancagem financeira para o capital próprio. Quando uma empresa não utiliza capital de terceiros, não existe a possibilidade de alavancagem financeira, e dizemos que é uma empresa não alavancada. A alavancagem financeira está ligada ao passivo.

Exemplo: Alavancagem Combinada

A alavancagem combinada, ou alavancagem total da empresa, resulta da multiplicação da alavancagem operacional pela alavancagem financeira. Portanto, a alavancagem total da empresa é uma combinação de estrutura de custos operacionais (via estrutura de ativos) com uma estrutura de capital (estrutura financeira ou de passivo). Em tese, podemos ter, então, quatro combinações de estruturas de empresas:

- **Estrutura Operacional Conservadora + Estrutura Financeira Conservadora.**
- **Estrutura Operacional Conservadora + Estrutura Financeira Arrojada.**
- **Estrutura Operacional Arrojada + Estrutura Financeira Conservadora.**
- **Estrutura Operacional Arrojada + Estrutura Financeira Arrojada.**

Consideramos estrutura operacional conservadora aquela que utiliza o máximo possível de custos variáveis e o mínimo possível de custos fixos. A estrutura oposta é considerada operacionalmente arrojada.

Consideramos estrutura financeira conservadora aquela que utiliza o máximo possível de capital próprio e o mínimo possível de capital de terceiros. A estrutura oposta é considerada financeiramente arrojada.

Para evidenciar as possibilidades de combinação de alavancagem, utilizaremos os dados do exemplo numérico do Capítulo 13, onde verificamos duas possibilidades de estrutura de ativo, imaginando também duas estruturas financeiras alternativas, apresentadas agora na Tabela 7.5.

Tabela 7.5 Estrutura de Passivo (Financiamento)
Estrutura A – 30% de Capital de Terceiros – 70% de Capital Próprio

	Opção 1		Opção 2	
	$	%	$	%
Capital de Terceiros				
Empréstimos, Financiamentos	75.300,00	**30,00%**	34.960,00	**30,00%**
Soma	75.300,00	**30,00%**	34.960,00	**30,00%**
Capital Próprio				
Capital Social, Lucros Retidos	175.700,00	**70,00%**	81.573,33	**70,00%**
Soma	175.700,00	**70,00%**	81.573,33	**70,00%**
TOTAL	251.000,00	**100,00**	116.533,33	**100,00**

Tabela 7.5 Estrutura de Passivo (Financiamento)
Estrutura B – 70% de Capital de Terceiros – 30% de Capital Próprio

	Opção 1		Opção 2	
	$	%	$	%
Capital de Terceiros				
Empréstimos, Financiamentos	175.700,00	**70,00%**	81.573,33	**70,00%**
Soma	175.700,00	**70,00%**	81.573,33	**70,00%**
Capital Próprio				
Capital Social, Lucros Retidos	75.300,00	**30,00%**	34.960,00	**30,00%**
Soma	75.300,00	**30,00%**	34.960,00	**30,00%**
TOTAL	251.000,00	**100,00**	116.533,33	**100,00**

A seguir, na Tabela 7.6, apresentamos o resultado líquido após os juros, para evidenciar o efeito das combinações da alavancagem. Deixaremos de considerar os impostos sobre o lucro, objetivando simplificar a análise dos dados.

No primeiro quadro, apresentamos as duas possibilidades de estrutura de custos – Opção 1 e Opção 2 – com a Estrutura Financeira A.

No segundo quadro, apresentamos as mesmas opções de estrutura de custos, agora com a Estrutura Financeira B.

Tabela 7.6 Demonstração de Resultados – Estrutura Financeira A
Custo do Capital de Terceiros – 1% ao mês

	Opção 1 $	%	Opção 2 $	%
RECEITA TOTAL	**40.000,00**	**100,00**	**40.000,00**	**100,00**
(–) Custos Variáveis				
. Materiais	8.000,00	20,00%	24.400,00	61,00%
. Comissões	0,00	0,00%	6.000,00	15,00%
Total	8.000,00	20,00%	30.400,00	76,00%
Margem de Contribuição (1)	**32.000,00**	**80,00%**	**9.600,00**	**24,00%**
(–) Custos/Despesas Fixas	28.700,00	71,75%	7.700,00	19,25%
Lucro Operacional (2)	**3.300,00**	**8,25%**	**1.900,00**	**4,75%**
Juros	753,00	1,88%	349,60	0,87%
Lucro Depois dos Juros (3)	**2.547,00**	**6,37%**	**1.550,40**	**3,88%**
Grau de Alavancagem Operacional (1:2)	*9,70*		*5,05*	
Grau de Alavancagem Financeira (2:3)	*1,30*		*1,23*	
Grau de Alavancagem Combinada (1:3)	*12,56*		*6,19*	
RENTABILIDADE DO CAPITAL PRÓPRIO (anualizada)	**17,40%**		**22,81%**	

Tabela 7.6 Demonstração de Resultados – Estrutura Financeira B
Custo do Capital de Terceiros – 1% ao mês

	Opção 1 $	%	Opção 2 $	%
RECEITA TOTAL	**40.000,00**	**100,00**	**40.000,00**	**100,00**
(–) Custos Variáveis				
. Materiais	8.000,00	20,00%	24.400,00	61,00%
. Comissões	0,00	0,00%	6.000,00	15,00%
Total	8.000,00	20,00%	30.400,00	76,00%
Margem de Contribuição (1)	**32.000,00**	**80,00%**	**9.600,00**	**24,00%**
(–) Custos/Despesas Fixas	28.700,00	71,75%	7.700,00	19,25%
Lucro Operacional (2)	**3.300,00**	**8,25%**	**1.900,00**	**4,75%**
Juros	1.757,00	4,39%	815,73	2,04%
Lucro Depois dos Juros (3)	**1.543,00**	**3,86%**	**1.084,27**	**2,71%**
Grau de Alavancagem Operacional (1:2)	*9,70*		*5,05*	
Grau de Alavancagem Financeira (2:3)	*2,14*		*1,75*	
Grau de Alavancagem Combinada (1:3)	*20,74*		*8,85*	
RENTABILIDADE DO CAPITAL PRÓPRIO (anualizada)	**24,59%**		**37,22%**	

Note que temos dois graus de alavancagem operacional e dois graus de alavancagem financeira. A combinação dos dois tipos de alavancagem possibilita quatro combinações de alavancagem e, portanto, quatro diferentes graus de alavancagem combinada. Obviamente, a reunião de duas estruturas conservadoras dá o menor grau de alavancagem combinada (6,19), e a reunião de duas estruturas arrojadas dá o maior grau de alavancagem combinada (20,74).

Assim, em um possível aumento do nível de atividade da empresa, haverá maior resposta no lucro para os acionistas da combinação que tiver o maior grau de alavancagem combinada; o lucro crescerá mais. Em uma situação inversa, ocorrendo uma redução do nível de atividade, essa mesma combinação sofrerá maior redução do lucro dos acionistas.

A Tabela 7.7 reflete os efeitos da alavancagem combinada com um aumento de 15% no volume de vendas.

Tabela 7.7 Demonstração de Resultados – Estrutura Financeira A – + 15% no Volume de Vendas
Custo do Capital de Terceiros – 1% ao mês

	Opção 1		Opção 2	
	$	%	$	%
RECEITA TOTAL	**46.000,00**	**100,00**	**46.000,00**	**100,00**
(–) Custos Variáveis				
. Materiais	9.200,00	20,00%	28.060,00	61,00%
. Comissões	0,00	0,00%	6.900,00	15,00%
Total	9.200,00	20,00%	34.960,00	76,00%
Margem de Contribuição	**36.800,00**	**80,00%**	**11.040,00**	**24,00%**
(–) Custos/Despesas Fixas	28.700,00	62,39%	7.700,00	16,74%
	8.100,00	17,61%	3.340,00	7,26%
Juros	753,00	1,64%	349,60	0,76%
Lucro Depois dos Juros	**7.347,00**	**15,97%**	**2.990,40**	**6,50%**
RENTABILIDADE DO CAPITAL PRÓPRIO (anualizada)	**50,18%**		**43,99%**	

Tabela 7.7 Demonstração de Resultados – Estrutura Financeira B – + 15% no Volume de Vendas
Custo do Capital de Terceiros – 1% ao mês

	Opção 1		Opção 2	
	$	%	$	%
RECEITA TOTAL	**46.000,00**	**100,00**	**46.000,00**	**100,00**
(–) Custos Variáveis				
. Materiais	9.200,00	20,00%	28.060,00	61,00%
. Comissões	0,00	0,00%	6.900,00	15,00%
Total	9.200,00	20,00%	34.960,00	76,00%
Margem de Contribuição	**36.800,00**	**80,00%**	**11.040,00**	**24,00%**
(–) Custos/Despesas Fixas	28.700,00	62,39%	7.700,00	16,74%
Lucro Operacional	**8.100,00**	**17,61%**	**3.340,00**	**7,26%**
Juros	1.757,00	3,82%	815,73	1,77%
Lucro Depois dos Juros	**6.343,00**	**13,79%**	**2.524,27**	**5,49%**
RENTABILIDADE DO CAPITAL PRÓPRIO (anualizada)	**101,08%**		**86,65%**	

Variação do Lucro Líquido

O efeito da alavancagem fica evidente na variação percentual do lucro depois dos juros, que é o lucro para os acionistas. Vamos apresentar o lucro final na situação antes do aumento do volume de vendas, contra o lucro final após o aumento de vendas, para mostrar o efeito combinado da alavancagem da empresa. Veja na Tabela 7.8.

A mesma variação do lucro líquido pode ser obtida multiplicando-se o grau de alavancagem combinada pela variação do volume, conforme também demonstrado na Tabela 7.8.

Tabela 7.8 Variação Percentual do Lucro Líquido após os Juros

Estrutura Patrimonial	Lucro Após os Juros		
	Anterior	Após Aumento do Volume	Variação Percentual
Estrutura Financeira A + Opção 1	2.547,00	7.347,00	188,46%
Estrutura Financeira A + Opção 2	1.550,40	2.990,40	92,88%
Estrutura Financeira B + Opção 1	1.543,00	6.343,00	311,08%
Estrutura Financeira B + Opção 2	1.084,27	2.524,27	132,81%

(continua)

Tabela 7.8 Variação Percentual do Lucro Líquido após os Juros (continuação)

Utilizando o Grau de Alavancagem Combinada (GAC)

Estrutura Patrimonial	GAC (A)	Variação no Volume (B)	Variação Percentual (A×B)
Estrutura Financeira A + Opção 1	12,56	15%	188,46%
Estrutura Financeira A + Opção 2	6,19	15%	92,88%
Estrutura Financeira B + Opção 1	20,74	15%	311,08%
Estrutura Financeira B + Opção 2	8,85	15%	132,81%

7.6. Estrutura de Capital Ótima e Grau de Alavancagem Ideal

São duas abordagens de estrutura de capital:

a) A abordagem ortodoxa que sugere utilização máxima do capital de terceiros, mas que não consegue provar qual é a participação máxima que elimine o risco financeiro;

b) A abordagem MM dos autores Modigliani e Miller, que provaram que, em ambiente economicamente perfeito, é irrelevante a estrutura de capital, mas que colide com o mundo real porque juridicamente o capital próprio é diferente do capital de terceiros.

Assim, "não há fórmula exata disponível para determinar o quociente ótimo entre capital de terceiros e capital próprio. Por causa disso, recorremos a evidências encontradas na prática".[4]

Também não existe grau de alavancagem ideal. A cada alteração de volume ou alteração da estrutura de custos fixos e variáveis, haverá um novo número que represente o grau de alavancagem. Só se pode dizer que uma empresa tem um grau de alavancagem maior ou menor que outra, ou que o grau de alavancagem de uma empresa num determinado ano é maior ou menor do que no período anterior.

7.7. Valor Presente Líquido (VPL) – Modelo Básico para Avaliação da Decisão de Investimento

O critério de valor presente líquido é o modelo clássico para a decisão de investimentos e compreende as seguintes variáveis:

- O valor do investimento.

[4] ROSS, S. A.; WESTERFIIELD, R. W.; JAFFE, J. F. *Administração Financeira*. 2. ed., São Paulo: Atlas, 2002. p. 362.

- O valor dos fluxos futuros de benefícios (de caixa, de lucro, de dividendos, de juros).
- A quantidade de períodos em que haverá os fluxos futuros.
- A taxa de juros desejada pelo investidor.

Exceto com relação ao primeiro item (o valor do investimento), todas as demais variáveis apresentam alguma dificuldade para incorporação ao modelo decisório. A obtenção das informações sobre o valor dos fluxos futuros depende de estudos antecipatórios das probabilidades de ocorrência de vendas, mercados, custos, inflação etc., que fatalmente conduzem a dificuldades de previsibilidade.

O mesmo acontece com a quantidade de períodos a serem utilizados no modelo. Excetuando-se casos como aplicações em renda fixa, contratos de remuneração prefixada com período certo etc., dificilmente sabe-se com precisão quanto tempo o investimento produzirá fluxos futuros.

A taxa de juros sempre dependerá das expectativas de inflação, tanto do país como do exterior, bem como das taxas básicas de juros existentes no mercado, como a do Banco Central do país, dos títulos do Tesouro norte-americano, do Banco Central Europeu etc.

Conceito do VPL: Valor Atual

Valor Presente Líquido significa descontar o valor dos fluxos futuros, a uma determinada taxa de juros, de tal forma que este fluxo futuro apresente-se a valores de hoje, ou ao valor atual. O valor atual dos fluxos futuros, confrontado com o valor atual do investimento a ser feito, indica a decisão a ser tomada:

- Se o valor atual dos fluxos futuros for *igual ou superior* ao valor atual a ser investido, o investimento *deverá ser aceito.*
- Se o valor atual dos fluxos futuros for *inferior* ao valor a ser investido, o investimento *não deverá ser aceito.*

Vamos supor que uma empresa tenha uma oportunidade de investimento que exigirá $ 1.000.000 de recursos. Após estudos, ela identifica que esse investimento gerará fluxos de caixa nos próximos três anos de $ 500.000 por ano. Ela tem um custo de oportunidade de 12% ao ano, que representa a remuneração mínima desejada pela empresa.

Investimento a ser feito (Ano 0 ou T0) - $	1.000.000
Rentabilidade mínima exigida (taxa de juros)	12%
Fluxo Futuro de Benefícios (Caixa)	
Ano 1 (T1)	500.000
Ano 2 (T2)	500.000
Ano 3 (T3)	500.000
Total	1.500.000

Para que a decisão possa ser tomada agora, é necessário trazer os fluxos futuros à data de hoje, uma vez que os fluxos futuros estão em valores nominais. Toda metodologia de tratamento de fluxos futuros leva em consideração o valor do dinheiro no tempo e deve ser feita utilizando o conceito de juros compostos. Assim, vamos descontar os três fluxos futuros anuais de entrada de caixa pela taxa de juros que representa o custo de oportunidade do investidor. Esses cálculos estão demonstrados na Tabela 7.9.

Tabela 7.9 Valor Presente Líquido dos Fluxos Futuros

	Fluxo Futuro A	Índice da Taxa de Desconto B	Valor Atual do Fluxo Futuro C (A : B)
Ano 1	500.000	1,12	446.429
Ano 2	500.000	1,2544	398.597
Ano 3	500.000	1,404928	335.890
	1.500.000		1.200.916

Pelos dados apurados no exemplo, o investimento deverá ser aceito, uma vez que a soma do valor atual dos fluxos dos próximos três anos, descontados à taxa de 12% a.a., é de $ 1.200.916, superior ao valor de $ 1.000.000 a ser investido.

Note que o fluxo futuro de cada ano é diferente em termos de valor atual. O fluxo futuro do Ano 1 foi descontado pela taxa de 12% para um ano, e o seu valor atual equivalente, um ano antes, é de $ 446.429. Ou seja, $ 446.429 hoje equivalem a $ 500.00 daqui a um ano.

O valor atual do fluxo do segundo ano equivale a preços do Ano 0 a $ 398.597. Ou seja, se aplicarmos hoje $ 398.597 a uma taxa de 12% ao ano, teríamos $ 500.000 daqui a dois anos ($ 398.597 × 1,12 × 1,12).

Taxa Interna de Retorno (TIR)

O modelo de decisão baseado na Taxa Interna de Retorno é uma variação do critério do VPL. Neste modelo, em vez de se buscar o VPL do fluxo futuro, busca-se a taxa de juros que iguala o total dos fluxos futuros descontados a essa taxa de juros com o valor do investimento inicial. A fórmula é a seguinte:

$$I(0) = \frac{FF(1)}{(1+i)^{1}} + \frac{FF(2)}{(1+i)^{2}} + \ldots + \frac{FF(n)}{(1+i)^{n}}$$

onde:

I(0) = Investimento inicial no período 0
FF = Fluxos Futuros dos períodos 1 a n
i = taxa de juros que iguala a equação

Utilizando os dados do nosso exemplo, a taxa de juros anual que iguala o investimento ao fluxo futuro descontado é de 23,3752% a.a. Para o cálculo da TIR utilizamos esta função no Excel. O Excel exige que o investimento inicial esteja com sinal negativo. Este valor está na célula B2, enquanto os três fluxos futuros estão nas células B4, B5 e B6. A fórmula exigida pelo Excel para calcular a TIR com essas células é = TIR (B2:B6). O resultado é imediato 23,3752%, que é a taxa anual.

Utilizando esta taxa para descontar os fluxos futuros, e aplicando no modelo de VPL, temos que o valor atual dos fluxos futuros, descontados a 23,752% ao ano, é de $ 1.000.000, comprovando a TIR.

	A	B
1	**Taxa Interna de Retorno**	
2	Investimento a ser feito (Ano 0 ou T0)	(1.000.000)
3	Fluxo Futuro de Benefícios	
4	• Ano 1 (T1)	500.000
5	• Ano 2 (T2)	500.000
6	• Ano 3 (T3)	500.000
7	Total	1.500.000
8	= TIR (B2 : B6)	23,3752%

Partindo da premissa de que o custo de oportunidade da empresa investidora é 12% ao ano, a taxa utilizada no cálculo do Valor Presente Líquido, a TIR de 23,3752% ao ano indica que o investimento deverá ser aceito, porque a TIR é maior do que a rentabilidade mínima exigida pelo investidor.

VPL *versus* TIR

Para confirmar a integração entre os dois critérios de avaliação de investimento, e também para deixar claro que a TIR é a taxa que iguala o valor dos investimentos com o valor atual dos fluxos futuros, vamos aplicar a técnica do VPL neste mesmo investimento, utilizando agora a taxa obtida pelo critério da TIR, que é de 23,3752% ao ano. Esses cálculos estão na Tabela 7.10.

Tabela 7.10 Valor Presente Líquido dos Fluxos Futuros com Taxa de 23,3752%

	Fluxo Futuro A	Índice da Taxa de Desconto B	Valor Atual do Fluxo Futuro C (A : B)
Ano 1	500.000	1,233752	405.268
Ano 2	500.000	1,5221438	328.484
Ano 3	500.000	1,8779479	266.248
	1.500.000		1.000.000

Fica claro que, descontando os fluxos futuros pela taxa da TIR, o VPL dos fluxos futuros é de $ 1.000.000, exatamente o valor do investimento inicial.

Preferências

Os dois critérios são considerados adequados. Os profissionais e investidores dividem-se: alguns preferem o modelo da TIR; outros, o modelo do VPL. São caminhos diferentes que levam a tomar a decisão de maneira adequada.

Há apenas uma consideração com relação ao modelo da TIR. Pelo fato de a taxa encontrada ser aplicada tanto no investimento quanto nos fluxos futuros, fica implícito que os fluxos futuros são reinvestidos à mesma taxa da TIR, o que nem sempre é possível. Assim, quando a TIR apresenta taxas muito superiores às obtidas normalmente no mercado, deve-se utilizá-la com mais cuidado.

Questões e Exercícios

1. Uma empresa está decidindo pela instalação de um negócio e tem duas opções básicas de processos operacionais, bem como de imobilização. Com os dados abaixo, pede-se:

   a) Determine a estrutura do ativo (investimentos) necessária de cada opção.

   b) Faça a análise de rentabilidade do investimento de cada opção. Desconsidere impostos sobre o lucro.

Dados:	Opção A	Opção B
Vendas Esperadas em um mês normal	3.000 unidades	3.000 unidades
Preço de Venda Unitário de Mercado	$ 30 por unidade	$ 30 por unidade

DEMONSTRAÇÃO DE RESULTADOS

Receita Total	$ 90.000	$ 90.000
(–) Custos Variáveis Totais - Materiais	(27.000)	(54.000)
= Margem de Contribuição	63.000	36.000
(–) Custos e Despesas Fixas		
. Industriais	(20.000)	-0-
. Administrativos/Comerciais	(30.000)	(30.000)
= Lucro Operacional	13.000	6.000

GIRO NECESSÁRIO/OBTIDO

Estoques de Materiais	2,5 meses	-0-
Produtos Acabados	4 meses	4 meses
Financiamento a Clientes	27 dias	27 dias
Pagamento de Fornecedores	20 dias	10 dias

ATIVO FIXO NECESSÁRIO

Imóveis	40.000	20.000
Equipamentos	80.000	40.000

2. Discorra resumidamente sobre os fundamentos da alavancagem operacional.

3. Com os dados obtidos no Exercício 2, calcule o grau de alavancagem operacional de cada opção. Faça em seguida uma estimativa com um aumento do volume de vendas da ordem de 5% e verifique a variação do lucro líquido e a nova rentabilidade do investimento de cada opção. Considere que os investimentos em Ativos Fixos serão os mesmos e que os investimentos em Capital de Giro seguirão as premissas anteriores.

4. Vejamos duas estruturas de custos diferentes para volume de produção de 800 unidades:

	Empresa A	Empresa B
VENDAS	3.200.000	3.200.000
CUSTOS VARIÁVEIS	1.450.000	750.000
CUSTOS E DESPESAS FIXAS	950.000	1.650.000
LUCRO OPERACIONAL	800.000	800.000

Pede-se:

a) Calcule o grau de alavancagem operacional.

b) Qual será o aumento de lucro líquido se houver uma variação de 15% nas vendas, para mais e para menos, para cada empresa? Elabore um quadro evidenciando os valores. Desconsidere impostos sobre o lucro.

5. A seguir, estão três alternativas de estruturas financeiras. Considere que o Patrimônio Líquido é composto apenas de Capital Social.

	Estrutura A	Estrutura B	Estrutura C
	$	$	$
Ativo Total	200.000	200.000	200.000
Passivo Total	200.000	200.000	200.000
Empréstimos	0	75.000	120.000
Patrimônio Liquido	200.000	125.000	80.000

Pede-se:

a) Calcule o grau de endividamento de cada estrutura.

b) Considerando um Lucro Operacional de $ 27.500 anual e uma taxa de juros de 11% ao ano, incidindo sobre os empréstimos, calcule o lucro após os juros, a rentabilidade do ativo e a rentabilidade do patrimônio líquido. Desconsidere os impostos sobre o lucro.

c) Apure os mesmos valores e indicadores, agora considerando uma taxa de juros de 16% ao ano.

d) Faça suas observações sobre os resultados dos dois cálculos.

e) Considerando o conceito de aversão ao risco, qual é a estrutura mais conservadora? E a mais arriscada? Quais as vantagens e desvantagens?

6. Considere as estruturas financeiras dadas a seguir e uma taxa de juros de 12% ao ano, que incide sobre o Capital de Terceiros.

	Estrutura Financeira A	Estrutura Financeira B
Capital de Terceiros	$ 200.000	450.000
Capital Próprio	400.000	150.000
Ativo/Passivo Total	600.000	600.000

As duas estruturas financeiras trabalham com a mesma estrutura de custos para um volume atual de vendas de $ 800.000. Os custos e despesas variáveis representam 60% das vendas, e os custos e despesas fixas montam $ 250.000. Calcule:

a) o lucro operacional e o lucro após os juros, para cada estrutura financeira;

b) a rentabilidade operacional sobre o ativo e a rentabilidade sobre o capital próprio de cada estrutura financeira;

c) o grau de alavancagem financeira das duas estruturas.

d) Qual será a variação do lucro líquido, considerando um aumento do volume/valor das vendas em 6%, para cada uma das estruturas financeiras?

e) Qual será a variação do lucro líquido, considerando uma redução do volume/valor das vendas em 6%, para cada uma das estruturas financeiras?

Desconsidere os impostos sobre o lucro.

7. Considere as duas estruturas financeiras dadas a seguir (A e B) e as duas estruturas de custos (1 e 2) e uma taxa de juros para os empréstimos de 14% no período.

Estrutura Financeira A – Capital Próprio – $ 500.000 / Quantidade de ações = 500
Empréstimos – 500.000

Estrutura Financeira B – Capital Próprio – 700.000 / Quantidade de ações = 700
Empréstimos – 300.000

	Estrutura de Custos 1	Estrutura de Custos 2
Vendas	$ 1.000.000	$ 1.000.000
Custos Variáveis	450.000	300.000
Custos Fixos	200.000	350.000

Calcule:

a) o lucro por ação para todas as hipóteses de combinações de alavancagens;

b) os graus de alavancagem (operacional, financeira, combinada);

c) o lucro por ação para todas as hipóteses de combinação, considerando aumento de 8% nas vendas;

d) as variações de lucro por ação com o primeiro cálculo;

e) verifique qual a estrutura mais arrojada e explique resumidamente por quê.

Desconsidere os impostos sobre o lucro.

8. Valor Presente Líquido

Uma empresa fará um investimento inicial de $ 1.000.000,00, cujo retorno espera ter em quatro anos. Ela está considerando como rendimento mínimo esperado a taxa de juros de 14% ao ano. Ela considera dois cenários para os próximos anos. No Cenário 1, os fluxos nominais previstos para os próximos anos são sequencialmente $ 280.000,00; $ 350.000,00; $ 370.000,00 e $ 400.000,00, totalizando $ 1.400.000,00 nos quatro anos. O Cenário 2 considera fluxos nominais previstos sequencialmente de $ 230.000,00; $ 310.000,00; $ 380.000,00 e $ 480.000,00, totalizando também $ 1.400.000,00 nos quatro anos. Os resultados obtidos e a avaliação dos cenários serão, respectivamente:

a) $ 980.977,03 Cenário 1; $ 1.001.499,24 Cenário 2; aceitar Cenário 1;

b) $ 1.001.499,24 Cenário 1; $ 980.977,03 Cenário 2; aceitar Cenário 1;

c) $ 980.977,03 Cenário 1; $ 1.001.499,24 Cenário 2; aceitar Cenário 2;

d) $ 1.001.499,24 Cenário 1; $ 980.977,03 Cenário 2; aceitar Cenário 2;

e) $ 980.977,03 Cenário 1; $ 1.001.499,24 Cenário 2; não aceitar nenhum cenário.

9. Taxa Interna de Retorno

   Uma empresa prevê um investimento de $ 2.000.000,00 para quatro anos, com um fluxo futuro anual igual de $ 700.531,00 por ano. Contudo, ela quer uma taxa interna de retorno de 16% ao ano. A taxa interna de retorno com o fluxo anual de $ 700.531,00 e o fluxo anual em quatro anos necessário para obter 16% ao ano são, respectivamente:

   a) 16% e $ 714.751,00;

   b) 15% e $ 700.531,00;

   c) 15% e $ 714.751,00;

   d) 16% e $ 700.531,00;

   e) 15% e $ 707.629,00.

10. Critério de avaliação de investimento

    A projeção dos fluxos de caixa de investimento de $ 3.000.000,00 considerando uma taxa de 15% ao ano deverá retornar em exatamente cinco anos, sendo que todos os fluxos anuais serão idênticos nos cinco anos. Com esses dados, indique qual o critério de avaliação de investimento você está utilizando:

    a) Valor Presente Líquido;

    b) Taxa Interna de Retorno;

    c) Os dois critérios.

    Justifique a alternativa escolhida.

11. Valor Presente Líquido e Taxa Interna de Retorno

    Na essência, esses dois critérios de avaliação de investimentos têm a mesma lógica estrutural e conceitual. Contudo, algumas características podem ser identificadas para cada um deles. Escolha a alternativa correta e justifique.

    a) No critério da Taxa Interna de Retorno está implícito que a taxa de juros identificada é aplicada simultaneamente para o valor do investimento e para o valor dos fluxos futuros;

    b) Caso o resultado da aplicação do Valor Presente Líquido resultar em zero, o investimento não deverá ser aceito.

Capítulo 8

Planejamento e Controle Orçamentário

A base da Controladoria Operacional é o processo de planejamento e controle orçamentário, também denominado planejamento e controle financeiro ou planejamento e controle de resultados. O orçamento é ferramenta de controle por excelência de todo o processo operacional da empresa, pois envolve todos os setores da companhia.

Definição

Uma definição que pode ser dada é que o orçamento é "a expressão quantitativa de um plano de ação e ajuda a coordenação e implementação de um plano".[1]

Orçar significa processar todos os dados constantes do sistema de informação contábil de hoje, introduzindo os dados previstos e considerando as alterações já definidas para o próximo exercício. Portanto, o orçamento não deixa de ser uma pura repetição dos relatórios gerenciais atuais, só que com os dados previstos. Não há basicamente nada de especial para se fazer o orçamento; basta colocar no sistema de informação contábil, no módulo orçamentário, os dados que deverão acontecer no futuro, dentro da melhor visão que a empresa tem no momento de sua elaboração.

Contudo, convém lembrar que o orçamento tem outros objetivos, e estes devem ser buscados dentro de seu conjunto, sendo ferramenta ideal para o processo de congruência de diversos objetivos corporativos e setoriais.

Objetivos

O orçamento pode e deve reunir diversos objetivos empresariais, na busca da expressão do plano e controle de resultados. Portanto, convém ressaltar que o plano orçamentário não é apenas prever o que vai acontecer e seu posterior controle. O ponto fundamental é o processo de estabelecer e coordenar objetivos para todas as áreas da empresa, de forma tal que todos trabalhem sinergicamente em busca dos planos de lucros.

Exemplos de propósitos gerais que devem estar contidos no plano orçamentário podem ser:

---

[1] STEDRY, A. C. *Getting the most from budgeting*. *Management Accounting*, v. 77, n. 2, p. 22, fev. 1999.

- *Orçamento como sistema de autorização:* o orçamento aprovado não deixa de ser um meio de liberação de recursos para todos os setores da empresa, minimizando o processo de controle.
- *Um meio para projeções e planejamento:* o conjunto das peças orçamentárias será utilizado para o processo de projeções e planejamento, permitindo, inclusive, estudos para períodos posteriores.
- *Um canal de comunicação e coordenação:* incorporando os dados do cenário aprovado e das premissas orçamentárias, é instrumento para comunicar e coordenar os objetivos corporativos e setoriais.
- *Um instrumento de motivação:* na linha de que o orçamento é um sistema de autorização, ele permite um grau de liberdade de atuação dentro das linhas aprovadas, sendo instrumento importante para o processo motivacional dos gestores operacionais.
- *Um instrumento de avaliação e controle:* considerando também os aspectos de motivação e de autorização, é óbvia a utilização do orçamento como instrumento de avaliação de desempenho dos gestores e controle dos objetivos setoriais e corporativos.
- *Uma fonte de informação para tomada de decisão:* contendo os dados previstos e esperados, bem como os objetivos setoriais e corporativos, é uma ferramenta fundamental para decisões diárias sobre os eventos econômicos de responsabilidade dos gestores operacionais.

Os objetivos da corporação, genéricos, direcionam os objetivos das diversas áreas ou funções, que são os objetivos específicos. Desta maneira, o processo de estabelecer objetivos deve ser um processo interativo, que coordena os objetivos gerais com os objetivos específicos. Nessa linha de atuação, o processo orçamentário deve permitir a participação de toda a estrutura hierárquica com responsabilidade orçamentária, não devendo ser um processo ditatorial com uma única direção, de cima para baixo. Não há dúvida de que, em última instância e em caso de dúvidas, prevalecerão os critérios da corporação.

Todos os envolvidos no processo orçamentário devem ser ouvidos. Esse envolvimento permitirá uma gestão participativa, consistente com a estrutura de delegação de responsabilidades, e o comprometimento de todos os gestores dos setores específicos. Só assim será possível a gestão adequada da etapa final do plano orçamentário, que é o controle orçamentário, com a análise das variações e do desempenho individual dos gestores.

Diante dessas colocações, podemos elencar alguns princípios gerais para a estruturação do plano orçamentário:

- *Orientação para objetivos:* o orçamento deve se direcionar para que os objetivos da empresa e dos setores específicos sejam atingidos eficiente e eficazmente.
- *Envolvimento dos gestores:* todos os gestores responsáveis por um orçamento específico devem participar ativamente dos processos de planejamento e controle, para obter o seu comprometimento.

- *Comunicação integral:* compatibilização entre o sistema de informações, o processo de tomada de decisões e a estrutura organizacional.
- *Expectativas realísticas:* para que o sistema seja motivador, deve apresentar objetivos gerais e específicos que sejam desafiadores, dentro da melhor visão da empresa, mas passíveis de serem cumpridos.
- *Aplicação flexível:* o sistema orçamentário não é um instrumento de dominação. O valor do sistema está no processo de produzir os planos, e não nos planos em si. Assim, o sistema deve permitir correções, ajustes, revisões de valores e planos.
- *Reconhecimento dos esforços individuais e de grupos:* o sistema orçamentário é um dos principais instrumentos de avaliação de desempenho etc.

8.1. Conceitos e Tipos de Orçamento

Não existe uma única maneira de estruturar o orçamento e, consequentemente, de como fazer o processo de avaliação e controle. Apresentaremos a seguir, resumidamente, os principais conceitos existentes, que são importantes, pois dão fundamento para o processo de execução do plano orçamentário.

Orçamento de Tendências

Uma prática orçamentária muito comum tem sido a de utilizar dados passados para projeções de situações futuras. Tal prática tem dado bons resultados, pois, de modo geral, os eventos passados são decorrentes de estruturas organizacionais já existentes, e, por conseguinte, há forte tendência de tais eventos se reproduzirem, considerando, contudo, a introdução dos novos elementos componentes do planejamento operacional da empresa.

Seria ingênuo imaginar uma simples reprodução em tendência dos eventos passados, como se fossem replicados no futuro. Na execução do orçamento de tendências, sempre existirão eventos passados, de conhecimento da empresa, que não se repetirão e que, portanto, não serão reproduzidos no orçamento. Da mesma forma, existirão eventos futuros que não terão um passado em que se possam basear novas estimativas, que deverão ser orçados de outra maneira.

Orçamento Base Zero

Esta proposta conceitual de elaboração de orçamento apareceu em contraposição ao orçamento de tendências. A filosofia do orçamento base zero está em romper com o passado. Consiste basicamente em dizer que o orçamento nunca deve partir da observação dos dados anteriores, pois eles podem conter ineficiências que o orçamento de tendências acaba por perpetuar.

A proposta do orçamento base zero está em rediscutir toda a empresa, toda vez que se elabora o orçamento, e em questionar cada gasto, cada estrutura, buscando verificar a real necessidade dele.

Nessa linha de pensamento, cada atividade da empresa será rediscutida não em função de valores maiores ou menores, mas na razão ou não da sua existência. Concluída a definição da existência da atividade, será feito um estudo, partindo do zero, de quanto deveria ser o gasto para a estruturação e manutenção daquela atividade e quais seriam suas metas e objetivos.

Dessa forma, podemos dizer que o orçamento base zero está intimamente ligado ao conceito de custo padrão ideal. Em nosso entendimento, o conceito de orçamento base zero é precursor do conceito mais atual de reengenharia, ou seja, rediscutir a empresa a partir de seus processos e da existência necessária deles.

Tipos de Orçamento

Basicamente, há dois tipos clássicos de orçamento: o estático e o flexível.

Orçamento Estático

É o orçamento mais comum. Elaboram-se todas as peças orçamentárias a partir da fixação de determinado volume de produção ou vendas. Esses volumes, por sua vez, também determinarão o volume das demais atividades e setores da empresa. O orçamento é considerado estático quando a administração do sistema não permite nenhuma alteração nas peças orçamentárias.

Caso a empresa, durante o período, considere que tais volumes não serão atingidos, parcela significativa das peças orçamentárias tenderá a perder valor para o processo de acompanhamento, controle e análise das variações, bem como base para projeções e simulações com os dados orçamentários. Apesar de conter um elemento crítico, que é um único nível de atividade e, portanto, sem flexibilidade, esse tipo de orçamento é muito utilizado, principalmente para grandes corporações, notadamente as que operam em vários países. O motivo básico dessa utilização é a grande necessidade de *consolidação* dos orçamentos de todas as suas unidades dispersas geograficamente, em um orçamento mestre e único da corporação.

Esse orçamento consolidado é vital para que a organização tenha uma visão geral de seus negócios e dos resultados econômicos esperados para o próximo ano, para aprovação de sua diretoria máxima. Nesse sentido, o orçamento estático é importante, já que eventuais alterações de volume em alguma de suas divisões não necessariamente impactarão de forma significativa no total dos orçamentos.

Obviamente, quando os impactos de alterações de volumes em todas as unidades da corporação forem significativos, não há por que manter um orçamento estático que não tenha validade para o processo decisorial.

Orçamento Flexível

Para solucionar o problema do orçamento estático, surgiu o conceito de orçamento flexível. Nesse caso, em vez de um único número determinado de volume de produção ou vendas, ou volume de atividade setorial, a empresa admite uma faixa de nível de atividades, na qual tendencialmente se situarão tais volumes de produção ou vendas.

Basicamente, o "Orçamento Flexível é um conjunto de orçamentos que podem ser ajustados a qualquer nível de atividades".[2] A base para a elaboração do orçamento flexível é a perfeita distinção entre custos fixos e variáveis. Os custos variáveis seguirão o volume de atividade, enquanto os custos fixos terão o tratamento tradicional. Apresentamos a seguir um modelo de orçamento flexível, de forma sintética, adaptado de Horngren, Sundem e Straton.[3]

O enfoque do orçamento flexível é possível, então, com os eventos que têm a possibilidade de uma mensuração unitária, que correspondem aos dados variáveis, como apresentado na primeira parte da Tabela 8.1. Associando-se aos volumes possíveis, podem-se fazer quantos orçamentos flexíveis forem necessários ou desejados. Os gastos fixos continuam sendo apresentados dentro do enfoque tradicional do orçamento, que é o orçamento estático, que corresponde à Parte II do quadro.

Tabela 8.1 Orçamento Flexível para Vários Níveis de Atividade de Produção ou Vendas

Orçamento por Unidade	Dados Unitários			
Níveis de Atividades – Em unidades		**7.000**	**8.000**	**9.000**
Vendas	**$ 31,00**	**217.000**	**248.000**	**279.000**
Materiais e Componentes	$ 21,00	147.000	168.000	189.000
Outros Custos e Despesas Variáveis	$ 0,80	5.600	6.400	7.200
Soma – Custos e Despesas Variáveis	**$ 21,80**	**152.600**	**174.400**	**196.200**
Margem de Contribuição	**$ 9,20**	**64.400**	**73.600**	**82.800**
Orçamento – Gastos Mensais				
Custos Fixos de Manufatura		37.000	37.000	37.000
Despesas Comerciais e Administrativas		33.000	33.000	33.000
Total Custos e Despesas Fixas		**70.000**	**70.000**	**70.000**
RESULTADO OPERACIONAL		**(5.600)**	**3.600**	**12.800**

[2] HORNGREN, Charles T. *Introdução à contabilidade gerencial*. 5. ed. Rio de Janeiro: Prentice-Hall, 1985. p. 137.

[3] HORNGREN, Charles T.; SUNDEM, Gary L.; STRATTON, William O. *Introduction to management accounting*. 10. ed. Upper Saddle River: Prentice-Hall, 1996. p. 296.

Um outro enfoque do orçamento flexível é *não assumir nenhuma faixa de quantidades* ou nível de atividade esperado. É feito apenas o orçamento dos dados unitários, e as quantidades a serem assumidas seriam as que realmente acontecessem. Entendemos que, apesar de ser um conceito com alguma aplicação, foge ao fundamento do orçamento, que é prever o que vai acontecer. Esse conceito dificulta, e muito, a continuidade do processo orçamentário, que são as projeções dos demonstrativos contábeis.

Orçamento Ajustado

O conceito de orçamento ajustado deriva do orçamento flexível. O orçamento ajustado é um segundo orçamento, que passa a vigorar quando se modifica o volume ou nível de atividade inicialmente planejado para um outro nível de volume ou de atividade, decorrente de um ajuste de plano.

Em outras palavras, o orçamento ajustado é o ajuste efetuado nos volumes planejados dentro do conceito de orçamento estático ou inicial.

É óbvio que sempre poderão ser feitos quantos orçamentos ajustados forem necessários. Em suma, toda vez que há necessidade de ajustar os volumes planejados para outro nível de volume, convém refazer o orçamento com as novas quantidades, o qual é chamado de *orçamento ajustado*, contrapondo-se ao primeiro, que seria denominado *orçamento original*.

Orçamento Original (+/–) Ajustes de Volumes = Orçamento Ajustado
(Volumes Planejados) (Volumes Ajustados)

Orçamento Corrigido

O conceito de orçamento corrigido é o ajuste do orçamento original, de forma automática, sempre que houver alteração de preços em função de inflação. É importante ressaltar que nem todas as empresas aceitam pacificamente esse conceito, já que, para muitas delas, as alterações de preços são de responsabilidade dos gestores setoriais e devem fazer parte das variações orçamentárias e justificadas, mesmo que ocasionadas por fenômeno inflacionário.

Nosso entendimento é que, se as alterações de preços forem decorrentes de inflação e, principalmente, de eventos pactuados contratualmente (cláusulas de reajustes baseadas em índices de inflação futura), ou impostas pelo governo através de suas taxas e preços administrados, é aceitável a adoção desse conceito de orçamento, já que não há uma possibilidade clara de controlabilidade pelo gestor do orçamento.

Outrossim, a correção automática de orçamentos por outras variações de preços, que não decorrentes de cláusulas de reajustes ou preços impostos, em que caiba atuação e, portanto, controlabilidade do gestor, não deve ser incorporada automaticamente ao orçamento.

Orçamento Original (Preços Originais)	(+/–) Variação de Preços por Inflação	=	Orçamento Corrido (Preços Corrigidos)

Budget *e* Forecast

A terminologia inglesa *budget* é a mais utilizada entre as empresas transnacionais e se refere basicamente ao orçamento dentro do conceito estático. A terminologia *forecast* é utilizada para o conceito de projeções.

É muito comum, nas empresas transnacionais, chamar também de *forecast* a soma dos dados reais mensais já acontecidos no período, mais os dados restantes do orçamento a cumprir. Não deixa de ser também um conceito de projeção para os dados do período todo. Nesse conceito, as variações entre o orçamento e o real, dos meses já acontecidos, são desprezadas, prevalecendo os dados reais, que são, então, somados aos meses restantes para cumprir o período orçamentário, funcionando esses dados como a melhor projeção para todo o período em questão.

8.2. Orçamento, Inflação e Moedas

Uma questão sempre discutida é a validade ou não do sistema orçamentário em ambientes econômicos sob condições de inflação crônica, com índices significativos e variados de variação geral de preços. Para nós, o sistema orçamentário é válido para qualquer entidade em qualquer situação conjuntural. Para tanto, é necessário o entendimento dos efeitos diversos da inflação nos diversos segmentos do sistema orçamentário e tratar adequadamente cada peça orçamentária à luz dos efeitos específicos que a inflação – e a possível correção monetária – causa a cada segmento do orçamento.

Quando há ocorrência de inflação, a gestão do custo dos recursos e das receitas tende a ficar mais complexa, e, com isso, há uma tendência de gerir a entidade com números mais agregados, pois os dados detalhados, que são transacionados na moeda fraca do país, tendem a perder significância nos períodos seguintes. Contudo, convém reafirmar que, mesmo em caso de ambiente orçamentário, o ferramental do orçamento continua válido e tão imprescindível quanto em ambiente de estabilidade monetária.

Orçamento em Moeda Estrangeira

Independentemente do fenômeno inflacionário, o orçamento em moeda estrangeira pode vir a ser necessário caso a empresa faça parte de um grupo transnacional que deva consolidar seus demonstrativos projetados. Para empresas que não tenham essa obrigatoriedade organizacional, o orçamento em moeda estrangeira pode vir a ser necessário para fins de comparabilidade com concorrência externa, avaliação de investimento etc.

A estruturação do orçamento em moeda estrangeira está baseada nos seguintes critérios:

a) mensuração anterior dos dados históricos em moeda estrangeira, para parametrizar os dados a serem incorporados ao orçamento;

b) dados previstos passíveis de serem mensurados em moeda estrangeira;

c) previsão das taxas de câmbio para transformação dos dados em moeda corrente previstos para moeda estrangeira;

d) adoção de um critério de transformação (taxa mensal, taxa média, taxa diária etc.);

e) introdução dos critérios de transformação dos demonstrativos contábeis em outras moedas.

Orçamento em Moeda Corrente

Independentemente de qualquer situação de utilização de orçamento em outro padrão monetário, há a necessidade da elaboração do orçamento em moeda corrente. Essa necessidade se impõe porque, efetivamente, todas as transações são efetivas na moeda corrente do país, mesmo que tenham algum indexador (correção monetária, taxa de câmbio).

Adicionalmente, as projeções dos demonstrativos contábeis devem ser feitas necessariamente em moeda corrente, tendo em vista que todos os aspectos tributários do país são medidos em moeda corrente, e eles envolvem todo o sistema orçamentário; as receitas e despesas financeiras, que sofrem também os efeitos inflacionários, só podem ser obtidas na moeda corrente.

8.3. Organização e Processo de Elaboração

O sistema orçamentário compreende o conjunto de pessoas, tecnologia administrativa, sistemas de informação, recursos materiais disponibilizados e a administração do sistema para execução dos planos orçamentários. Cabe ao *controller* a administração do sistema orçamentário, que recebe essa delegação da cúpula da empresa, seja dos proprietários ou da diretoria administrativa e financeira. Ele é quem deve liderar a organização do processo orçamentário, tanto na sua estrutura informacional como nos cronogramas de execução.

Organização do Orçamento

A organização do orçamento compreende um conjunto de medidas e estruturas. A seguir, apresentamos um painel para a organização do processo orçamentário e de sua implantação anual e execução, sem o objetivo de esgotar o assunto.

1. ***Comitê Orçamentário:*** deve ser instalado um comitê, que decidirá pela visão maior do orçamento anual. Normalmente, é composto pelas diretorias, pelo *controller* e pelo responsável direto pelo processo orçamentário.
2. ***Premissas Orçamentárias:*** cabe ao comitê orçamentário a definição das regras maiores e gerais a vigorarem para o próximo orçamento, que são as premissas orçamentárias.
3. ***Modelo do Processo Orçamentário:*** cabe também ao comitê orçamentário a definição do modelo de condução do processo orçamentário, modelo esse que deverá ser totalmente coerente com o subsistema institucional do sistema empresa, decorrente de suas crenças e valores.
4. ***Estrutura Contábil:*** cabe ao *controller*, considerando a missão e objetivos da empresa, estruturar e monitorar o sistema de informação contábil que atenda a todos os princípios orçamentários definidos pela empresa. Nesse tópico, constam as seguintes necessidades:
   - definição dos critérios de contabilização das receitas e despesas;
   - definição dos critérios de distribuição de gastos, se houver necessidade;
   - elaboração de manuais para os procedimentos acima;
   - estruturação da conta contábil;
   - definição das áreas de responsabilidade para incorporação à conta contábil;
   - definição e criação das tabelas de unidades de negócios, centros de lucros e centros de custos e suas respectivas ligações hierárquicas;
   - estruturação do plano de contas contábil.
5. ***Sistemas de Apoio:*** cabe ao *controller* a definição das tecnologias de informação e sistemas de apoio para execução dos cálculos e lançamentos orçamentários no sistema de informação contábil.
6. ***Relatórios:*** cabe ao *controller* a definição dos relatórios orçamentários de preparação dos orçamentos, bem como dos relatórios para acompanhamento e controle.
7. ***Cronograma:*** cabe ao *controller* a liderança da execução do cronograma orçamentário, em todas as suas etapas (previsão, reprojeção e controle).

Passos da Preparação do Plano Orçamentário

Em linhas gerais, podemos generalizar os seguintes passos da execução do plano orçamentário:[4]

---

[4] Adaptado de KENNEDY, Alison; e DUGDALE, David. Op. cit., p. 22.

1. estabelecer a missão e os objetivos corporativos;
2. estruturar as assunções ambientais; a partir destas, determinar o fator limitante, normalmente vendas (é possível que em determinados empreendimentos o fator limitante seja a produção, como jazidas minerais etc.);
3. elaborar o orçamento a partir da função restritiva do fator limitante;
4. elaborar os outros orçamentos, coordenando-os com o fator limitante e os objetivos corporativos;
5. sintetizar todos os orçamentos para produzir o orçamento mestre;
6. rever o orçamento mestre à luz dos objetivos corporativos;
7. aceitar o orçamento mestre ou, se ele não estiver de acordo com os objetivos corporativos, voltar ao passo 2 e repetir o processo até o orçamento ficar aceitável;
8. monitorar os resultados reais contra os resultados orçados e reportar variações;
9. como resultado das variações: tomar ações corretivas para eliminar as variações ou revisar os orçamentos mestres ou subsidiários para acomodar as variações.

Premissas Orçamentárias

Após a escolha do cenário mais provável (apresentado no Capítulo 7), a Controladoria deverá preparar o quadro de premissas para o plano orçamentário, que deverão, posteriormente, ser aprovadas pelo comitê orçamentário e tomadas como os fundamentos para o processo de elaboração das peças do orçamento.

As premissas decorrem do cenário escolhido. Através de informações e dados dos quais já dispõe em seu Sistema de Informação de Acompanhamento do Negócio, a cúpula diretiva tem conhecimento e percepção geral do que deve acontecer com os negócios da empresa, caso se concretize o cenário mais provável. Nesse sentido, as informações básicas para delinear o plano orçamentário, tais como comportamento das vendas, produção, novos negócios e oportunidades, necessidades de investimentos e financiamentos, logística etc., são passíveis de ser assumidas em termos quantitativos.

Além disso, a direção da empresa já tem condições de estabelecer outras premissas, fruto das decisões de vendas e investimentos, bem como decorrentes de políticas administrativas e financeiras, ou mesmo de caráter discricionário, ou seja, impostas. Todo conjunto de premissas quantificáveis e que sejam elementos que precisam ser trabalhados nas peças orçamentárias deve ser explicitado.

Consideramos como premissas orçamentárias os dados de ordem geral e que tendem a afetar, de forma direta ou indireta, toda a empresa e que, depois de assumidas, devem ser rigorosamente respeitadas sem discussão. Apresentamos a seguir um quadro exemplificativo de premissas gerais para o processo de elaboração das peças orçamentárias.

Quadro 8.1 Premissas Orçamentárias Gerais

Programa de Produção – Unidades/Ano	200.000	
Número de Funcionários	4.500	
Encargos Sociais Previstos – Média	92%	
Horas Extras Máximas	2%	
Aumentos Salariais – Data Base	4%	
Aumentos de Mérito – % Mensal	0,2%	
Taxa de Câmbio – %	7%	
Taxa de US$ – Inicial	$ 1,65	
Taxa de US$ – Final	$ 1,765	
Inflação Anual – País – %	10%	
Aumento de Lista de Preços – %	5%	
Inflação Interna – %	7,6%	
TJLP – Empréstimos Nacionais	15,0%	
Taxa de Juros Média – Empréstimos Estrangeiros	8,5%	+ Câmbio
Taxa de Juros Média – Aplicações Financeiras	16%	
IR Retido Fonte Aplicações Financeiras	15%	
Investimentos Necessários	$ 1.600.000	
Política de Contas a Receber	50 dias	
Política de Estocagem	90 dias	
Política de Fornecedores	30 dias	

8.4. Estrutura do Plano Orçamentário

O plano orçamentário contempla três grandes segmentos:

- o orçamento operacional;
- o orçamento de investimentos e financiamentos;
- a projeção dos demonstrativos contábeis (também chamados de orçamento de caixa).

Orçamento Operacional

É o que contém a maior parte das peças orçamentárias, pois abrange todos os orçamentos específicos que atingem a estrutura hierárquica da empresa, englobando as áreas administrativa, comercial e de produção. O orçamento operacional equivale, na demonstração de resultados da empresa, às informações que evidenciam o Lucro Operacional, ou seja, vendas, custo dos produtos, despesas administrativas e comerciais.

O orçamento operacional compreende as seguintes peças orçamentárias:

a) orçamento de vendas;

b) orçamento de produção;

c) orçamento de compras de materiais e estoques;

d) orçamento de despesas departamentais.

O orçamento de *despesas departamentais*, ou por centro de custo, abrange as despesas de cada setor com um responsável dentro da empresa por gastos controláveis, e inclui:

a) consumo de materiais indiretos pelo centro de custo;

b) despesas com mão de obra direta;

c) despesas com mão de obra indireta;

d) gastos gerais do centro de custo;

e) depreciações do centro de custo.

Orçamento de Investimentos e Financiamentos

Este segmento do plano orçamentário contém as seguintes peças orçamentárias:

a) orçamento de investimentos (aquisições de investimentos, imobilizados e diferidos);

b) orçamento de financiamentos e amortizações;

c) orçamento de despesas financeiras.

Normalmente, este segmento do plano orçamentário fica restrito a algumas pessoas, em geral da direção, o responsável pela Tesouraria e o *controller*.

Projeção dos Demonstrativos Contábeis

É o segmento do plano orçamentário que consolida todos os orçamentos. Parte do Balanço Patrimonial inicial, incorpora o orçamento operacional e o orçamento de investimentos e financiamentos, projeta as demais contas e conclui com um Balanço Patrimonial final. Compreende as seguintes peças orçamentárias:

a) projeção de outras receitas operacionais e não operacionais e despesas não operacionais;

b) projeção das receitas financeiras;

c) projeção da Demonstração de Resultados do período orçamentário;

d) projeção do Balanço Patrimonial ao fim do período orçamentário;

e) projeção do Fluxo de Caixa;

f) projeção da Demonstração das Origens e Aplicações dos Recursos;

g) análise financeira dos demonstrativos projetados.

Identicamente ao orçamento de investimentos e financiamentos, esse segmento do plano orçamentário fica restrito à cúpula diretiva e ao *controller*. Apresentamos na Figura 8.1 a seguir um resumo do esquema geral de um plano orçamentário e suas peças principais.

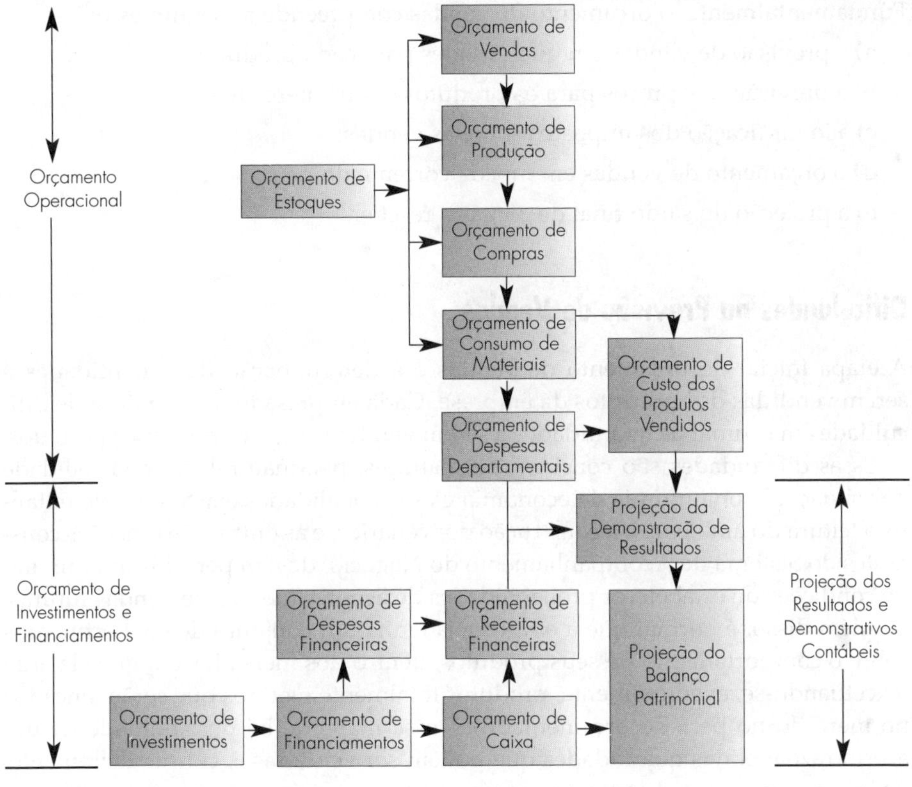

Figura 8.1 Esquema Geral do Plano Orçamentário

8.5. Orçamento de Vendas

O ponto-chave do orçamento operacional é o orçamento de vendas. Na realidade, o orçamento de vendas é o ponto de partida de todo o processo de elaboração das peças orçamentárias. Essa colocação se deve ao fato de que, para a maioria das empresas, todo o processo de planejamento operacional decorre da percepção da demanda de seus produtos para o período a ser orçado. Com isso, o volume de vendas torna-se o fator limitante para todo o processo orçamentário.

Convém relembrar que, em alguns casos, o orçamento de vendas é decorrente do orçamento de produção, ou seja, o fator limitante da empresa não é a demanda. Nesse caso, o mercado estaria disposto a comprar todo o volume que a empresa produzisse de seus produtos. Nessa hipótese, o orçamento limitante seria o de produção. Como exemplo desse tipo de empreendimento, temos alguns produtos naturais, como minérios, alimentos *in natura* etc.

Aspectos Gerais

Fundamentalmente, o orçamento de vendas compreende as seguintes partes:

a) a previsão de vendas em quantidades para cada produto;

b) a previsão dos preços para os produtos e seus mercados;

c) a identificação dos impostos sobre as vendas;

d) o orçamento de vendas em moeda corrente do país;

e) a projeção do saldo final de contas a receber.

Dificuldades na Previsão de Vendas

A etapa inicial do orçamento de vendas é a determinação das quantidades a serem vendidas dos produtos da empresa. Cada empresa tem o seu grau de dificuldade em estimar as quantidades a serem vendidas para os próximos períodos.

Essas dificuldades são consideradas naturais, pela natural imprevisibilidade das situações conjunturais da economia e as sazonalidades existentes. No entanto, a leitura do ambiente e a construção dos cenários, e as outras informações constantes do Sistema de Acompanhamento do Negócio, devem permitir um mínimo de condições de estabelecer probabilidades de acontecimentos de vendas futuras.

Além disso, é normal que a empresa já tenha um conjunto de conhecimentos sobre o comportamento de seus produtos, dentro dos mercados em que ela atua (excetuando-se, eventualmente, produtos totalmente inéditos que serão lançados no mercado no período orçamentado). Dessa maneira, há possibilidade de um acerto razoável das quantidades que podem ser vendidas e, consequentemente, de iniciar o processo de orçamento das vendas e, em seguida, concluir o processo orçamentário. Em resumo, a melhor competência empresarial deverá ser alocada na previsão de vendas.

Principais Pontos a Serem Observados

A seguir apresentaremos um elenco de aspectos a serem observados na elaboração do orçamento de vendas, os quais influenciam diferentemente as empresas, e, portanto, cada empresa deve dar ênfase maior ou menor para cada um deles, segundo as características de seu negócio.

- Identificação dos produtos a serem vendidos.
- Determinação do critério de entendimento do que é produto para fins do orçamento de vendas (por versão especificada, por modelo, por linha de produto etc.).

- Identificação dos mercados dos produtos (mercado interno, regiões, filiais, mercado externo, clientes-chave etc.).
- Determinação das quantidades a serem orçadas.
- Determinação dos preços para cada produto e para cada mercado.
- Determinação dos preços à vista e os preços a prazo.
- Incorporação da eventual mudança da política de crédito.
- Determinação das quantidades de vendas à vista e a prazo.
- Determinação dos aumentos previstos nas listas de preços, segundo as premissas orçamentárias.
- Determinação das projeções das taxas das moedas estrangeiras para vendas ao mercado externo.
- Incorporação das sazonalidades mensais conhecidas e/ou estimadas.
- Inclusão das expectativas de vendas de acessórios, opcionais, produtos complementares, por produto.
- Identificação dos impostos sobre vendas para cada produto e mercado.
- Identificação dos créditos fiscais para cada produto e mercado.
- Projeção de outras receitas acessórias, como variações cambiais após a venda, recuperações de despesas etc.
- Projeção de inadimplências etc.

Previsão de Vendas

A primeira parte, e a mais difícil, do orçamento de vendas é a determinação das quantidades orçadas. Para isso, existem pelo menos três grandes métodos de previsão, que apresentamos a seguir.

Não consideraremos como método de previsão de vendas quando o fator limitante for a quantidade produzida, porque, nesse caso, as vendas seriam exatamente as quantidades produzidas. Nessa condição, o orçamento de produção, que será o mais importante, será feito através da capacidade de produção, seja medida em termos de equipamentos e instalações, seja medida em termos de mão de obra direta disponível.

Métodos Estatísticos

É a utilização de modelos estatísticos de correlação e análise setorial, via recursos computacionais, ou mesmo métodos estatísticos diretos de análise de tendências. Isso será possível quando o passado permitir imaginar um comportamento futuro das vendas. É o método utilizado quando se tem muita dificuldade de se saber o que vai vender.

Dentro dos métodos estatísticos, podemos classificar os seguintes critérios:

- correlação com o crescimento do setor ou do PIB;

- análise de tendência (regressão linear, mínimos quadrados);
- combinação dos dois métodos anteriores;
- pesquisa de mercado;
- correlação ou participação no tamanho do mercado etc.

Coleta de Dados das Fontes de Origem das Vendas

Neste caso, o orçamento de quantidades de vendas terá como base as informações vindas diretamente dos centros vendedores e que serão compiladas no setor de Controladoria. É uma metodologia aparentemente interessante, porém a diversidade das fontes de origem, bem como as possibilidades de inadequação de entendimento das premissas orçamentárias, poderão conduzir a resultados finais inconsistentes e até frágeis.

Atualmente, os meios computacionais e as informações contidas no Sistema de Acompanhamento do Negócio podem, seguramente, minimizar o impacto da possível fragilidade desse método. Tem sido comum que os pontos de venda sejam conectados computacionalmente com o sistema central, através dos sistemas de colocação de pedidos (*order entry systems*). Dessa maneira, já existe um banco de dados com as informações dos pontos de venda, que servirão de parâmetro para avaliar as estimativas de vendas recebidas das fontes de origem.

Como exemplo desse método, podemos citar:

- previsão de quantidades vendidas obtidas de cada vendedor;
- previsão de quantidades vendidas obtidas de cada gerente de filial;
- previsão de quantidades vendidas obtidas de cada ponto de venda de varejo;
- previsão de quantidades vendidas obtidas de cada franqueada, concessionária etc.

Uso Final do Produto

Este método deve ser utilizado quando, através do conhecimento do uso final do produto de seus clientes, a empresa pode orçar suas próprias vendas. Saber o que seus clientes vão vender, através do conhecimento dos programas de produção desses clientes, será um meio seguro de orçamentar as quantidades de vendas da empresa, como fornecedora certa para esses clientes.

Essa metodologia tende a ser cada vez mais utilizada, pelo atuais conceitos praticados de cadeia de fornecimento (*supply chain*) e terceirização (*outsourcing*). Esses conceitos são decorrentes de um outro conceito maior de modo de negócios, que é o conceito de parceria. Nesse sentido, quanto mais parceiras forem as empresas, mais elas podem e devem trocar as informações de expectativas de vendas e lançamento dos programas de produção. Além disso, as possibilidades abertas pela tecnologia de informação, através do conceito de comércio eletrônico (*e-commerce, eRM – electronic relationship management* etc.), tendem a estreitar cada vez mais os laços entre clientes e seus fornecedores.

Como exemplos da aplicação dessa metodologia, podemos citar:

- fornecedores de autopeças para indústria automobilística;
- fornecedores de serviços ou componentes para empresas que trabalham com programa de produção periódico ou anual;
- cotas obrigatórias de vendas de produtos franqueados ou concessionados;
- empresas prestadoras de serviços com contratos periódicos ou anuais;
- atividade de locação de bens móveis e imóveis etc.

Exemplo

Apresentaremos a seguir um exemplo numérico completo de orçamento, dentro de uma abordagem simplificada. Os dados referem-se a um período. Necessariamente, o orçamento é um sistema que exige a periodicidade mensal. Portanto, todos os dados e cálculos apresentados no exemplo numérico devem ser feitos para todos os meses do ano e, posteriormente, consolidados através de somatória para obtermos também os dados anuais.

Tabela 8.2 Orçamento de Vendas – Preços, Quantidades, Receita, Clientes

Ano/Mês 1	Dados		Produto A	Produto B	Total
Orçamento de Quantidade					
Quantidade Real – Período Anterior		unid.	30.000	12.000	42.000
Aumento Previsto			10%	8%	
Quantidade Orçada		unid.	33.000	12.960	45.960
Orçamento de Preços					
Preço de Venda Atual – Bruto		$	20,00	30,00	
Estima de Reajuste no Período			4%	5%	
Preço de Venda Orçado		$	20,80	31,50	
Orçamento de Vendas					
Receita Operacional Bruta		$	686.400	408.240	1.094.640
(–) Impostos sobre Vendas	25%	$	(171.600)	(102.060)	(273.660)
Receita Operacional Líquida		$	514.800	306.180	820.980
Orçamento de Clientes					
Prazo Médio de Recebimento		dias	25	65	
Saldo Final de Duplicatas a Receber		$	47.667	73.710	121.377
(–) Provisão para Créditos Incobráveis	2%	$	(953)	(1.474)	(2.428)
Saldo Final de Duplicatas a Receber Líquido		$	46.713	72.236	118.949

Modelo Alternativo

Um outro modelo de elaboração do orçamento de vendas, mais simplificado, mas também com boa eficácia, é elaborar os cálculos das vendas por produtos e mercados considerando os dados anuais e preços e taxas de câmbio médios do ano. Após esses cálculos, faz-se a sazonalização mensal, considerando alguma tendência verificada no passado que tenha consistência, ou mesmo a sazonalidade mensal esperada.

8.6. Orçamento de Produção

Esse orçamento é totalmente decorrente do orçamento de vendas. Saliente-se também que o orçamento de produção é quantitativo. Não há, em princípio, necessidade de valorizar o valor da produção, para fins de orçamento. O orçamento de produção em quantidade dos produtos a serem fabricados é fundamental para a programação operacional da empresa, e dele decorre o orçamento de consumo e compra de materiais diretos e indiretos, bem como é base de trabalho para os orçamentos de capacidade e logística.

São dois dados necessários para o orçamento de produção:

a) orçamento de vendas em quantidades por produto;

b) política de estocagem de produtos acabados.

Com esses dados, mais os dados das atuais quantidades em estoque de produtos acabados, conclui-se o orçamento de produção. Portanto, a diferença entre a quantidade vendida e a quantidade a ser produzida decorre da variação da quantidade do estoque de produtos acabados. Em uma empresa em que há possibilidade imediata de venda de toda a produção, e, portanto, ela consegue evitar ou não a necessidade de estocagem de produtos acabados, o orçamento de produção é igual ao orçamento de vendas em quantidades. Esse fato pode acontecer em empresas que produzem por encomenda ou em empresas que conseguem uma perfeita aplicação do conceito de *just-in-time* para o produto final.

Normalmente, a política de estocagem de produtos acabados é traduzida em dias de vendas, por tipo de produto. A empresa tem informações e experiência que permitem fixar qual deve ser o estoque mínimo mantido para atendimento às vendas. Além disso, deve ser incorporada a eventual mudança de política de estocagem, seja para maior ou para menor. Há a possibilidade de a empresa desejar um reabastecimento maior ou, o oposto, uma redução da quantidade estocada. A Tabela 8.3 apresenta o orçamento de produção, em consonância com os dados do orçamento de vendas apresentado anteriormente.

8.7. Orçamento de Capacidade e Logística

As quantidades de venda e produção basicamente determinam o nível de atividade da empresa. O Subsistema Físico-Operacional das empresas e de suas respectivas áreas de responsabilidade é estruturado para determinados níveis de atividades, ou faixa de atividades, com limites de capacidade de produção e vendas.

Tabela 8.3 Orçamento de Produção – Quantidades

Ano/Mês 1	Dados	Produto A	Produto B	Total
Estoque Inicial – Produtos Acabados	unid.	2.000	1.500	3.500
Vendas Orçadas	unid.	33.000	12.960	45.960
Estoque Final – Política de Estocagem	dias	35	35	
Estoque Final – Orçado	unid.	3.208	1.260	4.468
Produção Orçada	unid.	34.208	12.720	46.928

De um modo geral, nas unidades de negócios já estruturadas e em andamento, as empresas tendem a aumentar sua capacidade de produção de forma gradativa, fazendo os ajustes dos recursos de produção e distribuição pontuais dentro de um *continuum* de investimentos. Um dos aspectos que levam a esse procedimento é que, em linhas gerais, a empresa não trabalha normalmente a plena carga, sempre tendo uma ociosidade de recursos físicos (algo ao redor de 10%), bem como tem possibilidades de utilização de turnos ou horários extraordinários para fazer face a aumentos significativos no nível de atividade.

Por outro lado, quando o volume esperado de futura atividade indica que é preciso aumento dos recursos disponíveis para as operações, deve-se avaliar a capacidade atual dos recursos em face da capacidade necessária para atender o novo patamar de atividade operacional esperado.

Nessa linha, juntamente com o orçamento de produção e vendas, há a necessidade do orçamento de capacidade operacional, que inclui a capacidade fabril e a capacidade de comercialização. Ao mesmo tempo, é o momento de rever toda a cadeia de suprimento e entrega, que denominamos de *orçamento de logística.*

Lembramos que, apesar de a visão mais comum do orçamento de capacidade e logística estar relacionada com aumento de recursos, o inverso também é verdadeiro. Situações em que os orçamentos de produção e vendas indicarem uma significativa redução do nível de atividade, em que a capacidade existente se mostre francamente excessiva e, com isso, consumindo gastos para sua manutenção, exigirão programas para *redução* da capacidade. Essa possibilidade, se configurada com caráter de permanência, obriga a redução do quadro de funcionários e desinvestimentos operacionais.

8.8. Orçamento de Materiais e Estoques

A próxima etapa do processo orçamentário, após a definição das informações-chave, que são as quantidades a serem vendidas e produzidas, é o orçamento dos gastos determinados pelos volumes pretendidos e os gastos necessários para operacionalizar os programas de produção e vendas. O orçamento dos gastos compreende os materiais necessários para o programa de produção e vendas, constantes das estruturas dos produtos, e as despesas em que os departamentos vão incorrer para produzir e vender as quantidades planejadas.

Nesse tópico, trataremos inicialmente do orçamento dos estoques e consumo de materiais. Primeiro, faremos os orçamentos ligados aos materiais necessários para os produtos e serviços. Em seguida, faremos os orçamentos ligados aos estoques industriais, para obtenção do orçamento do custo dos produtos vendidos. Não faremos o tratamento dos estoques de produção em elaboração, pela necessidade de exemplos simplificados e também porque não são muitas as empresas que têm montante expressivo desse tipo de estoque.

Aspectos Gerais do Orçamento de Materiais

O orçamento de materiais compreende quatro peças:

a) o orçamento de *consumo* de materiais;

b) o orçamento de *estoque* de materiais;

c) o orçamento de *compras* de materiais;

d) o orçamento do saldo final mensal de *contas a pagar a fornecedores.*

O orçamento de consumo de materiais é o primeiro a ser elaborado e indica o custo dos materiais que serão consumidos pelo programa de produção. Não há, tecnicamente, o consumo de materiais para produtos vendidos, pois o que se vende são produtos acabados, que saem do estoque de produtos acabados. Assim sendo, o consumo de materiais é relacionado apenas com o programa de produção. O orçamento de consumo de materiais é que fará parte da demonstração de resultados do período, dentro do item Custo da Produção Acabada.

O orçamento de estoque de materiais é decorrente da política de estocagem, que pode ser uma opção da empresa, como pode ser determinada por fatores exógenos, alheios à vontade da organização. A política de estocagem normalmente é mensurada em dias de consumo. Determinados os dois orçamentos, o orçamento de compras é consequência destes. As compras de materiais serão feitas para atender às necessidades de consumo mais as necessidades de estocagem. Desse modo, o orçamento de compras, em tese, nunca é igual ao orçamento de consumo de materiais.

O orçamento de compras determina o orçamento do saldo final a pagar aos fornecedores, pois sabe-se o prazo de pagamento de cada compra. O mais comum é construir um indicador médio, que é o prazo médio de pagamento de fornecedores, também em quantidade de dias. Não há necessidade de elaborar o orçamento de pagamentos a fornecedores, pois este é consequência do orçamento de compras mais a variação do saldo de contas a pagar a fornecedores.

Para a execução dos orçamentos apresentados, três estruturas ou tipos de informações são necessários:

a) o conhecimento da estrutura dos produtos, com a mensuração dos materiais que a compõem;

b) o conhecimento dos *lead times* dos processos de produção, vendas e compras;

c) o conhecimento do tipo de demanda dos materiais.

Outros aspectos a serem observados são:

- programa de produção por produtos ou linhas de produtos;
- preços atuais dos materiais (compras ou cotações);
- separação das principais famílias de materiais por produto;
- separação dos materiais nacionais e importados;
- preços à vista e preços a prazo;
- aumentos previstos dos fornecedores (listas e cotações);
- projeções de taxas de câmbio;
- inclusão de acessórios, opcionais, subprodutos (por produtos);
- impostos sobre compras específicos;
- projeção de consumo de materiais indiretos;
- sazonalidades de compras mensais etc.

Tipos de Materiais

De um modo geral, as empresas classificam os materiais em materiais diretos e materiais indiretos. *Materiais diretos* são os materiais intrinsecamente ligados à estrutura do produto e são classificados como demanda dependente. Compreendem:

- matérias-primas básicas dos produtos finais e complementares;
- componentes agregados às matérias-primas transformadas;
- materiais de embalagem.

Materiais indiretos são materiais necessários para o processo fabril e o processo comercial, bem como para atender aos departamentos de apoio, incluindo os da área administrativa. Como não estão ligados diretamente à estrutura do produto, são classificados como demanda independente. Compreendem:

- materiais auxiliares, necessários aos processos produtivos e comerciais, mas que não se incorporam aos produtos finais e são consumidos durante os processos;
- materiais para manutenção dos equipamentos e instalações;
- materiais de expediente, necessários aos processos administrativos.

Como exemplo de materiais auxiliares, podemos citar insumos para acomodação de temperaturas dos componentes em fabricação, ferramentas, dispositivos, moldes e modelos de consumo rápido (não ativados), insumos para proteção dos estoques de componentes e produtos, combustíveis, lubrificantes etc.

Os materiais para manutenção compreendem todos os materiais consumidos regularmente, não ativados, para manutenção das máquinas, equipamentos e instalações industriais, comerciais e administrativas, bem como das obras de construção civil.

Como exemplos de materiais de expediente, podemos citar os materiais de escritório, informática e outros materiais consumidos e necessários aos processos administrativos, como os impressos etc.

Orçamento de Consumo de Materiais

São as seguintes as estruturas informacionais básicas necessárias para o orçamento de consumo de materiais:

a) orçamento do programa de produção;

b) estrutura dos produtos constantes do programa de produção;

c) informações de demanda média dos materiais indiretos;

d) preço de compra dos materiais, constantes do sistema de suprimentos;

e) política de estocagem.

Os itens *b* e *d* são utilizados também para a apuração do custo unitário dos materiais por produtos. Desta maneira, uma metodologia muito utilizada para o orçamento de consumo de materiais consiste em, primeiro, obter esses custos unitários, para depois continuar o processo de elaboração do orçamento de consumo.

Orçamento de Compras e Estoque de Materiais

O orçamento de compras de materiais decorre de:

a) política de estoque de materiais;

b) orçamento de consumo de materiais, líquido dos impostos;

c) impostos incidentes sobre compras de materiais.

Exemplo

A Tabela 8.4 apresenta o conjunto de peças orçamentárias relacionadas com materiais, partindo do consumo necessário para o programa de produção e obtendo as compras brutas com impostos e o saldo final de fornecedores. Para apuração do consumo de materiais, foi utilizado o critério de preço médio ponderado.

Orçamento de Estoque de Produtos Acabados e Custo dos Produtos Vendidos

Neste tópico, desenvolveremos os conceitos e os critérios de valoração dos estoques de produtos acabados. Em termos quantitativos, a base é o orçamento de produção em quantidades, que contém, também, o orçamento de produtos acabados não vendidos e estocados. É importante ressaltar que, para elaborarmos esse orçamento, primeiro devemos ter o orçamento dos gastos departamentais dos setores industriais, uma vez que o custo dos produtos vendidos, pela contabilidade societária, deve ser feito pelo método de custeio por absorção. Os gastos departamentais compreendem as despesas de mão de obra, direta e indireta, as despesas gerais dos setores fabris, o consumo de materiais indiretos e as depreciações da área industrial. Necessitamos orçar, então:

a) os custos da produção;

b) o custo da produção acabada;

c) o custo da produção vendida;

d) o custo dos estoques de produtos acabados.

Tabela 8.4 Orçamento de Materiais – Estoques, Consumo, Compras, Fornecedores

Ano/Mês 1		Dados	Produto A	Produto B	Total
Orçamento de Estrutura do Produto					
Custo dos Materiais por Produto – Atual		$	12,00	17,00	
Estima de Aumento de Custo			5%	4%	
Custo Orçado dos Materiais		$	12,60	17,68	
Consumo de Materiais					
Quantidade de Produto Orçada		unid.	34.208	12.720	46.928
Custo Orçado de Materiais		$	12,60	17,68	
Consumo Orçado de Materiais		$	431.025	224.890	655.915
Estoque Final de Materiais					
Prazo Médio de Estocagem		dias	30	40	
Estoque Final Orçado		$	35.919	18.741	54.660
Compra de Materiais					
Estoque Inicial – Real		$	22.000	28.000	50.000
Consumo Orçado		$	431.025	224.890	655.915
Estoque Final – Orçado		$	35.919	18.741	54.660
Orçamento de Compras – Líquido		$	444.944	215.630	660.574
(+) Impostos sobre Compras	30%	$	133.483	64.689	198.172
Orçamento de Compras – Bruto		$	578.427	280.320	858.746
Orçamento de Fornecedores					
Prazo Médio de Pagamento		dias	20	20	
Saldo Final de Duplicatas a Pagar		$	32.135	15.573	47.708

A Tabela 8.5 apresenta um exemplo desse orçamento. Para valorização do custo dos estoques finais e do custo das vendas, adotamos o critério de preço médio ponderado de fabricação.

Tabela 8.5 Orçamento do Custo dos Produtos Vendidos e Estoque Final de Produtos Acabados

Ano/Mês 1	Dados	Produto A	Produto B	Total
Estoque Inicial – Produtos Acabados	unid.	2.000	1.500	3.500
Estoque Inicial – Produtos Acabados	$	40.000	23.000	63.000
Orçamento de Custos de Produção				
. Consumo de Materiais	$	431.025	224.890	655.915
. Custos de Fabricação	$	28.000	12.000	40.000
. Depreciação Industrial	$	30.000	25.000	55.000
Soma	$	489.025	261.890	750.915
Produção Orçada	unid.	34.208	12.720	46.928
Total – Estoque Inicial + Produção (a)	$	529.025	284.890	813.915
Total – Estoque Inicial + Produção (b)	unid.	36.208	14.220	50.428
Custo Médio Ponderado Orçado (a/b)	$	14,61	20,03	
Quantidade				
. Vendida	unid.	33.000	12.960	45.960
. Do Estoque Final	unid.	3.208	1.260	4.468
Custo dos Produtos				
. Vendidos	$	482.149	259.646	741.796
. Do Estoque Final	$	46.876	25.243	72.119

8.9. Orçamento de Impostos a Recolher

Após a elaboração dos orçamentos de vendas e de compras de materiais, devemos elaborar os impostos a recolher sobre mercadorias e produtos e serviços finais. Uma série de impostos nas operações de compras e vendas são sobre o valor agregado, isto é, não cumulativos, e os valores de impostos apurados nas vendas são recolhidos após o desconto dos impostos apurados (e creditados) nas compras. Juntamente com a apuração dos impostos a serem recolhidos, devemos orçar o saldo a recolher, constante do balanço final do período. A Tabela 8.6 apresenta um exemplo desse orçamento.

8.10. Orçamento de Despesas Gerais

É a parte mais trabalhosa do orçamento, pois consiste em elaborar pelo menos uma peça orçamentária para cada setor da empresa, a cargo de um responsável. Além disso, a variedade de despesas tende a ser significativa. Não se recomenda o orçamento de despesas de forma sintética, e sim da forma mais analítica possível.

Tabela 8.6 Orçamento de Impostos a Recolher sobre Mercadorias e Produtos

Ano/Mês 1	Dados	Produto A	Produto B	Total
Impostos a Recolher do Período				
(+) Impostos sobre Vendas	$	–	–	273.660
(–) Impostos sobre Compras	$	–	–	(198.172)
Líquido a Recolher – Orçado	$	–	–	75.488
Saldo Final de Impostos a Recolher				
Prazo Médio de Recolhimento	dias	–	–	20
Saldo Final Orçado	$	–	–	4.194
Recolhimento de Impostos				
Saldo Inicial	$	–	–	5.000
(+) Impostos a Serem Recolhidos no Ano	$	–	–	75.488
(–) Saldo Final Orçado	$	–	–	(4.194)
Orçamento de Recolhimento de Impostos	$	–	–	76.294

Como já salientamos, o orçamento deve ser estruturado dentro das mesmas características do plano de contas da contabilidade tradicional, incluindo as contas analíticas. O orçamento elaborado de forma sintética seria admissível apenas em situações extraordinárias, tais como o primeiro ano da implantação do sistema orçamentário ou em ambientes econômicos com inflação crônica. As palavras *gastos, custos* e *despesas*, usadas neste tópico, são sinônimas.

Aspectos Gerais

Diversos aspectos devem ser observados para a elaboração dessa etapa do orçamento, dos quais apresentamos, entre outros, os principais:

- orçamento seguindo a hierarquia estabelecida;
- departamentalização;
- orçamento para cada área de responsabilidade;
- custos controláveis;
- quadro de premissas;
- levantamento das informações bases;
- observação do comportamento dos gastos;
- orçamento de cada despesa segundo sua natureza e comportamento etc.

Organograma Empresarial e Departamentalização

O orçamento segue a hierarquia da empresa, que pode ser visualizada dentro de um organograma. A estruturação dentro de um organograma facilita o processo de análise dos gastos e identificação dos setores, bem como o processo de sintetização dos orçamentos analíticos para os orçamentos setoriais ou divisionais, até o orçamento geral da empresa.

O critério mais utilizado para estruturar o sistema de informação contábil orçamentário para incorporar informações, segundo o organograma empresarial, é a departamentalização. Esse critério consiste em identificar as menores áreas de responsabilidade, que contêm o menor nível de decisão e, portanto, grau de responsabilidade sobre controle, dentro do conceito de *centro de custo ou centro de despesa.*

Accountability e Custos Controláveis

É importante que cada responsável, no menor nível de decisão dentro da hierarquia da empresa, tenha seu próprio orçamento. O fundamento dessa responsabilidade é o conceito de custos controláveis, ou seja, devemos orçar para cada centro de custo (setor, departamento) unicamente os custos que são gerenciados e controlados pelo responsável pelo centro de custo.

O conceito de custos controláveis (e, obviamente, receitas, quando for o caso) está dentro de um conceito fundamental de Contabilidade por responsabilidade, denominado *accountability*, que, em linhas gerais, é a responsabilidade do gestor de prestar contas de seus atos ou a obrigação de reportar os resultados obtidos.[5] Mais genericamente, podemos definir *accountability* como a responsabilidade individual ou departamental de desempenhar uma certa função, que pode ser delegada ou imposta por lei, regulamentos ou acordos.[6]

Rateio no Orçamento de Despesas Departamentais

Algumas despesas são de consumo comum, ou seja, os gastos são efetuados de uma só vez, mas o serviço atende a vários setores ou centros de custos. Por exemplo, gastos com conservação e limpeza dos edifícios, normalmente terceirizados, são pagos por contrato e atendem a toda a empresa ou unidade de negócio. Os serviços de limpeza podem incluir áreas comuns, como corredores, pátios, sani-

---

[5] NAKAGAWA, Masayuki apud CATELLI, Armando. *Controladoria*. São Paulo: Atlas, 1999. p. 208.

[6] SIEGEL, Joel G.; SHIM, Jae K. *Dictionary of accounting terms.* 2. ed. Nova York: Barron's, 1995. p. 4.

tários etc. A questão é: devemos ratear esses gastos por algum critério para todos os setores que recebem o serviço e, consequentemente, orçar também o rateio?

Apesar de utilizado, muitas vezes objetivando uso futuro para custeio dos produtos pelo método de absorção, *o rateio não é recomendado sob o conceito de accountability*. Deve-se sempre orçar a despesa no centro de custo do responsável pela gestão do gasto. No exemplo dado, provavelmente alguém na empresa é o responsável pela administração do serviço de conservação e limpeza e pelo contrato. No centro de custo dele é que as despesas de limpeza devem ser orçadas.

Igualmente, se dentro da contratação do serviço o total do contrato foi negociado considerando-se serviços parciais, existindo, assim, claramente uma definição de valores em relação aos diversos setores usuários, nada impede a correta alocação da despesa aos diversos centros de custos. Como regra geral, deve-se evitar ao máximo o rateio, já que o conceito de *accountability* é claro: só devem ser alocadas ao orçamento de um centro de custo se as despesas puderem ser administradas por seu responsável. Outras despesas que apresentam essas características são: energia elétrica, consumo de água, despesas com central de cópias reprográficas, despesas com centrais telefônicas etc.

Orçamento por Atividades

As empresas que adotam o método de custeamento por atividades (Custeio ABC) devem, em princípio, adotar a mesma metodologia no seu processo orçamentário. Assim, o orçamento de cada centro de custo deverá ter suborçamentos por atividades. Cada atividade relevante, em que se baseará posteriormente o Custeio ABC, deve ter seus gastos separados em peças orçamentárias, que incluirão a quantidade esperada de cada direcionador de custo da atividade.

Características Comportamentais dos Gastos

Cada despesa apresenta um valor que decorre de suas características próprias. Nessas características, a principal é a variação do seu valor em relação a alguma outra variável, que ocorre dentro ou fora da empresa e que se relaciona com a despesa. A essa reação denominamos *comportamento das despesas*.

> *Cada despesa deve ser orçada segundo suas características comportamentais.*

O ponto-chave na orçamentação das despesas é analisar e detectar seu comportamento, incluindo as variáveis-chave, e, a partir daí, criar uma base de dados para calcular os valores futuros a serem considerados no plano orçamentário, em cada centro de custo. Eventualmente, a mesma despesa pode ter um comportamento diferenciado para centros de custos diferentes.

Na diversidade dos gastos, podemos agrupá-los em alguns tipos, normalmente considerando como base de classificação seu comportamento em relação a determinadas variáveis físicas decorrentes das operações da empresa.

A classificação tradicional para análise do comportamento dos gastos em relação a alguma atividade é a sua separação em custos e despesas fixas e custos e despesas variáveis. Neste caso, as variáveis utilizadas são o volume de produção e o de vendas, ou volumes das atividades que direcionam os gastos. Este tema é apresentado mais detalhadamente no Capítulo 13.

Custos Fixos Comprometidos

É possível um aprofundamento dessa análise comportamental dos gastos introduzindo os conceitos de gastos comprometidos, discricionários e estruturados.[7] Os custos fixos são denominados também *custos de capacidade* e medem os gastos necessários para operação da fábrica e da comercialização dentro de determinado nível de capacidade. Eles podem ser classificados em *custos fixos comprometidos* e *custos fixos discricionários.*

Custos comprometidos são os custos ligados intrinsecamente à utilização de um parque fabril ou comercial – são os gastos para manter a fábrica ou as vendas em operação.

São gastos comprometidos de tal forma com a necessidade de operar as instalações empresariais que não são evitáveis. O valor desses gastos tende a permanecer inalterado durante o exercício (exceto, é claro, por eventuais variações de preço), independentemente do volume vendido ou produzido.

São exemplos clássicos: aluguéis dos imóveis operacionais, prestações de arrendamento mercantil de equipamentos, taxas de funcionamento, gastos com associações de classe, contratos de manutenção e conservação de imóveis e edifícios etc.

Custos Fixos Discricionários

Custos fixos discricionários são gastos administrados e podem ser alterados, dependendo da dotação orçamentária anual.

Apesar de serem conceitualmente fixos, tais gastos podem ser evitados ou minimizados. São fixos porque não são relacionados com os volumes de produ-

---

[7] HORNGREN, Charles T. Op. cit., p. 162.

ção ou venda e, se adotados, não oscilam com a variação do volume. São discricionários porque podem até ser cancelados, eventualmente.

Como exemplo, podemos citar despesas com treinamento de pessoal, que normalmente recebem uma dotação orçamentária, mas não são, de modo geral, comprometidas com a operação.

Outros exemplos são: despesas com publicidade e propaganda, contratos de assessoria e consultoria, benefícios sociais a empregados, doações e subvenções etc.

Custos Variáveis

Quando um custo tem uma relação direta e proporcional com o volume de produção, de venda ou de outra atividade, é denominado *custo variável*. Quando a relação com o parâmetro quantitativo não for proporcionalmente exata, e apenas parcela do gasto se altera em função do parâmetro quantitativo, denominamos esse gasto de *custo semivariável ou semifixo*. Os exemplos clássicos de custos variáveis são materiais diretos e comissões sobre vendas.

Custos Semivariáveis

Um custo é considerado semivariável se a sua variação não for na mesma proporção da variação do volume de produção ou vendas. Se, por exemplo, dado um aumento de produção, o custo aumenta, mas não no mesmo percentual do aumento do volume, ele é considerado semivariável. Exemplos típicos são os gastos com materiais indiretos, como: gastos com ferramentas, dispositivos, manutenção, materiais auxiliares, materiais de escritório etc.

Custos Semifixos

Podem ser assim considerados os custos que contêm, na sua formação de valor, uma parcela fixa e uma parcela que varia com a atividade. Somando-se ambas, notamos uma similitude com os custos semivariáveis. Porém, a diferença está em que os custos semivariáveis partem do valor zero, ou seja, se não houver produção ou venda, é possível que não haja o gasto. Já o custo semifixo sempre apresentará o gasto da parte fixa. São exemplos desses tipos de gastos despesas com telefone (assinatura mais impulsos), despesas com energia elétrica (demanda contratada mais consumo), despesas com consumo de água e esgoto, contratos com consumação mínima etc.

Custos Estruturados

Um aprofundamento do enfoque do caráter variável dos custos será possível com o conceito de *custo estruturado*, quando pudermos fazer uma relação do gasto com outra atividade física que não seja a produção ou venda.

Chamamos um custo de estruturado quando tem uma variação em relação ao elemento sob o qual ele é estruturado ou ligado e é a causa de seu valor maior ou menor.

Como exemplos podemos citar: despesas de viagens relacionadas com a quantidade de vendedores, assistentes técnicos e compradores, principalmente; despesas de consulta a entidades de proteção ao crédito, que estão relacionadas com os pedidos de venda e análise de crédito a serem efetuados; despesas de cobrança com duplicatas estruturadas em relação à quantidade de duplicatas emitidas etc.

Determinação do Comportamento dos Custos e Orçamento

De modo geral, a experiência empresarial é suficiente para classificação dos custos em relação a seu comportamento diante das diversas variáveis físicas. É importante, contudo, um trabalho científico visando caracterizar com precisão tal comportamento, para fundamentar todo o processo de orçamentação dos gastos.

Para tanto, devemos recorrer aos fundamentos da disciplina de Métodos Quantitativos Aplicados. É óbvio que faremos um trabalho mais aprofundado com os gastos relevantes, que serão posteriormente acompanhados e controlados pelos mesmos critérios adotados para sua análise comportamental. Gastos de pouca monta poderão ser orçados de forma mais simples.

Despesas a Serem Orçadas

Como já introduzimos, o fundamento para o orçamento de despesas gerais é a associação das despesas controláveis por departamento ou centro de custo. Assim, para cada departamento (centro de custo), deverá haver uma peça orçamentária que compreenda as despesas de sua responsabilidade e administração. Em linhas gerais, são quatro grupos de despesas:

- Mão de obra Direta e Mão de obra
- Consumo de Materiais Indiretos
- Despesas Gerais Departamentais
- Depreciações e Amortizações Departamentais

Mão de obra

O orçamento dessas despesas apresentará os gastos previstos com as despesas de pessoal de toda a empresa. Os gastos com pessoal incluem todo tipo de remuneração paga aos funcionários, bem como os encargos sociais incidentes sobre a mão de obra.

Parte do orçamento de mão de obra (principalmente a mão de obra direta) está atrelada aos orçamentos de produção e vendas. O orçamento de mão de obra direta tem sua base quantitativa (horas e homens necessários) calcada no orçamento de capacidade. O orçamento de vendas poderá ser determinante, dependendo da empresa, para estimativa de mão de obra de vendedores e assistentes técnicos, caso um volume adicional de vendas e entregas exija necessidade adicional de mão de obra.

O orçamento de mão de obra comporta maior ou menor detalhamento, dependendo da empresa. Se ela quiser tratar, por exemplo, as diversas remunerações dos funcionários em orçamentos detalhados, como o orçamento de salários, horas extras, prêmios de venda, prêmios de produção, adicionais legais etc., essa parte do orçamento deverá ter suborçamentos. Da mesma forma, a empresa poderá detalhar os diversos encargos sociais e salariais decorrentes do quadro de funcionários, tais como: encargos legais, férias, décimo terceiro salário, assistência médica, alimentação, transporte de funcionários, plano de aposentadoria etc.

Dados Quantitativos

É fundamental, no orçamento de despesas, incorporar os dados quantitativos básicos referentes à mão de obra:

a) número de funcionários por centro de custo, diretos e indiretos;

b) horas a serem trabalhadas por centro de custo, diretas e indiretas.

Além do caráter informacional e gerencial dessas informações, elas serão base para o processo de elaboração dos custos orçados ou padrões.

As empresas que optarem também por desenvolver o *orçamento por atividades* devem providenciar também o orçamento das quantidades físicas dos direcionadores de custos ou atividades, que geram o consumo dos recursos.

Consumo de Materiais Indiretos

Compreende o orçamento dos materiais indiretos utilizados nas operações do departamento ou atividades, sejam eles ligados indiretamente aos produtos finais ou necessários para as atividades dos funcionários. Esses gastos devem ser orçados por centro de custos, pois não são gastos ligados diretamente aos produtos, e o seu consumo é acionado, basicamente, pelo responsável do departamento. Os principais materiais indiretos são:

- materiais auxiliares;
- ferramental e dispositivos;
- combustíveis;
- lubrificantes;
- material de manutenção;

- material de conservação e limpeza;
- materiais de segurança do trabalho;
- material de expediente;
- material de escritório etc.

É muito comum que alguns desses gastos tenham relevância em termos de valor. Conforme já introduzimos neste capítulo, nesse caso, é adequado um tratamento estatístico-matemático para sua projeção, objetivando fundamentação científica para o processo orçamentário. Vários materiais indiretos apresentam uma característica comportamental de custos semivariáveis.

Despesas Gerais Departamentais

São as demais despesas de consumo dos centros de custos ou atividades, conforme o plano de contas utilizado pela empresa. Cada uma das despesas deve ser orçada considerando suas características próprias e seu comportamento em relação a alguma atividade estruturada, se houver. As despesas mais comuns são:

- energia elétrica;
- telecomunicações e comunicações;
- despesas de viagens, estadias e refeições;
- gastos com consumo de água e esgoto;
- publicidade, propaganda, brindes, anúncios, publicações;
- comissões sobre vendas;
- aluguéis e arrendamento mercantil;
- fretes e carretos de venda;
- outros fretes e carretos não incorporados ao custo dos materiais;
- seguros de todos os tipos (incêndio, intempéries, transporte, crédito, responsabilidade civil etc.);
- serviços terceirizados;
- outros serviços de terceiros não incorporados ao custo dos materiais;
- consultoria, assessoria, auditoria externa;
- jornais, revistas e livros;
- associações de classe e entidades associadas;
- despesas legais;
- serviços de autônomos etc.

Nem todos os centros de custos assumem todas as despesas, assim como uma despesa pode apresentar um comportamento diferente para cada setor ou atividade. As características comportamentais das despesas são as mais variadas possíveis, desde algumas de características claramente variáveis, como comissões e fretes sobre vendas, até despesas claramente fixas, como aluguéis e arrendamentos, razão pela qual cada uma delas merece atenção individualizada.

Depreciações e Amortizações

Compreende as depreciações e amortizações de bens e direitos à disposição de cada centro de custo. O subsistema que auxilia o cálculo das depreciações e amortizações por departamento é o subsistema de Controle Patrimonial. É importante a alocação e orçamentação desses tipos de gastos por centro de custo/departamento, uma vez que há necessidade de atribuição de responsabilidade pelo uso dos bens à disposição das atividades departamentais, também dentro do conceito de *accountability*.

As despesas a serem orçadas compreendem:

a) depreciações e amortizações dos bens e direitos existentes;

b) depreciações e amortizações dos bens e direitos a serem adquiridos durante o exercício orçamentário e decorrente do orçamento de investimentos.

Premissas e Dados-base

Uma metodologia muito válida e utilizada para facilitar o cálculo do orçamento de despesas é a construção de um conjunto de premissas para validar o processo de orçamentação das principais despesas de forma genérica. Juntamente com as premissas, recomenda-se a construção de um banco de dados-base com valores ou informações que possam auxiliar a construção de todas as peças orçamentárias de despesas para todos os centros de custos.

As premissas específicas para o orçamento de despesas podem ser apresentadas sob algumas formas principais, entre elas:

- como um painel dos aumentos periódicos (normalmente mensais) previstos para as despesas a serem orçadas;
- como uma série de indicadores de correção de preços, caso se adote o conceito de orçamento corrigido a partir de dados fixos como base de indexação;
- como fatores de ajustes em relação aos dados-base, que podem significar tanto variações de preços como variações de produtividade;
- como dados percentuais ou relativos para identificar sazonalidades, participações e reduções mensais esperadas;
- como valores-base para referenciais cálculos posteriores, principalmente para as despesas semivariáveis e estruturadas etc.

A Tabela 8.7 apresenta um esboço de um modelo de orçamento de despesas. Esse modelo deverá ser reproduzido para setor ou departamento (centro de custo ou despesa) para todos os meses de um período orçamentário.

A Tabela 8.8 é um orçamento complementar ao orçamento de despesas, em que se estimam os saldos finais de salários, encargos e contas a pagar, que são os elementos patrimoniais no passivo relacionados com as despesas.

Tabela 8.7 Orçamento de Despesas Departamentais

Ano/Mês 1			
Gastos		**Departamentos**	
	Industriais	**Comerciais**	**Administrativos**
Mão de obra Direta			
. Salário e Outras Remunerações			
. Horas Extras			
. Incentivos			
. Encargos Legais e Espontâneos			
Soma			
Mão de obra Indireta			
. Salário e Outras Remunerações			
. Horas Extras			
. Incentivos			
. Encargos Legais e Espontâneos			
Soma			
Materiais Indiretos			
. Materiais Auxiliares, Ferramentas etc.			
. Materiais de Manutenção			
. Materiais de Expediente etc.			
Soma			
Despesas Gerais			
. Energia Elétrica			
. Telefone e Comunicações			
. Viagens com Veículos etc.			
. Serviços de Terceiros, Comissões etc.			
. Aluguéis			
. Publicidade			
. Fretes, Seguros etc.			
Soma			
Subtotal	40.000	35.000	15.000
Depreciações			
. Imóveis			
. Máquinas e Equipamentos			
. Móveis e Utensílios etc.			
Soma	55.000	2.000	3.000
TOTAL GERAL	95.000	37.000	18.000

Tabela 8.8 Orçamento de Salários e Contas a Pagar

Ano/Mês 1		Total
Saldo Inicial de Salários e Contas a Pagar		8.000
Orçamento de Mão de obra e Despesas		90.000
Prazo Médio de Pagamento	dias	15
Saldo Final de Salários e Contas a Pagar		3.750

8.11. Orçamento de Investimentos e Financiamentos

Este segmento do plano orçamentário tem por finalidade fazer a orçamentação dos demais componentes do Balanço Patrimonial e da demonstração de resultados, que não foram contemplados no orçamento operacional. Na abordagem da teoria de finanças, refere-se ao orçamento dos elementos não operacionais da demonstração de resultados. O enfoque básico é elaborar o orçamento dos gastos previstos com investimentos que serão ativados como investimento, imobilizados e intangíveis, bem como dos financiamentos necessários para fazer face à necessidade de fundos para sua aquisição. Uma característica desses orçamentos é que sua elaboração e análise tendem a ficar restritas às áreas de Finanças e Controladoria, além da cúpula diretiva da companhia. Outra característica desses orçamentos é que exigem poucas peças orçamentárias e, portanto, seus números são de mais fácil obtenção.

O Orçamento de Investimentos liga-se com os ativos fixos. O Realizável a Longo Prazo pode ser localizado tanto no Orçamento de Investimentos, se for relevante, ou deixado como um item da projeção, se não for significativo. As entradas e saídas de capital e os financiamentos são objeto do Orçamento de Financiamentos. Os demais itens são mais facilmente trabalhados no fechamento das projeções, ou Orçamento de Caixa, como é denominado mais comumente. Alguns itens operacionais, se não forem relevantes, também poderão ser trabalhados no fechamento das projeções.

Orçamento de Investimentos

Esta peça orçamentária não se liga apenas aos planos de curto prazo. Parte dos investimentos necessários para o próximo exercício é decorrente dos planos operacionais que se originam do Planejamento Estratégico. Exemplificando, os investimentos necessários para suportar os projetos de investimentos em novos produtos, em novas plantas ou em novos canais de distribuição serão gastos efetuados no próximo período, mas que provavelmente serão para produtos e atividades a serem produzidos em exercícios futuros e que terão decorrido de decisões do passado.

Essa é uma das razões pelas quais esse orçamento não está ligado intrinsecamente ao orçamento operacional, mas sim, aos planos operacionais e estratégicos. Outra razão é que as peças orçamentárias desse orçamento ficam restritas à alta administração da empresa.

É óbvio que, em um modelo de gestão empresarial em que a responsabilidade dos investimentos é delegada ao responsável pelo centro de investimento ou unidade de negócio, esse responsável é que deverá elaborar essa peça orçamentária.

Esse orçamento compreende, portanto, os investimentos dos planos operacionais já deflagrados no passado e em execução no período orçamentário, bem como os investimentos necessários detectados para o período em curso. Exemplos desses investimentos definidos em horizonte de curto prazo, e não ligados necessariamente a planos operacionais maiores, são os investimentos para manutenção e reformas de equipamentos operacionais, reformas de obras civis, trocas de máquinas da atual estrutura de operações, aquisições de equipamentos menores, como computadores, *softwares*, móveis, veículos etc.

Análise das Alternativas de Investimentos

É condição intrínseca do orçamento de investimentos a aplicação das técnicas de análise de alternativas de investimentos e rentabilidade de projetos. Cada investimento ou plano de investimento a ser feito será objeto de um estudo específico de sua rentabilidade e das alternativas possíveis, utilizando-se conceitos como VPL, TIR e *Payback*.

Finalidades e Principais Orçamentos de Investimentos

Em princípio, todos os elementos caracterizados como ativos fixos deverão ser atendidos por uma peça orçamentária. A finalidade desses orçamentos, além de serem um dado natural para o orçamento de caixa, é também complementar o orçamento das depreciações por centro de custos, bem como dar subsídios para o Orçamento de Financiamentos.

Faz parte integrante desse orçamento a previsão dos desinvestimentos. Os desinvestimentos – vendas ou disponibilização de ativos fixos – podem acontecer de forma natural, por troca ou renovação tecnológica, como podem fazer parte de planos originais de investimentos, como elementos para reduzir a necessidade de investimento financeiro.

Podemos, então, ter as seguintes peças orçamentárias:

a) orçamento de aquisição de investimentos em outras empresas;

b) orçamento de venda de investimentos em outras empresas;

c) orçamento de aquisição de imobilizados;

d) orçamento de venda de imobilizados;

e) orçamento de despesas geradoras de intangíveis;

f) orçamento de baixas de intangíveis;

g) orçamento de depreciações, exaustões e amortizações das novas aquisições e baixas.

Orçamento de Financiamentos

Este orçamento tem por finalidade prever tudo que é relacionado com a área de obtenção de fundos, os gastos para manutenção desses fundos e os pagamentos previstos. A obtenção dos novos fundos, fundamentalmente, deveria estar ligada às necessidades de investimentos em ativos fixos. No entanto, outras necessidades de fundos podem ocorrer, tais como fundos para prover necessidades de aumento de capital de giro, programas estratégicos de propaganda, instalação ou atualização dos canais de distribuição, atualização de sistemas de informação, introdução de novas tecnologias de informação necessárias, projetos de reestruturações organizacionais, fusões, reestruturação do perfil das dívidas, reformulação da estrutura de capital etc.

Principais Orçamentos e Informações Necessárias

As seguintes peças orçamentárias fazem parte do conjunto do Orçamento de Financiamentos:

a) orçamento dos novos financiamentos ou fontes de fundos, suas despesas financeiras e desembolsos;

b) orçamento das despesas financeiras e desembolsos dos financiamentos já existentes;

c) orçamento de outras despesas financeiras;

d) orçamento de outras receitas financeiras.

Para a correta elaboração dessas peças orçamentárias, principalmente as relacionadas com os financiamentos, há necessidade da identificação e coleta de todas as informações que permitam o adequado cálculo para o orçamento.

Em linhas gerais, as informações necessárias para a elaboração do orçamento para todos os financiamentos existentes ou previstos são as seguintes:

a) tipo de financiamento e sua moeda de origem;

b) indexador contratual, se houver;

c) taxa de juros;

d) *spread* e comissões bancárias;

e) impostos incidentes (IOF, IOC, IRRF – Imposto sobre Operações Financeiras, Imposto sobre Operações de Câmbio, Imposto de Renda Retido na Fonte sobre remessas ao exterior);

f) prazos de carência e cronograma de amortização do principal e dos juros.

Normalmente, há necessidade de um sistema de informação que apoie esse orçamento. É o Sistema de Informação de Financiamentos, de responsabilidade do setor de Tesouraria. O mais usual também é o formato de planilha para cada empréstimo, com uma totalização para fins orçamentários.

As taxas de moeda estrangeira, previsão de taxas externas (Libor, Prime Rate), taxas internas (TJLP, Copom, TR, IGPM) a serem utilizadas nos orçamentos são as que devem constar das premissas orçamentárias gerais.

Exemplo

As tabelas 8.9, 8.10 e 8.11 são exemplos de peças orçamentárias para estimação de investimentos e financiamentos e os seus complementos.

Tabela 8.9 Orçamento de Investimentos e Financiamentos

Ano/Mês 1	Total
Orçamento de Capital	
Investimentos em Imobilizados	50.000
Outros Investimentos	0
Total	50.000
Orçamento de Financiamentos	
Financiamentos	20.000
Debêntures	0
Capital Social	0
Total	20.000

Tabela 8.10 Orçamento de Depreciações

Ano/Mês 1		Total	
Orçamento de Imobilizados			
Saldo Inicial de Imobilizados – Valor Bruto		600.000	
Orçamento de Aquisições do Período		50.000	
Orçamento de Baixas do Período		0	
Saldo Final de Imobilizados – Orçado		650.000	
Orçamento de Depreciações			
Taxa Anual de Depreciações			
. Sobre Imobilizados Existentes	7,5%	45.000	
. Sobre Novos Imobilizados	30%	15.000	
Total		60.000	(1)

(1) Devem ser distribuídas pelos departamentos.

Tabela 8.11 Orçamento de Despesas Financeiras

Ano/Mês 1		Total	
Orçamento de Financiamentos			
Saldo Inicial de Financiamentos		0	
Orçamento de Financiamentos do Período		20.000	
Orçamento de Amortizações do Período		0	
Saldo Final de Financiamentos – Orçados		20.000	
Orçamento de Despesas Financeiras			
Taxa Anual de Juros			
. Sobre Financiamentos Existentes	0,0%	0	
. Sobre Novos Financiamentos	10%	1.000	(1)
Total		1.000	

(1) Supondo que os financiamentos entraram no meio do período.

Orçamento de Outras Despesas e Receitas Financeiras

Além das despesas financeiras com os financiamentos e empréstimos, a empresa também incorre em outros gastos financeiros não oriundos especificamente dos financiamentos. São gastos necessários para as atividades normais junto aos estabelecimentos bancários, decorrentes de outras operações financeiras ou serviços prestados pelos bancos, ou despesas financeiras marginais a outras operações, e que normalmente são considerados como despesas financeiras pela Contabilidade.

Esses gastos devem ser orçados da melhor forma possível. A observação do passado, sua tendência, os valores absolutos, a verificação se há ou não sazonalidades são elementos importantes para o processo de orçamentação dos gastos. O apoio das áreas de Tesouraria, Contas a Receber e a Pagar é muito importante para a elaboração dessa peça orçamentária.

As receitas financeiras com excedentes de caixa (aplicações financeiras) só podem ser calculadas após o Orçamento de Caixa ou a Demonstração do Balanço final e Demonstração de Resultados, razão pela qual serão objeto do próximo capítulo. Contudo, existem outras receitas eventuais caracterizadas também como receitas financeiras. São exemplos os juros por atraso de clientes, as variações cambiais pós-embarque de exportações, os descontos obtidos, os ajustes a valor presente etc.

8.12. Controle Orçamentário

Esta etapa acontece após a execução das transações dos eventos econômicos previstos no plano orçamentário. Não se concebe um plano orçamentário sem o posterior acompanhamento entre os acontecimentos reais *versus* os planejados e a análise de suas variações. A base do controle orçamentário é o confronto dos dados orçados contra os dados reais obtidos pelo Sistema de Informação Contábil. As variações ocorridas entre os dados reais e os dados orçados permitirão uma série de análises, identificando se as variações ocorridas foram decorrentes de plano, preços, quantidades, eficiência etc.

Objetivos, Conceitos e Funções

Os objetivos principais do Controle Orçamentário são:

a) identificar e analisar as variações ocorridas;

b) corrigir erros detectados;

c) ajustar o plano orçamentário, se for o caso, para garantir o processo de otimização do resultado e a eficácia empresarial.

Responsabilidade pelo Controle Orçamentário

Dentro da premissa de que os gestores são responsáveis pela geração do lucro de suas áreas de responsabilidade, o Controle Orçamentário é mais um dos instrumentos de gestão necessários para otimizar esse objetivo. Portanto, cada gestor deve efetuar o seu controle orçamentário.

O setor de Controladoria também deve, concomitantemente, efetuar o monitoramento e apoio aos gestores individuais sobre seus orçamentos. Além disso, cabe à Controladoria o papel de efetuar o Controle Orçamentário da empresa ou corporação como um todo, uma vez que ele é o responsável pelo conjunto do processo orçamentário e o acompanhamento e coordenação dos objetivos globais do empreendimento.

Cabe também à Controladoria propor as ações corretivas, decorrentes do Controle Orçamentário, tanto para os gestores individualmente como para a empresa como um todo.

Conceito de Controle

Na linha de delegação de responsabilidade e autoridade e orçamento participativo, o conceito de controle efetuado pela Controladoria é no sentido de buscar a congruência de objetivos, otimização dos resultados setoriais e corporativos, apoio aos gestores, correção de rumos, ajustes de planos etc., nunca em um conceito de controle punitivo, que enfraquece a atuação do *controller*.

As justificativas e explicações das variações ocorridas são no sentido de auxílio ao processo de otimização do lucro e eficácia empresarial. Obviamente, cada gestor tem a consciência de que o Controle Orçamentário é parte integrante do processo de avaliação de desempenho.

Relatórios de Controle Orçamentário

Todas as peças orçamentárias devem ser objeto dos relatórios de acompanhamento em relação ao realmente acontecido. O relatório clássico de Controle Orçamentário, por tipo de despesa e receita, para todos os centros de custos ou divisões, compreende:

a) os valores orçados para o mês em pauta;

b) os valores reais contabilizados no mês;

c) a variação do mês entre o real e o orçado;

d) os valores orçados acumulados até o mês em pauta;

e) os valores reais acumulados contabilizados até o mês;

f) a variação acumulada entre o real e o orçado até o mês.

Pode ser complementado com as seguintes informações:

a) variação percentual do mês;

b) variação percentual até o mês;

c) total do orçamento do ano (*budget*);

d) soma dos dados reais até o mês mais o orçamento restante do ano (*forecast*).

Na Figura 8.2, apresentamos um modelo básico de relatório de Controle Orçamentário.

	DO MÊS – R$				ATÉ O MÊS – R$				Dados Anuais		
Discriminação	Real	Orçado	Variação	%	Real	Orçado	Variação	%	Real + Orçado	Orçado	Variação %
Receita/Despesa Centro de Custo											

Figura 8.2 Modelo de Relatório de Controle Orçamentário

Análise das Variações

Tendo como base as informações levantadas pelos relatórios de Controle Orçamentário, é feita a análise das variações, a qual busca identificar com maiores detalhes os principais motivos que causaram a variação em valor de cada item orçamentado, fundamentando sua justificativa pelos gestores responsáveis pelos orçamentos e operações.

A diferença de valor entre os dados reais e os orçados basicamente decorre de dois elementos:

a) quantidade real diferente da quantidade orçada;

b) preço real diferente do preço orçado.

Portanto, a variação em valor do item orçado é uma somatória da diferença de quantidade mais a diferença de preço.

Variação em Valor (Real x Orçado)	=	Diferença de Preço (Real × Orçado)	+	Diferença de Quantidade (Real × Orçado)

Questões e Exercícios

1. O que é orçamento e quais os principais objetivos de um plano orçamentário?
2. Quais são os segmentos do plano orçamentário? Discorra sobre cada um deles.
3. Existem questionamentos sobre a validade de se elaborar um plano orçamentário em economias com inflação crônica. Apresente alguns argumentos contra e outros a favor de se fazer orçamento em ambiente inflacionário. Dê sua opinião sobre o assunto.
4. Caso uma empresa, tendo em vista um ambiente inflacionário no país, deseje fazer o plano orçamentário em moeda forte, isso torna desnecessária a feitura do orçamento na moeda corrente do país? Justifique.
5. Coloque nos espaços em branco as letras que correspondem a cada conceito de orçamento.

a) Orçamento feito a partir da rediscussão da necessidade ou não de cada gasto	________	Orçamento Flexível
b) Orçamento feito a partir de determinado volume de produção/vendas	________	Orçamento de Tendências
c) Orçamento feito considerando diversos níveis de volume de produção	________	Orçamento Base Zero
d) Orçamento feito a partir de observação de dados passados	________	Orçamento Estático

6. Analise o atual ambiente empresarial e elabore três cenários possíveis (otimista, moderado e pessimista). Faça suas ponderações sobre os dados e as variáveis consideradas.

7. Tome como referência a empresa em que você trabalha ou qualquer outra empresa conhecida e, partindo da adoção de um dos cenários construídos no exercício anterior, elabore um quadro de premissas gerais para conduzir um processo orçamentário para o ano seguinte. Apresente o máximo possível de dados e variáveis, justificando cada uma delas.

Orçamento de Vendas e Produção

1. Discorra sobre os principais métodos de previsão de vendas. Apresente também algumas situações ou empresas que possam se adaptar melhor a cada um deles.
2. A seguir, são apresentadas a evolução das vendas anuais de uma empresa e a variação do PIB de nosso país nesses respectivos anos.

Ano	Vendas em US$	Variação do PIB
1990	190.000	–4,3
1991	170.000	1,0
1992	120.000	–0,5
1993	145.000	4,9
1994	200.000	5,9
1995	230.000	4,2
1996	240.000	2,7
1997	300.000	3,3
1998	270.000	0,2
1999	260.000	0,8
2000	340.000	4,5
2001	360.000	1,5

a) Calcule as variações percentuais de um ano para o outro, subsequentemente, das vendas e da variação do PIB.

b) Encontre a variação média de todos os anos para as duas variáveis.

c) Mesmo não havendo uma correlação estatística perfeita ou positiva, é possível inferir alguma tendência entre as duas variáveis. Partindo da premissa de que a variação do PIB para o próximo ano será positiva em 2,3%, que faixa de valor anual de vendas você estimará para essa empresa para o ano seguinte?

d) Faça a mesma estimativa, considerando uma previsão de crescimento negativo do PIB em –1,5%.

3. Tome como referência a empresa em que você trabalha, ou outra empresa conhecida, e elabore um orçamento de vendas completo (quantidades, preços, valor bruto, valor líquido), considerando os produtos e principais mercados

da empresa, bem como os impostos sobre vendas que incidem sobre as operações e sobre a empresa escolhida. Para facilitar, faça um orçamento anual.

4. Uma empresa vende dois produtos principais, A e B, e peças para reposição do produto A. Com os dados a seguir, obtidos junto ao setor de comercialização e já criticados e aceitos pelas áreas correlatas, elabore um orçamento de vendas para o próximo ano, apurando o total da receita bruta e da receita líquida.

	Produto A	Produto B
Vendas totais previstas	1.600 unidades	500 unidades
• Mercado Interno	65%	90%
• Mercado Externo	35%	10%
Preço de venda – sem impostos		
• Mercado Interno	$ 22.500	$ 65.000
• Mercado Externo	$ 18.000	$ 55.250
Impostos sobre vendas		
• Mercado Interno	30%	30%
• Mercado Externo	–	–

5. Os dados apresentados a seguir se referem ao último exercício encerrado de uma empresa industrial:

Quantidades	Vendas	Estoque Final – Produtos Acabados
Produto A	10.000	2.000
Produto B	12.000	3.000
Produto C	7.000	200
Produto D	5.000	900

A empresa estima vender, no próximo exercício, 10% a mais do produto A, 5% a menos do produto B, 8% a mais do produto C e a mesma quantidade do produto D. Como política de estocagem, a empresa deseja manter no máximo 20 dias de vendas para os produtos A e B e 10 dias para os demais produtos.

Elabore:

a) um orçamento de quantidade de vendas;

b) um orçamento de estoque final;

c) o orçamento de produção.

6. Obtido o orçamento de produção no exercício anterior, considere que o produto A exige 2,1 horas de mão de obra direta para a produção de cada unidade; o produto B, 2,4 horas; o produto C, 4,1 horas; e o produto D, 5,0 horas. Qual

a capacidade, em termos de horas de mão de obra direta, que será necessária para executar o programa de produção orçado?

7. Com os dados obtidos no exercício anterior, e considerando que a empresa tem um efetivo atual de 60 funcionários diretos, verifique se haverá necessidade de contratação ou liberação de mão de obra direta no próximo exercício. Considere, para tanto, que um funcionário trabalha em média 160 horas por mês nos 12 meses do ano.

Orçamento de Materiais e Estoques

1. Tendo como referência os produtos finais apresentados a seguir:

   a) hambúrguer Big Mac

   b) microcomputador

   elabore uma estrutura de produto para cada um deles, contendo os materiais, as quantidades e as unidades de medidas.

2. Com base nas estruturas elaboradas no exercício anterior, assuma preços de aquisição para os materiais dentro do seu conhecimento e apure o custo de materiais para cada um desses produtos.

3. A empresa está orçando vendas, para o próximo exercício, de 1.600 unidades do produto A e 500 unidades do produto B, que utilizam as seguintes quantidades de materiais para cada unidade de produto final:

	Produto A	**Produto B**
Matéria-prima 1	1,5 t	2,0 t
Componente 2	400 unidades	1.800 unidades

   As peças de reposição, para atender as vendas esperadas para o próximo ano, consumirão em média 4% das quantidades previstas para o componente 2 do produto A.

   Pede-se:

   a) elabore um quadro de Orçamento de Quantidades de materiais necessárias para atender ao programa de produção, que, estima-se, será igual às quantidades previstas para a venda no próximo ano;

   b) calcule também a quantidade em estoque final de materiais ao final do ano previsto, sabendo que a empresa quer ter sempre um estoque mínimo suficiente para atender dois meses de produção.

4. Com os dados obtidos no exercício anterior, de quantidades necessárias para o programa de produção e quantidades esperadas de estoque final, e considerando os seguintes dados adicionais, elabore:

   a) o Orçamento de Compras, líquidas e brutas, para o próximo ano;

   b) a previsão do valor dos estoques finais para fins contábeis com o critério de preço médio ponderado. Os impostos das compras são recuperados.

	Matéria-prima 1	Componente 2
Preço Cotado – sem impostos	$ 1.000,00	$ 10,00
Impostos sobre Compras	30%	30%
Estoque Inicial		
. Quantidade	650 tons	150.000 unidades
. Preço Médio Ponderado	$ 980,00	$ 10,20
. Total em Estoque	$ 637.000	$ 1.530.000

5. Uma empresa produz e vende apenas um único produto e tem os seguintes dados de estoques em processo e produtos acabados:

Estoque Inicial de Produtos em Processo	$	850.000	
Estoque Inicial de Produtos Acabados	$	620.000	
Quantidade em Estoque Inicial de Produtos Acabados		30.250	unidades do produto A
Quantidade Produzida no Ano		1.000.000	unidades do produto A
Quantidade Vendida no Ano		1.008.000	unidades do produto A
Custos Totais de Fabricação do Ano	$	22.500.000	

Considere que o Estoque Final de Produtos em Processo será 35% maior do que o estoque inicial. Calcule:

a) o custo da produção acabada;

b) o custo médio de produção do produto A;

c) a quantidade em estoque final de produtos acabados;

d) o custo médio ponderado dos produtos acabados;

e) o custo dos produtos vendidos;

f) o valor do estoque final de produtos acabados.

6. Partindo dos dados obtidos no exercício anterior, considere que a empresa estará vendendo o produto A por um preço médio de $ 55,00 com impostos. Considerando as alíquotas de 12% de ICMS, 3% de Cofins e 0,65% de PIS (produto sem IPI), qual será o lucro bruto estimado da empresa para o próximo exercício? Identifique também a margem bruta a ser obtida.

Orçamento de Despesas Gerais

1. Coloque nos espaços em branco as letras que correspondem a cada conceito de comportamento de custo para orçamentação.

a) Custo relacionado diretamente com o volume de produção ou venda	________	Custo Discricionário
b) Custo ligado à utilização do parque fabril e não evitável	________	Custo Variável

c) Custo relacionado com o volume de produção e venda não totalmente proporcional ________ Custo Estruturado

d) Custo que pode ser administrado e com dotação orçamentária ________ Custo Semivariável

e) Custo relacionado com outra atividade física que não produção ou venda ________ Custo Comprometido

2. Tendo como referência a empresa em que você trabalha ou uma outra empresa conhecida, verifique qual o conceito adotado de Controlabilidade das despesas departamentais e se há rateios de despesas nos centros de custos.

3. Tomando como referência a empresa em que você trabalha ou uma outra empresa conhecida, elabore um quadro de premissas a serem aplicadas para as seguintes despesas, partindo da hipótese da execução de um plano orçamentário para o próximo ano:

a) despesas com mão de obra;

b) percentual de encargos sociais estimados;

c) despesas com energia elétrica;

d) despesas com telefonia e telecomunicações;

e) aluguéis imobiliários;

f) aumento de combustíveis para frota interna;

g) serviços terceirizados de limpeza.

4. Elabore o Orçamento de Mão de obra de cada departamento, considerando os dados atuais e as premissas listadas a seguir.

Dados atuais para um mês

	Depto. Industrial	**Depto. Adm.**	**Depto. Comercial**
Mão de obra Direta	80.000	–	–
Mão de obra Indireta	20.000	13.500	30.000
Horas Extras Diretas	3.200	–	–
Prêmios de Venda	–	–	9.000
Encargos Sociais	92.880	12.150	35.100
Soma	**196.080**	**25.650**	**74.100**
Homens Diretos	100	–	–
Homens Indiretos	20	15	25

Premissas para o Orçamento para o próximo ano:

a) Horas/Ano/Funcionário Direto = 1.900 horas

b) Horas trabalhadas ano anterior
Para 4.860 unidades do produto A – 97.200 hs (4.860 unid. × 20 horas)

Para 2.000 unidades do produto B – 70.000 h (2.000 unid. × 35 horas)
Para itens de reposição 22.800 h
Total 190.000 h

c) O programa de produção (que é igual ao de vendas) aumentará 10% para o produto A e 15% para o produto B, sendo que itens de reposição sobem proporcionalmente.

d) MOD aumentará proporcionalmente à necessidade do programa de produção a partir de janeiro.

e) MOI industrial: haverá contratação de três homens a partir de abril, com salário médio maior 20%.

f) Horas extras diminuirão 50%.

g) E. Sociais aumentarão 2 pontos percentuais (incidem sobre Salários + H. Extras + Prêmio Vendas).

h) Acordo coletivo de 6% a partir de maio.

i) Política de aumentos de mérito estimada em 1% nos meses de abril, julho e outubro.

j) Dias trabalhados em janeiro = 15 dias; dezembro = 15 dias.

k) Prêmios de vendas aumentarão proporcionalmente ao aumento das vendas.

5. Elabore o Orçamento de Despesas Gerais de cada departamento, considerando os dados atuais e as premissas listadas a seguir.

Dados atuais para um mês

	Depto. Industrial	**Depto. Adm.**	**Depto. Comercial**
Mat. Indiretos	15.000	–	–
Mat. Expediente	5.000	2.000	3.000
E. Elétrica	10.000	–	–
Serviços de Terceiros	5.000	–	6.000
Comunicações	–	7.000	–
Comissões	–	–	6.000
Soma	**35.000**	**9.000**	**15.000**

Premissas para o Orçamento para o próximo ano:

a) Materiais Indiretos e Energia Elétrica devem subir metade do aumento ocorrido na produção, conforme observado no exercício anterior.

b) Mat. Expediente subirá 20% do aumento da produção.

c) Serviços de Terceiros são fixos, com aumento de preços, previsto para maio, de 5%.

d) Comunicações – 40% do aumento da produção.

e) Comissões – proporcionais ao aumento de produção do produto B.

6. Análise de Regressão Linear Simples para estimativas do comportamento de custos.

Desejando-se saber o comportamento atual dos gastos com energia elétrica, foi feito o seguinte levantamento de dados, buscando encontrar fundamentos para uma previsão orçamentária de tal custo. Os dados a seguir foram coletados da Contabilidade de despesas da empresa, e os valores estão expressos em moeda de poder aquisitivo constante. O consumo de energia elétrica tem uma dependência da quantidade produzida. Vejamos os dados:

Ano	Gastos com Energia Elétrica	Quantidade Produzida
1	$ 294.500	8.940.300 kg
2	$ 283.000	8.500.000 kg
3	$ 318.000	9.414.000 kg
4	$ 346.000	10.405.800 kg
5	$ 330.000	9.910.500 kg
6	$ 359.000	10.801.050 kg
7	$ 359.000	11.174.200 kg
8	$ 369.000	11.510.500 kg

Sabe-se que o consumo de energia elétrica tem um componente fixo e outro variável. Desta forma, pede-se:

a) faça o diagrama de dispersão (gráfico) com os dados levantados;

b) calcule os componentes A e B da reta de regressão (a parte fixa e o componente variável);

c) faça o ajustamento dos dados reais e construa a reta teórica;

d) verifique a confiabilidade da reta teórica através dos coeficientes de determinação e correlação;

e) utilizando as variáveis A e B já calculadas, projete qual deverá ser o consumo de energia elétrica para os próximos dois anos, quando a produção está estimada em 12.000.000 kg e 12.400.000 kg, respectivamente.

Orçamento de Investimentos e Financiamentos

1. Uma empresa vai investir em um novo negócio e tem duas opções de investimento em infraestrutura já levantadas pela equipe de desenvolvimento do projeto. A primeira alternativa (A) consiste em adquirir um prédio industrial pronto, e a segunda alternativa (B) consiste na construção, por conta própria, do edifício industrial. A alternativa A implica um desencaixe imediato de $ 20.000 ($ 5.000 para o terreno e $ 15.000 para o edifício), mais $ 25.000 de equipamentos, cuja instalação total levará ao redor de 12 meses. A partir do

ano seguinte, a empresa já poderá operar e os lucros estimados anuais serão da ordem de $ 13.500 por ano para os próximos cinco anos.

A alternativa B implica a aquisição de um terreno em outro local por $ 2.000, com desencaixe imediato, gastos pré-operacionais, no primeiro ano, de $ 4.000, construção do prédio, no segundo ano, totalizando $ 16.000, e aquisição de equipamentos, no terceiro ano, de $ 30.000. A partir do quarto ano, a empresa estima um lucro de $ 17.500 nos próximos cinco anos.

Pede-se:

a) um quadro de orçamento de investimento de cada alternativa;

b) o cálculo do VPL de cada opção, considerando um custo de capital de 12% ao ano, e verifique qual delas deverá ser aceita.

2. Com os dados do exercício anterior, faça um orçamento das novas depreciações e amortizações para as duas alternativas, considerando as seguintes taxas anuais: prédios, 4% a.a.; despesas pré-operacionais, 10% a.a.; equipamentos, 10% a.a.

3. Uma empresa tem um endividamento financeiro de $ 30.000 (valor ao final do exercício), constituído por um financiamento em moeda estrangeira baseado em dólares mais juros e encargos financeiros de 8% ao ano (4% ao semestre), faltando ainda seis parcelas semestrais a serem pagas, vencíveis em junho e dezembro de cada ano. Faça o orçamento de financiamentos para o próximo exercício, tendo como premissa que a taxa de dólar subirá 0,3% ao mês e os encargos financeiros são pagos semestralmente com a amortização do principal.

4. Tomando como base os dados do Exercício 1, imagine que a opção escolhida permite um financiamento de 80% do seu valor total, liberado pelo seu total no primeiro exercício do orçamento. Faça um Orçamento de Financiamentos em bases anuais, até sua liquidação, tendo como premissa que o financiamento será resgatado em quatro parcelas anuais, ao final do ano. Os juros são prefixados de 10% ao ano e também são pagos ao final do ano, com as parcelas de amortização.

Controle Orçamentário

1. O departamento de assistência técnica havia orçado para determinado mês um gasto de $ 13.200 com reembolso de quilômetros rodados, a um preço orçado de $ 0,55 por quilômetro. O gasto real foi de $ 14.022, a um preço de $ 0,57 por quilômetro. Faça a análise das variações entre o real e o orçado.

2. Considerando os dados do exercício anterior e sabendo que o corpo de assistentes técnicos compõe-se de 12 funcionários, qual a média mensal real de quilômetros rodados e qual a orçada?

3. A receita líquida das vendas orçadas para determinado mês foi de $ 210.000 para uma quantidade orçada de 4.200 unidades de produto final. A receita líquida real do mês foi de $ 220.000 para uma quantidade de 4.450 unidades. Faça a análise das variações entre o real e o orçado.

4. Considerando os dados do exercício anterior, havia sido orçado um lucro bruto, na venda do produto final, de $ 58.800. Pede-se:

   a) apure o custo total orçado das vendas;

   b) calcule o custo médio orçado do produto final;

   c) sabendo que o lucro bruto real das vendas foi de $ 56.000, faça uma análise das variações do custo das vendas entre o real e o orçado.

Capítulo 9

Projeção dos Demonstrativos Contábeis

É a conclusão do processo orçamentário, em que todas as peças orçamentárias são reunidas dentro do formato dos demonstrativos contábeis básicos (Demonstração de Resultados e Balanço Patrimonial). Como já vimos, cada peça orçamentária, quando é o caso, traz dentro dela as informações necessárias para a elaboração da projeção dos demonstrativos contábeis. Portanto, a elaboração das projeções dos demonstrativos contábeis que utilizaremos será feita, em grande parte, com a utilização de informações já elaboradas anteriormente.

A projeção dos demonstrativos contábeis, encerrando o processo orçamentário anual, permite à alta administração da empresa fazer as análises financeiras e de retorno de investimento, que justificarão ou não todo o plano orçamentário. Além disso, são imprescindíveis tais projeções, tendo em vista que tanto o Balanço Patrimonial como a Demonstração de Resultados são os pontos-chave para o encerramento fiscal e societário da empresa, em que se apurarão os impostos sobre o lucro, bem como as perspectivas de distribuição de resultados.

9.1. Demonstrativos Contábeis a Serem Projetados

São eles:

a) Demonstração dos Resultados;

b) Balanço Patrimonial;

c) Fluxo de Caixa;

Dentro das projeções contábeis, incorporaremos os dados adicionais faltantes, que não foram contemplados em nenhuma das peças orçamentárias anteriormente elaboradas:

a) Previsão de Equivalência Patrimonial;

b) Receitas Financeiras dos Excedentes de Caixa / Aplicações Financeiras;

c) Resultados Não Operacionais;

d) Impostos sobre o Lucro;

e) Distribuição de Resultados;

f) Saldo de Caixa, Bancos e Aplicações Financeiras;

g) Saldo de Impostos a Recuperar;

h) Saldo de Impostos a Recolher sobre Lucros;

i) Outras Contas a Receber ou a Realizar não objeto de orçamentos anteriores;

j) Outras Contas a Pagar não objeto de orçamentos anteriores;

k) Dividendos ou Lucros a Pagar;

l) Reservas e Lucros Retidos.

Orçamento de Caixa ou Projeção dos Demonstrativos Contábeis?

É muito comum, na literatura contábil, entender que o Orçamento de Caixa é que encerra o ciclo do processo orçamentário. É certo que necessitamos do Fluxo de Caixa, seus saldos iniciais e finais, para obtermos as receitas financeiras. Contudo, o Saldo de Caixa é apenas mais um dos saldos do Balanço Patrimonial e *decorre*, fundamentalmente, das demais contas de resultados e do próprio Balanço.

Portanto, é mais fácil entender o Saldo de Caixa, ou Orçamento de Caixa, como um dado residual. O Saldo de Caixa é o que sobra (ou, eventualmente, falta) após todas as transações operacionais, de investimentos e financiamentos, serem projetadas e refletidas no balanço patrimonial. Portanto, decorre delas.

Desta maneira, o conceito de Projeção dos Demonstrativos Contábeis é mais adequado do que o conceito de Orçamento de Caixa para o encerramento do orçamento. Na abordagem das técnicas básicas, retornaremos ao assunto.

Análise Financeira das Projeções

É fundamental a conclusão do processo com a análise financeira das projeções. Compreende basicamente:

a) análise de balanço tradicional;

b) análise da margem de segurança;

c) análise da geração de lucros;

d) análise de retorno do investimento;

e) análise da criação de valor da empresa;

f) análise da variação do risco empresarial;

g) análise do valor da empresa.

9.2. Metodologia das Projeções

A metodologia básica a ser utilizada deve se fundamentar na estrutura do lançamento contábil pelo método das partidas dobradas e no inter-relacionamento dos demonstrativos contábeis básicos, o Balanço Patrimonial e a Demonstração de Resultados. Assim, para a execução de um dos trabalhos mais nobres da Contabilidade Gerencial, que é a Projeção dos Demonstrativos Contábeis, voltamos à origem da estrutura da Contabilidade como ciência e sistema de informação.

A Técnica Básica: Coordenação dos Fatos e os Demonstrativos Contábeis

A Projeção dos Demonstrativos Contábeis fundamenta-se em:

a) um Balanço Patrimonial inicial;

b) a Demonstração de Resultados do período orçamentado (projetado);

c) o Balanço Final após a Demonstração de Resultados;

d) o Fluxo de Caixa como consequência (diferença) dos três itens anteriores.

Colocado em outra perspectiva, teríamos:

Informação 1 – Dado do Balanço Patrimonial Inicial
Informação 2 – Dado da Demonstração de Resultados do item relacionado
Informação 3 – Dado do Balanço Patrimonial Final
Informação 4 – Efeito no Fluxo de Caixa

Podemos exemplificar com o elemento patrimonial Contas a Receber, que é relacionado, na Demonstração de Resultados, com o item Receita Operacional Bruta. Vejamos como deve ser feita a projeção desses itens, com os dados da Tabela 8.2 do Orçamento de Vendas, do capítulo anterior.

		$
Informação 1 –	**Dado do Balanço Patrimonial Inicial (obtido no início do período)**	**80.000**
Informação 2 –	**Dado da Demonstração de Resultados do item relacionado (obtido no Orçamento de Vendas – Receita Operacional Bruta – Tabela 9.1)**	**1.094.640**
Informação 3 –	**Dado do Balanço Patrimonial Final (obtido pelo prazo médio de recebimento orçado, constante do Orçamento de Vendas – Saldo de Contas a Receber – Tabela 9.1)**	**118.949**
Informação 4 –	**Efeito no Fluxo de Caixa = Recebimento de Vendas**	**1.055.691**

Métodos para Determinar o Saldo Final de Caixa

O Saldo Final de Caixa, em nosso exemplo, está representado pelas disponibilidades, que compreendem Caixa, Bancos e Aplicações Financeiras. A projeção do seu saldo pode ser determinada de duas maneiras:

Método 1 – Fluxo de Caixa

É resultante das movimentações de entradas e saídas de caixa, através do relatório de Fluxo de Caixa, conforme demonstramos na técnica básica de projeção.

Método 2 – Valor Residual no Balanço Patrimonial

Neste método, o Saldo Final de Caixa é obtido pela diferença de ativos e passivos antes do Saldo Final de Caixa. Não é necessário fazer o Fluxo de Caixa para se saber o Saldo Final de Caixa.

Na projeção do Balanço Patrimonial, o último valor a ser projetado é o Saldo Final de Caixa. Portanto, todos os demais valores podem ser projetados (orçados) antecipadamente. Partindo da equação fundamental da Contabilidade de que *Ativo = Passivo*, depois de projetarmos todos os demais itens do Balanço Patrimonial e incluirmos o Lucro Líquido após os Impostos sobre o Lucro, automaticamente a diferença será o Saldo de Caixa.

Vejamos os passos para obtenção do saldo de caixa pelo Método 2 – Valor Residual:

- *Primeiro passo:* projetar a demonstração de resultados completa.
- *Segundo passo:* projetar todos os itens do Balanço Patrimonial, incluindo previsão de distribuição de lucros, menos o saldo final de caixa.
- *Terceiro passo:* somar o total do passivo.
- *Quarto passo:* obter o saldo final de caixa, por diferença entre o total do passivo e o total do ativo antes do saldo final de caixa.

Vejamos o mês de março/X1:

	$
TOTAL DO PASSIVO	**731.762**
TOTAL DO ATIVO (antes do Saldo Final de Caixa/Aplicações Financeiras) =	**715.728**
Diferença = Saldo Final de Caixa/Aplicações Financeiras	**16.034**

Este método possibilita maior rapidez de fechamento de projeções mensais, já que com ele podemos deixar de fazer o Demonstrativo de Fluxo de Caixa. Com esse método, os critérios de cálculo dos dados do Balanço Patrimonial devem ser rigorosos, pois um erro de avaliação de ativos ou passivos e suas correções, variações monetárias, juros, prazos médios etc. provocarão erros no saldo final de caixa.

Receitas Financeiras Projetadas

A questão que sempre fica pendente para o fechamento da projeção da Demonstração de Resultados é a obtenção do valor das receitas financeiras oriundas dos excedentes de caixa. As receitas financeiras futuras dependem de:

a) saldo atual dos excedentes de caixa disponíveis para aplicação;

b) saldo gerado em cada próximo período (dia, mês etc.).

A cada dia, a empresa gera um Saldo de Caixa, positivo ou negativo, que é adicionado ao saldo anterior disponível para aplicação. Este saldo gera eventual receita financeira para o dia seguinte, e assim sucessivamente. Portanto, em princípio, teremos de calcular diariamente a projeção diária do Fluxo de Caixa, para obtermos o saldo diário disponível para aplicação e, em cima desse saldo, projetarmos as receitas financeiras.

Projeção Mensal das Receitas Financeiras

A experiência tem demonstrado que não há sentido prático em projetar saldos diários de Fluxo de Caixa dentro do processo orçamentário, tanto pela relevância da informação para essa tarefa, como pelo seu grau significativo de imprevisibilidade. Esse tipo de projeção é necessário apenas na gestão diária do Fluxo de Caixa, quando do processo de execução do planejamento financeiro de curto prazo.

Desta maneira, recomenda-se a projeção das receitas financeiras *mensais*, considerando apenas dados de saldos de caixa também em periodicidade mensal. Nesse critério, há duas metodologias básicas:

1. Considerar como base para projeção apenas o saldo inicial de disponibilidades de caixa (o saldo anterior do Balanço Patrimonial), aplicando-se a taxa mensal média esperada de aplicação (de receita financeira).

2. Considerar como base para projeção:

   a) o saldo inicial de disponibilidades, aplicando-se a taxa mensal média esperada de aplicação, *mais*

   b) o movimento de caixa do mês em curso, aplicando-se *metade* da taxa mensal média esperada de aplicação.

Em ambas as metodologias, remanesce a questão de se colocar ou não, juntamente com o Saldo de Caixa, a própria receita financeira gerada no mês. Isto porque, no mundo real, cada receita financeira diária pode aumentar o Fluxo de Caixa diário e, consequentemente, faz parte da base de cálculo da próxima receita financeira diária.

Entendemos que a aplicação do procedimento mais complexo sempre é o mais recomendável. Em empreendimentos financeiros, em que a receita financeira é a maior fonte de renda e orçamento, deve-se aplicar a melhor metodologia possível. Em empreendimentos comerciais, de serviços e industriais, em que a maior fonte de renda são as receitas de venda, e as receitas financeiras tendem a ser marginais ou complementares, pode-se adotar um procedimento mais simplificado.

Geração de Caixa Negativo e Receitas Financeiras Negativas

Este tema está sendo conduzido no pressuposto de que a empresa possui um excedente de caixa e consegue mantê-lo durante todo o período orçado. Contudo, é possível que o Fluxo de Caixa gerado no ano seja negativo, suplantando até as disponibilidades iniciais, e que a empresa detecte a necessidade de suprir-se de outras fontes de financiamentos para fazer face às insuficiências de caixa.

Na ocorrência desse fato, geração de caixa negativo, em vez de ocorrer receita financeira haverá a ocorrência de despesas financeiras. Se houver disponibilidades negativas, a taxa a ser considerada não deve ser mais a taxa de aplicação, e sim a taxa de captação, normalmente maior. Em resumo, se o fluxo mensal de caixa for negativo, e este suplantar também o saldo inicial de caixa, estará havendo insuficiência de caixa, ou geração de caixa negativo. Neste caso, não haverá receita financeira no sentido literal da palavra, mas sim receita financeira negativa (despesa financeira), que deverá ser obtida aplicando-se ao caixa negativo a taxa de captação.

Podemos resumir as duas possibilidades:

1) Saldo Inicial de Caixa (de disponibilidades)
   (+) Geração de Caixa Negativo Mensal
   = *Saldo Disponível para Aplicação*
   Geração: receita financeira
   Taxa a ser aplicada: *de aplicação*

2) Saldo Inicial de Caixa (de disponibilidades)
   (+) Geração de Caixa Negativo Mensal
   = *Saldo Negativo (Insuficiência de Caixa)*
   Geração: receita financeira negativa (despesa financeira)
   Taxa a ser aplicada: *de captação*

A apresentação da receita financeira negativa pode ser feita junto com a receita financeira positiva, já que esse fato pode ocorrer uma vez ou outra durante o período e, no conjunto das duas, apresentar-se como receita financeira líquida.

Exemplo

A Tabela 9.1 apresenta um exemplo com as principais demonstrações financeiras projetadas, considerando os dados constantes de todos os orçamentos apresentados no capítulo anterior. Tendo em vista o conteúdo simplificado do exemplo, adotamos, para fins de cálculo da receita financeira, a taxa de 8%, aplicada apenas sobre o saldo inicial de Caixa e Aplicações Financeiras. Para conclusão da apuração do resultado do período, admitimos uma taxa única de 35% para os impostos sobre o lucro, considerando como premissa que foram pagos dentro do próprio período.

Tabela 9.1 Projeção das Demonstrações Contábeis

Dados Reais/Atuais		Dados Projetados a partir dos Orçamentos					
Coluna 1 BALANÇO INICIAL		**Coluna 2 DEMONSTRAÇÃO DE RESULTADOS**		**Coluna 3 BALANÇO FINAL**		**Coluna 4 FLUXO DE CAIXA**	
ATIVO		**RECEITA OPERACIONAL BRUTA**	**1.094.640**	**ATIVO**		**ATIVIDADES OPERACIONAIS**	
Caixa e Aplicações Financeiras	20.000	(–) Impostos sobre Vendas	(273.660)	Caixa e Aplicações Financeiras	16.034	Recebimento de Vendas	1.055.691
Duplicatas a Receber – Líquido	80.000	RECEITA OPERACIONAL LÍQUIDA	820.980	Duplicatas a Receber – Líquido	118.949	(–) Pagamento a Fornecedores	(851.038)
Estoques				Estoques		(–) Salários e Despesas	(94.250)
. De Materiais	50.000	(–) CUSTO DOS PRODUTOS VENDIDOS	741.796	. De Materiais	54.660	(–) Recolhimento de Impostos	(76.294)
. Produtos Acabados	63.000	. Consumo de Materiais	655.915	. Produtos Acabados	72.119	(–) Impostos sobre o Lucro	(8.675)
Imobilizado		. Custos de Fabricação	40.000	Imobilizado		Saldo Operacional	25.434
. Valor Original	600.000	. Depreciação Industrial	55.000	. Valor Original	650.000		
. Depreciação Acumulada	(120.000)	(+) Estoque Inicial – Prods. Acabados	63.000	. Depreciação Acumulada	(180.000)	ATIVIDADES DE INVESTIMENTO	
Total	693.000	(–) Estoque Final – Prods. Acabados	(72.119)	Total	731.762	Aquisição Imobilizados	(50.000)
PASSIVO		**LUCRO BRUTO**	**79.184**	**PASSIVO**		**ATIVIDADES DE FINANCIAMENTO**	
Duplicatas a Pagar	40.000			Duplicatas a Pagar	47.708	Novos Empréstimos	20.000
Salários e Contas a Pagar	8.000	(–) DESPESAS OPERACIONAIS		Salários e Contas a Pagar	3.750	Juros Pagos	(1.000)
Impostos a Recolher	5.000	Comerciais	35.000	Impostos a Recolher	4.194	Receitas Financeiras	1.600
Financiamentos	0	Administrativas	15.000	Financiamentos	20.000	Saldo	20.600

continua

Tabela 9.1 Projeção das Demonstrações Contábeis (continuação)

Dados Reais/Atuais		Dados Projetados a partir dos Orçamentos					
Coluna 1 BALANÇO INICIAL		**Coluna 2 DEMONSTRAÇÃO DE RESULTADOS**		**Coluna 3 BALANÇO FINAL**		**Coluna 4 FLUXO DE CAIXA**	
Patrimônio Líquido		Depreciações	5.000	Patrimônio Líquido			
. Capital Social	600.000			. Capital Social	600.000	SALDO DO PERÍODO	(3.966)
. Lucros Acumulados	40.000	LUCRO OPERACIONAL	24.184	. Lucros Acumulados	40.000		
. Lucro do Período	–	(–) Despesas Financeiras	(1.000)	. Lucro do Período	16.110	CAIXA E APLIC. FINANCEIRAS	
Total	693.000	(+) Receitas Financeiras	1.600	Total	731.762	. Saldo Inicial	20.000
						. Saldo Final	16.034
		LUCRO ANTES DOS IMPOSTOS	24.784				
		(–) Impostos sobre o Lucro	(8.675)				
		LUCRO LÍQUIDO DO PERÍODO	16.110				

Questões e Exercícios

1. Considere o Balanço Inicial dado a seguir, bem como os dados adicionais, e elabore a projeção da Demonstração de Resultados para o período orçado, bem como o balanço final projetado.

a) Balanço Inicial

Ativo Circulante	$	Passivo Circulante	$
Caixa/Bancos	–	Duplicatas a Pagar	1.700.000
Duplicatas a Receber	4.833.000	Impostos a Recolher	100.000
Estoque de Materiais	2.167.000	Impostos sobre o Lucro	–
		Ex. Longo Prazo – Empréstimos	15.000.000
Imobilizado		Patrimônio Líquido	
Equipamentos	25.000.000	Capital Social	15.200.000
Total	**32.000.000**	**Total**	**32.000.000**

b) Orçamentos anuais e dados adicionais:

	$
Orçamento da Receita Operacional Bruta	84.329.500
Orçamento da Receita Operacional Líquida	67.832.500
Orçamento de Consumo de Materiais	19.070.571
Orçamento de Compras Brutas	26.106.600
Orçamento de Compras Líquidas de Impostos	20.082.000
Orçamento de Despesas Gerais de Fabricação	26.500.000
Orçamento de Depreciações Industriais	4.000.000
Orçamento de Despesas com Vendas	9.000.000
Orçamento de Despesas Administrativas	3.200.000

Despesas Financeiras – 12% de juros ao ano

Impostos sobre o Lucro – 40% sobre o Lucro Antes do Imposto de Renda

c) Considere ainda:

- foram adquiridos $ 4.300.000 em novos equipamentos, à vista;
- 75% dos impostos sobre o lucro gerados no ano já foram pagos, restando apenas 25% a pagar;
- 50% dos juros gerados no ano foram pagos, restando 50% a pagar, além do valor principal dos empréstimos, do qual nada foi pago;
- o total do Lucro Líquido após os impostos sobre o lucro foi retido na empresa;
- os impostos a recolher das vendas menos os das compras têm um prazo médio de recolhimento de 30 dias;
- a conta de duplicatas a receber equivale a 35 dias das vendas, e a conta de duplicatas a pagar equivale a 28 dias de compras;
- o saldo final de caixa será obtido por diferença e não há necessidade de projetar receitas financeiras.

2. Após concluir o exercício anterior, faça a projeção do Fluxo de Caixa do ano, utilizando os dados dos Balanços Iniciais e Finais e da Demonstração de Resultados projetada.

3. Considere a solução do Exercício 1 e verifique e analise a liquidez e o endividamento da empresa, bem como calcule e analise a rentabilidade.

4. Considere o Balanço Inicial, os dados e informações apresentados a seguir:

A) **BALANÇO INICIAL**	$	
Disponibilidades	20.000	
Clientes	80.000	
Estoques		
. Materiais	50.000	
. Acabados – Quantidade = 3.500	63.000	Custo Médio = 18,00
Imobilizado		
. Valor Original	600.000	
. Depreciação Acumulada	–120.000	
Total	**693.000**	
Fornecedores	40.000	
Contas a Pagar	13.000	
Patrimônio Líquido		
. Capital Social	600.000	
Lucros Acumulados	40.000	
. Lucro Projetado	0	
Total	**693.000**	

B) **DADOS ATUAIS/REAIS**	**Produto A**	**Produto B**	**Total**
. Estoque Inicial – Qtde.	2.000	1.500	3.500
. Vendas do Ano Anterior – Qtde.	30.000	12.000	42.000
. Preço Médio Obtido – $	20,00	30,00	
Custo de Materiais por Unidade de Produto – $	12,00	17,00	

C) **INFORMAÇÕES PARA O ORÇAMENTO DE VENDAS, PRODUÇÃO E CONSUMO DE MATERIAIS**

a) Espera-se vender, no próximo ano, 6% a mais de quantidade do produto A e 9% a mais do produto B.

b) Estima-se um aumento de preço de venda da ordem de 5% para o produto A e 6% para o produto B.

c) Os impostos sobre vendas representam 25% da Receita Bruta.

d) O saldo final da conta Clientes deve corresponder a 40 dias da Receita Bruta.

e) O estoque final de produtos acabados deve se manter em 35 dias de venda para os dois produtos.

f) Estima-se que o custo dos materiais terá aumento de 6% para o produto A e 5% para o produto B.

g) As compras serão iguais ao consumo.

h) Os impostos sobre compras representam 20% das compras líquidas.

i) O saldo final da conta Fornecedores deve corresponder a 20 dias das Compras Brutas.

j) Os impostos sobre vendas serão recolhidos no ano, descontados os impostos sobre compras

D) **OUTROS DADOS**

a) Os gastos de fabricação do ano estão previstos em $ 40.000.

b) As despesas operacionais do ano estão previstas em $ 50.000.

c) A taxa de depreciação é de 10% a.a. do valor original do imobilizado e é considerada despesa.

d) Os investimentos serão de $ 50.000, realizados no meio do ano, não depreciáveis, dos quais 40% serão financiados a uma taxa de juros de 10% a.a., a longo prazo. Os juros serão pagos no exercício.

e) O saldo orçado de Contas a Pagar não deverá ter alteração.

f) O saldo de disponibilidades será obtido por diferença, e a receita financeira equivalerá a 8% a.a., calculáveis sobre o saldo inicial.

Pede-se:

a) o orçamento de vendas – quantidade, valor líquido, valor bruto, conta clientes;

b) o orçamento de produção em quantidades;

c) o orçamento de consumo de materiais, compras líquidas, compras brutas;

d) o orçamento do custo dos produtos vendidos e estoque final de produtos acabados, considerando como custo de produção o consumo de materiais e os gastos de fabricação, fazendo um único custo médio para os dois produtos;

e) a demonstração de resultados projetada, desconsiderando imposto sobre o Lucro;

f) o Balanço Final.

5. Concluído o exercício anterior, faça a projeção do Fluxo de Caixa do ano, utilizando os dados dos Balanços Iniciais e Finais e da Demonstração de Resultados projetada.

6. Considere a solução do Exercício 1 e verifique e analise a liquidez e o endividamento da empresa, e calcule e analise a rentabilidade.

7. Tome como referência os cálculos efetuados nos orçamentos de todas as tabelas apresentadas no capítulo anterior, elaborados com planilha eletrônica, e descreva o formato de cálculo de todas as células.

8. Partindo da resolução do exercício anterior, considere:

   a) que o aumento previsto no orçamento de vendas da Tabela 8.2 será de 12% para o produto A (em vez de 10%) e de 9% para o produto B (em vez de 8%);

   b) que a política de estocagem de produtos acabados, constante da Tabela 8.3, em vez de 35 dias, será de 40 dias;

   c) que a estimativa de aumento de custo da estrutura dos produtos da Tabela 8.4 será de 6% para o produto A (em vez de 5%) e de 6% para o produto B (em vez de 4%).

   Considerando essas novas premissas, e os demais dados de todas as tabelas do Capítulo 8 mantendo-se as originais:

   I) refaça todos os orçamentos;

   II) faça uma nova projeção dos demonstrativos contábeis.

PARTE III

A CONTROLADORIA NA EXECUÇÃO, CONTROLE E AVALIAÇÃO DE DESEMPENHO

Capítulo 10

Gestão Operacional e Modelos de Decisão de Eventos Econômicos

10.1. A Controladoria na Execução

A atuação da Controladoria na fase de execução consiste basicamente em providenciar modelos de decisão para os eventos econômicos, para subsidiar os gestores no processo de tomada de decisão das transações sendo efetivadas. Os gestores de cada área de responsabilidade, responsáveis pela geração do lucro, tomam diariamente decisões sobre as atividades que estão sob sua área de atuação.

O lucro empresarial acontece em cada uma das milhares de transações que estão sendo realizadas a todo momento. Essas transações são as realizações esperadas previstas no processo de planejamento operacional. Portanto, para a execução das atividades, estas traduzidas em eventos econômicos, os quais, por sua vez, são efetivados em termos de transações, os gestores necessitam de modelos de decisão coerentes e em linha com a visão da empresa de obtenção de lucro e eficácia empresarial.

As atividades caracterizam-se pelos fluxos operacional, econômico, financeiro e patrimonial. A gestão do fluxo operacional é o ponto-chave para a obtenção de lucros. O fluxo operacional caracteriza-se pela operação técnica de cada especialidade, em termos de produção física, controle e utilização dos recursos, transferências e entrega dos produtos e serviços produzidos pela atividade, controle de qualidade, prazos de entrega etc. O fluxo econômico evidencia a consequência econômica do processo produtivo, ou seja, a mensuração econômica dos recursos e dos produtos e serviços. O fluxo financeiro corresponde à efetiva realização monetária do fluxo econômico. O fluxo patrimonial, ou resultado patrimonial, compreende a retenção final do fluxo completo das atividades, em termos de unidades monetárias ou bens e direitos em estoque.

A gestão de todo o fluxo das atividades normalmente é denominada *gestão do capital de giro*, na qual as transações são executadas e o lucro é ou não gerado. Nesta parte do trabalho, abordaremos inicialmente um modelo geral de gestão das operações, através do conceito de gestão do capital de giro, e, em seguida, o desenvolvimento de modelos para gestão dos eventos econômicos do fluxo operacional. Como complemento da gestão operacional, trataremos de um modelo de gestão para os Ativos Imobilizados, no qual as operações são executadas.

Portanto, a gestão operacional caracteriza-se pela gestão do capital de giro, a gestão dos imobilizados e a gestão das transações dos eventos econômicos.

10.2. Gestão Operacional

Podemos caracterizar a gestão operacional pela gestão do ciclo de comprar, produzir e vender ou revender produtos e serviços. Caracteriza-se pela gestão do conjunto de atividades do sistema empresa, necessárias para gerar produtos e serviços e entregá-los para sua comunidade de clientes. Significa, então, a gestão da utilização dos recursos necessários para o processo de transformação, a gestão do processo de transformação dos produtos e serviços e, finalmente, a gestão do processo de entrega dos produtos e serviços aos clientes.

A esse conjunto de gestão denominamos *gestão operacional*, que, em outras palavras, corresponde à gestão dos componentes do capital de giro da empresa, em conjunto com a gestão dos recursos imobilizados.

Responsabilidade pela Gestão Operacional

A responsabilidade pela gestão operacional de cada atividade é de cada um dos gestores responsáveis por essas atividades. Os fluxos econômico, financeiro e patrimonial decorrem do fluxo operacional. Portanto, cada gestor operacional é responsável pelos aspectos operacionais, econômicos, financeiros e patrimoniais de suas atividades. Consequentemente, cada gestor é responsável pelo lucro gerado por sua atividade.

A responsabilidade da Controladoria na gestão operacional está em apoiar os gestores na busca da eficácia de suas atividades, através do suporte do seu sistema de informação com modelos de decisão adequados a cada atividade e aos seus eventos econômicos, em todos os seus aspectos. Cabe também à Controladoria monitorar o desempenho de cada atividade, uma vez que ela tem a responsabilidade de coordenar o fluxo e os resultados de todas as atividades, em função dos objetivos planejados da empresa como um todo.

10.3. Ciclo Operacional, Ciclo Econômico e Ciclo Financeiro

É extremamente importante a compreensão do ciclo completo de cada atividade. Ele pode ser expresso em três conceitos de ciclos: ciclo operacional, ciclo econômico e ciclo financeiro.

O ciclo operacional corresponde a todas as ações necessárias e exercidas para o desempenho de cada atividade. É o processo de gestão de cada atividade, que inclui o planejamento, a execução e o controle.

O ciclo econômico evidencia os eventos econômicos no momento em que eles acontecem, bem como a sua mensuração econômica. É nele que se apura o resultado do desempenho das atividades.

O ciclo financeiro corresponde ao processo de efetivação financeira de cada evento econômico em termos de Fluxo de Caixa.

Os Ciclos e o Aspecto Temporal

Os ciclos são representados pelos momentos de realização dos eventos principais, em termos de transcorrer de tempo. O mais comum é a identificação da duração dos ciclos em quantidade de dias. Obviamente, algumas atividades e tarefas são desempenhadas em horas ou minutos. Porém, é tradicional evidenciar os ciclos em termos de transcorrer de dias.

Quanto maiores os ciclos, ou seja, quanto maior a quantidade de dias para se executar um ciclo operacional completo, maior a necessidade de recursos econômicos para a manutenção das atividades. Desta maneira, uma gestão operacional fundamental é a gestão do tempo.

Há uma necessidade constante de buscar abreviar o tempo de execução das tarefas e atividades, objetivando maior produtividade dos recursos (o conceito de maior giro dos ativos), bem como sua otimização econômica, consumindo menor quantidade de recursos econômicos e, consequentemente, tendo menor necessidade de capital e dos custos financeiros envolvidos para obtenção desse capital.

Podemos evidenciar os três ciclos graficamente da seguinte maneira, em seus aspectos principais, conforme mostra a Figura 10.1, considerando uma empresa industrial.

Ciclo Operacional

Compreende todas as ações necessárias para a gestão da atividade. Conforme evidenciado na Figura 10.1, compreende desde o momento do planejamento da produção e do recebimento da ordem de compra até a gestão dos pedidos de venda, entrega do produto ou serviço e recebimento da venda. Envolve desde o momento T0 até o momento T9.

Ciclo Econômico

Caracteriza-se pelo processo de consumo de recursos, produção e entrega do produto ou serviço. Em cada um dos momentos do ciclo econômico, há possibilidade e necessidade de mensuração dos eventos. Assim, é preciso a mensuração do custo do consumo e estocagem dos recursos, do evento da produção e estocagem dos produtos finais, bem como do valor da venda. Compreende desde o momento T2 até o momento T7.

Ciclo Financeiro

O ciclo financeiro normalmente é diferente do ciclo econômico, pois os momentos de pagamentos e recebimentos dos valores dos eventos econômicos

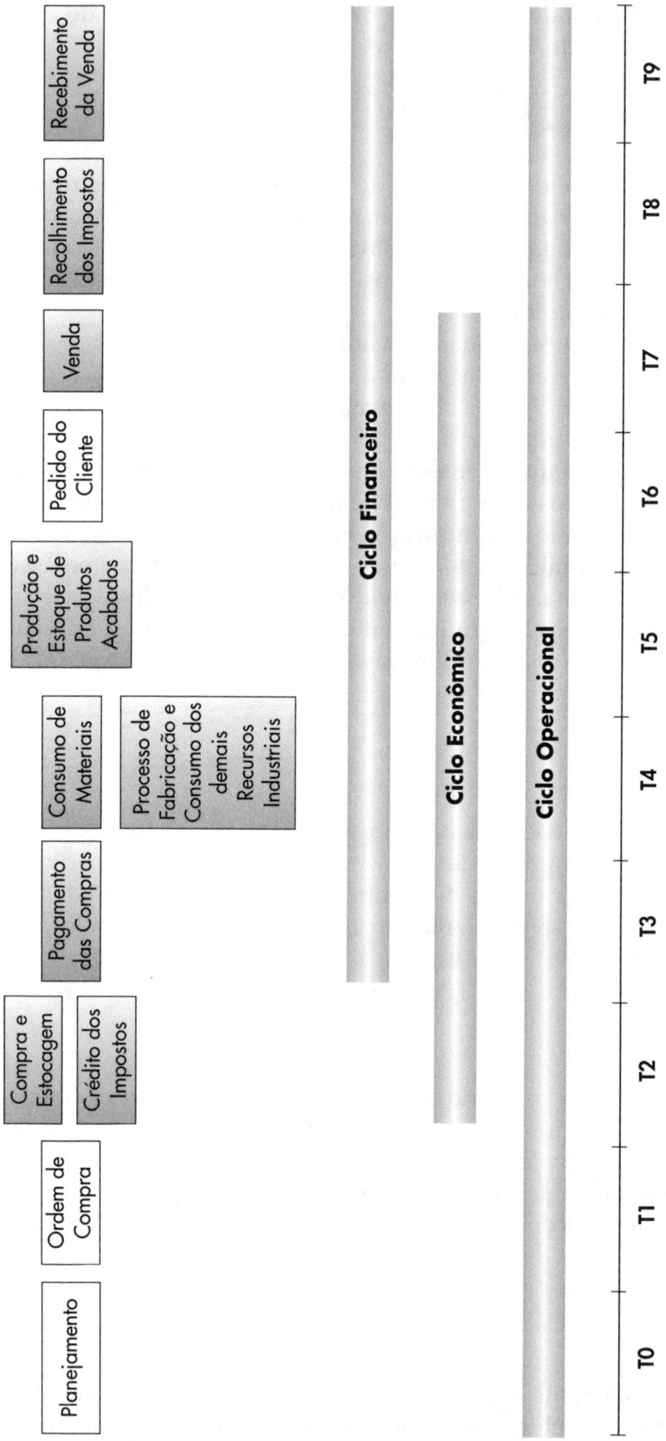

Figura 10.1 Ciclo Operacional, Ciclo Econômico e Ciclo Financeiro

normalmente são prolongados por prazos de pagamento e recebimento. Os prazos de pagamentos e recebimentos, além das condições normais de crédito oferecidas pelas empresas, são utilizados pela necessidade física de se operacionalizar a efetivação financeira das transações. As empresas necessitam de um tempo mínimo para, após o recebimento do produto ou serviço, providenciar o seu pagamento. O ciclo financeiro corresponde ao intervalo entre os momentos T3 e T9.

Apesar de o evento *crédito dos impostos* sobre as compras ser um componente do ciclo financeiro, o seu pagamento é efetivado ao fornecedor e este recolhe os impostos aos órgãos governamentais. Os impostos creditados são então contabilizados e serão deduzidos dos impostos gerados sobre a venda e recolhidos nos prazos determinados pelo governo, que não têm correlação com o prazo dado pela empresa a seus clientes.

	Em Dias
Estocagem de Materiais	60
Processo de Fabricação	60
Produtos Acabados	30
Venda	5
TOTAL	**155**

O ciclo financeiro compreende as etapas do pagamento das compras de materiais até o recebimento da venda. Em nosso exemplo, seria:

	Em Dias
Ciclo Econômico	155
(–) Prazo do Fornecedor	(30)
(+) Prazo de Recebimento da Venda	30
TOTAL	**155**

Redução dos Dias do Ciclo: Uma Atividade Fundamental

A gestão do tempo do ciclo operacional é uma gestão contínua e ininterrupta na busca do menor tempo possível para todas as atividades. Todos os tempos exemplificados anteriormente devem ser objetos de políticas específicas para obter sua redução, através do seu contínuo monitoramento e busca de novas alternativas e técnicas de gestão.

Conceitos de Gestão Operacional e Tecnologia de Informação[1]

Just-in-Time, Teoria das Restrições, Produção *Lean*, *Kanban*, Produção Modular, *MRP*, Células de Produção são os conceitos mais utilizados objetivando a redução do ciclo operacional, a maior parte apoiada por *softwares* para sua implementação. Cada empresa deve estar atenta a quais os melhores conceitos que se adaptam ao seu produto e processo produtivo e utilizá-los de forma otimizada.

A utilização dos sistemas integrados de gestão (*ERP – Enterprise Resource Planning*), acoplados com outras soluções oferecidas pela tecnologia de informação (CRM, ECR, EDI, Internet, *E-Procurement*, dispositivos portáteis etc.), tem sido o caminho mais utilizado para buscar uma melhoria significativa no ciclo operacional, já que a atual tecnologia da informação permite uma integração e uma velocidade de comunicação de dados muito grande.

Mensuração e Gestão do Ciclo Operacional

Já vimos que o ciclo operacional deve ser mensurado em termos de valor, para sua gestão econômica e financeira. Tanto a mensuração quanto a gestão dos ciclos econômico e financeiro podem ser feitas de duas maneiras, a saber:

1. mensuração econômica individualizada, idealizada ou padrão;
2. mensuração econômica genérica através dos demonstrativos contábeis.

A primeira metodologia de mensuração é feita partindo dos dados levantados na identificação do ciclo operacional completo, em dias, e os valores do custo dos recursos envolvidos e necessários para o desempenho de cada atividade das diversas etapas do ciclo. A segunda metodologia, a mais utilizada, parte dos valores contábeis dos itens representativos do ciclo operacional (contas a receber, estoques, contas a pagar, impostos a recolher), obtidos no Balanço Patrimonial, e relaciona-os com os valores resultantes e inter-relacionados com esses elementos do giro, dentro da demonstração de resultados, obtendo os prazos médios das atividades, expressos em dias ou em giro.

Mensuração Contábil dos Ciclos Econômico e Financeiro

A mensuração contábil dos ciclos econômico e financeiro da empresa é feita através dos dados dos Demonstrativos Contábeis, do Balanço Patrimonial e da Demonstração de Resultados, transformando os dados dos elementos do giro inter-relacionados em indicadores de atividades ou prazos médios, indicados em dias ou em número de giro (rotação).

[1] Temas desenvolvidos no livro do autor, *Sistemas de informações contábeis*. 7. ed. São Paulo: Atlas, 2015.

Tomando como base os dados constantes dos Demonstrativos Contábeis das tabelas 11.1 e 11.2, apresentamos os indicadores dos ciclos econômico e financeiro mais utilizados, tanto no conceito de giro como no conceito de dias. Utilizaremos os dados da demonstração dos resultados do ano de X1 e do Balanço Patrimonial de 31.12.X1.

Estocagem de Materiais

$$\text{Giro do Estoque (GE)} = \frac{\text{Consumo de Materiais}}{\text{Estoque de Materiais}}$$

$$\text{GE} = \frac{\$\ 10.025.476^{*}}{\$\ 1.788.347} = 5{,}61 \text{ vezes}$$

* $ 9.901.289 (Industrial) + $ 66.009 (Administrativos) + $ 58.178 (Comerciais)

$$\text{Dias em Estoque} = \frac{\text{Estoque de Materiais} \times 360 \text{ dias}}{\text{Consumo de Materiais}}$$

$$\text{Dias em Estoque} = \frac{\$\ 1.788.347 \times 360}{\$\ 10.025.476} = 64{,}21 \text{ dias (64 dias)}$$

Esses indicadores dizem que o estoque de materiais gira 5,61 vezes no ano e que, em média, o estoque de materiais tem valores estocados que correspondem a 64 dias do consumo médio de materiais de um ano de produção.

$$\text{Prazo Médio de Pagamento} = \frac{\text{Fornecedores (Dupls. a Pagar)} \times 360 \text{ dias}}{\text{Compras de Materiais (Bruto)}^{*}}$$

Pagamento a Fornecedores

* Normalmente, essa informação não está disponível nos Demonstrativos Contábeis publicados. Como nosso foco é a gestão interna, essa informação deverá ser

gerada normalmente pelo Sistema Contábil. De qualquer forma, ela pode ser estimada através das fórmulas de inter-relacionamento entre as contas dos elementos contábeis envolvidas, mais uma estimativa de impostos médios das compras, já que o consumo de materiais é líquido dos impostos. Vejamos como isso é feito:

	$
Consumo de Materiais	10.025.476
(+) Estoque Final de Materiais	1.788.347
(–) Estoque Inicial de Materiais	(1.800.000)
= Compras de Materiais Líquidas	10.013.823
(+) Impostos sobre Compras (18%)	1.802.488
= Compras Brutas	11.816.311

$$\text{Prazo Médio de Pagamento} = \frac{\$\ 679.377 \times 360}{\$\ 11.816.311} = 20{,}70 \text{ dias (21 dias)}$$

Este indicador nos mostra que o prazo médio de pagamento da empresa é de 21 dias, ou seja, os fornecedores, em média, dão um prazo de 21 dias para a empresa pagar suas compras de materiais.

$$\text{Giro do Estoque (GE)} = \frac{\text{Custo dos Produtos Vendidos}}{\text{Estoque de Produtos em Processo}}$$

Estoque de Produtos em Processo

$$\text{GE} = \frac{\$\ 15.128.185}{\$\ 839.145} = 18{,}02 \text{ vezes}$$

$$\text{Dias em Estoque} = \frac{\text{Estoque de Produtos em Processo} \times 360 \text{ dias}}{\text{Custo dos Produtos Vendidos}}$$

$$\text{Dias em Estoque} = \frac{\$\ 839.145 \times 360}{\$\ 15.128.185} = 19{,}97 \text{ dias (20 dias)}$$

Esses indicadores evidenciam que a fábrica consegue produzir 18 ciclos de fabricação, ou seja, consegue, ao longo do ano, fabricar 18 vezes a linha de produtos. Em outras palavras, o ciclo produtivo da empresa, do consumo de materiais até a produção final, leva apenas 20 dias.

Estoque de Produtos Acabados

$$\text{Giro do Estoque (GE)} = \frac{\text{Custo dos Produtos Vendidos}}{\text{Estoque de Produtos Acabados}}$$

$$\text{GE} = \frac{\$\ 15.128.185}{\$\ 667.395} = 22{,}67 \text{ vezes}$$

$$\text{Dias em Estoque} = \frac{\text{Estoque de Produtos Acabados} \times 360 \text{ dias}}{\text{Custo dos Produtos Vendidos}}$$

$$\text{Dias em Estoque} = \frac{\$\ 667.395 \times 360}{\$\ 15.128.185} = 15{,}88 \text{ dias (16 dias)}$$

Recebimento de Clientes

$$\text{Prazo Médio de Recebimento} = \frac{\text{Clientes (Duplicatas a Receber)} \times 360 \text{ dias}}{\text{Vendas (Receita Operacional Bruta)}}$$

$$\text{Prazo Médio de Recebimento} = \frac{\$\ 2.048.604 \times 360}{\$\ 23.883.989} = 30{,}88 \text{ (31 dias)}$$

O dado obtido indica que a empresa demora, em média, 31 dias para receber o valor das vendas. Em outras palavras, a carteira de clientes a receber representa 31 dias de vendas médias diárias.

10.4. Gestão do Capital de Giro

A terminologia *capital de giro* vem da visão circular do processo operacional de geração de lucros: comprar estoques, produzir, vender e receber, voltar a comprar estoques, produzir e vender / receber. Em termos contábeis, o capital de giro é representado pelo total do ativo circulante, também denominado *capital de giro bruto.*

Capital de Giro Próprio

Como os estoques podem ser provisoriamente financiados, através das duplicatas a pagar de fornecedores, prazos de impostos a recolher e prazo para pagamento dos salários dos funcionários e despesas, financeiramente, o valor do dinheiro necessário para o giro *normal* dos negócios da empresa pode ser menor. Assim, denomina-se *Capital de Giro Próprio* (CGP) a diferença entre o Ativo Circulante e Passivo Circulante.

Eventualmente, alguns elementos clássicos do capital de giro podem estar no longo prazo, tanto no ativo (realizável a longo prazo) como no passivo (exigível a longo prazo). Contudo, normalmente os elementos patrimoniais desses dois grupos do Balanço evidenciam direitos ou investimentos de longo prazo, no ativo, e dívidas de longo prazo no passivo, razão pela qual não levaremos em consideração esses grupos patrimoniais neste tópico do trabalho.

Tomando como base os dados das tabelas 11.1 e 11.2, 31.12.X1, teríamos:

Capital de Giro (Bruto)	=	$ 6.908.152	(Ativo Circulante)
Capital de Giro Próprio	=	$ 6.908.152	(Ativo Circulante)
		(-) 3.444.615	(Passivo Circulante)
	=	3.463.537	(Capital Circulante Líquido)

Reclassificação do Balanço Patrimonial para Fins de Finanças

Para fins de análise financeira, os Passivos Circulantes devem ser considerados redutores do Ativo Circulante. Assim, temos de colocá-los no ativo, com sinal negativo:

Balanço Tradicional			
	$		$
Ativo Circulante	6.908.152	Passivo Circulante	3.444.615
Realizável a Longo Prazo	8.000	Exigível a Longo Prazo	4.838.434
Outros Ativos Não Circulantes (1)	5.634.775	Patrimônio Líquido	4.267.878
Ativo Total	**12.550.927**	**Passivo Total**	**12.550.927**

Capital de Giro no Balanço Financeiro			
	$		$
Ativo Circulante	6.908.152		
(–) Passivo Circulante	(3.444.615)	Exigível a Longo Prazo	4.838.434
= *Capital de Giro Próprio*	3.463.537		
Realizável a Longo Prazo	8.000		
Outros Ativos Não Circulantes (1)	5.634.775	Patrimônio Líquido	4.267.878
Ativo Total	**9.106.312**	**Passivo Total**	**9.106.312**

(1) Investimentos, Imobilizado e Intangível

Elementos do Capital de Giro Próprio

Na visão tradicional, os componentes do capital de giro são todas as contas do Ativo Circulante e Passivo Circulante. Os principais elementos são:

- Disponibilidades (Caixa, Bancos e Aplicações Financeiras)
- Contas a Receber de Clientes (Duplicatas a Receber)
- Estoques (Materiais, Em Processo e Acabados)
- Contas a Pagar a Fornecedores (Duplicatas a Pagar)
- Outras Contas a Pagar (Despesas Provisionadas)
- Salários e Encargos a Pagar
- Impostos a Recolher sobre Mercadorias

Outras contas menos comuns e até de montante menos significativo, para a maioria das empresas, também devem ser consideradas no capital de giro:

- Impostos a Recuperar (IR de Aplicações Financeiras, Saldo Credor de IPI/ICMS etc.)
- Provisão para Devedores Duvidosos
- Títulos Descontados
- Provisão Retificadora de Estoques
- Adiantamentos de Fornecedores
- Despesas do Exercício Seguinte (Despesas Antecipadas)
- Adiantamento de Clientes
- Impostos a Recolher sobre o Lucro
- Empréstimos de Curto Prazo
- Dividendos ou Lucros a Distribuir

Cada uma dessas contas merece uma gestão diferenciada, pois tem suas características próprias. No entanto, as principais contas que são objeto de estudo mais aprofundado são: Estoques, Clientes e Fornecedores, que formam a espinha dorsal do conceito de Capital de Giro Próprio.

Gestão do Capital de Giro – Visão Geral

A administração do capital de giro corresponde basicamente ao monitoramento completo do ciclo operacional padrão ou ideal e do impacto financeiro que a magnitude do ciclo provoca nas necessidades dos recursos empresariais.

Podemos dizer que a função de Controladoria, em relação à gestão do capital de giro, consiste em apoiar os gestores das diversas áreas e atividades da empresa, na busca de desempenho operacional em termos dos padrões identificados, para cada atividade, do ciclo operacional.

Como já vimos, os gastos necessários para o giro estão representados em rubricas específicas do Balanço Patrimonial, que tem uma relação direta e inter-relacionada com dados da Demonstração de Resultados. Esses dados evidenciam a realidade da empresa, e, portanto, os indicadores dos prazos médios de atividades extraídos dos Demonstrativos Contábeis devem ser confrontados com os indicadores ideais ou padrões, detectados na mensuração individualizada das diversas etapas do ciclo operacional.

Foco da gestão do capital de giro

Indicadores do Ciclo Operacional através de Prazos Médios de Atividade Reais

×

Indicadores do Ciclo Operacional Ideais ou Padrões

A Tabela 10.1 apresenta um modelo de decisão para gestão do capital de giro. Vamos tomar como referência apenas os principais elementos representativos do capital de giro.

Tabela 10.1 Modelo de Decisão para Gestão do Capital de Giro

Capital de Giro	Dados Reais		Dados-padrão		Variação		
	$	Dias	$	Dias	$	Dias	Percentual
Estocagem de Materiais	1.788.347	64	1.676.000	60	112.347	4	6,7%
Estoque de Produtos em Processo	839.145	20	839.000	20	145	0	0,0%
Estoque de Produtos Acabados	667.395	16	625.000	15	42.395	1	6,8%
Total dos Estoques	3.294.887	100	3.140.000	95	154.887	5	4,9%
Fornecedores	679.377	21	646.000	20	33.377	1	5,2%
Clientes	2.048.604	31	1.850.000	28	198.604	3	10,7%
Total Geral	**4.664.114**	**110**	**4.344.000**	**103**	**320.114**	**7**	**7,4%**

Os dados da Tabela 10.1 indicam que há um excesso de investimento de $ 320.114 em capital de giro, correspondendo a uma média de sete dias a mais do que os dados padronizados no momento. A Controladoria, junto com os gestores responsáveis pelas diversas atividades, deverá identificar as razões que estão ocasionando as variações e buscar eliminá-las.

10.5. Gestão do Imobilizado

Além dos elementos do capital de giro, os demais recursos operacionais necessários para o desenvolvimento das atividades são os Ativos Imobilizados (ou Ativos Fixos). O modelo de gestão operacional dos Ativos Fixos centra-se em acompanhar, dentro da execução das atividades, os mesmos elementos e a mesma metodologia que foram levantados e utilizados por ocasião do processo de decisão de sua aquisição ou construção.

A gestão operacional dos imobilizados tem como foco central a verificação periódica da capacidade de geração de serviços dos Ativos Fixos e dos custos reais de operar esses ativos. Essa verificação se dá em termos de comparação com os serviços e custos esperados pelo equipamento, mensurados quando da decisão inicial de investir nos equipamentos.

Esse foco da gestão dos imobilizados, complementarmente, e da mesma importância, tem também como outro referencial básico a avaliação de desempenho dos gestores que foram os responsáveis pela decisão de investir. O acompanhamento do resultado do investimento até o fim de sua vida útil objetiva criar um vínculo completo entre o gestor decisor e o gestor operador do equipamento durante toda a sua permanência na empresa, avaliando se os resultados esperados realmente aconteceram.

Foco da gestão operacional dos imobilizados

Fluxo Futuro de Serviços do Equipamento

×

Custos dos Serviços

Modelo de Informação para Gestão Operacional de Imobilizados

A gestão operacional dos Ativos Imobilizados deve ser fundamentada sobre o conjunto de elementos levados em consideração por ocasião da decisão inicial do investimento. Como consequência, o modelo de informação para gestão dos Ativos Imobilizados deve seguir a mesma metodologia utilizada para a decisão de investir. Em outras palavras, espera-se que a gestão dos Ativos Imobilizados, dentro do processo de execução das atividades, seja coerente e embasada nos mesmos fatores e princípios que levam a decidir sobre a aquisição desses imobilizados.

Quando o investimento em imobilizados se configura em uma unidade isolada de negócios ou em uma nova empresa, a própria estrutura de informações contábeis, com os demonstrativos tradicionais de balanço, demonstração de resultados e, subsequentemente, análise de rentabilidade em cima desses demonstrativos, é o caminho natural para a gestão operacional desses investimentos em Ativos Fixos.

Em termos práticos, porém, o mais difícil é um modelo de gestão para Ativos Fixos específicos, como uma máquina, um equipamento, um veículo ou um conjunto desses tipos de ativos. Esse tipo de investimento individualizado soma-se a investimentos existentes, e, normalmente, operam os mesmos produtos e serviços já existentes dentro da empresa. *A dificuldade existente consiste em, além de identificar as informações específicas para a gestão de cada um desses investimentos, também construir um modelo de informação para o processo decisório da gestão rotineira desses recursos.*

Elementos do Modelo de Informação para Gestão de Imobilizados

O foco da gestão do imobilizado e do seu modelo de informação é saber se de fato o resultado do investimento planejado está acontecendo na realidade. Os objetivos da gestão do imobilizado, presentes no modelo de informação, devem responder:

- Os fluxos de benefícios do investimento estão acontecendo e em que extensão?
- Os custos esperados estão acontecendo e dentro do planejado?
- O resultado (lucro ou prejuízo) está dentro do plano original do investimento?
- O valor residual do equipamento é maior ou menor do que o planejado?
- A utilização do equipamento e o serviço a que se destina estão acontecendo como o planejado?
- Ao longo da vida útil do equipamento, o total capitalizado foi maior ou menor do que o valor inicial planejado?

10.6. Modelos de Decisão para Execução dos Eventos Econômicos[2]

Os eventos econômicos caracterizam-se por representar os diversos tipos de transações que refletem as ocorrências e variações do patrimônio empresarial. Como as transações são executadas no desempenho das diversas atividades dentro da empresa, há uma ligação intrínseca entre transações, eventos econômicos e atividades. Conforme Guerreiro, "em nível macro, a empresa encontra-se em estado dinâmico, porque, em nível micro, são desenvolvidas as atividades a partir da ocorrência dos eventos (transações) analíticos. Assim, o estado dinâmico do macrossistema empresa depende, em última instância, da realização do evento analítico. Sob esse prisma, *o evento ganha uma importância fundamental* [grifo nosso]: o desempenho do sistema empresa depende do desempenho das atividades, que, por sua vez, depende do desempenho dos eventos. Em

[2] Esta seção foi desenvolvida baseada nos conceitos do modelo Gecon – Sistema de Gestão Econômica, desenvolvido pelo Núcleo Gecon, sob inspiração e coordenação do Prof. Armando Catelli, com o apoio da Fipecafi – Fundação Instituto de Pesquisas Contábeis, Atuariais e Financeiras, USP/SP.

outras palavras, o desempenho da empresa global depende do desempenho de cada evento analítico".[3]

O processo de otimização do resultado da empresa, e, consequentemente, de sua eficácia e criação de valor, é um processo de otimização do resultado de cada atividade, que, por sua vez, é resultado do processo de otimização de cada evento/transação individual.

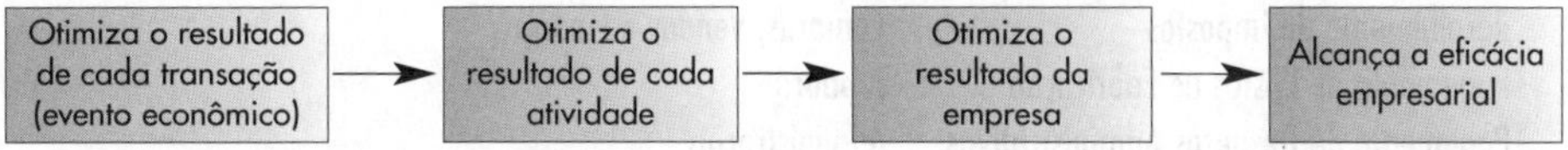

Podemos definir transação como cada uma das ocorrências de um evento econômico. Desta maneira, o desempenho das atividades se caracteriza pela execução das transações, que podem ser refletidas gerencialmente sob o conceito de evento econômico.

Evento Econômico

As transações dos eventos econômicos caracterizam-se, no Sistema de Informação Contábil, pelo lançamento contábil. Desta maneira, o conceito de evento econômico é similar ao conceito de *fato administrativo ou fato contábil*, que decorre da escola clássica de Contabilidade básica, ainda muito utilizada.

Os eventos econômicos são representativos das atividades necessárias para a gestão do sistema empresa. Portanto, os principais eventos econômicos representam as principais atividades operacionais da empresa. Exemplificando, o *evento econômico compra* é desenvolvido normalmente pelo setor de suprimentos, ou seja, pela área de responsabilidade que executa *a atividade de compras* dentro da empresa. Apresentamos a seguir os principais eventos econômicos e as atividades que normalmente são responsáveis pela sua execução.

Evento Econômico	Atividade
Compra	Compras
Pagamento de Compra	Finanças
Venda	Vendas
Recebimento de Venda	Finanças
Estoque de Materiais	Estocagem
Estoque de Mercadorias	Estocagem
Consumo de Materiais	Produção
Custo das Vendas	Vendas

[3] GUERREIRO, Reinaldo. *A meta da empresa*. São Paulo: Atlas, 1996. p. 87.

Evento Econômico	**Atividade**
Estoque de Produtos Acabados	Expedição
Aplicação Financeira	Finanças
Captação de Recursos Financeiros	Finanças
Aquisição de Imobilizados	Qualquer atividade
Depreciação	Qualquer atividade
Distribuição de Lucros	Acionistas
Recolhimento de Impostos	Compras, Vendas e Finanças
Pagamento de Custos de Fabricação	Produção
Pagamento de Despesas Administrativas	Administração
Pagamento de Despesas Comerciais	Vendas

Outros eventos econômicos existem, associados também às atividades que os desenvolvem. Não são tão visíveis como os eventos já apresentados, pois constituem geralmente prestação interna de serviços, e comumente são representados apenas pelos seus gastos, enquanto suas receitas não são mensuradas. Mas nada impede que venham a ter o mesmo tratamento dos eventos econômicos mais conhecidos. Vejamos alguns exemplos:

Evento Econômico	**Atividade**
Serviço de Manutenção	Manutenção
Serviço de Tecnologia de Informação	Tecnologia de Informação
Recrutamento e Seleção de Pessoal	Recursos Humanos
Folha de Pagamento	Recursos Humanos
Desenvolvimento de Novos Produtos	Engenharia de Produto
Desenvolvimento de Fornecedores	Compra
Serviço Pós-Venda	Assistência Técnica
Propaganda/Promoção	Marketing

Tomada de Decisão

A execução de um evento econômico é um processo decisório, como qualquer outra ação que se tome dentro da empresa. Pela característica de repetitividade do evento, nem sempre há uma visão clara do processo decisório que envolve cada uma das transações do evento. Porém, a sua execução requer as mesmas fases de um processo de tomada de decisão comum.

O processo de tomada de decisão envolve as seguintes etapas:

- necessidade da decisão;
- definição das possíveis alternativas de ação;
- coleta, modelação e análise das informações necessárias para todas as alternativas;

- avaliação e escolha da melhor alternativa – a decisão;
- execução – tomada da ação;
- controle.

Fundamentos para Controladoria dos Eventos

Cabe à Controladoria as seguintes atribuições com relação aos modelos de decisão para execução dos eventos econômicos:

- identificação dos eventos econômicos da empresa;
- segregação dos eventos econômicos relevantes que merecem um modelo decisório;
- identificação dos tomadores de decisão sobre as transações dos eventos econômicos;
- identificação do modelo de decisão dos gestores (os tomadores de decisão) sobre os eventos econômicos de sua responsabilidade;
- análise e crítica da validade do modelo decisório do gestor, verificando se está de acordo com o modelo de gestão da empresa;
- sugestão de um modelo de informação para o modelo de decisão adotado;
- identificação do modelo de mensuração para o modelo de decisão adotado, dentro dos princípios de Controladoria com enfoque em resultados.

Modelo Geral de Decisão, Mensuração e Informação para os Eventos Econômicos

O foco de qualquer ação é o resultado dessa ação. Em termos contábeis, a ação de executar um evento econômico deve ser traduzida em termos de lucro ou prejuízo. Portanto, cada transação de um evento econômico dá uma contribuição ao resultado da empresa. Essa contribuição pode ser visualizada dentro de um modelo de decisão, tanto na opção de simulação como na opção de realização. O modelo de decisão compreende um modelo de mensuração econômica e deve ser construído em termos de modelo de informação para a utilização pelo gestor responsável pelos eventos.

Toda atividade contém os aspectos operacionais, econômicos, financeiros e patrimoniais. O modelo de decisão com enfoque em resultados deve considerar todos esses aspectos no seu modelo informacional. O foco em resultados compreende os seguintes fundamentos de gestão econômica:

1. adoção irrestrita do conceito de custo de oportunidade;
2. mensuração do resultado operacional do evento em condições de valor à vista;
3. mensuração do impacto financeiro sobre o evento, em relação aos prazos de pagamento e recebimento como do custo de capital;
4. avaliação do desempenho através de dados padrão ou orçados.

Apresentamos a seguir, na Figura 10.2, um modelo genérico de decisão para todos os eventos econômicos. Esse modelo genérico deverá ser adaptado para os principais eventos, respeitando suas características específicas.

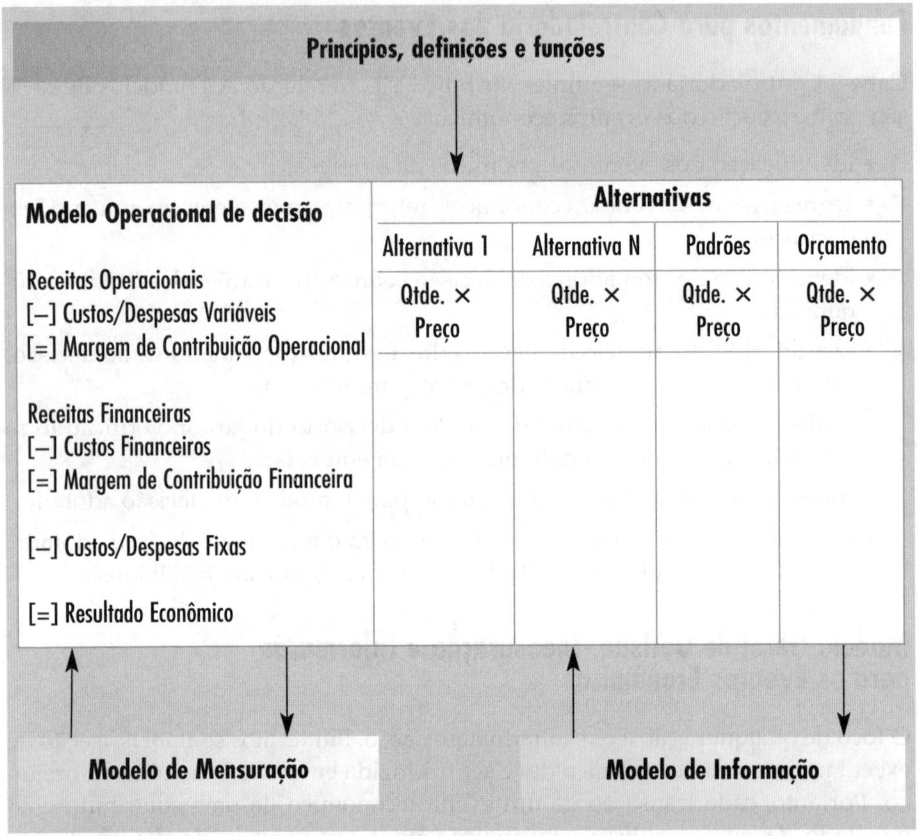

Figura 10.2 Modelo Conceitual de Decisão

O modelo objetiva, primeiro, mensurar a margem de contribuição operacional do evento econômico, que é o resultado na condição à vista. Compreende o valor da receita do evento menos seus custos variáveis. Eventuais custos diretos específicos do evento devem ser considerados como custo variável. O principal custo variável operacional do evento é o custo de oportunidade a preços de mercado, ao seu menor preço.

A margem de contribuição financeira representa: a receita (ou o custo) de financiamento do evento, menos o custo (ou a receita) de oportunidade de financiá-lo, a custos financeiros de oportunidade.

Os custos e despesas fixos decorrem desse tipo de gasto do total da atividade responsável pelo evento.

Exemplos de Modelos de Decisão para Evento Econômico

O modelo conceitual apresentado na Figura 10.2 deve ser adaptado para os principais eventos econômicos. A seguir, apresentaremos um modelo específico para cada um dos principais eventos econômicos da empresa. Faremos a apresentação de apenas dois exemplos – evento econômico compra a prazo e evento econômico venda a prazo –, para evidenciar esse processo decisório dentro da etapa de execução das atividades.

Compra a Prazo

A atividade de compra deve ser avaliada, em termos de resultado e desempenho, pelo valor das compras à vista, considerando o menor preço de mercado disponível para cada material a ser comprado, bem como do custo de oportunidade pelo não uso de dinheiro imediatamente, no caso da compra a prazo. Devem também ser consideradas eventuais despesas diretas adicionais por comprar os materiais, nas análises das possíveis alternativas de compra. A Tabela 10.2 apresenta um exemplo de modelo de decisão para compra.

O valor da receita da área de compras é sempre o valor à vista do menor preço de mercado do material (custo de oportunidade a preço de mercado). Em nosso exemplo, para 2.000 unidades, é $ 36.000. Como no exemplo em questão a área de compras pagou um preço maior, $ 38.000, e gastou com fretes e seguros adicionais mais $ 1.200, operacionalmente ela deu um prejuízo operacional de $ 3.200 nesse evento.

Como o evento foi feito a prazo, teve um custo financeiro de $ 2.000 (preço do fornecedor a prazo (–) preço do fornecedor à vista). Contudo, o fato de ter comprado a prazo desobrigou a empresa, por 60 dias, de dispor de dinheiro no seu fluxo de caixa. Os $ 40.000 do valor a prazo, descontado à taxa de 2% ao mês (4,04% em dois meses), permitiram à área de finanças ganhar receita financeira de $ 1.553, que é uma receita de oportunidade da área de compras. Portanto, o custo financeiro não é o bruto $ 2.000, mas sim um custo líquido de $ 447 ($ 2.000 – $ 1.553). Dentro desse conceito, uma compra a prazo pode ter um ganho financeiro. Isso acontecerá quando a diferença percentual entre o preço a prazo e o preço à vista do fornecedor for menor do que a rentabilidade da aplicação financeira no mesmo período.

Venda a Prazo

Basicamente, a venda a prazo segue o mesmo conceito da compra, e apresentamos o modelo de decisão na Tabela 10.3.

Tabela 10.2 Modelo de Decisão: Evento Econômico – Compra a Prazo

Dados	Quantidade	Preço Unitário	Total
Compra a ser efetivada			
. Preço do fornecedor à vista	2.000	19	38.000
. Preço do fornecedor a prazo	2.000	20	40.000
. Prazo do fornecedor	2 meses		
. Custo adicional de frete e seguro	2.000	0,60	1.200
Preço de Mercado à Vista – Menor preço	2.000	18	36.000
Custo Financeiro de Aplicação		2% a.m.	

Resultado do Evento			
Discriminação	**Quantidade**	**Preço Unitário**	**Total**
Receita Operacional de Compra	2.000	18	36.000
(–) Custos Variáveis da Compra			
. Preço do fornecedor à vista	2.000	19	(38.000)
. Custo adicional de frete e seguro	2.000	0,60	(1.200)
= Margem de Contribuição Operacional			**(3.200)**
(+) Receita de Oportunidade*			1.553
(–) Custo Financeiro da Compra a Prazo			(2.000)
= Margem de Contribuição Financeira			**(447)**
Custos/Despesas Fixas da Área de Compras			(1.000)
= Contribuição do Evento/Área			**(4.647)**
* Valor da Compra a Prazo		40.000	A
Custo Financeiro – 2 meses (1,02 × 1,02)		1,0404	B
Custo da Compra descontado (A : B)		38.447	C
Receita de Oportunidade (A – C)		1.553	

Tabela 10.3 Modelo de Decisão: Evento Econômico – Venda a Prazo

Dados	Quantidade	Preço Unitário	Total
Venda a ser efetivada			
. Preço ao cliente à vista	200	500,00	100.000
. Preço ao cliente a prazo	200	540,00	108.000
. Prazo dado ao cliente	2 meses		
. Custo adicional de comissão	200	10,00	2.000
Custo Financeiro de Captação		3% a.m.	

continua

Tabela 10.3 Modelo de Decisão: Evento Econômico – Venda a Prazo (continuação)

Resultado do Evento			
Discriminação	**Quantidade**	**Preço Unitário**	**Total**
Receita Operacional de Venda	200	500,00	100.000
(–) Custos Variáveis do Produto Vendido			
. Preço de Transferência de Prod. Acabados	200	400,00	(80.000)
. Custo Adicional de Comissão	200	10,00	(2.000)
= Margem de Contribuição Operacional			**18.000**
(–) Custo de Oportunidade*			(6.200)
(+) Receita Financeira de Venda a Prazo			8.000
= Margem de Contribuição Financeira			**1.800**
Custos/Despesas Fixas da Área de Vendas			(17.000)
= Contribuição do Evento/Área			**2.800**
* Valor da Venda a Prazo		108.000	A
Custo Financeiro – 2 meses (1,03 × 1,03)		1,0609	B
Valor da Venda descontado (A : B)		101.800	C
Custo de Oportunidade (A – C)		6.200	

A margem operacional de cada evento de venda é seu valor à vista (o melhor preço de mercado que a empresa consegue obter pelo produto junto aos clientes), menos o valor de reposição à vista do produto. Se for uma empresa comercial, o custo de reposição será junto a um fornecedor externo. *Se for uma empresa industrial* (como simboliza nosso exemplo), o *valor do custo variável será um pagamento interno de receita,* através do conceito de preço de transferência, à área de estoque de produtos acabados.

No caso da venda a prazo, em vez de receita financeira de oportunidade, existirá custo financeiro de oportunidade, uma vez que, ao vender a prazo, a empresa deixa de receber o dinheiro. Portanto, há um custo financeiro sobre a demora do recebimento, que, no caso de venda, deve ser o custo de captação, pois a empresa necessitará de recursos de terceiros para fazer frente à necessidade de capital de giro gerada pelo evento econômico de venda a prazo.

Outrossim, ela cobrará um custo financeiro do cliente. Se cobrar do cliente mais do que o custo de captação no mercado (é o caso do nosso exemplo numérico), a venda a prazo gera uma margem de contribuição financeira. Abatido dos custos fixos de venda, teremos o resultado final da área.

Questões e Exercícios

1. Tendo como referência a empresa em que você trabalha, ou outra empresa da qual tenha conhecimento, identifique a quantidade de dias, em condições

normais de operação, do ciclo operacional da empresa. Em seguida, calcule o ciclo econômico e o ciclo financeiro em dias.

2. Com base nos Demonstrativos Contábeis apresentados a seguir, calcule em dias o prazo médio de pagamento, o prazo médio de recebimento e o prazo médio de estocagem. Em seguida, apure o ciclo econômico e o ciclo financeiro, também em dias.

BALANÇO PATRIMONIAL	**Ano 1**	**Ano 2**		**Ano 1**	**Ano 2**
Ativo Circulante	**120.000**	**132.700**	**Passivo Circulante**	**85.300**	**85.600**
Aplicações Financeiras	25.000	23.200	Fornecedores	10.000	11.000
Contas a Receber de Clientes	43.000	61.200	Contas a Pagar	7.800	8.300
Estoques	50.000	45.500	Impostos a Recolher	4.500	5.800
Outros Valores a Realizar	2.000	2.800	Dividendos a Pagar	8.000	4.000
			Empréstimos	55.000	56.500
Ativo Não Circulante	**90.000**	**84.300**	**Passivo Não Circulante**	**34.700**	**37.400**
Realizável a Longo Prazo	2.000	2.400	Financiamentos	34.700	37.400
			Patrimônio Líquido	**90.000**	**94.000**
Investimentos em Controladas	18.000	19.200	Capital Social	68.000	68.000
Imobilizados	150.000	162.000	Reservas	16.400	22.000
(–) Depreciação Acumulada	–80.000	–99.300	Lucros Acumulados	5.600	4.000
TOTAL	**210.000**	**217.000**	**TOTAL**	**210.000**	**217.000**

DEMONSTRAÇÃO DE RESULTADOS	**Ano 1**	**Ano 2**
Receita Operacional Bruta	**320.000**	**347.000**
(–) Impostos sobre Vendas	(35.000)	(38.000)
Receita Operacional Líquida	**285.000**	**309.000**
Custo dos Produtos Vendidos	**187.400**	**205.800**
Consumo de Materiais	104.000	114.000
Depreciação	18.400	19.300
Outros Custos de Fabricação	65.000	72.500
Lucro Bruto	**97.600**	**103.200**
(–) Despesas Operacionais	**67.500**	**76.700**
Com Vendas	38.400	41.700
Administrativas	29.100	35.000
Lucro Operacional I	**30.100**	**26.500**
Receitas Financeiras	2.800	2.500
Despesas Financeiras	(13.050)	(18.000)
Equivalência Patrimonial	800	1.200
Lucro Operacional II	**20.650**	**12.200**
Imposto sobre o Lucro	(7.021)	(4.148)
Lucro Líquido do Exercício	**13.629**	**8.052**

3. Com base nos Demonstrativos Contábeis apresentados no exercício anterior, estruture de forma sintética o Balanço Financeiro, identificando o Capital de Giro da empresa.

4. Considerando os seguintes dados financeiros:

Dupls. a Receber	$ 3.000	Dupls. Pagar	$ 900	Vendas Anuais	$ 16.800
Estoques	$ 6.000	Financiamentos	$ 5.500	(–) Custo Vendas	$ 13.000
Imobilizado	$ 7.000	Patr. Líquido	$ 9.600	(–) Despesas	$ 1.800
Ativo Total	$ 16.000	Passivo Total	$ 16.000	Lucro	$ 2.000

Calcule:

1. prazos médios de recebimento, estocagem e pagamento;
2. dias do ciclo operacional e ciclo financeiro;
3. necessidade líquida do capital de giro.

5. Considerando os mesmos dados do exercício anterior, faça uma estimativa de necessidade líquida de capital de giro, sabendo que a empresa estima vender mais 10%, caso concede um prazo médio de recebimento maior em 8%. Para compensar, haverá como objetivo uma redução do prazo médio dos estoques em 5%. Considere também que o custo das vendas é totalmente variável. Calcule o novo ciclo financeiro em dias.

6. Um equipamento tem um fluxo futuro de serviços estimado em $ 20.000 por ano, ao longo dos próximos sete anos. Os custos de operação e manutenção estão estimados em $ 16.500 ao ano, no mesmo período. O valor de aquisição do equipamento foi de $ 10.000. Elabore um quadro para apurar o resultado líquido esperado por esse investimento e verifique se este deverá ser aceito. Considere um custo de capital de 10% a.a.

7. Conceitue com suas palavras o que é evento econômico. Justifique por que a gestão sobre os eventos econômicos é fundamental para a gestão econômica do sistema empresa.

8. Identifique, em uma decisão de uma aplicação financeira, as etapas e as variáveis respectivas que poderão estar envolvidas nessa tomada de decisão.

9. Considerando os dados apresentados a seguir, faça os cálculos e elabore o resultado de uma transação do evento Compra a Prazo.

Quantidade a ser comprada	**10.000 unidades**
Preço à vista	**$ 28,00**
Preço a prazo	**$ 32,00**
Prazo	**45 dias**
Menor preço de mercado à vista	**$ 29,50**
Custo financeiro de aplicação	**1,5% ao mês**
Custo fixo da área de compras	**$ 20.000**

10. Considerando os dados apresentados a seguir, faça os cálculos e elabore o resultado de uma transação do evento Venda a Prazo. Considere como preço de transferência o valor da mercadoria comprada, na condição à vista, apresentado no exercício anterior.

Quantidade a ser vendida	**9.800 unidades**
Preço à vista	**$ 35,00**
Preço a prazo	**$ 36,00**
Prazo	**90 dias**
Custo de comissão de venda	**1% sobre o total da venda à vista**
Custo financeiro de captação	**2,5% ao mês**

11. Com base nos exercícios anteriores, apure o resultado da área de compras, da área de vendas e o resultado financeiro dos dois eventos apresentados nos exercícios 9 e 10.

Capítulo 11

Avaliação Global do Resultado

A metodologia clássica para avaliação do desempenho global da empresa é normalmente chamada de *análise financeira* ou *análise de balanço*. Através de um conjunto de procedimentos e conceitos aplicados de forma inter-relacionada, obtém-se uma série de indicadores que permite fazer uma avaliação sobre a situação econômica e financeira da empresa e o retorno do investimento.

A visão mais comum da análise de balanço é em relação a balanços publicados. Em nosso entendimento, porém, o mais importante é a aplicação dos fundamentos da análise de balanço com os Demonstrativos Contábeis da própria empresa, objetivando um monitoramento dos resultados e desempenho dos gestores e investimentos.

11.1. Análise Financeira ou de Balanço

Constitui-se em um processo de meditação sobre os Demonstrativos Contábeis, objetivando uma avaliação da situação da empresa em seus aspectos operacionais, econômicos, patrimoniais e financeiros.

A avaliação sobre a empresa tem por finalidade analisar o resultado e o desempenho da empresa, detectar os pontos fortes e fracos do processo operacional e financeiro da companhia, objetivando propor alternativas de curso futuro a serem tomadas e seguidas pelos gestores da empresa.

Nesse processo, o analista vale-se de uma série de cálculos matemáticos, traduzindo os Demonstrativos Contábeis em indicadores. Tais indicadores buscam evidenciar as características dos principais inter-relacionamentos existentes entre o Balanço Patrimonial, que apresenta uma visão estática e momentânea da empresa, e a dinâmica representada pela Demonstração de Resultados.

Os Demonstrativos Contábeis de fluxo de caixa e demonstração das origens e aplicações de recursos também devem ser utilizados para melhorar a compreensão sobre o desempenho empresarial, pois contêm elementos adicionais para o entendimento das operações da empresa.

Comparabilidade e Tendências

A análise de balanço deve ser um instrumento que possibilite o gerenciamento da informação contábil. Assim, um dos fundamentos desse modelo de análise é a criação de indicadores que permitam sempre uma análise comparativa. A comparabilidade dos dados de análise de balanço pode ser feita em vários aspectos, como:

- comparação com períodos passados;
- comparação com períodos orçados;
- comparação com padrões setoriais;
- comparação com padrões internacionais;
- comparação com padrões internos da empresa;
- comparação com empresas concorrentes etc.

A maneira adequada de dar um atributo de informação gerencial aos indicadores de análise de balanço é o acompanhamento tendencial. O acompanhamento dos indicadores de forma contínua (no mínimo mensal e preferencialmente de forma gráfica) possibilita apreender situações de tendência futura, dando, portanto, aos gestores, uma ferramenta adicional para mudança e planejamento.

Técnicas Básicas

O ferramental tradicional da análise de balanço compõe-se de:

- análise vertical;
- análise horizontal;
- indicadores econômico-financeiros;
- avaliação final.

Análise Vertical (AV)

Denominamos *análise vertical* a análise de participação percentual ou de estrutura dos elementos dos Demonstrativos Contábeis. Assume-se como 100% um determinado elemento patrimonial, que, em princípio, deve ser o mais importante, e se faz uma relação percentual de todos os demais elementos sobre ele.

Para o Balanço Patrimonial, convencionou-se adotar como 100% o total do ativo e do passivo. Para a Demonstração de Resultados, convencionou-se adotar como 100% o valor do total da receita de vendas, líquida dos impostos, denominada legalmente *Receita Operacional Líquida*.

A análise vertical da Demonstração de Resultados é muito mais significativa do que a do Balanço Patrimonial, pois, pelo fato de atribuir 100% à receita operacional, permite uma visão da estrutura de custos e despesas da empresa, em termos de média sobre as vendas. Essa análise deve ser explorada ao máximo, já que permite extrair informações muito úteis.

Análise Horizontal (AH)

É uma análise de crescimento (ou de variação). Tomam-se como 100% todas as contas de um determinado período e faz-se uma relação percentual em cima dos dados desse período. O novo número relativo indica quanto o dado do período subsequente é maior ou menor que o do período anterior. Como é comum serem utilizados vários períodos, a variação sequencial e consecutiva acaba indicando uma tendência de crescimento (ou diminuição).

A análise horizontal, considerando a moeda corrente do país, sem expurgo dos efeitos inflacionários, é denominada *análise horizontal nominal*.

Análise Horizontal Real (AHR)

Como os dados dos Demonstrativos Contábeis são expressos em moeda (normalmente, moeda corrente do país), há a possibilidade de se utilizar uma alternativa: identificar o crescimento ou variação de período a período, levando-se em conta a inflação da moeda de cada período.

Assim, a análise horizontal real é a análise horizontal nominal menos a inflação considerada para cada um dos períodos subsequentes. Essa técnica é totalmente recomendável, quando se utilizam mais de dois períodos ou sempre, em caso de ambiente conjuntural permanentemente com altas taxas de inflação.

Indicadores Econômico-Financeiros

Compreendem a geração de um painel básico de indicadores para complementar as análises vertical e horizontal. Esses indicadores podem ser tanto de relações entre elementos do Balanço Patrimonial como de elementos da Demonstração de Resultados que se relacionem com o Balanço Patrimonial.

São apresentados em termos de índices, percentuais, números absolutos, dias etc., com o objetivo de facilitar ainda mais o entendimento da situação da empresa apresentada nos Demonstrativos Contábeis.

Avaliação Final

Consiste em um relatório sumariando as conclusões obtidas na análise dos Demonstrativos Contábeis. Deve ser objetiva ao máximo e, necessariamente, conter a avaliação sobre a situação da empresa e, se possível, apresentar cursos futuros de ação.

Restrições dos Dados

1. De modo geral, a análise de balanço tem se fundamentado nos Demonstrativos Contábeis apresentados pela legislação comercial, os quais, elaborados conforme os princípios contábeis geralmente aceitos, incorporam as restrições de mensuração e informação que os próprios princípios apresentam.

Portanto, a análise de balanço com a utilização desses demonstrativos deve ser complementada com considerações adicionais em termos de mensuração pelo valor econômico.

2. Dessa maneira, é imprescindível que o avaliador tenha em mente que uma empresa avaliada segundo princípios de gestão econômica que consideram fluxos futuros de benefícios descontados a custos de oportunidade apresentará resultados diferentes da avaliação contábil dos demonstrativos tradicionais.
3. Tais diferenças devem ser consideradas quando da apresentação do relatório de avaliação final.

Exemplo Numérico – Análises Vertical e Horizontal

Nas tabelas 11.1 e 11.2 a seguir, apresentamos um exemplo de análises horizontal e vertical do Balanço Patrimonial e da Demonstração de Resultados. Neste exemplo, não estamos desenvolvendo a análise horizontal real (descontada da inflação do nível geral de preços), uma vez que ele é coerente com uma economia de moeda estável.

Tabela 11.1 Análises Vertical e Horizontal do Balanço Patrimonial

Elementos Patrimoniais	31.12.X0	AV	31.12.X1	AV	AH
ATIVO CIRCULANTE	**5.527.500**	**48,0%**	**6.911.945**	**55,1%**	**25,0%**
Caixa/Bancos	1.000	0,0%	1.000	0,0%	0,0%
Aplicações Financeiras	777.160	6,7%	1.596.167	12,7%	105,4%
Contas a Receber de Clientes	1.650.000	14,3%	2.048.604	16,3%	24,2%
(–) Provisão Devedores Duvidosos	(30.000)	– 0,3%	(43.899)	– 0,3%	46,3%
(–) Títulos Descontados	0	0,0%	0	0,0%	0,0%
. Contas a Receber – Líquido	1.620.000	14,1%	2.004.705	16,0%	23,7%
Estoques	3.124.340	27,1%	3.302.972	26,3%	5,7%
. De Materiais – Bruto	1.800.000	15,6%	1.788.347	14,2%	– 0,6%
. (–) Provisão Retificadora	0	0,0%	0	0,0%	0,0%
. De Materiais – Líquido	1.800.000	15,6%	1.788.347	14,2%	– 0,6%
. Em Processo	625.940	5,4%	839.145	6,7%	34,1%
. Acabados	696.000	6,0%	672.679	5,4%	– 3,4%
. Adiantamentos a Fornecedores	2.400	0,0%	2.800	0,0%	16,7%
Impostos a Recuperar	4.500	0,0%	5.800	0,0%	28,9%
Despesas do Exercício Seguinte	500	0,0%	1.300	0,0%	160,0%

continua

Tabela 11.1 Análises Vertical e Horizontal do Balanço Patrimonial (continuação)

Elementos Patrimoniais	31.12.X0	AV	31.12.X1	AV	AH
ATIVO NÃO CIRCULANTE	**5.996.000**	**52,0%**	**5.642.775**	**44,9%**	**–5,9%**
Realizável a Longo Prazo	6.000	0,1%	8.000	0,1%	33,3%
Investimentos em Controladas	200.000	1,7%	230.000	1,8%	15,0%
Imobilizado					
. Imóveis	2.000.000	17,4%	2.000.000	15,9%	0,0%
. Outros Imobilizados	6.290.000	54,6%	6.987.000	55,7%	11,1%
(–) Depreciação Acumulada	(2.500.000)	–21,7%	(3.582.225)	–28,5%	43,3%
= Imobilizado Líquido	5.790.000	50,2%	5.404.775	43,0%	–6,7%
Intangíveis	0	0,0%	0	0,0%	-
ATIVO TOTAL	**11.523.500**	**100,0%**	**12.554.720**	**100,0%**	**8,9%**

Elementos Patrimoniais	31.12.X0	AV	31.12.X1	AV	AH
PASSIVO CIRCULANTE	**2.723.500**	**23,6%**	**3.446.210**	**27,4%**	**26,5%**
Fornecedores	460.000	4,0%	679.378	5,4%	47,7%
Salários e Encargos a Pagar	200.000	1,7%	264.981	2,1%	32,5%
Contas a Pagar	100.000	0,9%	120.446	1,0%	0,0%
Impostos a Recolher – sobre Mercadorias	460.000	4,0%	475.203	3,8%	3,3%
Impostos a Recolher – sobre Lucros	100.000	0,9%	72.028	0,6%	–28,0%
Adiantamentos de Clientes	3.500	0,0%	5.000	0,0%	42,9%
Empréstimos	1.200.000	10,4%	1.649.124	13,1%	37,4%
Dividendos a Pagar	200.000	1,7%	180.050	1,4%	–10,0%
PASSIVO NÃO CIRCULANTE	**4.800.000**	**41,7%**	**4.838.435**	**38,5%**	**0,8%**
Financiamentos	4.800.000	41,7%	4.838.435	38,5%	0,8%
PATRIMÔNIO LÍQUIDO	**4.000.000**	**34,7%**	**4.270.075**	**34,0%**	**6,8%**
Capital Social	4.000.000	34,7%	4.000.000	31,9%	0,0%
Reservas	0	0,0%	0	0,0%	0,0%
Lucros Acumulados	0	0,0%	270.075	2,2%	0,0%
PASSIVO TOTAL	**11.523.500**	**100,0%**	**12.554.720**	**100,0%**	**8,9%**

Tabela 11.2 Análises Vertical e Horizontal da Demonstração de Resultados

Discriminação	31.12.X0	AV	31.12.X1	AV	AH
RECEITA OPERACIONAL BRUTA II	23.787.210	127,6%	23.883.989	127,6%	0,4%
(–) Impostos sobre Vendas IPI – ISS	0	0,0%	0	0,0%	0,0%
RECEITA OPERACIONAL BRUTA I	23.787.210	127,6%	23.883.989	127,6%	0,4%
(–) Impostos nas Vendas – ICMS – PIS – Cofins	(5.149.931)	–27,6%	(5.170.884)	–27,6%	0,4%
RECEITA OPERACIONAL LÍQUIDA	**18.637.279**	**100,0%**	**18.713.105**	**100,0%**	**0,4%**
CUSTO DOS PRODUTOS VENDIDOS	**14.707.102**	**78,9%**	**15.122.900**	**80,8%**	**2,8%**
. Materiais Diretos	9.152.000	49,1%	9.107.375	48,7%	–0,5%
. Materiais Indiretos	798.000	4,3%	793.914	4,2%	–0,5%
Consumo de Materiais Total	9.950.000	53,4%	9.901.289	52,9%	–0,5%
Mão de obra Direta	1.721.000	9,2%	1.842.222	9,8%	7,0%
Mão de obra Indireta	1.380.000	7,4%	1.474.799	7,9%	6,9%
Despesas Gerais	940.986	5,0%	1.171.915	6,3%	24,5%
Depreciação	905.000	4,9%	922.559	4,9%	1,9%
(+/–) Variação dos Estoques Industriais	(189.884)	–1,0%	(189.884)	–1,0%	0,0%
LUCRO BRUTO	**3.930.177**	**21,1%**	**3.590.206**	**19,2%**	**–8,7%**
DESPESAS OPERACIONAIS	**1.358.678**	**7,3%**	**2.444.596**	**13,1%**	**79,9%**
Comerciais	1.442.731	7,7%	1.442.731	7,7%	0,0%
. Mão de obra	150.000	0,8%	163.816	0,9%	9,2%
. Materiais Indiretos	50.000	0,3%	66.009	0,4%	32,0%
. Despesas	1.128.678	6,1%	1.171.007	6,3%	3,8%
. Depreciação	28.000	0,2%	28.000	0,1%	0,0%
. Provisão Devedores Duvidosos	2.000	0,0%	13.899	0,1%	594,9%
Administrativas	902.000	4,8%	1.001.865	5,4%	11,1%
. Mão de obra	512.000	2,7%	591.558	3,2%	15,5%
. Materiais Indiretos	50.000	0,3%	58.178	0,3%	16,4%
. Despesas	220.000	1,2%	220.463	1,2%	0,2%
. Depreciação	120.000	0,6%	131.667	0,7%	9,7%
LUCRO OPERACIONAL I	**1.669.499**	**9,0%**	**1.145.610**	**6,1%**	**–31,4%**
Receitas Financeiras de Aplicações	16.800	0,1%	110.257	0,6%	556,3%
Outras Receitas Financeiras	30.000	0,2%	56.400	0,3%	88,0%
Despesas Financeiras com Financiamentos	(552.999)	–3,0%	(590.230)	–3,2%	6,7%

continua

Tabela 11.2 Análises Vertical e Horizontal da Demonstração de Resultados (continuação)

Discriminação	31.12.X0	AV	31.12.X1	AV	AH
Outras Despesas Financeiras	(90.000)	– 0,5%	(106.800)	– 0,6%	18,7%
Equivalência Patrimonial	2.000	0,0%	30.000	0,2%	1.400,0%
LUCRO OPERACIONAL II	**1.075.300**	**5,8%**	**645.237**	**3,4%**	**– 40,0%**
Outras Receitas e Despesas	(19.000)	– 0,1%	(2.200)	0,0%	– 88,4%
. Valor de Venda de Imobilizados	1.000	0,0%	800	0,0%	– 20,0%
. (–) Valor da Baixa de Imobilizados	(20.000)	– 0,1%	(3.000)	0,0%	– 85,0%
LUCRO ANTES DOS IMPOSTOS	**1.056.300**	**5,7%**	**643.037**	**3,4%**	**– 39,1%**
Impostos sobre o Lucro	(316.890)	– 1,7%	(192.911)	– 1,0%	– 39,1%
LUCRO LÍQUIDO DEPOIS DO IMP. RENDA	**739.410**	**4,0%**	**450.126**	**2,4%**	**– 39,1**

As análises vertical e horizontal produzem indicadores percentuais relativos. A AV do Balanço Patrimonial deve ser feita com muita cautela, para não serem tiradas conclusões errôneas ou óbvias demais. Como a base da AV do Balanço Patrimonial é o total do ativo, qualquer alteração significativa desse valor, muito diferente das operações tradicionais, pode modificar as estruturas percentuais, e sua análise pode não fornecer informações úteis e conclusivas. Como exemplos dessas alterações não costumeiras, podemos citar a criação de reservas de reavaliação no Ativo Permanente com contrapartida no Patrimônio Líquido, um investimento significativo em imobilizado com entrada de capital, uma aquisição de controlada etc.

A AV da Demonstração de Resultados é extremamente significativa, pois deixa bem clara a estrutura de custos e despesas da empresa. A AH, por indicar variação (crescimento ou diminuição do valor do elemento patrimonial em análise), por si só já dá uma informação significativa e, além disso, deve ser enriquecida com a análise inter-relacionada das variações entre os elementos do Balanço Patrimonial que se integram com os elementos da Demonstração de Resultados. As principais inter-relações são:

Elementos da Demonstração de Resultados	**Elementos do Balanço Patrimonial**
Receita Operacional Bruta	Contas a Receber de Clientes
	Impostos a Recolher
Custo dos Produtos Vendidos	Produção em Andamento e Produtos Acabados
Consumo de Materiais	Estoques de Materiais
	Contas a Pagar a Fornecedores
Despesas de Pessoal	Salários e Encargos a Pagar
Despesas Gerais	Contas a Pagar
Depreciação	Imobilizado
Despesas Financeiras	Empréstimos e Financiamentos
Receitas Financeiras	Aplicações Financeiras

Assim, se ocorresse um aumento de vendas de 10%, seria admissível que Contas a Receber também aumentasse 10%. Uma redução do consumo de materiais em 5% deveria promover uma redução do estoque de materiais na mesma magnitude, e assim sucessivamente.

Obviamente, outros fatores poderão afetar essa relação direta. Por exemplo, no caso de aumento de vendas, é possível que ele tenha sido conseguido com uma alteração da política de crédito, com mais prazo para pagamento. Nesse caso, Contas a Receber de clientes provavelmente terá um aumento percentual maior que o da receita.

Um outro motivo que causa aumento da carteira de clientes, diferente do aumento de vendas, é o aumento da inadimplência. Assim, caso a empresa tenha maiores problemas com duplicatas em atraso, a carteira de clientes poderá aumentar mais do que o aumento de vendas.

Na área de compras de materiais e custo dos produtos vendidos, a situação é semelhante. A redução do prazo médio de pagamento poderá diminuir a conta de fornecedores, mesmo que o consumo de materiais aumente. O inverso – um aumento do prazo de pagamento – aumentará a conta de fornecedores em percentual maior do que o consumo de materiais.

Exemplo de Avaliação – AV do Balanço Patrimonial

O ativo apresentou uma pequena alteração estrutural, com a participação do Permanente ficando menor que a do Ativo Circulante. O valor absoluto do Ativo Permanente diminuiu em 19X1 em relação a 19X0, basicamente porque as novas aquisições de imobilizados foram em valor inferior ao total da depreciação lançada como despesa no ano.

Esse fato, aliado a um aumento geral do Passivo Circulante com o aumento do endividamento financeiro e dos passivos de funcionamento, permitiu que as aplicações financeiras de 19X1 tivessem um aumento de 105,4%, aumentando sua participação no total do ativo, apesar de o lucro de 19X1 ter sido menor que o do ano anterior. Os demais itens do Ativo Circulante também tiveram um aumento de participação na estrutura do ativo.

A estrutura do passivo evidencia apenas uma pequena mudança do perfil da dívida, pois parcela do endividamento de longo prazo foi transferida para o curto prazo.

Exemplo de Avaliação – AV da Demonstração de Resultados

O ano de 19X0 apresenta um custo dos produtos vendidos médio de 78,9% da receita líquida, aumentando para 80,8% em 19X1. A causa foi que o pequeno aumento das vendas de um ano para outro – de 0,4% – não permitiu uma boa diluição dos custos fixos industriais, que aumentaram em valor absoluto.

As despesas operacionais, administrativas e comerciais também tiveram um aumento do valor absoluto em 19X1 e passaram a representar 13,1% da receita líquida de vendas, contra 12,1% do ano anterior.

Com isso, a margem operacional, que era de 9% em 19X0, passou a 6,1% em 19X1, prejudicando o resultado da empresa. Os demais itens não tiveram alteração significativa, e o lucro líquido após os impostos, sobre as vendas líquidas, caiu de 4%, em 19X0, para 2,4% em 19X1.

Exemplo de Avaliação – AH do Balanço Patrimonial e da Demonstração de Resultados

As variações de crescimento de contas a receber maiores que as variações do total das vendas decorrem de ajuste de política de crédito. O mesmo acontece com as variações de fornecedores e contas a pagar, que decorrem de ajustes de prazos de pagamento.

O permanente teve uma variação negativa de 5,9%, tendo em vista que o total bruto do imobilizado aumentou 8,4%, enquanto a depreciação acumulada aumentou 43,3%, provocando uma redução no conjunto do imobilizado de 6,7%.

No passivo, o aumento de empréstimos de curto prazo (37,4%) decorre de contabilização de juros e novos empréstimos superiores às amortizações. O aumento de 6,8% do Patrimônio Líquido se deu em virtude da retenção de lucros, resultados não distribuídos, de R$ 270.075.

A AH da Demonstração de Resultados indica um aumento da receita de vendas de 0,4%. O custo das vendas aumentou 2,8%, uma vez que, mesmo reduzindo 0,5% o custo do consumo de materiais, houve um aumento muito grande das despesas gerais (24,5%). Somado aos aumentos dos custos de mão de obra, ao redor de 7%, houve um aumento médio do custo dos produtos vendidos.

As despesas operacionais aumentaram na média 8,1%, pois são, na maioria, custos fixos que tiveram reajustes, principalmente mão de obra. Com isso, o Lucro Operacional caiu 31,4%, e o Lucro Líquido, 39,1%. Portanto, a avaliação final é que o resultado do ano de 19X1 foi comprometido pelo pouco aumento das vendas e pelo aumento geral dos custos fixos, provocando queda de margem e rentabilidade.

Exemplo Numérico – Indicadores Econômico-Financeiros

O instrumento complementar das análises vertical e horizontal é o painel de indicadores econômico-financeiros. Na Tabela 11.3, apresentamos os principais indicadores, bem como suas fórmulas, parâmetros e conceito básico.

A análise dos indicadores financeiros deve considerar todos os aspectos conjuntamente. O analista deve assumir alguns parâmetros e dizer se a empresa está bem ou não, tanto em cada um dos indicadores como no conjunto deles, e verificar, entre outras coisas:

- Os índices de liquidez estão bons ou não?
- O endividamento é aceitável?
- O giro do ativo está melhorando?
- Os prazos médios de recebimento e pagamento são normais?

- Os prazos médios de estocagem são aceitáveis para o setor? Não há excesso de estoques de forma crônica?
- O lucro gerado apresenta um grau de segurança para pagamento do serviço da dívida (juros dos financiamentos)?
- A rentabilidade do capital próprio está dentro da média do custo de oportunidade do mercado?
- Os dividendos distribuídos satisfarão os acionistas e promoverão maior valor da empresa?
- A análise geral indica empresa em crescimento e potencial de geração de lucros?

A análise de balanço deve questionar a validade dos números apresentados nos Demonstrativos Contábeis, e deve também haver segurança em todos os dados. Por exemplo:

- Foram feitas todas as provisões retificadoras para estoques obsoletos, estoques com preço de custo maior que o mercado?
- Foram feitas todas as provisões para perdas prováveis com investimentos, depósitos em juízo, contingências fiscais e trabalhistas?
- Foi feita provisão adequada para provisão para créditos de liquidação duvidosa?
- Todos os passivos estão declarados? Há contratos de *leasing* ou avais não constantes como passivos?
- A Demonstração de Resultados não contém elementos em duplicata? (Exemplo: considerar como vendas valores-base de intermediação.)

Essas considerações têm por finalidade dar um grau de confiança maior tanto para o analista como para o usuário dos relatórios da análise de balanço.

11.2. Análise da Rentabilidade

Talvez deva ser considerada a melhor análise a ser extraída dos Demonstrativos Contábeis. Uma rentabilidade adequada continuadamente é, possivelmente, o maior indicador da sobrevivência e sucesso da empresa.

Podemos separar a análise da rentabilidade em dois grandes aspectos:

- Análise da geração da margem de lucro: leva em conta o desempenho operacional da empresa, através do conceito de giro do ativo, que implica maior ou menor necessidade de margem operacional sobre as vendas.
- Análise da destinação do lucro: leva em conta a alavancagem do capital de terceiros, para aumento da rentabilidade do capital próprio.

Tabela 11.3 Painel de Indicadores Econômico-Financeiros

Indicadores	31.12.X0	31.12.X1	Fórmula	Conceito	Parâmetros
Indicadores de Capacidade de Pagamento					
Liquidez Imediata	0,29	0,46	$\frac{\textbf{Disponibilidades}}{\text{Passivo Circulante}}$	Capacidade de pagamento de todo passivo circulante apenas com recursos de caixa	Quanto maior, melhor
Liquidez Corrente	2,03	2,01	$\frac{\textbf{Ativo Circulante}}{\text{Passivo Circulante}}$	Capacidade de pagamento de dívidas de curto prazo	Acima de 1, sendo considerado normal 1,50
Liquidez Seca	0,88	1,05	$\frac{\textbf{Ativo Circulante (–) Estoques}}{\text{Passivo Circulante}}$	Idem liquidez corrente, excluindo os estoques por não serem facilmente realizáveis	Entre 0,60 e 0,70
Endividamento Geral	1,88	1,94	$\frac{\textbf{Passivo Circulante + Passivo Não Circulante}}{\text{Patrimônio Líquido}}$	Indicador de solvência ou cobertura de dívida com todos os credores	Até 1,00. Acima de 1,00, no Brasil, é considerado excessivo
Endividamento Financeiro	1,50	1,52	$\frac{\textbf{Empréstimos e Financiamentos}}{\text{Patrimônio Líquido}}$	Indicador de solvência ou cobertura de dívida com os credores bancários	Até 1,00. Acima de 1,00, no Brasil, é considerado excessivo
Índice de Cobertura de Juros	3,02	1,94	$\frac{\textbf{Lucro Operacional}}{\text{Juros de Financiamentos}}$	Indicador da capacidade de pagamento dos encargos com capital de terceiros	Quanto maior, melhor
Indicadores de Atividade					
Prazo Médio de Recebimento (dias)	25	31	$\frac{\textbf{Dupls. a Receber – Clientes × 360 Dias}}{\text{Receita Operacional Bruta}}$	Vendas médias diárias retidas em carteira, não recebidas por serem vendas a prazo	Padrão do setor ou produto, sendo normal entre 30 e 60 dias

continua

Tabela 11.3 Painel de Indicadores Econômico-Financeiros (continuação)

Indicadores	31.12.X0	31.12.X1	Fórmula	Conceito	Parâmetros
Indicadores de Atividade					
Prazo Médio de Pagamento (dias)	17	25	$\frac{\textbf{Dupls. a Pagar – Fornecedores}}{\text{Compras Brutas}} \times \textbf{360 Dias}$	Compras médias diárias retidas em carteira, não pagas por serem vendas a prazo	Padrão do setor ou produto, sendo normal ao redor de 30 dias
Prazo Médio de Estocagem de Materiais (dias) (se comércio, é estoque de mercadorias)	65	65	$\frac{\textbf{Estoque de Materiais}}{\text{Consumo de Materiais}} \times \textbf{360 Dias}$	Consumo médio diário retido em estoque. Estoque necessário para dias de produção	Quanto menor, melhor. Depende dos conceitos de estoque de segurança e administração de produção
Prazo Médio de Estocagem na Produção (dias)	15	20	$\frac{\textbf{Estoque de Prods. Processo}}{\text{Custo dos Produtos Vendidos}} \times \textbf{360 Dias}$	Representa o ciclo médio de fabricação. Custo médio da fábrica em elaboração	Quanto menor, melhor. Depende dos conceitos de estoque de segurança e administração de produção
Prazo Médio de Estoque Prod. Acabados (dias)	17	16	$\frac{\textbf{Estoque de Prods. Acabados}}{\text{Custo dos Produtos Vendidos}} \times \textbf{360 Dias}$	Representa o tempo médio de espera de produtos acabados antes da venda	Quanto menor, melhor. Depende dos conceitos de estoque de segurança e administração de vendas
Giro do Estoque – Global (vezes)	4,7	4,6	$\frac{\textbf{Custo dos Produtos Vendidos}}{\text{Total dos Estoques}}$	Representa a quantidade de vezes que a fábrica consegue produzir produtos no ano	Quanto maior, melhor. Depende dos conceitos de administração de produção e vendas

continua

Tabela 11.3 Painel de Indicadores Econômico-Financeiros (continuação)

Indicadores	31.12.X0	31.12.X1	Fórmula	Conceito	Parâmetros
Indicadores de Atividade					
Giro do Ativo (vezes)	1,6	1,5	$\frac{\textbf{Receita Operacional Líquida}}{\text{Ativo Total}}$	É a quantidade de vezes que a empresa consegue transformar o ativo em vendas	Quanto maior, melhor. Quanto mais giro, maior possibilidade de reduzir a margem operacional
Giro do Patrimônio Líquido (vezes)	4,7	4,4	$\frac{\textbf{Receita Operacional Líquida}}{\text{Patrimônio Líquido}}$	É a quantidade de vezes que a empresa consegue transformar o capital próprio em vendas	Quanto maior, melhor. Quanto mais giro, maior possibilidade de reduzir a margem líquida
Indicadores de Rentabilidade					
Margem Operacional	5,8%	3,4%	$\frac{\textbf{Lucro Operacional}}{\text{Receita Operacional Líquida}}$	Lucro operacional percentual obtido em cada venda (antes dos juros e impostos)	Setorial/produto. Quanto maior, melhor. Deve ser associado ao giro do ativo
Margem Líquida	4,0%	2,4%	$\frac{\textbf{Lucro Líquido após Impostos}}{\text{Receita Operacional Líquida}}$	Lucro final percentual obtido em cada venda	Setorial/produto. Quanto maior, melhor. Deve ser associado ao giro do capital próprio
Rentabilidade do Ativo - Bruta	9,3%	5,1%	$\frac{\textbf{Lucro Operacional}}{\text{Ativo Total}}$	Representa a capacidade operacional de geração de lucro antes dos impostos e juros	Setorial/produto. Quanto maior, melhor. Deve ser associado ao giro do ativo

continua

Tabela 11.3 Painel de Indicadores Econômico-Financeiros (continuação)

Indicadores	31.12.X0	31.12.X1	Fórmula	Conceito	Parâmetros
Indicadores de Rentabilidade					
Rentabilidade do Patrimônio Líquido	18,5	10,5	$\frac{\textbf{Lucro Líquido Final}}{\text{Patrimônio Líquido}}$	Representa a remuneração do capital próprio. Indicador final de rentabilidade	Libor, Prime Rate, TJLP. Entre 12% e 15% é considerado bom; abaixo, fraco; e acima, ótimo
Análise de Preços e Retorno de Ações					
Valor Patrimonial por Ação – R$ (Quantidade de Ações = 2.000.000)	2,00	2,14	$\frac{\textbf{Patrimônio Líquido}}{\text{Quantidade de Ações do Capital}}$	Representa o valor contábil unitário de cada ação	Não há. Cada empresa expressa seu capital social com quantidades diferentes de ações
Lucro por Ação	0,37	0,23	$\frac{\textbf{Lucro Líquido Final}}{\text{Quantidade de Ações do Capital}}$	É o lucro anual que cabe a cada ação	Deve ter uma análise de rentabilidade similar à do Patrimônio Líquido
Dividendos por Ação – R$	0,15	0,09	$\frac{\textbf{Dividendos Propostos/Distribuídos}}{\text{Quantidade de Ações do Capital}}$	É a parcela do lucro anual que será distribuída para cada ação	É base para avaliar o valor da ação no mercado, pois representa a rentabilidade "caixa" da ação

continua

Tabela 11.3 Painel de Indicadores Econômico-Financeiros (continuação)

Indicadores	31.12.X0	31.12.X1	Fórmula	Conceito	Parâmetros
Análise de Preços e Retorno de Ações					
Cotação da Ação no Mercado – valor aleatório	2,80	1,40	Não há	Representa o valor que o mercado dá para a empresa	Se for superior ao valor patrimonial, o mercado vê a empresa em crescimento; se inferior, o mercado vê a empresa com a rentabilidade prejudicada
P/L – Relação Preço/Lucro (com valor de mercado)	7,57	6,22	$\frac{\textbf{Valor de Mercado da Ação}}{\text{Lucro por Ação}}$	Representa em quantos anos o investidor recupera o valor investido na ação	Para ações com maior risco, o mercado quer P/L menor, aceitando P/L maior em ações de menor risco. Ao redor de 8, é um número normal

* Utilizamos neste exemplo o consumo de materiais, pois nesses demonstrativos não há evidências claras do valor das compras brutas.

Método Dupont

Classicamente, a análise da geração da margem de lucro é denominada Método Dupont, pois foi disseminada por essa empresa norte-americana no início do século XX. Essa análise relaciona os dois componentes principais da geração operacional do lucro, para analisar a rentabilidade operacional:

Rentabilidade Operacional = Giro × Margem

O giro a ser considerado é o do ativo, que é a relação entre a receita de vendas e o ativo empregado para gerar essas vendas. O fundamento é que a empresa deve buscar sempre o maior giro, ou seja, a maior produtividade de seu Ativo Operacional. Quanto mais vendas a empresa conseguir com o mesmo ativo, maior a possibilidade de geração de lucros, pois vendas adicionais permitirão ganhos adicionais.

Ativo Operacional e Giro do Ativo

Na Tabela 11.3, apresentamos o giro do ativo considerando o ativo total do Balanço Patrimonial. Para uma análise adequada, convém considerarmos o conceito de Ativo Operacional, que são todos os valores investidos em ativos necessários para obter as vendas.

As principais adaptações do ativo constante do balanço tradicional, para obtermos o ativo operacional, são:

- todos os passivos ligados ao capital de giro devem ser considerados como redutores do ativo;
- as aplicações financeiras devem ser consideradas redutoras do passivo de empréstimos e financiamentos;
- os dividendos a pagar devem ser considerados redutores das aplicações financeiras;
- ativos não operacionais devem ser desconsiderados (exemplo: investimentos em outras empresas ou em coligadas e controladas).

Em nosso exemplo com os dados constantes da Tabela 11.1, teríamos:

Tabela 11.4 Ativo Operacional

	31.12.X0	31.12.X1
Ativo Total	**11.523.500**	**12.554.719**
(–) Investimentos em Controladas	(200.000)	(230.000)
(–) Aplicações Financeiras	(777.160)	(1.596.167)

continua

Tabela 11.4 Ativo Operacional (continuação)

	31.12.X0	31.12.X1
(–) Fornecedores	(460.000)	(679.377)
(–) Salários e Encargos a Pagar	(200.000)	(264.981)
(–) Contas a Pagar	(100.000)	(120.446)
(–) Impostos a Recolher – sobre Mercadorias	(460.000)	(475.203)
(–) Impostos a Recolher – sobre Lucros	(100.000)	(72.028)
(–) Adiantamento de Clientes	(3.500)	(5.000)
= Ativo Operacional	**9.222.840**	**9.111.517**

Com isso, podemos calcular o giro do ativo:

$$\text{Giro do Ativo Operacional} = \frac{\text{Receita Operacional Líquida}}{\text{Ativo Operacional}}$$

$$19X0 = \frac{18.637.279}{9.222.840} = 2{,}021 \text{ vezes} \qquad 19X1 = \frac{18.713.105}{9.111.517} = 2{,}054 \text{ vezes}$$

O ano de 19X1 apresentou uma pequena melhora no giro, a qual decorreu pouca coisa do aumento das vendas, porém mais da redução do valor do Ativo Operacional. O ideal é que sempre haja aumento do valor das vendas, concomitante com redução do Ativo Operacional.

Lucro e Margem Operacionais

Considera-se Lucro Operacional o lucro das operações de compra, produção e vendas dos produtos e serviços da empresa. Resultados financeiros e de outras operações não devem ser considerados como operacionais. No nosso exemplo numérico, teríamos:

Tabela 11.5 Lucro Operacional

	31.12.X0	31.12.X1
Lucro Operacional II	**1.075.300**	**645.237**
(–) Receitas Financeiras de Aplicações	(16.800)	(110.257)
(+) Despesas Financeiras com Financiamentos	552.999	590.230
(–) Equivalência Patrimonial	(2.000)	(30.000)
= Lucro Operacional	**1.609.499**	**1.095.210**

Os itens Outras Receitas Financeiras e Outras Despesas Financeiras são operacionais porque se referem normalmente a despesas bancárias, juros de clientes, descontos de fornecedores, juros a fornecedores, descontos a clientes, variações cambiais de créditos e obrigações com clientes e fornecedores etc., e não são, na realidade, relacionados com os ativos e passivos financeiros.

Com isso, podemos calcular a margem operacional:

$$\text{Margem Operacional} = \frac{\text{Lucro Operacional}}{\text{Receita Operacional Líquida}}$$

$$19X0 = \frac{1.609.499}{18.637.279} = 8{,}636\% \qquad 19X1 = \frac{1.095.210}{18.713.105} = 5{,}853\%$$

Com esses dados, vimos que houve uma grande redução da margem operacional em 19X1, decorrente de maiores custos, pois o volume de vendas não diminuiu. A empresa deve sempre buscar menos custos e maior volume de vendas para obter a maior margem operacional.

Análise da Geração da Rentabilidade Operacional

A fórmula para análise da geração da rentabilidade operacional é:

$$\text{Rentabilidade Operacional} = \text{Giro} \times \text{Margem}$$

Portanto, temos o Lucro Operacional sobre o Ativo Operacional:

19X0 = 2,021 × 8,636% = 17,45%

19X1 = 2,054 × 5,853% = 12,02%

A redução do Lucro Operacional sobre o ativo, em 19X1, foi basicamente decorrente da queda da margem, e não da queda do giro.

Esses percentuais podem ser obtidos pela fórmula direta, sem os seus elementos analíticos:

$$\text{Rentabilidade Operacional} = \frac{\text{Lucro Operacional}}{\text{Ativo Operacional}}$$

$$19X0 = \frac{1.609.499}{9.222.840} = 17{,}45\% \qquad 19X1 = \frac{1.095.210}{9.111.517} = 12{,}02\%$$

Avaliação da Rentabilidade do Lucro Operacional

Para validação do percentual de lucro sobre Ativo Operacional, basta complementar a análise com a inclusão dos impostos sobre o lucro. O Lucro Operacional, deduzido do percentual médio de impostos sobre o lucro, equivale à rentabilidade do Patrimônio Líquido. Partindo do pressuposto de que uma empresa pode ser totalmente financiada com capital próprio, a rentabilidade operacional líquida dos impostos será igual à rentabilidade do Patrimônio Líquido e, portanto, avaliada com os mesmos parâmetros (*Libor*, *Prime Rate*, TJLP, custo de oportunidade de capital de mercado etc.).

No nosso exemplo, adotamos 30% de impostos sobre o lucro. Assim, teríamos:

19X0 = 17,45% (–) 30% = 12,22% (17,45% × 0,7)

19X1 = 12,02% (–) 30% = 8,41% (12,02% × 0,7)

A rentabilidade de 19X0 é normal, enquanto a rentabilidade de 19X1 é considerada fraca.

Rentabilidade do Capital de Financiamento

O segundo aspecto da rentabilidade é a destinação do lucro obtido. O Lucro Operacional deve ser suficiente para cobrir os encargos financeiros e remunerar adequadamente o capital próprio. A análise da destinação do lucro obtido é exatamente para verificar se a alavancagem financeira aconteceu, ou seja, se a tomada de capital de terceiros beneficiou os acionistas.

A análise deve identificar qual foi a remuneração média anual do capital de terceiros e a remuneração final do Patrimônio Líquido. Para tanto, é necessário identificar o valor dos tipos de capital de financiamento. O capital próprio é representado pela figura do Patrimônio Líquido; o capital de terceiros compreende os empréstimos e financiamentos de curto e longo prazos, deduzidos das aplicações financeiras. Assim, baseados em nosso exemplo numérico, podemos montar a estrutura das fontes de capital apresentada na Tabela 11.6 a seguir.

A diferença entre o total de fontes e o total do Ativo Operacional se refere ao valor do investimento em controladas e dos dividendos a pagar.

Destinação do Lucro

O capital de terceiros é remunerado pelos juros. No nosso exemplo, são as despesas financeiras com financiamentos. Como consideramos as aplicações financeiras como redutoras dos empréstimos e financiamentos, para obter a rentabilidade do capital de terceiros (o custo de capital de terceiros) diminuímos das despesas financeiras as receitas obtidas pelas aplicações, resultando em despesas financeiras líquidas.

Tabela 11.6 Estrutura do Capital de Financiamento

Fontes de Capital	31.12.X0	31.12.X1
Capital de Terceiros		
Empréstimos e Financiamentos		
. de curto prazo	1.200.000	1.649.124
. de longo prazo	4.800.000	4.838.435
(–) Aplicações Financeiras	(777.160)	(1.596.167)
Soma	**5.222.840**	**4.891.392**
Capital Próprio		
Patrimônio Líquido	**4.000.000**	**4.270.075**
Total Fontes de Capital	**9.222.840**	**9.161.467**

Para fins de rentabilidade, temos de diminuir das despesas financeiras líquidas a média dos impostos sobre o lucro, uma vez que elas são dedutíveis para fins de impostos sobre o lucro.

Portanto, o custo financeiro é a soma das:

- despesas financeiras com financiamentos,
- diminuídas das receitas financeiras de aplicações financeiras,
- diminuídas dos impostos sobre o lucro, sobre o líquido dos dois itens anteriores.

A remuneração do capital próprio é o lucro líquido final deduzido das despesas financeiras líquidas. Em outras palavras, os acionistas são remunerados pelo lucro residual após o custo de capital de terceiros.

Na Tabela 11.7, apresentamos os dados de nosso exemplo numérico, segundo essa conceituação.

Custo do Capital de Terceiros

Com os dados obtidos nas tabelas 11.6 e 11.7, podemos calcular a rentabilidade dos tipos de capital de financiamento. Apresentamos primeiro o custo de capital de terceiros.

Tabela 11.7 Destinação dos Lucros

Destinação dos Lucros	31.12.X0	31.12.X1
Custo de Capital de Terceiros		
Despesas Financeiras com Financiamentos	552.999	590.230
(–) Receitas Financeiras de Aplicações	(16.800)	(110.257)
Soma	**536.199**	**479.973**
(–) Impostos sobre o Lucro (30%)	(160.860)	(143.992)
= Custo de Capital de Terceiros Líquido	**375.339**	**335.981**
Lucro Líquido para Acionistas		
= Lucro Líquido após Impostos	739.410	450.126
Lucro para os Acionistas	**739.410**	**450.126**

$$\text{Custo de Capital de Terceiros} = \frac{\text{Custo de Capital de Terceiros (Líquido dos Impostos)}}{\text{Capital de Terceiros}}$$

$$31.12.X0 = \frac{R\$\ 375.339}{R\$\ 5.222.840} = 7{,}19\% \qquad 31.12.X1 = \frac{R\$\ 335.981}{R\$\ 4.89.392} = 6{,}87\%$$

O custo de capital de terceiros teve uma pequena redução em 19X1, mantendo-se entre 6% e 7% ao ano.

Rentabilidade do Capital Próprio

Após o pagamento do custo de capital de terceiros, o lucro residual é a rentabilidade dos acionistas, donos do capital próprio.

$$\text{Rentabilidade do Capital Próprio} = \frac{\text{Lucro Líquido após Impostos}}{\text{Patrimônio Líquido}}$$

$$31.12.X0 = \frac{R\$\ 739.410}{R\$\ 4.000.000} = 18{,}49\% \qquad 31.12.X1 = \frac{R\$\ 450.126}{R\$\ 4.270.075} = 10{,}54\%$$

A rentabilidade de 19X0 pode ser considerada excelente, e o fato de o custo de capital de terceiros ter ficado em 7,19% significa que houve alavancagem financeira, ou seja, emprestar foi elemento incrementador de lucro para o acionista.

A rentabilidade de 19X1 é considerada razoável e seria inferior se não houvesse também alavancagem financeira, uma vez que o custo de capital de terceiros (6,87%) foi elemento de melhora na rentabilidade do acionista.

Essa análise pode ser comprovada comparando-se as três rentabilidades fundamentais: a rentabilidade líquida do Ativo Operacional, o custo de capital de terceiros e a rentabilidade do acionista, como podemos ver na Tabela 11.8.

Tabela 11.8 Análise Comparativa das Rentabilidades

Rentabilidade de Capital	31.12.X0 (Em %)	31.12.X1 (Em %)
Rentabilidade do Ativo Operacional Líquida dos Impostos sobre o Lucro	12,22	8,41
Custo do Capital de Terceiros Líquido dos Impostos sobre o Lucro	7,19	6,87
Rentabilidade Final do Capital Próprio	18,49	10,54

Fica evidente o fenômeno alavancagem financeira. A rentabilidade do ativo como um todo foi inferior à rentabilidade do capital próprio; significa que, pelo fato de a empresa ter um custo de capital de terceiros inferior à rentabilidade líquida do Ativo Operacional, os acionistas foram beneficiados com uma rentabilidade superior à do total do ativo.

11.3. EVA – *Economic Value Added* (Valor Econômico Agregado ou Adicionado)

O conceito de EVA é um conceito de custo de oportunidade, ou lucro residual, que foi retomado mais recentemente; é um conceito tradicional da teoria econômica, mas que nem sempre tem sido adotado tanto no tempo como em todas as empresas.

Em linhas gerais, esse conceito significa que há realmente valor adicionado à empresa, caso o Lucro Líquido após o imposto de renda seja superior a um determinado custo de oportunidade de capital. Esse custo de oportunidade de capital é considerado como o *lucro mínimo que a empresa deveria ter para remunerar adequadamente o investimento do acionista.*

Essa rentabilidade mínima do acionista equivale a um custo de oportunidade. Em outras palavras, se o acionista aplicasse seu dinheiro em outro negócio ou outra empresa, teria no mínimo aquele rendimento. Portanto, valor adicionado só pode ser considerado quando o lucro obtido pelo acionista for maior que um rendimento mínimo de mercado.

Recomenda-se a aplicação do conceito do EVA tanto para a rentabilidade do acionista quanto para a rentabilidade do Ativo Total. A fórmula do EVA, segundo seus criadores, é a seguinte:

$$EVA = Nopat - C\% \ (TC)^{1}$$

onde:

Nopat = Lucro Operacional Líquido após os Impostos
C% = Custo percentual do capital
TC = Capital Total

Portanto, o EVA se caracteriza por ser um conceito de lucro residual. Considera-se lucro, ou valor adicionado, aquele que excede uma rentabilidade mínima sobre o investimento.

Que Custo de Oportunidade Adotar?

Não há exatamente um consenso sobre qual taxa de desconto adotar. Algumas sugestões são:

- Taxa de juros de títulos do governo norte-americano.
- *Libor* ou *Prime Rate*.
- Taxa de Juros de Longo Prazo (TJLP) no Brasil.
- Custo médio ponderado de capital da empresa.
- Custo médio ponderado de capital ajustado pelo risco da empresa.
- Custo de capital exigido/declarado pelos acionistas.

Quanto maior for a taxa de custo de oportunidade a ser adotada, mais difícil será para a empresa apresentar valor agregado. Portanto, este é um fator fundamental. Não vemos nenhum inconveniente em utilizar o custo de capital exigido pelos acionistas.

Qual o Valor do Capital Total (Investimento)?

Este elemento exige uma definição. Pode-se simplesmente tomar como referência o valor contábil do ativo; pode-se tomar como referência o Ativo Operacional

[1] EHRBAR, Al. *EVA – Valor econômico agregado*. Rio de Janeiro: Qualitymark, 1999. p. 2.

Líquido, conforme demonstramos na Tabela 11.4; pode-se tomar como referência o valor econômico da empresa obtido por fluxos futuros de caixa, descontado no início do período etc.

Como a taxa de juros, este elemento se reveste de capital importância. Entendemos que o conceito de Ativo Operacional Líquido é um referencial significativo.

Exemplo

Tomando como base os resultados das tabelas 11.4 e 11.5 e assumindo um custo de oportunidade exigido pelos acionistas de **12%**, teríamos a seguinte mensuração do valor econômico adicionado para os dois exercícios analisados:

Tabela 11.9 EVA – Valor Econômico Adicionado — Custo de Oportunidade 12% a.a.

Discriminação	31.12.X0	31.12.X1
Lucro Operacional	**1.609.499**	**1.095.210**
(–) Impostos sobre o Lucro (30%)	(482.850)	(328.563)
= Lucro Operacional Líquido dos Impostos (A)	**1.126.650**	**766.647**
Ativo Operacional Líquido (B)	**9.222.840**	**9.111.517**
Custo de Oportunidade – (12% × B) (C)	**1.106.741**	**1.093.382**
VALOR ECONÔMICO ADICIONADO (D = A – C)	**19.909**	**(326.735)**
Rentabilidade Adicionada (D : B)	**0,22%**	**–3,59%**

Neste exemplo, verificamos que em 19X0 houve um valor adicionado de R$ 19.909, que representa uma rentabilidade adicionada de 0,22%. Em 19X1, não houve valor adicionado, porque a rentabilidade final foi inferior à rentabilidade mínima exigida pelo custo de oportunidade dos acionistas.

Dentro do enfoque do EVA, não houve agregação de valor, e sim **destruição de valor do acionista**. Considera-se destruição do valor do acionista quando o valor adicionado é negativo. No ano de 19X1, se o acionista tivesse investido em outro negócio, poderia ter alcançado uma rentabilidade mínima de R$ 1.093.382. Como a empresa só rendeu R$ 766.647, o acionista deixou de ter renda de R$ 326.735; portanto, sua riqueza foi parcialmente destruída. Percentualmente, o investidor perdeu 3,59% no ano em relação a um custo médio de oportunidade em outros empreendimentos.

Análise do EVA e o Acionista

Nesse exemplo, consideramos para análise do EVA o Ativo Operacional Líquido, independentemente da forma como ele é financiado. Portanto, não consideramos a possibilidade da alavancagem financeira. Quando se quiser incorporar o conceito de alavancagem financeira, o custo de oportunidade a ser adotado deverá ser, então, o custo médio ponderado de capital.

Questões e Exercícios

1. Discorra resumidamente sobre as técnicas de análise financeira de balanços (análises vertical e horizontal e indicadores), sua utilidade, objetivos e problemas.
2. Escolha três ou quatro indicadores que você considere essenciais para a análise de balanço. Justifique.
3. Com os demonstrativos apresentados a seguir, faça uma análise de balanço, elaborando:
   a) análises vertical e horizontal do Balanço Patrimonial e Demonstração de Resultados;
   b) construção dos indicadores;
   c) avaliação final sobre a empresa em termos de estrutura financeira, estrutura patrimonial e rentabilidade.

Balanço Patrimonial	Ano 1	Ano 2
Ativo Circulante	**120.000**	**132.700**
Aplicações Financeiras	25.000	23.200
Contas a Receber de Clientes	43.000	61.200
Estoques	50.000	45.500
Outros Valores a Realizar	2.000	2.800
Ativo Não Circulante	**90.000**	**84.300**
Realizável a Longo Prazo	2.000	2.400
Investimentos em Controladas	18.000	19.200
Imobilizados	150.000	162.000
(–) Depreciação Acumulada	(80.000)	(99.300)
TOTAL	**210.000**	**217.000**
Passivo Circulante	**85.300**	**85.600**
Fornecedores	10.000	11.000
Contas a Pagar	7.800	8.300
Impostos a Recolher	4.500	5.800
Dividendos a Pagar	8.000	4.000
Empréstimos	55.000	56.500

Passivo Não Circulante	**34.700**	**37.400**
Financiamentos	34.700	37.400
Patrimônio Líquido	**90.000**	**94.000**
Capital Social	68.000	68.000
Reservas	16.400	22.000
Lucros Acumulados	5.600	4.000
TOTAL	**210.000**	**217.000**

Demonstração de Resultados	**Ano 1**	**Ano 2**
Receita Operacional Bruta	320.000	347.000
(–) Impostos sobre Vendas	(35.000)	(38.000)
Receita Operacional Líquida	**285.000**	**309.000**
Custo dos Produtos Vendidos	**187.400**	**205.800**
Consumo de Materiais	104.000	114.000
Depreciação	18.400	19.300
Outros Custos de Fabricação	65.000	72.500
Lucro Bruto	**97.600**	**103.200**
(–) Despesas Operacionais	**67.500**	**76.700**
Com Vendas	38.400	41.700
Administrativas	29.100	35.000
Lucro Operacional I	**30.100**	**26.500**
Receitas Financeiras	2.800	2.500
Despesas Financeiras	(13.050)	(18.000)
Equivalência Patrimonial	800	1.200
Lucro Operacional II	**20.650**	**12.200**
Impostos sobre o Lucro	(7.021)	(4.148)
Lucro Líquido do Exercício	**13.629**	**8.052**

4. Considerando os mesmos Demonstrativos Contábeis do exercício anterior, elabore para os dois exercícios:

   a) análise de rentabilidade com o Método Dupont;

   b) rentabilidade do capital de financiamento;

   c) rentabilidade do capital próprio;

   d) avaliação da rentabilidade final, se é forte ou fraca.

5. Considerando os mesmos demonstrativos do Exercício 3, apure o EVA, considerando um custo de oportunidade de capital de 12% ao ano.

6. Com os mesmos demonstrativos financeiros, elabore e comente, para os dois exercícios:

   a) o lucro gerado pelas operações;

   b) o lucro gerado para o caixa;

   c) o Ebitda e a rentabilidade bruta de caixa.

7. Considerando:

   a) que uma empresa vendeu R$ 120.000 em um período e obteve um lucro de R$ 11.000;

   b) que ela tem um giro do ativo de 1,25%;

   c) que a participação do capital próprio no ativo total é igual a 60%;

   d) que o restante do passivo está dividido em 70% de circulante e 30% de passivo não circulante;

   e) que essa empresa tem um índice de Liquidez Corrente de 1,5 e não tem realizável a longo prazo.

   Pede-se:

   a) o valor do seu ativo permanente;

   b) calcule, analise e interprete a rentabilidade.

8. Considerando os seguintes dados de uma empresa:

   a) um ativo total de R$ 320.000;

   b) um giro do ativo de 0,80%;

   c) custos e despesas totais do período de R$ 247.000;

   d) um ativo não circulante de 72% do ativo total;

   e) um exigível a longo prazo de R$ 10.000 (não tem realizável a longo prazo);

   f) um capital próprio representando 65% do ativo.

   Pede-se:

   a) calcule o índice de Liquidez Corrente;

   b) calcule, analise e interprete a rentabilidade.

Capítulo 12

Avaliação de Desempenho Setorial: Contabilidade por Responsabilidade e Unidades de Negócios

A análise financeira ou análise de balanço é o instrumental clássico para avaliação do desempenho do sistema empresa. Esse procedimento de avaliação tem duas características básicas:

a) é um modelo de avaliação global da companhia, não levando em consideração as partes que a compõem;

b) é um modelo de avaliação estritamente financeiro, impessoal, avaliando a empresa como um todo, não vinculando, de forma explícita, os resultados obtidos a algum gestor responsável dentro da empresa.

A Controladoria com enfoque em resultados tem como uma de suas premissas básicas que os gestores são responsáveis pelo lucro das atividades sob sua responsabilidade. Portanto, impõe-se naturalmente a necessidade de um subsistema contábil para o gerenciamento das diversas áreas da empresa. O foco desse gerenciamento é o conceito de gestão econômica, ou seja, baseada em resultados econômicos, lucro ou prejuízo. Consequentemente, a avaliação de desempenho setorial deve ser também parametrizada pelo lucro gerado pelas atividades sob a responsabilidade de um gestor.

Denomina-se *Contabilidade Divisional* ou *Contabilidade por Responsabilidade* o conjunto de conceitos contábeis gerenciais que permitem a identificação, mensuração, acumulação, decisão e informação dos eventos econômicos e atividades específicas para cada um dos gestores dentro da empresa.

Os fundamentos da Contabilidade Divisional, em linhas gerais, são os mesmos da gestão econômica do sistema empresa, só que aplicados a cada segmento particular da companhia identificado como gerador de resultados.

Dessa maneira, a Contabilidade Divisional ou Setorial expressa-se em segmentar os resultados da empresa em suas partes geradoras de resultado, apurando o resultado para cada um dos segmentos identificados e, concomitantemente, permitindo a avaliação de desempenho de cada gestor da empresa responsável pelos segmentos identificados.

Avaliação de Desempenho:[1] *Accountability*

Conceitua-se *accountability* como a responsabilidade individual ou departamental de desempenhar certa função. Essa responsabilidade pode ser determinada

[1] Extraído de CATELLI, Armando (coord.). *Controladoria*. São Paulo: Atlas, 1999.

ou implicada por lei, regulamentos ou acordos. Assim sendo, é uma responsabilidade de prestação de contas pelos atos que lhe foram conferidos desempenhar.

Dentro da empresa, os gestores setoriais têm uma responsabilidade delegada e devem responder por ela. Em termos de gestão econômica, é responsabilidade do gestor o lucro das atividades de sua responsabilidade. A avaliação de desempenho do gestor deve ser feita, então, pela Controladoria em relação aos resultados esperados das atividades sob o comando de um gestor.

Por desempenho, entende-se a realização de uma atividade ou de um conjunto de atividades. O termo *avaliação* refere-se ao ato ou efeito de atribuir valor, sendo que valor pode ser entendido em um sentido qualitativo (mérito, importância) ou em um sentido quantitativo (mensuração).

Avaliar um desempenho é um meio para tomar decisões adequadas. Constitui um processo complexo que incorpora, além das características informativas necessárias para se julgar adequadamente um desempenho, requisitos para se integrar ao processo de gestão, em suas fases de planejamento, execução e controle. Portanto, a avaliação de desempenho inclui a avaliação e o controle dos resultados das atividades, requerendo a mensuração ou quantificação de um desempenho planejado e um realizado.

A informação contábil tem como sua principal característica a mensuração econômica, ou seja, a expressão das atividades em valor econômico. Além dessa característica, fundamental para avaliação de desempenho e resultados das operações das entidades, a informação contábil deve possibilitar o apoio ao processo de gestão, incorporando outras características necessárias à boa informação, tais como conteúdo, precisão, frequência, adequação à decisão, confiabilidade, oportunidade, motivação etc.

Considerando a necessidade de avaliação dos resultados e do desempenho e as características da informação contábil, os relatórios contábeis devem ser apresentados dentro de modelos decisórios que incorporem todas essas necessidades e características.

A avaliação de resultados centra-se na obtenção do valor do resultado positivo ou negativo da realização dos eventos de produção e disponibilização dos produtos ou serviços. A avaliação de desempenho parte da apuração do resultado das atividades de uma área de responsabilidade e incorpora os demais gastos necessários para gerir e realizar essas atividades.

Como a avaliação de desempenho deve ser incorporada ao processo de gestão, que inclui a fase de planejamento e controle, os dados reais obtidos pelos modelos de mensuração e informação devem ser confrontados com os dados planejados ou desejados. Normalmente, os dados planejados são os dados obtidos do sistema orçamentário, e os dados desejados são obtidos pelo sistema de padrões. O modelo geral de avaliação de resultados e desempenho pode então ser resumido em uma estrutura de modelo decisório, apresentada a seguir de forma resumida.

O modelo permite identificar o resultado dos produtos e serviços que são realizados por determinada área de responsabilidade, bem como identificar o resultado final da área, constituindo-se em um modelo de avaliação de desempenho.

Área de Responsabilidade	Real	Orçado	Padrão	Variações
Receita das Atividades				
(–) Custos Diretos/Variáveis das Atividades				
Resultado Operacional (Avaliação de Resultados)				
(–) Custos Específicos da Área de Responsabilidade				
Resultado Econômico (Avaliação de Desempenho)				

Figura 12.1 Modelo Genérico de Avaliação de Resultados e Desempenho

Avaliação de Resultados e Avaliação de Desempenho

Basicamente, a avaliação de resultados está ligada à mensuração da margem de contribuição gerada pelos produtos, e a avaliação de desempenho está ligada à responsabilidade de um gestor por uma área dentro da empresa, ou mesmo da empresa como um todo.

A avaliação de desempenho tem como objeto a segmentação da empresa em unidades administrativas organizadas dentro do subsistema formal: os setores, departamentos e divisões, que se expressam dentro da Contabilidade Gerencial ou de custos sob os conceitos de centros de custos, de resultado ou de investimento. A avaliação de resultados tem como objeto as atividades internas e as saídas do sistema empresa através dos seus produtos e serviços gerados no processo de transformação de recursos.

A seguir, na Figura 12.2, apresentamos uma representação esquemática do processo geral das avaliações, extraída de Catelli.[2]

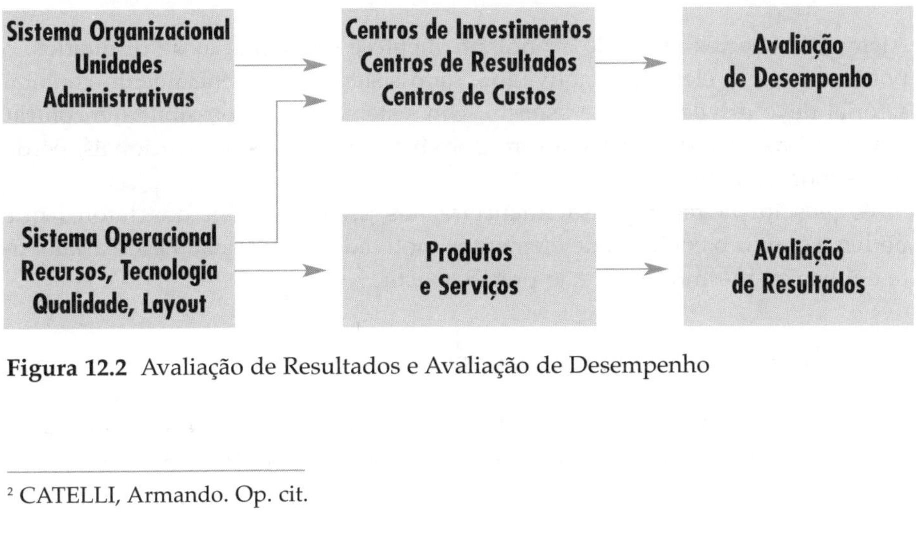

Figura 12.2 Avaliação de Resultados e Avaliação de Desempenho

[2] CATELLI, Armando. Op. cit.

A avaliação de desempenho sob a ótica econômica implica, necessariamente:

- separar os resultados financeiros das operações, avaliando separadamente os resultados na condição de operações como se fossem transacionadas à vista dos efeitos financeiros das transações efetuadas a prazo;
- avaliar o resultado alcançado em relação aos investimentos existentes para operacionalizar as atividades sob a responsabilidade do gestor;
- considerar, na avaliação de desempenho, que as condições operacionais foram totalmente atendidas (prazos, qualidade, eficiência na utilização dos recursos etc.).

Contabilidade por Responsabilidade e Controlabilidade

A base para execução da Contabilidade por responsabilidade é o conceito de Controlabilidade. Em princípio, só devem ser contabilizados como eventos econômicos e elementos patrimoniais para um responsável, desde que ele tenha condições e poderes para tomada de decisão sobre eles.

Só pode existir avaliação de desempenho sobre elementos e fatores de domínio do gestor. Dessa maneira, critérios de rateio de despesas e receitas, distribuição ou alocação de ativos e passivos não devem compor o conjunto de elementos contábeis para gestores específicos. Só devem ser considerados os eventos e elementos patrimoniais de inteira responsabilidade do gestor.

Deve-se acompanhar, controlar e cobrar com base em responsabilidades atribuídas e definidas anteriormente pela alta administração da companhia, uma vez que a empresa só poderá exigir de seus gerentes divisionais o que se atribuiu e definiu previamente com clareza.

Motivação

Além dos aspectos puros de acompanhamento e segmentação de resultados, o ponto-chave é o elemento motivador. Todo sistema de gerenciamento contábil setorial deve privilegiar esse aspecto. Um sistema que só possibilita encontrar números, mas não dá retorno aos responsáveis em termos motivacionais, perde quase toda a sua finalidade.

A questão da recompensa financeira aos gestores é um dos fatores que podem compor o conjunto de elementos motivadores, mas não necessariamente o único ou mesmo talvez não precise existir.

12.1. Centros de Responsabilidade

Entende-se por centros de responsabilidade as unidades contábeis criadas para acumulação dos dados das transações e elementos patrimoniais da empresa.

De modo geral, seguem a estrutura hierárquica da companhia. A base para a acumulação das informações contábeis é o conceito de custos e receitas controláveis.

Os principais conceitos de centros de responsabilidade para acumulação das informações contábeis e Contabilidade por responsabilidade são: centros de custos, de lucros e de investimentos.

Centros de Custos (Centros de Despesas, de Gastos)

Conceito antigo também denominado *departamentalização*. São unidades contábeis de acumulação utilizadas para acumular os gastos por setor, atividade ou departamento. Em geral, seguem a estrutura organizacional da empresa, seguindo a configuração de responsabilidades da hierarquia.

Os centros de custos acumulam, em um primeiro momento, apenas os gastos por setor, atividade ou departamento, não havendo preocupação com possíveis receitas de cada um desses centros de responsabilidade.

Centros de Lucros (Centros de Resultados)

Evolução natural do conceito de centros de custos. São utilizados principalmente para acumular as informações contábeis das receitas das atividades, produtos e serviços. As receitas podem ser de origem externa (clientes, consumidores finais) ou interna (transferência de serviços e produtos).

Os centros de lucros focam as receitas de determinado produto ou serviço final, seja ele vendido externamente ou transferido para outro centro de lucro. Apesar de todo centro de custo produzir alguma atividade, geralmente não é necessário identificar a receita de cada centro de custo, uma vez que, via de regra, em uma empresa, vários centros de custos são organizados para produzir um produto ou serviço.

Dessa maneira, um centro de lucro congrega mais de um centro de custo. Em outras palavras, as receitas de um centro de lucro são o produto da atividade de vários centros de custos, o que pode ser visualizado na Figura 12.3.

A Figura 12.3 ilustra um centro de lucro, no caso Centro de Lucro X, que congrega três centros de custos (Centros de Custos X1, X2 e X3). As despesas de cada um desses centros são apuradas separadamente, porém esses três centros fazem parte de um conjunto de atividades denominado Centro de Lucro X, o qual se caracteriza por gerar um produto final, no nosso exemplo o Serviço X. Portanto, a receita desse centro de lucro é o somatório das vendas do Serviço X, que pode ser vendido tanto para setores dentro da empresa como para consumidores finais fora dela.

Somando-se os gastos dos três centros de custos, temos o total de gasto do centro de lucro. Confrontando com a receita do Serviço X, temos o resultado (lucro ou prejuízo) do Centro de Lucro X.

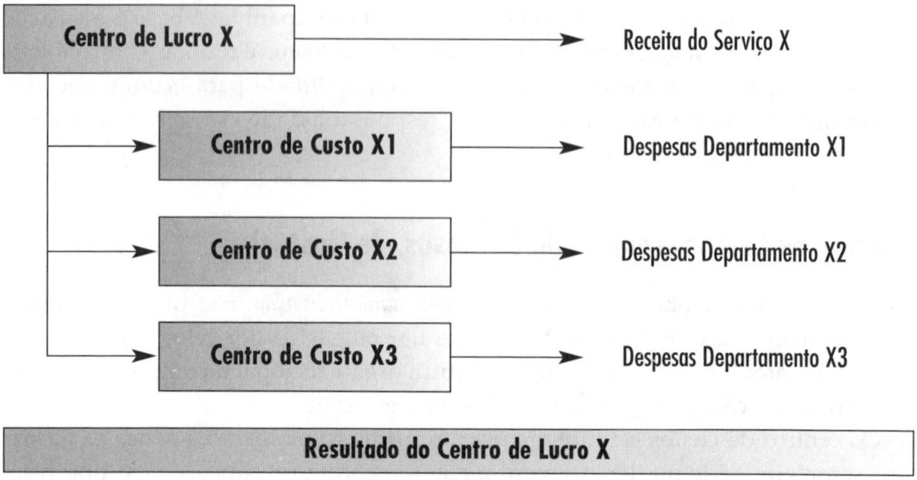

Figura 12.3 Centros de Lucros e Centros de Custos

12.2. Centros de Investimentos ou Unidades de Negócios

A diferença entre centros de lucros e de investimentos está na autonomia que a administração central confere ao responsável pela unidade de negócio. Se essa administração delegar a responsabilidade pela decisão de investimento para o gestor, esse centro de responsabilidade será caracterizado como centro de investimento. Nesse caso, o gestor, além de ser responsável pelas despesas e receitas, será também responsável e terá autonomia pelos investimentos a serem feitos na sua unidade de negócio.

Esse tipo de centro de responsabilidade não é muito comum, dado que a administração central tem reservado para si a decisão de investir em todas as unidades de negócio. Eventualmente, delega ao gestor apenas decisões sobre alguns investimentos de manutenção das atuais operações. A decisão de investimento em unidades de negócios tem sido, no mais das vezes, uma decisão da administração corporativa.

Convém salientar que, mesmo nos casos em que não se caracteriza claramente o centro de responsabilidade como unidade de negócio, e sim como centro de lucro, a avaliação do retorno do investimento deve ser feita da mesma forma.

A Empresa como uma Estrutura de Atividades

Podemos definir *atividade* como a menor unidade organizacional que produz internamente um produto ou serviço. Como qualquer produto ou serviço tem um valor econômico, traduzido pelo preço de venda, qualquer atividade pode ser mensurada em termos de custos e receitas e, portanto, resultado (lucro ou prejuízo). Dessa forma, não existe nenhuma atividade empresarial que apenas tenha custos. Todas as atividades têm seus custos, mas têm sua receita, que pode ser medida pelo valor econômico da produção de seus produtos ou serviços. Dessa forma, o melhor modelo de gestão econômica, para fins de avaliação de desempenho, é o modelo de apuração do resultado de cada atividade. As principais atividades de uma empresa são:

- Compra
- Estocagem de Materiais
- Estocagem e Expedição de Produtos Acabados
- Manutenção da Empresa
- Planejamento e Controle da Produção
- Produção
- Vendas
- Assistência Técnica e Serviços Pós-Venda
- Garantia de Qualidade
- Engenharia de Desenvolvimento e de Fábrica
- Contabilidade
- Assessoria Jurídica
- Administração Financeira
- Administração dos Recursos Humanos
- Administração de Tecnologia de Informação
- Logística

De modo geral, é normal a apuração dos resultados dos produtos e serviços quando de sua saída da empresa, para os clientes, através da venda e expedição dos produtos acabados. Contudo, uma série de atividades foi desenvolvida anteriormente para que os produtos e serviços estivessem à disposição de vendas, que têm valor econômico e devem ser mensuradas em termos de resultados.

O fato de essas atividades fornecerem seus produtos e serviços internamente não implica que tenham só custos. Os produtos e serviços produzidos e entregues internamente também têm um valor econômico, que pode ser mensurado por um preço de venda (interno), para apuração do resultado de cada atividade. O preço de venda interno é denominado *preço de transferência*.

Reconhece-se que pode haver alguma dificuldade de mensuração da receita dos produtos e serviços de algumas atividades, principalmente as atividades de apoio (tecnologia de informação, Contabilidade, recursos humanos etc.). Porém, isso não é justificativa para se dizer que apenas incorrem em custos. Elas têm também sua receita e podem e devem ser avaliadas em termos de resultados. Avaliando as atividades em termos de resultados, temos a condição de, conjuntamente, fazer a avaliação do desempenho do gestor de cada atividade.

O Resultado da Empresa como o Somatório do Resultado das Atividades

A empresa escolhe e determina quais as atividades que ela quer processar internamente, para alcançar a maior eficácia empresarial. O parâmetro referencial deve ser sempre o mercado, já que as atividades internas também podem ser desenvolvidas externamente por terceiros. Assim, há possibilidade de que os gestores de todas as atividades internas confrontem o valor dos produtos e serviços gerados por suas atividades com um referencial de mercado. Com isso, a empresa tem condições de decidir, permanentemente, se as atividades devem continuar a ser desenvolvidas internamente.

O resultado final da empresa será o somatório do resultado de cada atividade. Dessa forma, o melhor resultado de cada atividade conduzirá ao melhor resultado da empresa e à máxima eficácia empresarial. Como as atividades são responsáveis pelos eventos econômicos, e estes são operacionalizados através das transações, a eficácia e o maior resultado de cada transação redundarão na maior eficácia da empresa como um todo. Esse fluxo pode ser visto na Figura 12.4.

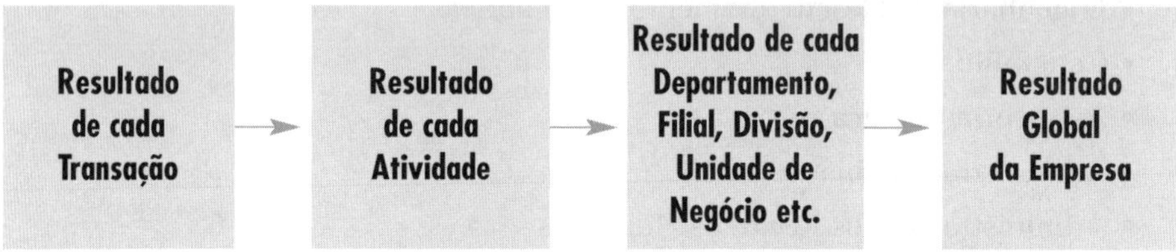

Figura 12.4 Fluxo do Sistema de Gestão Econômica por Atividades

Atividades e Microatividades: Limites da Contabilidade Divisional

O conceito de *atividade* pode ser apresentado de forma mais detalhada, caminhando para o conceito que denominamos *microatividade*. Por exemplo, a atividade de compras pode ser encarada como uma atividade básica. Porém, sabemos que o setor de compras desempenha outras atividades menores, para auxílio à atividade básica de comprar, tais como manutenção do cadastro de fornecedores, desenvolvimento de fornecedores, obtenção de cotações e listas de preços, colocação de pedidos, negociações[3] etc.

Assim, os limites para se estruturar um sistema de Contabilidade Divisional são apresentados no fluxo da Figura 12.4. O sistema de informação de gestão econômica pode ser estruturado desde o conceito de microatividade, em seu extremo detalhe, até o conceito da empresa como um todo. Em nosso entendimento, o conceito de atividade como apresentamos neste tópico é o conceito ideal para a

---

[3] O conceito de atividade em seu maior detalhamento (microatividade) é o adotado pelos defensores do Custeamento ABC.

estruturação de um sistema de Contabilidade Divisional. Esse conceito está consagrado na visão que se dá para a apuração de resultados por centros de lucros e unidades de negócios.

Cada empresa é organizada de uma forma, estrutura esta que deve conduzir, em linhas gerais, a estruturação do sistema de Contabilidade Divisional. Podemos resumir os principais modelos existentes de apuração dos resultados divisionais, considerando as organizações existentes.

1. Contabilidade Divisional pelo conceito de Centros de Lucros ou Resultados, em que cada centro de lucro é uma unidade organizacional que congrega vários departamentos, que, por sua vez, podem congregar mais de uma atividade.
2. Contabilidade Divisional pelo conceito de Divisões, em que cada divisão representa, por exemplo, uma fábrica ou uma filial ou um grande departamento.
3. Contabilidade Divisional pelo conceito de Unidades de Negócios, em que cada unidade pode congregar várias divisões ou fábricas que produzem ou filiais que vendem ou revendem produtos similares.
4. Contabilidade Divisional pelo conceito de Atividades, cujo foco está em apurar o resultado de cada atividade do fluxo operacional e administrativo da empresa.

Visão Setorial Multidimensional

O sistema de gerenciamento contábil setorial é muito flexível e depende totalmente da visão que a empresa tem de seus negócios e de sua estrutura organizacional. Assim, podemos fazer uma Contabilidade para gerenciamento por divisões ou unidades de negócios e também por produtos ou linhas de produtos. Podemos também fazer a Contabilidade Setorial por atividades e/ou processos e por estabelecimentos, pontos de venda ou plantas fabris. Tudo depende de como a empresa vê e estrutura seus negócios, como quer atribuir responsabilidades e cobrar desempenho.

Além disso, é possível que a empresa desenvolva um sistema de Contabilidade Divisional combinando diversos aspectos setoriais, tais como Contabilidade por produtos dentro de divisões, Contabilidade por atividades dentro de unidades de negócio, Contabilidade por produtos por filiais de venda etc., caracterizando uma visão multidimensional dos negócios e resultados.

Em linhas gerais, podemos ter a Contabilidade Divisional por:

- unidades de negócios;
- divisões;
- centros de lucros;
- produtos e linhas de produtos;
- atividades;

- processos fabris e comerciais;
- processos administrativos e de apoio às operações;
- filiais de venda;
- plantas fabris etc.

A Contabilidade Divisional, em resumo, induz a uma estruturação de um sistema de informação contábil que abarca mais de uma dimensão de visualização de resultados. De um modo geral, as empresas necessitam das informações do resultado de seus negócios e de sua organização, apresentados em pelo menos três dimensões: divisões, processos e produtos.

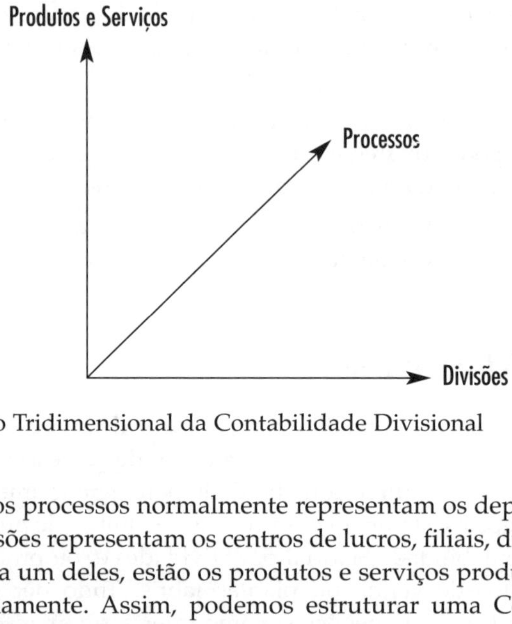

Figura 12.5 Visão Tridimensional da Contabilidade Divisional

Nessa visão, os processos normalmente representam os departamentos ou atividades. As divisões representam os centros de lucros, filiais, divisões ou fábricas. E, dentro de cada um deles, estão os produtos e serviços produzidos e vendidos, interna e externamente. Assim, podemos estruturar uma Contabilidade Divisional que apresente o resultado de cada atividade dentro de uma fábrica, com o resultado de seus produtos e serviços internos, ao mesmo tempo em que podemos ter o resultado dos produtos e serviços vendidos aos clientes, e o somatório sendo o resultado da fábrica.

12.3. Retorno do Investimento

O resultado de um centro de lucro ou de investimento deve ser analisado sob os mesmos conceitos de análise de rentabilidade da empresa. O critério tradicional é o ROI – *Return on Investiment* (Retorno do Investimento). Como já vimos no capítulo anterior, o retorno do investimento é o percentual obtido pelo lucro periódico (normalmente anual) em relação aos investimentos do centro de resultado.

A avaliação da rentabilidade do centro de lucro ou centro de investimento sob o conceito do ROI é um critério de avaliação de desempenho. O desempenho do gestor, avaliado pelo ROI, permite comparabilidade entre os diversos centros de resultados da empresa, sendo, pois, um critério que se caracteriza por ser imparcial e genérico.

Uma variante de avaliação de desempenho através do conceito de ROI é denominada *Lucro Residual*, ou *ROI Residual*. Nesse caso, considera-se como retorno do investimento apenas o lucro que exceder a um custo de capital mínimo da empresa.

ROI – *Return on Investiment* (Retorno do Investimento)

Este critério relaciona o lucro obtido pela divisão com os ativos utilizados pela divisão. O percentual obtido é o retorno do investimento. Em uma análise de rentabilidade setorial, devemos considerar, em princípio, apenas os dados específicos de cada divisão; os de caráter genérico – como os itens financeiros, não operacionais ou impostos, ativos de uso geral – devem ser considerados apenas para o total da empresa. Em linhas gerais, os conceitos básicos são os seguintes:

- Como lucro, deve-se considerar o **lucro operacional** da divisão (centro de lucro ou de investimento).
- Como investimento, devem-se considerar apenas os ativos operacionais específicos da divisão, normalmente os estoques e imobilizados. Caso a Conta-bilidade Setorial tenha condições de identificar outros elementos do Ativo Operacional (contas a receber, contas a pagar), estes poderão ser considerados também como investimento, desde que a responsabilidade por essas atividades seja do gestor divisional.

Exemplo Conceitual

	Divisão 1	Divisão 2
a. Lucro operacional	R$ 20.000	R$ 12.500
b. Investimentos (ativos da divisão)	90.000	50.000
ROI (a/b)	22,22%	25,00%

Nesse exemplo, apesar de o valor absoluto do lucro da Divisão 1 ter sido maior, o melhor desempenho foi o da Divisão 2, pois a rentabilidade sobre o investimento foi melhor. A Divisão 1 teve um lucro maior, mas também exigiu muito mais investimento.

Convém relembrar que essa é uma medida bruta de rentabilidade totalmente válida dentro da empresa, mas que deve merecer ressalvas para comparação com unidades de negócio fora da empresa. Dois fatores básicos devem ser considerados para analisar essa rentabilidade de forma comparativa e definitiva em relação a investimentos fora da empresa:

- essa rentabilidade deve ser descontada dos gastos fixos gerais da empresa, não alocados às divisões operacionais;
- essa rentabilidade deve ser descontada dos impostos sobre o lucro.

Lucro Residual

No conceito de lucro residual, considera-se lucro apenas a parcela do resultado que exceder a um predeterminado custo de capital. A empresa entende que a divisão deve gerar um lucro sempre superior ao custo de capital que foi necessário para financiar os investimentos (ativos) à disposição das divisões. Dessa maneira, o custo de capital entra como uma despesa da divisão, que é subtraída do lucro antes dos impostos. O custo de capital é calculado aplicando-se a taxa predeterminada pela empresa sobre os investimentos da unidade.

O custo de capital a ser aplicado a cada divisão pode ser: uma taxa única para todas as divisões da empresa ou uma taxa específica para cada uma das divisões. O que leva a taxas diferentes para as diversas divisões da empresa é o risco associado a cada unidade de negócio. Se os negócios da empresa tiverem características bastante diferenciadas, provavelmente haverá riscos diferentes, podendo-se, então, adotar custo de capital diferente para cada divisão. Se os negócios tiverem características homogêneas, poderá ser utilizada uma taxa única. Em qualquer uma das situações, nada impede a adoção de uma taxa única se os acionistas assumirem um custo de oportunidade de capital idêntico para todas as unidades de negócio.

Exemplo Conceitual I

Custo único de capital da empresa = 15% a.a.

	Divisão 1	Divisão 2
a. Lucro Operacional Antes dos Impostos	R$ 20.000	R$ 12.500
b. (–) Custo de Capital	(13.500)*	(7.500)*
c. Lucro Residual	6.500	5.000
d. Investimentos (Ativos da Divisão)	90.000	50.000
ROI – Residual Percentual (c/d)	7,22	10,00

* 15% × R$ 90.000; 15% × R$ 50.000.

Exemplo Conceitual II

Custo de capital da empresa = 12% a.a. para a Divisão 1; 16% a.a. para a Divisão 2.

	Divisão 1	Divisão 2
a. Lucro Operacional Antes dos Impostos	R$ 20.000	R$ 12.500
b. (–) Custo de Capital	(10.800)*	(8.000)*
c. Lucro Residual	9.200	4.500

d. Investimentos (Ativos da Divisão)	90.000	50.000
ROI – Residual Percentual (c/d)	10,22	9,00

* 12% × R$ 90.000; 16% × R$ 50.000.

Neste segundo exemplo, a exigência de um custo menor de capital para a Divisão 1 indica um lucro residual percentual superior ao da Divisão 2, que tem um custo de capital maior, em decorrência de que o negócio é mais arriscado.

Outros Critérios de Lucro Residual

O conceito de lucro residual é muito voltado para o enfoque do mercado financeiro. Como já vimos, centra-se, fundamentalmente, na adoção do custo de oportunidade de capital, ou custo do dinheiro. O conceito de custo de oportunidade de capital sugere que há uma oportunidade de rentabilidade mínima no mercado; assim, o resultado da empresa a ser considerado é o lucro que excede esse custo de oportunidade, ou custo mínimo do dinheiro.

O conceito de EVA é um conceito de lucro residual e foi por nós abordado no capítulo anterior. Outra variação desse conceito é o critério de Banco Interno ou *Banking Center*. Nesse caso, cria-se um centro de lucro virtual, que faz o papel de um banco interno que financia os investimentos das diversas unidades de negócios dentro da empresa, cobrando o custo do dinheiro para isso, ou o custo de oportunidade do acionista.

Adotaremos esse conceito de banco interno em nosso exemplo numérico que apresentaremos a seguir como um centro de lucro, sob o nome de Resultados Financeiros.

12.4. Identificação dos Centros Geradores de Resultados

Este é o ponto principal da Contabilidade Divisional. A segmentação da empresa em centros geradores de resultados (centros de lucros, centros de investimentos) compreende um processo de análise da empresa como um todo, seus processos, produtos, setores etc., uma vez que a empresa não é necessariamente estruturada em divisões claramente distintas. Muitos centros geradores de resultados estão dentro de uma mesma planta, fábrica ou divisão e merecem controle contábil específico. Além disso, há centros de resultados que não apresentam uma evidência física clara, mas é necessário que tenham os resultados segregados, tais como: os resultados financeiros para os acionistas e os setores de apoio (manutenção, suprimentos, controle de qualidade, engenharias), administrativos (Controladoria, recursos humanos, tecnologia de informação) e comerciais (marketing, atendimento ao cliente).

O processo de identificação dos centros geradores de resultados sempre apresentará problemas de definição em relação à sua extensão. Partindo do pressuposto de que todo funcionário gera resultado e todo equipamento tem potencial de geração de serviços, seria possível estruturar um sistema de centros de resultados considerando cada um desses elementos como geradores de receitas. Contudo, sabemos que isso apresentaria inúmeras dificuldades em termos de sistemas de informação.

Por outro lado, um sistema de Contabilidade Divisional com centros de resultados de grande agregação pode não contribuir para uma visão eficaz do desempenho setorial. Dessa maneira, há de se fazer um meio-termo entre a extrema proliferação de centros de resultados e a extrema sintetização. Além disso, deve-se sempre considerar o conceito de multidimensionalidade da visão de resultados. Como os resultados segmentados podem ser vistos por vários ângulos (processos, produtos, divisões, atividades etc.), é importante uma segmentação que não seja parcimoniosa nem exagerada em termos de quantidade de centros de resultados.

Dessa maneira, é essencial uma análise que leve em conta o seguinte:

- identificação clara dos produtos e serviços que permitam mensuração correta da receita;
- vinculação desses produtos e serviços a uma unidade organizacional geradora de resultados;
- vinculação da unidade organizacional a um gestor responsável.

Produtos e Serviços Produzidos Internamente

Podemos dizer que o grande potencial informativo da Contabilidade Divisional está em identificar os centros geradores de resultados que produzem bens e serviços internamente, transferindo-os para outros centros de resultados dentro da própria empresa.

O objetivo da mensuração desses resultados consiste na possibilidade de comparação do resultado dos produtos e serviços produzidos internamente, em relação a possíveis fornecedores potenciais dos mesmos produtos e serviços que atuem fora da empresa. Essa possibilidade de comparação com preços externos caracteriza a adoção do conceito de custo de oportunidade de preço de mercado e é o ponto referencial para eventual decisão de terceirização (*outsourcing*).

Dessa forma, o conceito de Contabilidade Divisional para atividades ou divisões que produzem e fornecem produtos e serviços dentro da própria empresa é ponto fundamental para a análise de desempenho de seus responsáveis, incorporando para a gestão divisional parâmetros externos de avaliação, permitindo, tanto ao responsável pelo centro transferidor, como ao responsável pelo centro recebedor do produto ou serviço produzido internamente, um referencial de valor econômico da atividade prestada e recebida.

Os produtos e serviços produzidos internamente e transferidos dentro da própria empresa podem ser identificados nos macroprocessos produtivos ou comerciais. Exemplos:

- Atividade agrícola ou pecuária fornecedora de matéria-prima para usinas de produtos finais (lavoura de cana-de-açúcar para produção de álcool ou açúcar, criação de gado leiteiro para produção de laticínios etc.).
- Atividades de manufatura, fornecedoras de peças e conjuntos para montagem final (fundição fornecendo para indústria de autopeças, fabricação de componentes fornecendo para montagem de veículos ou bens duráveis etc.).
- Atividades de serviços complementares, fornecedoras para produtos finais (setores de pintura fazendo o acabamento de produtos e de embalagem e expedição concluindo a apresentação final do produto etc.).

Para exemplificar a transferência interna de serviços, imaginemos uma empresa do ramo têxtil que tem os seguintes processos internos, que trabalham de forma integrada: tecelagem, tinturaria e acabamento, sendo que a venda para os clientes externos é executada pela etapa final, que é o setor de acabamento. Os dados iniciais de custos e receitas são apresentados abaixo:

	Tecelagem	Tinturaria	Acabamento	Total
Vendas	0	0	25.000	25.000
Custos	(10.000)	(4.000)	(3.000)	(17.000)
Lucro	(10.000)	(4.000)	22.000	8.000

Não podemos dizer que os setores de tecelagem e tinturaria só têm custos e não têm receitas. Na realidade, esses dois setores trabalham internamente e, portanto, devem ter suas receitas mensuradas. Também não se pode afirmar que o lucro da atividade de acabamento foi de $ 22.000. Há necessidade de contabilizar as transferências internas, ou seja, o valor dos esforços que um setor fez internamente para o outro.

Supondo que o valor dos tecidos que a tecelagem transferiu para a tinturaria sejam avaliados a preços de mercado por $ 12.000 e que os serviços de tinturaria realizados para o acabamento sejam avaliados a preços de mercado por $ 19.200, podemos avaliar os centros de lucros adequadamente, com a contabilização das transferências internas, remetidas e recebidas.

	Tecelagem	Tinturaria	Acabamento	Total
Vendas	0	0	25.000	25.000
Custos	(10.000)	(4.000)	(3.000)	(17.000)
Lucro I	(10.000)	(4.000)	22.000	8.000
Transferências remetidas	12.000	19.200	0	31.200
Transferências recebidas	0	(12.000)	(19.200)	(31.200)
Lucro II	2.000	3.200	2.800	8.000

Com a contabilização das transferências internas apura-se o resultado de cada atividade (centro de responsabilidade) adequadamente. O lucro total da empresa sempre é o mesmo, pois o valor das transferências anula-se porque a receita de uma atividade é despesa de outra atividade interna.

Produtos e Serviços de Apoio

Internamente, há também a produção de bens e serviços de apoio às principais atividades operacionais. As unidades produtoras desses serviços também podem ser caracterizadas como centros de resultados.

Como exemplos desses serviços de apoio, podemos citar os setores de:

- recursos humanos, que presta serviços de treinamento, recrutamento e seleção para as demais áreas operacionais da empresa;
- assistência técnica, que presta serviços para a área de comercialização;
- tecnologia de informação, que presta serviços para todas as áreas da empresa;
- manutenção, que pode prestar serviços específicos tanto para a área industrial como para as demais áreas da empresa;
- suprimentos, que presta serviços para todas as áreas da empresa etc.

A dificuldade de obtenção de preços de venda para esses serviços tem sido o principal argumento para a não adoção do conceito de centros de lucros para os setores de apoio. Contudo, todos esses serviços têm um preço de mercado e, portanto, podem ser objeto de Contabilidade Divisional.

A eventual dificuldade na obtenção de preço de mercado e, consequentemente, da mensuração da receita dessas atividades de apoio não deve ser o empecilho para não considerá-las como centros de resultados. A questão principal é a relevância ou não dessas atividades no conjunto das operações da empresa. Se elas forem significativas e causarem impacto nos resultados das demais atividades, deverão ser incluídas no conjunto da Contabilidade Divisional da empresa, uma vez que atendem aos três requisitos fundamentais: têm serviços identificáveis, os serviços são vinculados a uma unidade organizacional e há gestor responsável pela unidade.

Centro de Lucro para Resultados Financeiros

Um conceito de Contabilidade Divisional deve adotar o conceito de lucro residual. Nesse sentido, é fundamental a criação de um centro de lucro para apurar os resultados financeiros para qualquer sistema de Contabilidade Setorial. Esse centro de lucro teria como função:

- incorporar o conceito de lucro residual ou EVA, cobrando um custo de oportunidade de capital das demais unidades de negócio ou centros de lucros de apoio, pelo investimento e utilização de seus ativos operacionais;
- separar claramente o resultado das operações das atividades operacionais dos resultados financeiros da empresa;
- visualizar o resultado dos acionistas ou investidores na empresa e a contribuição do valor adicionado de cada unidade de negócio no valor adicionado total da empresa;

- se for o caso, alocar os ativos de contas a receber e outros direitos, bem como os passivos de contas a pagar e outras obrigações, para um centro de resultado em separado das unidades de negócio ou atividades de apoio, liberando a gestão das unidades de negócio apenas sobre os investimentos em estoques e imobilizados.

O centro de lucro de resultados financeiros deve ser responsável pelas despesas financeiras (com financiamentos e outras), pelas receitas financeiras (de aplicações e outras) e pelos encargos financeiros sobre compras e vendas a prazo. Deve ser responsável também pela gestão de custo de oportunidade dos acionistas e análise da rentabilidade final das unidades de negócios.

12.5. Preços de Transferência

Esse conceito emerge naturalmente quando da adoção de uma Contabilidade Setorial. Na identificação e segmentação dos centros geradores de resultados, serão encontrados centros geradores de resultados que prestam serviços internamente ou produzem e transferem produtos dentro da própria empresa, ou seja, seus clientes são internos, não externos.

Assim, o ponto fundamental para a apuração dos resultados dos centros que prestam serviços ou transferem produtos internamente é o preço a ser adotado para mensuração de suas receitas. A questão sempre está na mensuração das receitas, uma vez que a obtenção do valor das despesas é geralmente suprida pela contabilidade das despesas por setores ou departamentos através dos centros de custos.

Preço de transferência é o valor obtido pelo método de mensuração da receita dos produtos e serviços transferidos internamente. A adoção de critérios inadequados será fatal para o sistema de informação de Contabilidade Divisional, pois da mensuração da receita obter-se-á a mensuração do resultado e a consequente avaliação de desempenho dos gestores. Critérios inadequados conduzirão fatalmente ao descrédito em todo esse sistema de informação. Além da própria incorreção da mensuração dos resultados setoriais, critérios inadequados afetarão totalmente os gestores e a motivação, um dos aspectos mais importantes do Sistema de Contabilidade Setorial.

A seguir, apresentaremos os principais critérios para preços de transferência.

Custo Real

É um critério de preço de transferência, mas não é recomendado. Transferir produtos e serviços internamente mensurando sua receita pelo custo real não traz nenhuma vantagem informacional ou motivacional. Se a unidade transferidora puder repassar todo o seu custo, ela ficará à vontade para custos maiores e indevidos. A unidade recebedora, por outro lado, ficará totalmente à mercê do custo da outra unidade.

Além disso, a adoção do conceito de custo real não permite, em princípio, a obtenção de um lucro, já que o total da receita será igual ao dos gastos. Portanto, não permite uma avaliação de eficiência operacional nem eficácia em termos de lucro.

Custo-Padrão

É uma variação do preço de transferência baseado em custo e menos problemático que o custo real, porém com a possibilidade de conter riscos semelhantes. Se os padrões forem construídos buscando realmente os custos que deveriam ser, em condições de competitividade externa, pelo menos esse critério poderá medir a eficiência operacional.

Caso a unidade transferidora consiga custos ainda menores que o custo-padrão, ela apresentará um resultado. Não há muitos inconvenientes, nesse critério, para a unidade recebedora.

Custo-Padrão Mais Margem de Lucro

É uma variação do critério de custo-padrão, acrescentando ao custo uma margem-padrão de lucratividade, buscando aspectos adicionais de motivação. É um dos critérios mais utilizados, pois a incorporação de uma margem de lucro incorpora o aspecto motivacional, e a unidade transferidora deverá, em princípio, apresentar essa margem-padrão de lucro como resultado global.

Preço de Mercado

É o critério mais indicado. Praticamente qualquer produto ou serviço, sejam eles intermediários ou finais, tem um preço de mercado. É o preço que seria pago caso fosse adquirido de um fornecedor externo à empresa.

Este é o critério que deve ser utilizado, pois tem todas as vantagens e nenhuma desvantagem:

- é objetivo, por ser aferido pelo mercado;
- evita discussões, pois o preço é dado por entidades externas à empresa;
- incorpora competitividade, pois dá referencial externo às atividades internas da empresa.

Preço Negociado

Quando existir algum problema grave para obtenção de preço de mercado, a alternativa poderá ser a negociação, entre as partes envolvidas, de um preço de transferência. Como base, poderá ser utilizado o custo-padrão.

O problema potencial está na habilidade de negociar. Se o gestor de um dos dois lados for mais hábil que o outro, poderá haver um acordo de preços também não adequado para a empresa.

Preço Arbitrado

Eventualmente, um produto ou serviço intermediário pode não ter preço de mercado (um produto inédito, por exemplo), ou, então, pode haver determinação da alta administração para que seja executado internamente. Se não se conseguir o preço de transferência com nenhum dos critérios apresentados, a alta administração deverá arbitrar o preço e valorar a transferência.

Muitas empresas adotam o critério de mensurar as receitas dos produtos e serviços fornecidos internamente por preços de custo (custo real, custo-padrão, custo-padrão mais margem arbitrada), partindo da premissa de que são atividades internas e há dificuldades de obter referencial externo ou de mercado. Todos os preços baseados em custo trazem o problema central de transferência de ineficiência e, portanto, não devem ser utilizados. Entendemos que o melhor critério é a adoção de preços de mercado, pelo conceito de valor realizável líquido, pois, com raríssimas exceções, todas as atividades internas têm referencial externo, considerando que podem ser desempenhadas fora da empresa.

Exemplo

O Quadro 12.1 apresenta um exemplo de relatório gerencial decorrente da utilização do conceito de Contabilidade Divisional, incorporando os principais fundamentos e características desse tipo de Contabilidade por responsabilidade.

O exemplo sugere uma empresa segmentada em duas unidades de negócios principais, Divisão 1 e Divisão 2, além de um centro de lucro de apoio, que engloba Administração e Vendas, para sugerir a possibilidade de transformação, em centros de resultados, das principais atividades de prestação de serviços dentro da empresa (logística, compras, recursos humanos, finanças, tecnologia de informação etc.). Como recomendado, há um centro de resultado para apurar os efeitos financeiros das operações e do custo de oportunidade de capital, denominado *Resultados Financeiros*. As divisões 1 e 2, ao mesmo tempo que fazem o papel de unidades de negócios, são consideradas atividades de processo, uma vez que a Divisão 1 é fornecedora para a Divisão 2. Os principais aspectos retratados no exemplo são:

1) O centro de Resultados Financeiros recebe: a) as receitas financeiras pelas vendas a prazo e os custos financeiros pelas compras a prazo; b) as receitas financeiras de aplicações financeiras e os custos dos financiamentos com encargos financeiros, no grupo Resultados Financeiros; e c) a receita de custo de oportunidade de capital, cobrado das demais divisões. O custo de capital é contabilizado pelo conceito de preço de transferência: os valores são debitados em cada unidade e o somatório é creditado no centro de lucro Resultados Financeiros.
2) A Divisão 1 caracteriza-se por ser essencialmente transferidora, remetendo produtos e serviços para a Divisão 2, contabilizados como Receita Interna, na Divisão 1, e como Custo Interno, na Divisão 2. O conceito aplicado é a transferência a preços de mercado.
3) A divisão Administração e Vendas é tratada como centro de lucro ao receber receita internamente pelos serviços prestados. No exemplo, arbitramos um pagamento, pelas divisões 1 e 2, de 12% de suas receitas, que são consideradas receitas da área Administração e Vendas, também utilizando o fundamento de preços de transferência.
4) As três divisões operacionais pagam um custo de oportunidade de capital pela utilização de ativos, que foram financiados pelo centro de lucro Resultados Financeiros. No exemplo em questão, foi atribuído um custo de capital de 15% a.a. e aplicado sobre o total dos investimentos em capital de giro (principalmente estoques) e ativos imobilizados utilizados pelas três divisões. Esse custo financeiro é alocado para incorporar o conceito de lucro residual. A contrapartida é uma receita para Resultados Financeiros, que, nesse conceito, acaba fazendo o papel do acionista, o supridor interno de capital às atividades operacionais. Os cálculos são demonstrados ao final do quadro.

Em uma análise primária dos dados apresentados, as divisões 1 e 2 geraram lucro operacional suficiente para cobrir o custo de capital de seus investimentos. A Divisão 1 teve um desempenho maior, pois seu lucro residual foi de 2,9%, enquanto a Divisão 2, mesmo com menos ativos, teve um lucro residual menor, 1,2%. A divisão/centro de lucro Administração e Vendas não teve resultado positivo e, por consequência, não cobriu também o custo financeiro de capital. O resultado total da empresa evidencia que a geração total de lucro operacional cobriu o custo mínimo de capital e ainda gerou um lucro residual (o mesmo que o valor econômico adicionado da metodologia EVA) de $ 2.000, 2,1% sobre os ativos da empresa.

Quadro 12.1 Exemplo – Contabilidade Divisional e Fluxo de Transferências – Período Anual

Discriminação	Divisão 1	Divisão 2	Administração e Vendas	Resultados Financeiros	Total
RECEITAS	50.000	80.000	15.600	16.150	161.750
. Externas	0	80.000	0	1.600 (1)	81.600
. Internas – Transferências	50.000	0	15.600	14.550	80.150
CUSTOS	35.400	63.100	0	1.200	99.700
. Compras/Consumo	27.000	4.000	0	1.200 (2)	32.200
. Internos – Transferências	0	50.000	0	0	50.000
. Custos de Fabricação	8.400	9.100	0	0	17.500
DESPESAS	6.000	9.600	16.500	0	32.100
. Departamentais	0	0	16.500		16.500
. Internas – Transferências	6.000	9.600			15.600
RESULTADOS FINANCEIROS	0	0	0	13.400	13.400
. Receitas Financeiras	0	0	0	2.000	2.000
. Despesas Financeiras	0	0	0	15.400	15.400
LUCRO OPERACIONAL	8.600	7.300	(900)	1.550	16.550
CUSTO DE CAPITAL (cálculo abaixo)	7.200	6.750	600	0	14.550
LUCRO RESIDUAL (a)	1.400	550	(1.500)	1.550	2.000
LUCRO RESIDUAL – Percentual (a/b)	2,9%	1,2%	–37,5%	0,0%	2,1%
ATIVOS DAS DIVISÕES					
Capital de Giro	8.000	25.000	0	0	33.000
Ativos Fixos	40.000	20.000	4.000	0	64.000
Total (b)	48.000	45.000	4.000	0	97.000
Custo de Capital – 15% a.a. × (b)	7.200	6.750	600	0	14.550

(1) Receita Financeira de Vendas a Prazo
(2) Custo Financeiro de Compras a Prazo

Rentabilidade dos Produtos e Serviços

O exemplo não contempla a outra possibilidade de Contabilidade Divisional, que é a dimensão da rentabilidade dos produtos e serviços. O sistema de informação deve produzir relatórios gerenciais que mostrem a rentabilidade dos produtos e serviços dentro de cada divisão, notadamente para as divisões 1 e 2.

Aplicabilidade da Contabilidade Divisional

A utilização do conceito de Contabilidade por responsabilidade, no enfoque de Contabilidade Divisional, é um instrumental indispensável para a gestão econômica de qualquer entidade, seja com fins lucrativos ou não. Da mesma forma, o sistema não é exclusivo para empresas de médio e grande porte, sendo totalmente viável e adaptável a pequenos empreendimentos, mesmo para microempresas. A gestão contábil não pode hoje ficar restrita aos instrumentos de análise de desempenho global, mas deve necessariamente incorporar os conceitos de avaliação de resultados e desempenho para os responsáveis pelos segmentos geradores de resultado da entidade. A adoção de um sistema de Contabilidade Divisional é fundamental para a gestão das entidades na busca da maior eficácia e, consequentemente, para lhes permitir o cumprimento de sua missão.

Questões e Exercícios

1. Uma empresa tem duas divisões: A e B. A Divisão A transfere toda a sua produção para a B por R$ 25 por unidade, tendo custos variáveis unitários de R$ 15. A Divisão B vende toda a sua produção por R$ 100 a unidade e tem custos variáveis unitários específicos de R$ 40. Elabore uma tabela calculando as margens de contribuição de cada divisão e a margem de contribuição total (consolidada) da companhia.
2. Uma empresa possui duas divisões: A e B, tendo apresentado os seguintes dados anuais:

	Divisão A	Divisão B
Vendas	R$ 9.000.000	R$ 20.000.000
Lucro Líquido	630.000	1.800.000
Ativos à Disposição das Divisões	3.000.000	10.000.000

Pede-se:

a) Calcule o retorno sobre os investimentos (ativos) de cada divisão.

b) Faça uma análise da rentabilidade de cada divisão.

c) Assumindo que a companhia debite um custo financeiro mínimo para as divisões, a ser assegurado pela sua rentabilidade, de 15% a.a., calcule qual será o novo Lucro Líquido (lucro residual) depois de computados esses custos financeiros.

3. Com os dados das três divisões de uma empresa apresentados a seguir:
   a) Calcule e apresente, em uma nova tabela, os dados que faltam na seguinte Demonstração de Resultados divisionais;
   b) Consolide os dados, calcule e analise a rentabilidade geral da companhia.

	Divisão A	**Divisão B**	**Divisão C**
Vendas	R$ 800.000	?	?
Lucro Líquido	72.000	?	40.000
Ativos à Disposição da Divisão	?	150.000	?
Margem de Lucro	?	4%	8%
Giro do Ativo	?	5,0	?
Rentabilidade do Ativo	15%	?	18%

4. Uma empresa tem duas divisões com os seguintes dados. Normalmente, a Divisão 1 vende 75% de sua produção para a Divisão 2 por R$ 10,00 a unidade, o mesmo preço que ela vende para outros clientes.

	Divisão 1	**Divisão 2**
Vendas para Terceiros	R$ 15.000	R$ 200.000
Vendas para Divisão 2	45.000	-0-
SOMA	**60.000**	**200.000**
Custos Recebidos por Transferência	-0-	45.000
Outros Custos Variáveis	18.600	35.000
SOMA	**18.600**	**80.000**
Margem de Contribuição	41.400	120.000
Custos Fixos	22.000	80.000
Lucro Líquido	19.400	40.000

Se a Divisão 2 pudesse comprar o produto fora da empresa por R$ 9,50 e se a Divisão 1 só conseguisse colocar para clientes fora da empresa 85% de sua produção, qual seria o resultado de cada divisão e o resultado geral da empresa?

5. Uma empresa apresentou os seguintes Demonstrativos Contábeis após um trimestre de operações:

Balanço Patrimonial

Ativo Circulante		**Passivo Circulante**	
Disponibilidades	250.000	Fornecedores	500.000
Contas a Receber	4.000.000	Contas a Pagar	1.500.000
Estoques		Empréstimos	580.000
– Materiais	850.000		
– Acabados	1.400.000		

Imobilizado		**Patr. Líquido**	
Divisão A	3.000.000	Capital	6.000.000
Divisão B	700.000	Lucros Acumulados	3.000.000
Comercialização/Admin.	450.000	Lucro do Período	70.000
TOTAL	**10.650.000**	**TOTAL**	**10.650.000**

	Demonstração de Resultados – Trimestre
Vendas	
Divisão A	130.000
Divisão B	3.700.000
Custos	
Materiais Requisitados	
– Divisão A	200.000
– Divisão B	1.500.000
Departamentais	
– Divisão A	950.000
– Divisão B	550.000
Lucro Bruto	**630.000**
Despesas Adm./Comerciais	450.000
Desp. Financeiras	110.000
Lucro Líquido	**70.000**

Dados para executar a Contabilidade Divisional:

a) A empresa faz a Contabilidade Divisional segmentando-se em quatro centros de lucros: Divisão A, Divisão B, Divisão Administrativa/Comercial e Resultados Financeiros.

b) A Divisão A responsabiliza-se pelos seus Ativos Permanentes, pelas suas receitas e seus custos e pelo estoque de materiais.

c) A Divisão B responsabiliza-se pelos seus Ativos Permanentes, pelas suas receitas e seus custos e pelo estoque de acabados.

d) As divisões A e B pagam à Divisão Administrativa/Comercial 14% para comercialização e administração geral.

e) O centro de lucro Resultados Financeiros cobra 3,5% ao trimestre sobre os ativos à disposição das unidades (estoques e imobilizados), incluindo a Divisão Administrativa/Comercial.

f) A Divisão A transferiu à Divisão B, no trimestre, componentes no valor de R$ 880.000.

Pede-se:

a) Faça o Demonstrativo de Resultado das divisões;

b) Verifique o retorno do investimento das divisões A, B e Administrativa/Comercial.

6. São apresentados a seguir uma série de informações e os dados extraídos da Contabilidade Financeira da empresa em determinado mês. Para facilitar, as quantidades produzidas foram totalmente vendidas e, portanto, não há variação de estoques neste mês. A empresa utiliza o conceito de centros de lucros para fazer sua Contabilidade Divisional. Ela adota os conceitos de Custeio por Absorção dos departamentos de apoio da fábrica, de Prestação de Serviços comissionados para a administração e comercialização e também de Banco Interno para apurar o lucro residual. Os centros de lucros identificados pela empresa foram os seguintes:

   - Divisão A (produtora, transferidora e vendedora de componentes)
   - Divisão B (montadora e vendedora do produto final)
   - Comercialização
   - Administração
   - Resultados Financeiros (Banco Interno)

A – Despesas Departamentais
(Inclui mão de obra, materiais consumidos, depreciação e despesas gerais, e não matéria-prima e componentes para a produção.)

Divisão A – Componentes	**R$**	
Produção	800.000	
Pré-Montagem	500.000	
Engenharia Fábrica	200.000	
Controle de Produção	100.000	R$ 1.600.000
Depto. de Apoio		
Manutenção Geral	220.000	
Diretoria Industrial	140.000	R$ 360.000
Divisão B – Montadora		
Montagem Intermediária	300.000	
Montagem Final	200.000	
Pintura	150.000	
Controle de Produção	50.000	R$ 700.000
Adm./Com./Finanças		
Administração	400.000	
Comercialização	950.000	
Desp. Financeiras	170.000	
Receitas Financeiras	40.000	
Efeitos Monetários (Desp.)	110.000	

B – Outros Dados

	Divisão A	Divisão B	Adm.	Comerc.
Requisição de Materiais	265.000	3.200.000	–	–
Vendas para Terceiros	350.000	7.600.000	–	–
Ativos à Disposição				
– Imobilizados	6.000.000	1.200.000	150.000	800.000
– Estoques	1.500.000	3.000.000	–	–

C – Dados e Informações para Executar a Contabilidade Divisional:

a) Os componentes transferidos da Divisão A para a B foram avaliados em R$ 1.700.000.

b) A divisão de comercialização recebe comissão de 13% sobre as vendas para terceiros.

c) A divisão de administração recebe comissão de 6% sobre as vendas para terceiros.

d) O departamento de manutenção é absorvido 80% pela Divisão A e 20% pela B.

e) A Diretoria Industrial é absorvida 50% pela Divisão A e 50% pela B.

f) O centro de lucro Resultados Financeiros cobra 1,5% sobre os ativos à disposição das divisões e se responsabiliza pelos resultados financeiros e monetários.

Capítulo 13

Fundamentos de Contabilidade de Custos: Métodos e Formas de Custeio e Sistemas de Acumulação

Todos os conceitos e técnicas de Contabilidade de Custos têm como foco as empresas industriais ou prestadoras de serviços. Isto porque a Contabilidade de Custos nasceu na Revolução Industrial, dada a necessidade de se identificar o custo dos diversos produtos fabricados por uma empresa. Antes da Revolução Industrial, a Ciência Contábil limitava-se a considerar como custo apenas o valor de aquisição das mercadorias a serem revendidas, considerando os gastos administrativos e comerciais como despesas periódicas.

Outro referencial básico para a Contabilidade de Custos é a existência de mais de um produto ou serviço sendo produzido na empresa. Quando uma empresa tem um único produto ou único serviço, basta a divisão do total dos gastos de produção pela quantidade produzida desse único produto ou serviço.

Isso não quer dizer que não há necessidade de Contabilidade de Custos fora dessas condições. Com o desenvolvimento de novos conceitos de custeio, também as empresas comerciais passam a contar com fundamentos e técnicas que permitem melhor visualização de seus gastos por produtos. Mesmo em empresas industriais de um único produto, outros conceitos podem ser aplicados, como, por exemplo, custeamento por atividades ou objetos de custo, evidenciando que o escopo da Contabilidade de Custos está sempre em desenvolvimento e ampliação.

13.1. Conceitos

Custo Unitário dos Produtos e Serviços

Esse conceito é que conduz toda a Contabilidade de Custos e pode ser reconhecido como seu objetivo principal. Os seus conceitos e técnicas de custos foram desenvolvidos para possibilitar a identificação do custo de uma unidade do produto ou serviço. Essa identificação significa separar, dos gastos totais ocorridos em um período, apenas os valores específicos que caberiam em uma única unidade de produto ou serviço, dentre todos os demais produtos e serviços da empresa.

Para tanto, são necessários métodos e conceitos de mensuração, bem como sistemas de identificação e acumulação dos dados e informações.

Objetos ou Entidades de Custo

Uma evolução ao conceito de custo unitário dos produtos é o conceito de objeto ou entidade de custo. As necessidades de gestão analítica dos custos e receitas da empresa levaram ao desenvolvimento do conceito de objeto de custo ou entidade de custo.

Podemos definir *objeto de custo* como alguma coisa para a qual é necessária a identificação separada de seu custo, tanto em termos unitários como totais. Como exemplos de objetos de custo, podemos citar: custo de uma transação, de uma atividade, de um lote de produção, de uma fase ou processo de produção, de um departamento, de um serviço, de uma tarefa, de um funcionário etc.

Terminologias Básicas

Gastos são todas as ocorrências de pagamentos ou recebimentos de ativos, custos ou despesas. Significa receber os serviços e produtos para consumo para todo o processo operacional, bem como os pagamentos efetuados e recebimentos de ativos. Portanto, gastos são ocorrências de grande abrangência e generalização.

Custos são os gastos, que não investimentos, necessários para produzir os produtos da empresa. São os gastos por ela efetuados que farão nascer os seus produtos. Portanto, podemos dizer que os custos são os gastos relacionados com os produtos, posteriormente ativados quando os produtos objeto desses gastos forem gerados. São os gastos ligados à área industrial da empresa.

Despesas são os gastos necessários para vender e enviar os produtos. São os gastos ligados às áreas administrativas e comerciais. O custo dos produtos, quando vendidos, transforma-se em despesa.

A grande diferenciação conceitual entre custos e despesas decorre da separação primária entre empresas industriais e comerciais e foi adotada universalmente pela contabilidade societária e fiscal, com o enfoque básico de custear os estoques de produtos. Custos são gastos para se conseguir um produto (adquirir ou fabricar), e despesas são gastos para vendê-lo. É comum a utilização das terminologias de custos e despesas tanto para a área industrial quanto para as demais áreas, o que não chega a comprometer a gestão econômica.

Podemos também definir custo como o valor econômico dos recursos utilizados para produzir produtos e serviços. Nessa linha de raciocínio, as despesas também são custos, pois são recursos e serviços utilizados e têm valor econômico.

A visão tradicional de custos e despesas é que, enquanto custo, os gastos são ativáveis e têm valor para a empresa. A despesa significa o consumo do custo e, quando ocorrida, é redutora do lucro empresarial, já que o custo ativado sai da entidade.

Gastos para o Produto e Gastos para o Período

Dessa forma, fica clara a separação tradicional entre custos e despesas. *Os custos são considerados gastos para o produto*, enquanto ele está sendo fabricado, e não devem ser considerados como despesas e redutores do lucro empresarial.

As despesas são consideradas gastos efetuados para o período, utilizados no processo de venda e envio dos produtos. São os gastos administrativos e comerciais, que ocorrem durante os meses e o ano, independentemente do processo produtivo. São gastos mensais ou anuais associados ao período de venda, ou seja, ao período escolhido para a apuração dos resultados da empresa. Assim, as despesas impactam o resultado do período, independentemente da quantidade produzida ou mesmo se houve produção naquele período. O custo dos produtos vendidos é uma despesa de valor igual ao custo estocado até antes do momento da venda e é despesa confrontada com as vendas do período.

Insumos de Produção

Os elementos de custos, formadores do custo unitário dos produtos e dos estoques industriais, são representados por quatro grandes tipos de necessidades de recursos:

a) materiais consumidos para o produto e o processo industrial;

b) mão de obra industrial;

c) gastos gerais de fabricação;

d) depreciação das instalações e equipamentos industriais.

Classificação

Essencialmente, classificam-se os custos e as despesas de duas maneiras:

- quanto ao objeto a ser custeado: custos diretos e indiretos;
- quanto ao volume de produção ou venda: custos fixos e variáveis.

Denomina-se *comportamento de custo* a evolução do valor dos custos fixos e variáveis em relação ao volume de atividade.

Custos Diretos

Custos diretos são os custos que podem ser fisicamente identificados para um segmento particular sob consideração. Assim, se o que está sob consideração for uma linha de produtos, então os materiais e a mão de obra envolvidos na sua manufatura serão ambos custos diretos.

Dessa forma, relacionando-os com os produtos finais, eles são os gastos industriais que podem ser alocados direta e objetivamente aos produtos. Podem ser fixos e variáveis.

Custos Indiretos

São os gastos industriais que não podem ser alocados de forma direta ou objetiva aos produtos ou a outro segmento ou atividade operacional e, caso sejam atribuídos aos produtos, serviços ou departamentos, será através de critérios de distribuição (rateio, alocação, apropriação são outros termos utilizados). São também denominados *custos comuns*. Podem ser fixos e variáveis.

Custos Fixos

Apesar da possibilidade de classificarmos uma série de gastos como custos fixos, é importante ressaltar que qualquer custo é sujeito a mudanças. Mas os que tendem a se manter constantes nas alterações do volume das atividades operacionais são tidos como custos fixos. De modo geral, são custos e despesas necessários para manter um nível mínimo de atividade operacional, por isso são também denominados *custos de capacidade*.

Apesar de conceitualmente fixos, tais custos podem aumentar ou diminuir em função da capacidade ou do intervalo de produção. Assim, os custos são fixos dentro de um intervalo relevante de produção ou venda e podem variar se os aumentos ou diminuições de volume forem significativos.

Custos Variáveis

São assim chamados os custos e despesas cujo montante, em unidades monetárias, varia na proporção direta das variações do nível de atividades. É importante salientar que a variabilidade de um custo existe em relação a um denominador específico. Dessa forma, é importante ressaltar a diferença entre custo variável e custo direto. Um custo é variável se realmente acompanha a proporção da atividade com que ele é relacionado. Um custo direto é aquele que se pode medir em relação a essa atividade ou ao produto. Assim, a mão de obra direta, quando contratada para determinado volume de produção, é fixa em relação àquele volume, mas direta em relação ao produto, uma vez que podemos medir os esforços feitos para cada unidade de produto.

Variáveis em Relação à Produção

Toma-se como base a quantidade de produto final produzido, para se fazer a análise do comportamento do custo. É a visão clássica do custo variável. O exemplo mais significativo é o consumo de materiais da estrutura do produto.

Variáveis em Relação às Atividades

Eventualmente, um custo ou gasto pode não ser fixo em relação à quantidade de produto final produzido ou vendido e ter o comportamento de um custo semivariável. Porém, relacionando-o com uma outra atividade, ele pode vir a ser considerado variável em relação a essa atividade.

O conceito de custo variável em relação a determinada atividade tem sido utilizado para uma melhor alocação dos custos e despesas indiretas e é denominado custo *ABC*, ou *Activity Based Costing*.

Fixos dentro do Ano (do Período)

Em geral, o conceito de custo fixo é aplicado àqueles custos cujos valores não variam dentro do período analisado. Os valores gastos a título de tais custos serão sempre os mesmos, não importando o volume produzido ou vendido dos produtos.

É importante ressaltar, aqui, que o que vale é o conceito de que o custo é fixo. É possível que um custo tenha todas as características de custo fixo e, mesmo assim, o seu valor se altere de período a período. É óbvio que essa alteração de valor não pode ser na proporção das quantidades produzidas ou vendidas; caso contrário, ele seria considerado variável.

Exemplificando: o custo dos aluguéis tem todas as características de custo de comportamento fixo, mas nada impede que, na renovação do contrato de locação, tal custo venha a se alterar, para cima e para baixo. O valor alterado não foi decorrente de variação do volume produzido ou vendido, mas, sim, de negociação específica. Tal custo deve ser ainda considerado fixo. É importante ressaltar tais dados de ordem operacional, pois isso altera o cálculo do ponto de equilíbrio, que será evidenciado no Capítulo 14.

Fixos dentro das Expectativas de Produção

Eventualmente, custos considerados de comportamento variável podem ter seu valor inalterado em relação às quantidades produzidas ou vendidas, transformando-se, assim, momentaneamente, em custos fixos.

O exemplo clássico de tal mudança de comportamento é com relação à mão de obra direta. Conceitualmente, esse tipo de mão de obra, que é necessário para produzir os produtos, tende a variar dependendo da quantidade de produto a ser produzida em determinado período. Em caso de redução de produção, que é o que acontece mais frequentemente, é comum a empresa não reduzir seu efetivo de mão de obra direta, mesmo que a quantidade a produzir seja diminuída, pois entende conveniente bancar essa ociosidade temporária de seu corpo de funcionários diretos. Nesse caso, um custo típico de comportamento variável termina por ter, temporariamente, comportamento fixo.

Mesmo os materiais, que são claramente custos variáveis em relação à quantidade produzida, podem, por vezes, sofrer alterações para mais ou para menos, através de racionalização do uso desses materiais, novos processos de produção com eliminação de desperdícios etc.

Depreciação – Custo Fixo ou Variável, Direto ou Indireto

Em determinadas atividades, em que a aplicação e o valor dos equipamentos são elementos vitais para a geração dos diversos produtos, é possível um tratamento dos gastos de depreciação como custo variável, apesar de, teoricamente, tais gastos serem um custo fixo.

Se a causa da depreciação é cada unidade adicional de produto feito, podemos entendê-la como um custo variável. Por outro lado, se a sua causa for a obsolescência técnica, que deprecia o equipamento gradativamente em relação ao período transcorrido, então a depreciação é um custo fixo.

Mas mesmo sendo um custo fixo, podemos ter condições de alocar com precisão aos produtos fabricados. Assim, a depreciação pode ser um custo fixo, mas de alocação direta, aos produtos em questão. Quando a depreciação é de instalações ou prédios, geralmente é considerada um custo fixo indireto.

Custos Semivariáveis

São os custos em que existe variação em relação à quantidade produzida ou vendida, mas não na relação direta. Variam, mas não na proporção 1:1. Exemplo são os materiais auxiliares.

Custos Semifixos

Outros custos considerados semifixos são aqueles que têm dentro de si uma parcela fixa e uma parcela variável. Damos como exemplo os gastos com energia elétrica, cujos valores pagos pela manutenção da demanda são fixos dentro do período e cujos valores pagos pelo consumo de quilowatts consumidos são variáveis em relação à utilização do parque industrial.

Análise Gráfica do Comportamento dos Custos

Exemplo: Materiais Diretos

Volume de Produção Quantidade	Valor Gasto R$
–	–
200	4.000
400	8.000
600	12.000
800	16.000
1.000	20.000

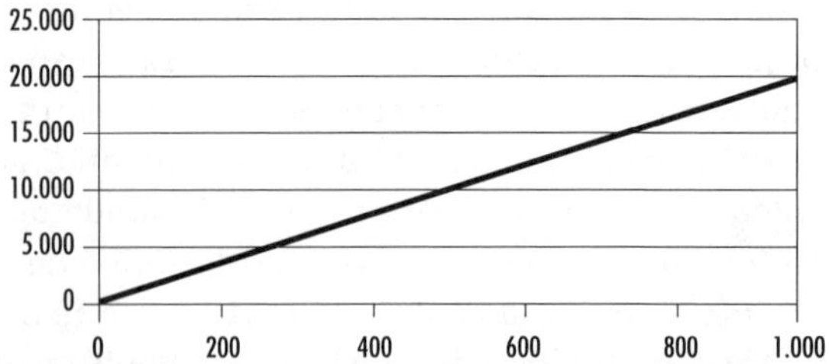

Figura 13.1 Custo Variável

Exemplo: Prestação de *Leasing*

Volume de Produção Quantidade	Valor Gasto R$
–	2.000
200	2.000
400	2.000
600	2.000
800	2.000
1.000	2.000

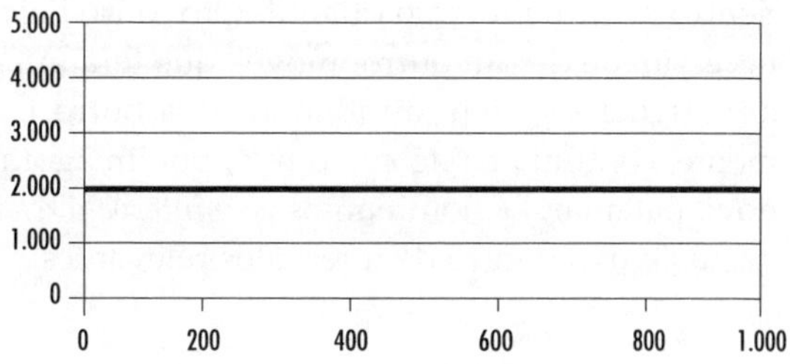

Figura 13.2 Custo Fixo

Exemplo: Materiais Auxiliares

Volume de Produção Quantidade	Valor Gasto R$
–	–
200	700
400	880
600	1.050
800	1.200
1.000	1.320

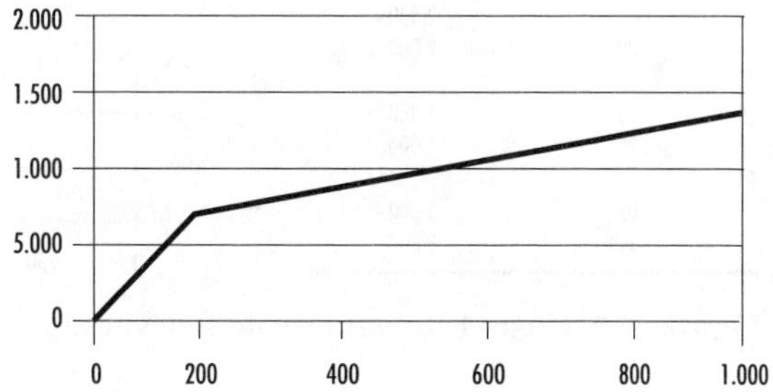

Figura 13.3 Custo Semivariável

Exemplo: Energia Elétrica

Volume de Produção Quantidade	Valor Gasto R$
–	300
200	700
400	1.100
600	1.500
800	1.900
1.000	2.300

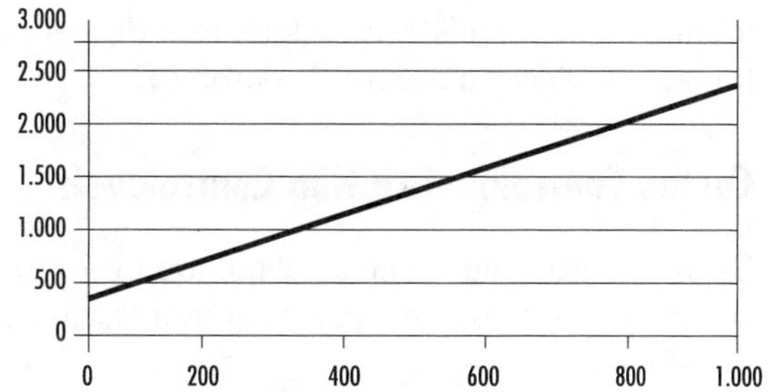

Figura 13.4 Custo Semifixo

Custos Fixos, Capacidade de Produção e Intervalo Relevante

Conceitualmente, sabemos que os custos fixos não variam em relação ao volume produzido ou vendido; mas, não podemos nos esquecer de que os custos fixos estão também relacionados à capacidade de produção ou venda, ou seja, de modo geral, eles acontecem ou são fixados considerando um intervalo de produção ou venda.

Exemplificando novamente com as despesas de aluguéis: a empresa aluga um imóvel para produzir e vender determinado produto. Esse imóvel é suficiente para abrigar um volume de produção e um número de funcionários que variam dentro de um intervalo quantitativo. Caso haja necessidade de expansão, haverá necessidade de um outro imóvel, que terá um outro aluguel. Assim, o custo fixo de aluguel se altera, mudando para outro patamar de custo fixo. Conceitualmente, continua como custo fixo, porém agora dentro de um novo valor, de um novo patamar. Denominamos isso *intervalo relevante*. Vejamos como fica o gráfico de custo fixo dentro de intervalos relevantes:

Exemplo: Aluguéis de Imóveis

Volume de Produção Quantidade	Valor Gasto R$
–	2.000
200	2.000
400	4.000
600	4.000
800	6.000
1.000	6.000

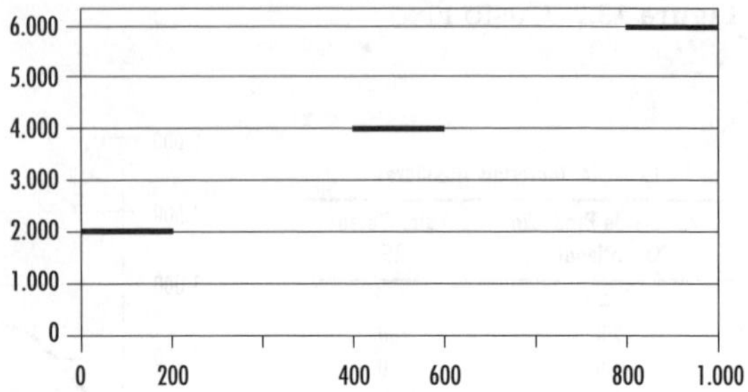

Figura 13.5 Custo Fixo e Intervalo Relevante

13.2. Outros Conceitos de Custos

Apresentaremos a seguir uma série de conceitos de custos, todos procurando identificar variáveis e características desses gastos, para auxílio no controle e tomada de decisão dentro da empresa.

Custos Controláveis e Não Controláveis

Essa conceituação de custo depende de um ponto de referência. Não existem custos não controláveis para a entidade, mas sim custo controlado por um responsável ou por outro.

Não existem, portanto, custos não controláveis. Todos os custos são controláveis em algum nível hierárquico da companhia. Apenas alguns custos não podem ser administrados por determinadas pessoas ou segmentos da empresa, que ficam dependentes de outros. O conceito de custos controláveis deve ser o principal fator para a adoção de contabilidade por responsabilidade.

Custos Expirados e Não Expirados

Conforme Horngren,[1] "de acordo com a definição mais amplamente aceita, os custos são ativos se for justificável seu transporte para o futuro, se tiverem o

[1] HORNGREN, Charles T. *Contabilidade de custos*: um enfoque administrativo. São Paulo: Atlas, 1978.

poder de produzir receita, se forem benéficos às operações futuras – se possuírem potencial de serviço". Ainda segundo Horngren,[2] "o ativo (custos não expirados) comumente representa os custos cuja recorrência será desnecessária no futuro".

Um custo expirado é aquele cujos efeitos já se passaram mas não possibilitou incorporação a algum ativo, sendo, portanto, necessário novamente no futuro, já que o seu efeito foi passageiro. Tendem a ser os custos considerados indiretos e absorvidos.

Custos Passados (*Sunk Costs*)

Os custos passados são considerados irrelevantes para a tomada de decisão. Conforme Parker, citado por Luther,[3] "Custos passados têm sido definidos como aqueles incorridos no passado e que não são afetados por qualquer ação futura; portanto, são irrelevantes para a tomada de decisão".[3]

Podemos dizer que o conceito de custos passados é o mesmo de custos expirados.

Custos de Oportunidade

De acordo com Horngren,[4] "um custo de oportunidade é a contribuição máxima disponível de que se abre mão utilizando-se recursos limitados para um determinado fim. Representa uma alternativa abandonada, de modo que o 'custo' é diferente do tipo comumente encontrado de custo, no sentido de não ser o custo de desembolso normalmente encontrado e discutido pelos contadores e administradores".

Para Garrison,[5] "um custo de oportunidade pode ser definido como o benefício potencial que é perdido ou sacrificado quando a escolha de um curso de ação faz isso necessário para adotar um curso de ação competitivo".

Custos Diferenciais

São as diferenças evidenciadas entre os custos das alternativas à disposição dos administradores antes da tomada de decisão; são também denominados *custos incrementais*. Os custos diferenciais devem ser analisados à luz das alternativas de receitas que estão associadas a eles.

---

[2] HORNGREN, Charles T. Op. cit., p. 411.

[3] PARKER, R. H. apud LUTHER, Robert G. Fixed costs and sunk costs in decision-making. *Management Accounting*, p. 37, jan. 1992.

[4] HORNGREN, Charles T. *Introdução à contabilidade gerencial*. São Paulo, Prentice-Hall, 1985. p. 92.

[5] GARRISON, Ray H. *Managerial accounting*. 6. ed. Homewood: Richard D. Irwin, 1991. p. 43.

13.3. Estruturação das Informações

A base de informações para o processo de custeamento dos produtos e serviços assenta-se nos seguintes elementos:

- materiais para os produtos;
- tempo necessário para execução das fases do processo fabril;
- equipamentos utilizados no processo fabril.

Os dados e informações para a gestão do custo desses elementos estão disponíveis nos diversos sistemas de informações de apoio às operações e devem ser utilizados para a formatação dos cálculos para obtenção dos custos unitários dos produtos e serviços e modelos de análises de custos.

Estrutura do Produto

É a identificação de todos os materiais que compõem cada produto fabricado pela empresa. A estrutura é formalizada e normalmente é atribuição da engenharia de produto ou desenvolvimento da empresa. Dentro do sistema de informação da estrutura do produto, obtêm-se o tipo e a qualificação do material, a quantidade utilizada, a unidade de medida, a ligação entre os componentes primários e seus agregados etc.

Custo dos Materiais

Esses dados são obtidos oriundos basicamente do sistema de informação de compras. Podem-se utilizar o custo das últimas compras e o das cotações ou de reposição. O custo médio, para fins legais e fiscais, é obtido normalmente no sistema de controle de estoque de materiais.

Tempo e Processo de Fabricação

É a identificação de todas as operações necessárias para o processo de elaboração de cada produto, partindo das estruturas de materiais de cada um. Indica todos os processos e departamentos que atuarão sobre o produto, ou seja, o caminho que ele irá percorrer dentro da planta fabril. Em geral, é atribuição da engenharia de fábrica ou de processos.

No sistema de informação de processos de fabricação (ou roteiros de fabricação), estão identificados todos os tempos necessários para todas as fases de cada item específico ou conjunto, até o produto final.

O sistema de processo de fabricação inclui os tempos de todos os recursos necessários para cada fase do processo, seja em termos de mão de obra direta, equipamentos ou serviços executados fora da empresa (serviços terceirizados).

Controle Patrimonial

Esse sistema de informação controla todos os ativos imobilizados da empresa e é a fonte de dados para obtenção dos valores de depreciação por equipamento utilizado no processo industrial.

Unidades de Acumulação de Custos: Departamentalização

O sistema de Contabilidade é o sistema normalmente utilizado para obter os gastos gerais de fabricação, os quais são contabilizados em centros de custos contábeis, que representam o menor segmento de atividade ou área de responsabilidade, em que são executados trabalhos homogêneos. Um centro de custo (ou centro de despesa) pode ser tanto uma atividade como um departamento, dependendo da estrutura organizacional.

O Sistema de Informação Contábil recebe os gastos dos setores e os acumula por centros de custos. Capta, junto ao sistema de folha de pagamento ou sistema de apontamento das horas trabalhadas na fábrica, as horas de cada centro de custo. Com isso, obtêm-se os dados para cálculo do custo horário médio de fabricação por centro de custo.

Atividade

Definimos atividade como a menor estrutura organizacional que produz um bem ou serviço internamente, para o produto ou para o período, e que consome recursos para atingir seu objetivo. Como já vimos, o conceito de centro de custo pode ser desenvolvido para se obter o conceito de atividade. Assim, pode-se fazer a acumulação dos gastos setoriais tanto por departamento como por atividades dentro do departamento.

Departamentos Fabris ou Departamentos Administrativos

Existem departamentos, como o de recursos humanos, que têm atividades tipicamente administrativas, mas que, de um modo geral, atendem mais a fábrica. É possível que a empresa tenha outras atividades departamentalizadas ou merecedoras de centros de acumulação de custos que apresentem dificuldades de classificação quanto à sua atividade-fim, se de caráter industrial ou administrativo. Essa questão é importante para classificar tais gastos como custos do produto ou gastos para o período.

Resumo da Estruturação das Informações para Custo

Estrutura das Informações de Custo		
	Sistemas de Informações Abastecedores	
Elemento de Custo	**Dados Quantitativos**	**Preços Unitários**
Materiais Diretos	Estrutura do Produto	Compras
Tempo (Departamentalização)	Processo de Fabricação	Contabilidade Societária
Equipamentos	Processo de Fabricação	Controle Patrimonial

13.4. Esquema Geral da Contabilidade de Custos

A utilização de custos dentro das empresas é essencialmente gerencial. O uso do ferramental de custos para fins legais e fiscais não é a utilização mais importante para fins de Controladoria. Sendo gerencial, a Contabilidade de Custos, desde os seus primórdios, sempre esteve em constante evolução e não está presa a nenhuma regra contábil específica. O seu único fundamento é a sua utilização efetiva e com eficácia dentro das organizações.

Dessa maneira, ao longo de sua existência, tem oferecido mais de uma opção para o gerenciamento contábil da informação analítica do custo e receita dos produtos e serviços. Essa variedade de opções, inclusive, tem até mantido diversos pontos polêmicos, alguns ainda não solucionados, pois nem todos aceitam pacificamente alguns conceitos que são desenvolvidos.

Obviamente, para fins gerenciais, é importante que cada empresa elabore seus modelos de decisão segundo sua própria visão conceitual. Como a premissa básica é a gestão com enfoque em resultados, criação de valor e eficácia empresarial, é suficiente que os modelos utilizados sejam eficazes em atender essas premissas.

A literatura contábil de custos tem se pronunciado seguidamente sobre conflitos entre a teoria e a prática. Pesquisas efetuadas em diversos momentos evidenciam a utilização das principais ferramentas de custos, algumas delas não consistentes com as boas práticas de gestão e os conceitos adequados de custeio. Em nosso trabalho, à medida que fizermos a apresentação dos conceitos e técnicas de custeio, indicaremos os modelos de decisão cientificamente recomendados para gestão de custos e preços de venda.

O painel básico da Contabilidade de Custos pode ser apresentado em três grandes fundamentos:

1. ***Método de Custeamento:*** identificar e definir quais os caminhos possíveis para apuração do custo unitário dos produtos e serviços finais.
2. ***Forma de Custeio:*** identificar e definir quais as possibilidades de mensuração monetária (atribuição de valor) para os recursos utilizados no processo

de transformação dos produtos e serviços finais, considerando os métodos utilizados.

3. ***Sistema de Acumulação:*** identificar e definir quais as melhores possibilidades de acumulação dos registros das informações obtidas pelas formas de custeio e métodos de custeamento.

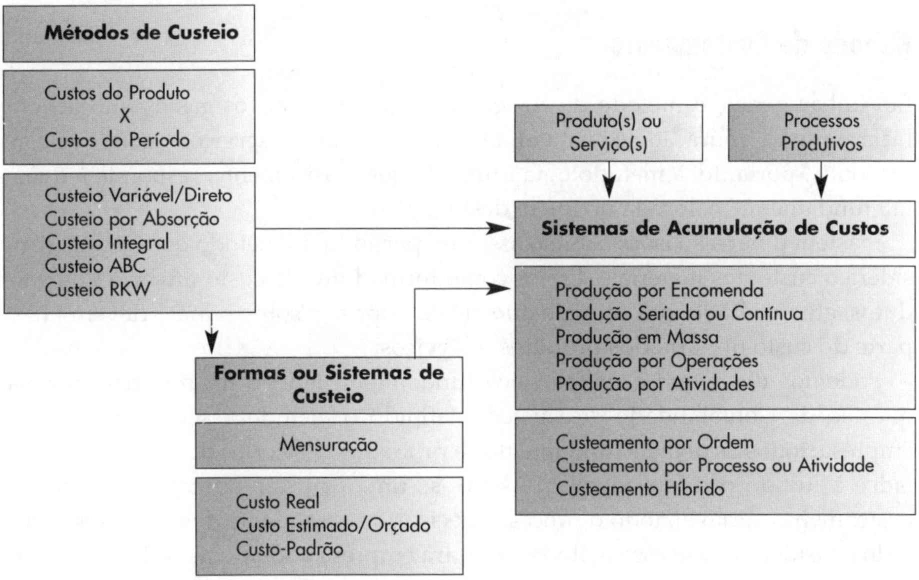

Figura 13.6 Esquema da Contabilidade de Custos

A visão geral de Contabilidade de Custos, identificando três conjuntos básicos de informações, é relacionada com as teorias da decisão, mensuração e informação. O método de custeio é que permite delinear os modelos de decisão; as formas de custeio traduzem-se em modelos de mensuração, e o sistema de acumulação é a base de dados para os modelos de informação.

O método de custeamento é o primeiro fundamento a ser definido pela empresa. Feita a definição do método, a empresa pode utilizar uma ou mais formas de custeio, inclusive todas, se quiser. A definição do método é a decisão mais importante porque, conforme já vimos, ele é a base da estruturação dos modelos de informação e decisão que serão utilizados posteriormente por toda a empresa, por toda a hierarquia que trabalha com os dados de custos.

A definição do sistema de acumulação a ser utilizado, que receberá os dados após as definições de método e formas, normalmente *não é uma opção,* como é possível de ser feito com os outros dois fundamentos. Dois fatores são essenciais, e de forma geral quase impositivos, para o encaminhamento da definição do sistema de acumulação a ser utilizado: os tipos de produtos e serviços a serem fabricados e oferecidos e o sistema produtivo utilizado.

Alguns tipos de produtos e serviços tendem a exigir determinado sistema de acumulação. Como já vimos, produtos por encomenda tendem a exigir acumulação por ordem. Produtos feitos em processamento contínuo tendem a exigir acumulação por processo.

Método de Custeamento

Em linhas gerais, o método de custeamento define quais os gastos que devem fazer parte da apuração do custo unitário dos produtos e serviços finais, que corresponde, portanto, à metodologia utilizada que, basicamente, responde à questão fundamental colocada no início deste tópico.

Existem diversas visões sobre o assunto, partindo do método que apenas considera o custo dos materiais diretos como formadores do custo unitário dos produtos, até o método que entende que até os impostos sobre o lucro devem fazer parte do custo unitário dos produtos e serviços.

Podemos dizer que o método é o fundamento teórico mais importante na questão da Contabilidade de Custos. Definido o método a ser utilizado pela empresa, todos os demais fundamentos e processos decisórios deverão ser modelados à luz do método adotado. Assim, se uma empresa adotar o método do custeamento variável, todo o processo decisório subsequente deverá ser estruturado considerando-se esse método. Se outra empresa adotar o método de custeamento ABC, todos os modelos decisórios deverão ter como base informacional esse método, e assim sucessivamente.

Podemos dizer, então, que a definição do método está ligada à teoria da decisão, pois, definido o método, toda a estruturação dos demais modelos decisórios deverá ser parametrizada pelo método adotado.

Forma de Custeio

A forma de custeio está ligada à questão de que tipo de mensuração monetária deverá ser dado aos recursos que formam o custo dos produtos e serviços finais. Responde às seguintes questões:

a) que moeda deve ser utilizada para apuração do custo dos recursos e dos produtos e serviços – se corrente, estrangeira, índice etc.;

b) que valor da moeda deve ser utilizado – se histórico, histórico corrigido, orçado, estimado, padronizado etc.

Portanto, a forma de custeio é variada. Pode-se aplicar qualquer forma ao método adotado.

Sistema de Acumulação

É o fundamento contábil de custos, indicando os instrumentos e caminhos de como os dados e as informações obtidos pela forma de custeio, que obedecem a um método de custeamento, devem ser registrados, guardados e acumulados. Responde às seguintes questões:

a) Deve-se acumular por produto ou serviço final ou por lote de produção?

b) Deve-se acumular por departamento ou atividade que transforme os produtos?

c) Deve-se acumular por contas contábeis? etc.

13.5. Métodos de Custeamento

A mensuração da receita dos produtos e serviços, recursos, atividades e da empresa tem como fundamento o *preço de mercado*. Como é necessário apurar o resultado, o ponto crucial torna-se o método de mensuração dos custos dos recursos e produtos, ou o método de custeio. O método de mensuração do custo está fundamentalmente ligado a três questões:

a) quais os gastos (custos e despesas) que devem fazer parte da apuração do custo dos recursos, produtos, serviços, atividades ou departamentos e, por consequência,

b) quais os custos de um recurso, bem, produto ou serviço final que devem ser ativados enquanto esses bens estão em estoque (enquanto não vendidos);

c) qual a definição da metodologia de cálculo e apuração do custo unitário dos produtos e serviços.

A questão dos custos que devem fazer parte da apuração do custo dos bens, produtos, serviços ou atividades está relacionada com a questão dos custos diretos (ou variáveis) e indiretos (ou fixos).

Os custos diretos ou variáveis têm uma identificação clara e podem ser mensurados diretamente a uma unidade de produto, serviço ou atividade, enquanto os custos indiretos ou fixos não têm essa mesma possibilidade e só podem ser atribuídos ao custo dos produtos, serviços ou atividades por critérios de distribuição ou alocação de custos (chamados de critérios de rateio ou absorção de custos indiretos).

Dessa maneira, podemos classificar duas opções gerais de método de custeio:

a) métodos de custeio direto ou variável;

b) métodos de custeio por absorção.

Método de Custeio Direto

Este método utiliza para custeamento dos produtos apenas os gastos diretos a cada um dos produtos e serviços de uma empresa, sejam eles custos (gastos da área industrial) ou despesas (gastos da área comercial).[6] Portanto, neste método, são utilizados para cálculo do custo unitário dos produtos tanto os custos (e despesas) diretos variáveis quanto os fixos.

Os custos diretos variáveis são incorporados ao de produtos pelo seu custo unitário específico, e os diretos fixos, pelo custo médio em função da quantidade produzida ou vendida.

Método de Custeio Variável

Esta metodologia de apuração de custo unitário dos produtos e serviços considera tão somente os custos e despesas variáveis de cada produto ou serviço, sejam eles diretos ou indiretos. Este método busca um custo unitário do produto ou serviço sem nenhuma dúvida em termos de mensuração monetária, já que, ao utilizar apenas elementos variáveis e, portanto, com valor unitário para cada unidade de produto perfeitamente definido, não usa nenhum conceito de cálculo médio. Essa característica torna este método cientificamente recomendável para todos os propósitos de previsões e tomada de decisão.

Método Direto ou Variável?

Os autores têm comumente apresentado a nomenclatura dupla, como se os dois métodos fossem idênticos, o que na realidade não são, conforme apresentamos anteriormente. Contudo, pelo fato de, para a maior parte das empresas, os principais custos diretos terem característica de variabilidade, o entendimento similar desses dois métodos é perdoável e aceitável.

Em linhas gerais, a grande diferença está na mão de obra direta, que, mesmo sendo fixa durante um período curto, tem condições de ser entendida como variável no médio prazo, ficando, portanto, muito similar aos tipos de custos utilizados pelos dois métodos.

Métodos de Custeio por Absorção

Enquadramos nesse tipo de método todos aqueles que utilizam indistintamente os custos (ou despesas), sejam eles diretos ou indiretos, fixos ou variáveis, para apuração do custo unitário dos produtos e serviços finais.

---

[6] Não é prática verificar se há custos diretos administrativos, pois são muito incomuns os gastos administrativos específicos, de forma rotineira, para produtos e serviços finais.

Como nos métodos de custeamento por absorção são utilizados os gastos indiretos fixos, que, por sua característica básica, não são identificáveis claramente aos produtos e serviços finais, há a necessidade de utilização de procedimentos de distribuição desses gastos aos produtos através de algum critério a ser definido. O processo de distribuição de gastos indiretos fixos aos produtos e serviços finais é denominado mais comumente *rateio*, sendo utilizadas também as denominações de alocação ou apropriação de custos indiretos aos produtos.

A palavra *absorção* é utilizada há muito tempo, basicamente em função da ideia de que, depois de apurado o custo unitário dos produtos e serviços com os custos diretos e variáveis, há a necessidade de que os produtos e serviços também *absorvam* os demais custos indiretos, para que se tenha uma noção do custo unitário total, ou seja, um valor de custo unitário com todos os custos apropriados aos produtos e serviços.

O principal método de custeio por absorção é o que recebe esse mesmo nome, já que ele é matriz de outros conceitos de absorção e é aderente aos princípios fundamentais de Contabilidade utilizados praticamente em todo o mundo, tanto pela legislação comercial quanto pela legislação fiscal. Vê-se que um aspecto importante do custeio por absorção é a questão da valorização dos estoques industriais, e está ligado às questões regulatórias, que, por sua vez, estão ligadas à questão dos princípios contábeis e basicamente ao princípio do custo como base de valor.

Os demais métodos que utilizam o conceito de absorção de custos e despesas indiretas fixas são:

- Método do Custeamento Baseado em Atividades (Custeio ABC).
- Método de Custeamento Integral.
- Método de Custeamento RKW.[7]

13.6. Formas de Custeio

As formas de custeio compreendem as possibilidades de mensuração dos custos dos produtos e serviços, em razão das diferentes bases monetárias e de valor existentes nos ambientes econômico e empresarial. As principais formas de custeamento podem ser englobadas em dois grandes grupos:

a) custo real;

b) custo prévio.

[7] Abreviação de *Reichskuratorium fur Wirtschaftlichtkeit*, órgão do Ministério da Fazenda da Alemanha nos anos 1940.

Custo Real

É a forma mais comum. Tomam-se os gastos reais para apurar o custo unitário dos produtos e serviços. Podemos identificar três grandes variantes de custo real.

a) *Custo Histórico:* considera-se um custeamento com custo real histórico quando utilizamos tão somente dados reais já registrados com os valores de suas datas de realização, sem nenhuma alteração do padrão monetário.

b) *Custo Histórico Corrigido:* a aplicação de algum indexador objetivando a atualização monetária de um dado de custo foi muito utilizada em épocas de altas taxas de inflação na economia e pode ser considerada uma variação da forma de custeio real. Em economias que ainda sofrem de problemas de inflação alta, é um método interessante.

c) *Custo de Reposição:* podemos considerar que é uma forma de custeio real, uma vez que o custo de reposição é o da próxima compra. Por ser um dado já conhecido e que acontecerá, e portanto será realizado, entendemos que é uma variante de custeio real. Esse método é muito importante, principalmente para fins gerenciais de formação de preços de venda, uma vez que eles são formados para vendas futuras, e o mínimo que se espera é que o produto da venda seja suficiente para cobrir os custos que irão acontecer na fabricação dos produtos.

Custo Prévio

Em vez de usarmos valores já conhecidos e reais, podemos calcular o custo unitário dos produtos e serviços utilizando dados futuros, desejados ou esperados, de forma a ter um custo feito de maneira antecipada. Os objetivos da utilização de valores que não sejam os reais centram-se em diversas necessidades gerenciais, tais como orçamentos, determinação de metas de redução de custos, cálculos estimados para decisões de cunho rápido etc.

As principais variantes de custo prévio são:

a) *Custo-padrão:* fundamentalmente, o custo-padrão é desejado e deve ser ideal, padronizado, que fuja das flutuações e inconstâncias do custo real. Sua característica de meta adiciona a possibilidade de comparação com o custo real, tornando-se um grande referencial para controle de custos e atribuição de metas aos gestores da empresa. Tratamos dessa forma de custeio no Capítulo 8.

b) *Custo Orçado:* é o cálculo do custo unitário utilizando-se dados constantes do orçamento da empresa. Portanto, é um custo que deve acontecer, mas não significa um custo desejado, que deveria acontecer. Não é igual ao custo-padrão, que é sob condições idealizadas, enquanto o custo orçado é aquele que será o próximo custo real, com todas as suas eventuais ineficiências.

c) *Custo Estimado:* são apurações de custos unitários de produtos e serviços utilizando dados aproximados, para fazer frente a decisões de cunho rápido, tais como orçamentos de prestação de serviços, vendas urgentes de novos produtos e componentes etc.

13.7. Sistemas de Acumulação

Compreendem os instrumentos, critérios e sistemas para registro, guarda e acumulação das informações dentro de um ordenamento lógico e coerente com os produtos e sistemas produtivos utilizados pela empresa, de tal maneira que permitam a utilização das informações geradas nos cálculos efetuados através dos métodos de custeamento dentro das formas de custeio utilizadas.

Em linhas gerais, os principais sistemas de acumulação de custos (que devem incluir a acumulação das receitas dos produtos e serviços) têm duas vertentes principais:

a) acumulação por ordem;

b) acumulação por processo.

A visão clássica de acumulação de informações de custos é com a utilização de custos reais; porém, quando a empresa adota o custo-padrão como forma de mensuração e utiliza para fins de análise de variações, o sistema deve acumular também os dados padrão.

Acumulação por Ordem

Considera-se um sistema de acumulação por ordem quando o referencial escolhido para armazenamento das informações é a autorização para fabricação de uma unidade de um produto ou serviço, ou um lote de um produto. A autorização de produção tem diversos nomes, tais como ordem de produção, ordem de serviço, ordem de trabalho, ordem de execução etc. A mais utilizada é a ordem de produção. Outrora, a visão clássica da ordem de produção consistia em uma folha de papel na qual eram anotados os custos. Hoje, a maior parte das empresas tem sistemas computadorizados e as ordens são acumuladas por meio eletrônico.

O setor de planejamento e controle da produção abre uma ordem para fabricar ou realizar determinada quantidade de produto ou serviço, e todos os custos específicos necessários para elaborar a quantidade autorizada do produto ou serviço serão registrados e acumulados nessa ordem de produção. Ao final, obtêm-se todos os gastos daquela autorização. Se for uma quantidade única, já se terá o custo unitário do produto ou serviço; se for um lote de produção, obter-se-á o custo unitário pelo custo médio da ordem, considerando a quantidade do lote.

Normalmente, o sistema de acumulação por ordem é utilizado por empresas que fabricam *produtos por encomenda* ou fazem serviços personalizados. Quando se recebe a encomenda, abre-se a ordem que autoriza a fábrica ou o setor produtivo a produzir o produto ou serviço.

Um exemplo de fácil visualização encontra-se na atividade de serviços de concessionárias de veículos. Quando um veículo chega para um reparo ou revisão, imediatamente abre-se uma ordem específica para ele. Todos os gastos, materiais utilizados e horas de trabalho dos diversos setores da concessionária são anotados e acumulados na ordem, obtendo-se ao final o custo do(s) serviço(s) realizado(s).

Porém, o sistema de acumulação por ordem tem sido também utilizado para produtos seriados. Como exemplo, podemos citar montadoras de veículos e tratores. A empresa decide fazer um lote de determinado modelo de um produto. Abre-se uma ordem para esse lote, e todos os gastos de materiais e horas despendidas para ele são acumulados também em uma ordem de produção.

Acumulação por Processo

Esse sistema de acumulação tem como referencial a acumulação por setor da empresa, por onde passam os materiais e os componentes e são executados os processos de transformação dos materiais em produtos finais. Dessa maneira, esse sistema de acumulação armazena os dados de custos por atividade e por departamento, que trabalham os materiais e realizam os serviços necessários para estruturar os produtos finais.

Normalmente, esse sistema de acumulação é utilizado por empresas que fabricam produtos que exigem um processo contínuo, com poucas matérias-primas. Essas empresas tendem a ter poucos produtos, manufaturados em massa e relativamente padronizados, que utilizam fundamentalmente o mesmo processo de fabricação.

Uma usina de açúcar é um exemplo desse tipo de empresa, pois trabalha a matéria-prima em um processo contínuo. Neste caso, a acumulação do consumo dos materiais e dos demais custos tende a ser feita por processo (corte, transporte, limpeza, esmagamento, caldeiraria, decantação, armazenagem etc.). Esse sistema evidencia o custo de cada processo de forma cumulativa, ou seja, quanto custa uma tonelada de açúcar até o processo de corte, o custo de uma tonelada até o transporte etc., até o custo total de uma tonelada de açúcar quando termina o último processo executado.

Acumulação por Atividades

A adoção do método de custeamento baseado em atividades (Custeio ABC) leva à utilização de um sistema de acumulação similar ao de acumulação por processo. Todos os gastos de cada atividade devem ser acumulados em contas contábeis para essas atividades. A diferença básica com o sistema de processo clássico é que, no sistema por processo, os custos devem ser acumulados à medida que os processos avançam, enquanto, no sistema de acumulação por atividades, a acumulação é restrita e específica de cada atividade, sem acumulação sucessiva.

Acumulação Híbrida

Denomina-se *sistema híbrido de acumulação* quando há possibilidade de utilizar os dois tipos de sistemas. Ao mesmo tempo que se obtém o custo de cada processo, pode-se obter o custo de cada lote de produção que passa pelos processos.

Com a utilização maciça de recursos computacionais, atualmente este tem sido, na realidade, o modo mais presente de acumulação de custos. Com isso, é possível preservar as vantagens dos dois sistemas clássicos de acumulação de custos.

Integração dos Três Fundamentos de Custos

Apresentamos, na Figura 13.7, um resumo das possibilidades do esquema geral de Contabilidade de Custos. Vemos que há oito combinações básicas possíveis. Portanto, quando se busca entender que sistema de custo é utilizado em uma empresa, é errôneo afirmar que é o custeio por absorção ou custeio padrão. Deve-se sempre afirmar os três fundamentos utilizados: o método, a forma e o sistema de acumulação. Convém lembrar, outrossim, que nada impede a empresa de usar mais de uma combinação, ou mesmo todas.

Método de Custeio	Forma de Custeio	Sistema de Acumulação
Direto/Variável	Real	Ordem
Direto/Variável	Real	Processo
Direto/Variável	Prévio	Ordem
Direto/Variável	Prévio	Processo
Absorção	Real	Ordem
Absorção	Real	Processo
Absorção	Prévio	Ordem
Absorção	Prévio	Processo

Figura 13.7 Integração dos Fundamentos de Custos

13.8. Características Gerais dos Métodos e Pontos Críticos

Os métodos de custeio por absorção têm como ponto crítico exatamente a distribuição dos custos indiretos aos produtos, através dos critérios de rateio. Os pesquisadores contábeis contrários a esse método entendem que qualquer critério de distribuição, mesmo os que aparentemente contêm alto grau de precisão, é *arbitrário* e, portanto, leva a erros, invalidando o cálculo do custo unitário.

O ponto fraco do método por absorção é o ponto forte do método de custeamento direto/variável. Por não existir rateio dos custos comuns indiretos, os dados unitários são precisos e não dão margem a erro. Além disso, por observar a natureza do comportamento dos custos, é o único método que permite a utilização irrestrita para o processo de tomada de decisão em condição de alteração de volume de produção ou venda, situação esta em que é impossível, cientificamente, o uso do método por absorção.

Por outro lado, o custeamento direto/variável, por não incorporar os custos industriais indiretos, é considerado inadequado para fins legais e fiscais e não pode ser utilizado para avaliação dos estoques industriais a custo. Essa característica inibe o seu uso nas empresas, porque, de certa forma, as obrigaria a ter dois sistemas de custeio, um baseado no método direto/variável para fins gerenciais e outro baseado no método por absorção, para utilização legal e fiscal. Adicione-se a isso a colocação de alguns autores que insistem que, pelo fato de os custos indiretos industriais serem necessários e inevitáveis, eles devem fazer parte do custo unitário dos produtos e serviços, sob pena de avaliação incorreta dos custos.

13.9. Métodos de Custeio

Como já vimos, é o processo de identificar o **custo unitário** de um produto ou serviço ou de todos os produtos e serviços de uma empresa, partindo do total dos custos diretos e indiretos. As metodologias básicas são: o custeio por absorção e o custeio direto/variável. Como também já apresentamos, outras metodologias existem, mais antigas, como o RKW e o Custeio integral, e outras mais modernas, como o Custeio ABC e a Teoria das Restrições.[8] Na Figura 13.8 apresentada a seguir, fazemos uma apresentação esquemática dos tipos de gastos utilizados para os diversos métodos de custeio.

Nessa figura, verificamos que o método de custeio é um processo de distribuir os gastos totais, considerando seus principais tipos, para os diversos produtos ou serviços da empresa. Em outras palavras, dentro de condições normais de operação, a obtenção do custo unitário dos produtos e serviços é um processo de alocação dos gastos totais, admitidos pelo método escolhido, aos diversos produtos ou serviços produzidos pela empresa.

[8] Método proposto em GOLDRATT, Elyahu; COX, Jeff. *A Meta*, São Paulo, Imam, 1986.

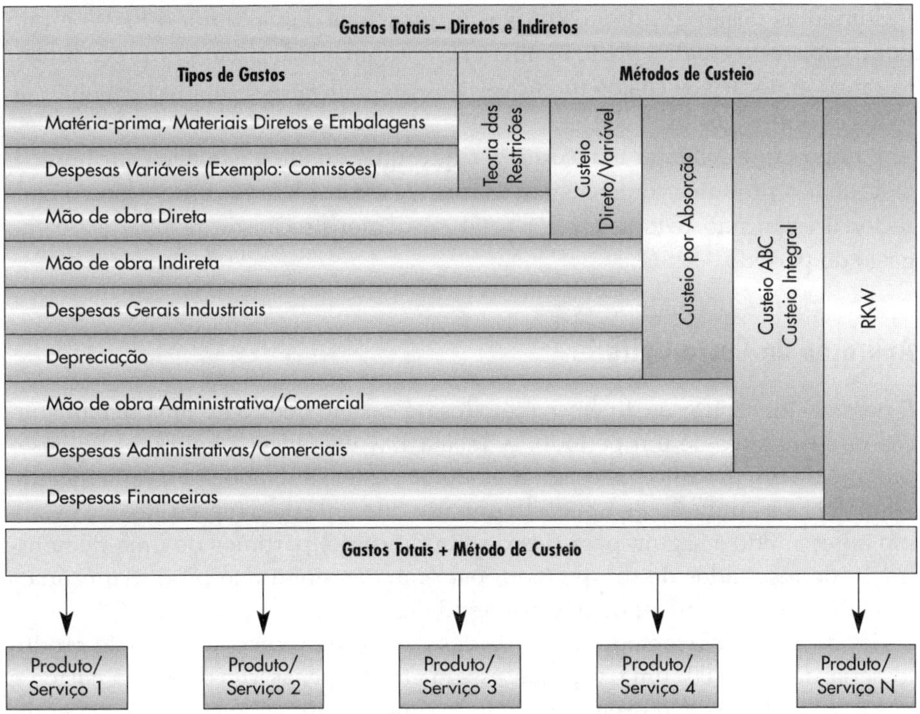

Figura 13.8 Métodos de Custeio

No conceito da Teoria das Restrições, só devem ser atribuídos unitariamente aos produtos ou serviços os custos variáveis, que exemplificamos na figura com Materiais Diretos e Despesas Variáveis. No conceito do Custeio Direto/Variável, além dos custos variáveis incorpora-se também a Mão de Obra Direta, uma vez que, apesar de esse tipo de gasto possuir uma característica de comportamento fixo em um horizonte de curto prazo (um ano, por exemplo), ele, na realidade, tem as características de custo variável no longo prazo, já que nenhuma empresa retém por muito tempo mão de obra direta ociosa.

O Custeio por Absorção, que é o mais utilizado por ser o critério fiscal e legal em praticamente todo o mundo, incorpora os custos fixos e indiretos industriais (Mão de obra Direta, Despesas Gerais e Depreciações) aos produtos, traduzindo esses gastos em custo unitário através de procedimentos de rateio das despesas e alocação aos diversos produtos e serviços.

O Custeio ABC, apesar de ser sempre comparado com o Custeio por Absorção (conceitualmente, é um conceito de absorção/alocação), em tese, deveria incorporar também o custo das atividades administrativas e comerciais, através dos direcionadores de custos dessas atividades. Portanto, o Custeio ABC é um custeio por absorção integral. O Custeio Integral é a continuidade do Custeio por Absorção, incluindo as despesas administrativas e comerciais. Por último, o RKW, muito pouco utilizado atualmente (e também não recomendado), tem por procedimento ratear e alocar aos custos unitários também as despesas financeiras, além de todos os outros gastos.

É importante salientar mais uma vez que, quando um gasto não é atribuído e alocado aos produtos como custo unitário, ele é considerado como despesa operacional e lançado pelo seu valor total na demonstração de resultados, como gasto do período.

Apuração do Custo Unitário

É possível identificar os diversos métodos de custeio dentro de uma demonstração de resultados de um período. A Tabela 13.1 evidencia a apuração do custo unitário de um produto para cada método de custeio adotado. Para cada método adotado, há a apuração de um custo unitário diferente para o produto. No exemplo apresentado a seguir, para fins de simplificação, partimos de uma demonstração de resultados de um período, para uma empresa que produz um único produto, com uma quantidade considerada normal para o período.

Se adotássemos o método da Teoria das Restrições, o custo unitário do produto seria de $ 132,00, uma vez que esse método apenas considera os custos e despesas variáveis. No exemplo citado, o único custo variável são os materiais diretos, e a única despesa variável é a despesa de comissões. Dessa forma, o custo foi obtido da seguinte maneira:

	Total – $	Quantidade	Custo Unitário – $
	A	*B*	*A : B*
Comissões sobre Vendas	80.000	2.500	32,00
Materiais Diretos	250.000	2.500	100,00
Total	330.000		132,00

Todos os demais custos e despesas não são considerados para apuração do custo unitário do produto.

Se adotássemos o método do Custeio Direto / Variável, o custo unitário do produto seria de $ 168,00, uma vez que esse método considera, além dos custos e despesas variáveis, a mão de obra direta. Dessa forma, o custo foi obtido da seguinte maneira:

	Total – $	Quantidade	Custo Unitário – $
	A	*B*	*A : B*
Comissões sobre Vendas	80.000	2.500	32,00
Materiais Diretos	250.000	2.500	100,00
Mão de obra Direta	90.000	2.500	36,00
Total	420.000		168,00

Tabela 13.1 Métodos de Custeio e Demonstração de Resultados do Período

	Total – $	Quantidade (1)	Custo Unitário dos Produtos e Serviços				
			Teoria das Restrições	Custeio Direto/Variável	Custeio por Absorção	Custeio ABC e Integral	RKW
Receita Operacional Bruta	1.250.000	2.500					
(–) Impostos sobre Vendas (ICMS, PIS, Cofins, ISS)	250.000	2.500					
= Receita Operacional Líquida I	1.000.000	2.500					
(–) Comissões sobre vendas	80.000	2.500	32,00	32,00	32,00	32,00	32,00
= Receita Operacional Líquida II	920.000	2.500					
(–) Custo dos Produtos e Serviços Vendidos	660.000	2.500					
Materiais Diretos	250.000	2.500	100,00	100,00	100,00	100,00	100,00
Mão de obra Direta	90.000	2.500		36,00	36,00	36,00	36,00
Mão de obra Indireta	130.000	2.500			52,00	52,00	52,00
Despesas Gerais	90.000	2.500			36,00	36,00	36,00
Depreciações	100.000	2.500			40,00	40,00	40,00
= Lucro Bruto	260.000	2.500					
(–) Despesas Operacionais	195.000	2.500					
Administrativas (2)	85.000	2.500				34,00	34,00
Comerciais (2)	110.000	2.500				44,00	44,00
= Lucro Operacional	65.000	2.500					
(–) Despesas Financeiras	25.000	2.500					10,00
= Lucro Líquido antes dos Impostos sobre o Lucro	40.000	2.500					
Custo Unitário Total do Produto ou Serviço			132,00	168,00	296,00	374,00	384,00

(1) Premissa: quantidade vendida igual à quantidade produzida
(2) Inclui mão de obra, despesas gerais e depreciações

Também nesse método, todos os demais custos e despesas não são considerados para apuração do custo unitário do produto.

É importante ressaltar que o custo unitário dos produtos pelo método da Teoria das Restrições ou pelo Custeio Direto/Variável não precisa ser obtido partindo do gasto total do período, como foi mostrado neste exemplo. O caminho natural é o inverso: os dados unitários do custo do produto são obtidos de forma unitária, e, após a multiplicação pela quantidade produzida ou vendida, obtêm-se os gastos totais.

Adotando o método do custeamento por absorção, utilizaremos também, para a apuração do custo unitário do produto, os custos indiretos de fabricação, ficando assim:

	Total – $	Quantidade	Custo Unitário – $
	A	*B*	*A : B*
Comissões sobre Vendas	80.000	2.500	32,00[9]
Materiais Diretos	250.000	2.500	100,00
Mão de obra Direta	90.000	2.500	36,00
Mão de obra Indireta	130.000	2.500	52,00
Despesas Gerais Industriais	90.000	2.500	36,00
Depreciações Industriais	100.000	2.500	40,00
Total	740.000		296,00

Com os métodos do Custeio ABC e Custeio Integral, teríamos:

	Total – $	Quantidade	Custo Unitário – $
	A	*B*	*A : B*
Comissões sobre Vendas	80.000	2.500	32,00
Materiais Diretos	250.000	2.500	100,00
Mão de obra Direta	90.000	2.500	36,00
Mão de obra Indireta	130.000	2.500	52,00
Despesas Gerais Industriais	90.000	2.500	36,00
Depreciações Industriais	100.000	2.500	40,00
Despesas Administrativas	85.000	2.500	34,00
Despesas Comerciais	110.000	2.500	44,00
Total	935.000		374,00

Finalmente, com o método RKW, que apropria todos os custos e despesas de uma demonstração de resultados aos produtos, teríamos:

---

[9] Os custos administrativos e comerciais, para fins de Contabilidade Societária, não são considerados dentro do método por absorção.

	Total – \$	Quantidade	Custo Unitário – \$
	A	*B*	*A:B*
Comissões sobre Vendas	80.000	2.500	32,00
Materiais Diretos	250.000	2.500	100,00
Mão de obra Direta	90.000	2.500	36,00
Mão de obra Indireta	130.000	2.500	52,00
Despesas Gerais Industriais	90.000	2.500	36,00
Depreciações Industriais	100.000	2.500	40,00
Despesas Administrativas	85.000	2.500	34,00
Despesas Comerciais	110.000	2.500	44,00
Despesas Financeiras	25.000	2.500	10,00
Total	960.000		384,00

13.10. Análise de Rentabilidade – Uma Introdução

Utilizando os mesmos dados da Tabela 13.1, podemos fazer uma primeira análise de rentabilidade, tendo em vista a diversidade de critérios. A primeira análise de rentabilidade é feita tomando-se apenas os dados unitários de preço de venda e custo.

Rentabilidade Unitária

A Tabela 13.2 a seguir mostra como ficaria uma análise de rentabilidade desse único produto, segundo os possíveis métodos de custeamento.

Tabela 13.2 Análise de Rentabilidade – Custo Unitário

	Teoria das Restrições	Custeio Direto/Variável	Custeio por Absorção	Custeio ABC e Integral	RKW
Preço de Venda (A)	400,00	400,00	400,00	400,00	400,00
Custo Unitário (B)	132,00	168,00	296,00	374,00	384,00
Lucro Unitário (C = A – B)	268,00	232,00	104,00	26,00	16,00
Margem de Lucro (C : A)	67,0%	58,0%	26,0%	6,5%	4,0%

Pelo método da Teoria das Restrições, o produto tem um lucro de \$ 268,00 por unidade de produto, correspondendo a uma margem de 67,0% sobre o preço de venda, enquanto, pelo método RKW, o lucro seria apenas de \$ 16,00 por unidade de produto e uma margem sobre venda de 4,0%.

É importante ressaltar que essa análise só tem algum sentido se utilizarmos apenas um único método para produtos diferentes, não tendo absolutamente nenhum sentido para comparação com um único produto, como é o caso.

Dessa maneira, é necessário um modelo de análise de rentabilidade mais completo, que inclua também todos os gastos que não foram considerados pelos critérios de custeamento.

Rentabilidade Unitária e Total Considerando o Volume

O mínimo que se espera de uma análise de rentabilidade é a conjugação dos dados unitários com o volume adotado e, necessariamente, considerando os gastos não atribuídos unitariamente aos produtos como despesas do período. Assim, o modelo básico de análise de rentabilidade de produtos deve incorporar:

a) os preços de venda unitários;

b) os custos unitários segundo o método adotado;

c) o volume considerado para o período de análise;

d) os gastos que não foram incorporados no método, que serão considerados como despesas do período.

Vejamos agora como ficaria cada um dos métodos no modelo geral de análise de rentabilidade. A Tabela 13.3 mostra primeiro o modelo a ser adotado para o método da Teoria das Restrições.

Tabela 13.3 Análise de Rentabilidade Total (Dados Unitários + Volume + Despesas do Período)

	Teoria das Restrições		
	Dados Unitários	**Quantidade**	**Total**
Vendas	**400,00**	**2.500**	**1.000.000**
Custo do Produto	**132,00**	**2.500**	**330.000**
Contribuição da Produção	**268,00**	**2.500**	**670.000**
Custos e Despesas Indiretas	→	→	**630.000**
Mão de obra Direta			90.000
Mão de obra Indireta			130.000
Despesas Gerais			90.000
Depreciações			100.000
Administrativas			85.000
Comerciais			110.000
Financeiras			25.000
Lucro Líquido			**40.000**
Margem (Unitária/Total)	**67,0%**		**4,0%**

O valor do preço de venda menos os custos variáveis é denominado, nesse método, *Contribuição da Produção*. Temos aí a margem unitária de 67,0%. Todos os custos que não foram apropriados ao produto estão considerados como despesas *apenas na coluna total*. Dessa maneira, o modelo evidencia a margem unitária do produto e, ao mesmo tempo, após a dedução de todas as despesas não consideradas no produto, o lucro líquido total que a empresa teria com esse volume produzido/vendido, que é de $ 40.000 no período. A margem líquida representa 4,0% do total das vendas.

Nesse método, como já vimos na introdução deste capítulo, os gastos com mão de obra direta são considerados como custos fixos e não são atribuídos de forma unitária aos produtos. Esses gastos, como todos os demais indiretos, são considerados apenas como despesas do período.

A adoção de qualquer método não altera o lucro líquido total, mesmo que evidencie custo e lucro unitários diferentes. Vejamos o mesmo modelo de análise de rentabilidade com o método direto/variável.

	Custeio Direto/Variável		
	Dados Unitários	**Quantidade**	**Total**
Vendas	**400,00**	**2.500**	**1.000.000**
Custo do Produto	**168,00**	**2.500**	**420.000**
Margem de Contribuição	**232,00**	**2.500**	**580.000**
Custos e Despesas Indiretos		→	**540.000**
Mão de obra Indireta			130.000
Despesas Gerais			90.000
Depreciações			100.000
Administrativas			85.000
Comerciais			110.000
Financeiras			25.000
Lucro Líquido			**40.000**
Margem (Unitária/Total)	**58,0%**		**4,0%**

Esse método, considerado o melhor cientificamente, trata a mão de obra direta como custo variável, pelas suas próprias características de variabilidade no médio e longo prazo. Traz um dos conceitos mais importantes na análise de custos, o conceito de *margem de contribuição*, que é a diferença entre o preço de venda e os custos diretos/variáveis, e indica quanto cada unidade de produto contribui para absorver os custos e despesas fixas.

	Custeio por Absorção		
	Dados Unitários	Quantidade	Total
Vendas	**400,00**	**2.500**	**1.000.000**
Custo do Produto	**296,00**	**2.500**	**740.000**
Lucro Bruto	**104,00**	**2.500**	**260.000**
Custos e Despesas Indiretos		→	**220.000**
Administrativas			85.000
Comerciais			110.000
Financeiras			25.000
Lucro Líquido			**40.000**
Margem (Unitária/Total)	**26,0%**		**4,0%**

	Custeio ABC e Integral		
	Dados Unitários	Quantidade	Total
Vendas	**400,00**	**2.500**	**1.000.000**
Custo do Produto	**374,00**	**2.500**	**935.000**
Lucro Operacional	**26,00**	**2.500**	**65.000**
Custos e Despesas Indiretos		→	**25.000**
Financeiras			25.000
Lucro Líquido			**40.000**
Margem (Unitária/Total)	**6,5%**		**4,0%**

	Custeio RKW		
	Dados Unitários	Quantidade	Total
Vendas	**400,00**	**2.500**	**1.000.000**
Custo do Produto	**384,00**	**2.500**	**960.000**
Lucro Líquido	**16,00**	**2.500**	**40.000**
Margem (Unitária/Total)	**4,0%**		**4,0%**

Como no método anterior, todos os gastos que não foram atribuídos aos produtos são considerados como despesas do período e lançados contra os resultados totais, não tendo apuração unitária. O lucro líquido total da empresa continua o mesmo, ou seja, $ 40.000.

O método do custeio por absorção é formalmente consistente com a demonstração de resultados tradicional. A diferença entre o preço de venda e o custo unitário do produto é denominada *lucro bruto*, tal como os demonstrativos publicados. Vejamos sua apresentação no modelo de análise de rentabilidade.

O método de custeio ABC ou o método de custeio integral (a diferença entre os dois está no processo de alocação dos custos indiretos) tem uma apresentação que evidencia como margem o lucro operacional, pois considera todos os custos e despesas operacionais para apropriação ao custo unitário dos produtos.

Finalmente, o método RKW, que apropria todos os gastos aos produtos, sejam eles de qualquer natureza, é o único que no seu modelo de apresentação evidencia que a análise da margem unitária e da margem total é a mesma.

A Questão Fundamental de Todos os Modelos: O Lucro Líquido Total

O aspecto mais importante que fica evidenciado pelos modelos de demonstração de resultados é que, *independentemente do método de custeio utilizado, o lucro líquido total é o mesmo*. Portanto, para fins gerenciais, o que sempre deve importar, como aspecto conclusivo, é a lucratividade total. A utilização desses modelos no processo decisório de análise de lucratividade dos produtos terá eficácia desde que o fundamento do lucro líquido total não seja nunca abandonado.

13.11. Método de Custeio e Formação de Preço de Venda

Uma das grandes dúvidas que emergem quando se discutem métodos de custeio é como proceder para formação de preço de venda dos produtos a partir do custo. Quanto mais procedimentos de absorção tiver um método, menor a margem de lucro que aparece na análise de rentabilidade unitária, como vimos na Tabela 13.3. Por outro lado, o inverso é claro; quanto menos custos são absorvidos, maior é a representatividade da margem de lucro sobre o preço de venda, obviamente, em função de que o custo unitário atribuído é menor.

Mark-up: Multiplicador sobre o Custo

A técnica mais utilizada para formação de preço de venda a partir do custo unitário é a adoção de um multiplicador sobre o custo, denominado *mark-up*. Calcula-se um *mark-up* tal que, aplicado sobre o custo unitário obtido sob um método, obtenha-se o preço de venda desejado, que deverá cobrir todos os custos e despesas e oferecer uma margem desejada. Faremos apenas uma introdução sobre o assunto, já que a obtenção do *mark-up*, de forma mais completa, será abordada no Capítulo 15.

A solução para obter preço de venda com métodos diferentes está na utilização de diferentes *mark-ups*. Para o método de custeio que utiliza menos custos e despesas para a apuração do custo unitário, será necessário um *mark-up* maior do que o método que utiliza todos os custos e despesas para obter o custo unitário dos produtos.

O *mark-up* normalmente é construído com uma estrutura padrão de custos e despesas em relação a um volume de atividade de produção e vendas considerado normal. Imaginando que os dados do exemplo da Tabela 13.4 representem a atividade normal de uma empresa, a distância entre as vendas (ou os preços de venda) e os custos e despesas considerados nos métodos dá o multiplicador, que, a partir daí, pode ser aplicado em qualquer custo de produto.

Tabela 13.4 Obtenção do *Mark-up* para Formação de Preço de Venda

	Teoria das Restrições	Custeio Direto/Variável	Custeio por Absorção	Custeio ABC e Integral	RKW
Preço de Venda (A)	400,00	400,00	400,00	400,00	400,00
Custo Unitário (B)	132,00	168,00	296,00	374,00	384,00
Mark-up (C = A : B)	3,030	2,381	1,351	1,070	1,042

Nesse exemplo, caso a empresa adote o método do custeio direto/variável e deseje utilizar um multiplicador para formar preço de venda a partir do custo, deverá utilizar o índice 2,381. Por exemplo, se o custo de um outro produto for de \$ 100,00, o preço de venda deverá ser de \$ 238,10 (\$ 100,00 × 2,381).

Se, por outro lado, a empresa utilizar o custeio ABC, o multiplicador deverá ser de 1,07, ou seja, caso ela apure, pelo método ABC, que o custo de um produto seja \$ 222,62 (o que deveria acontecer se utilizasse a metodologia adequada), o preço de venda deverá ser o mesmo, ou seja, \$ 238,20 (\$ 222,62 × 1,07 – a diferença com \$ 238,10 é arredondamento de casas decimais).

Portanto, para cada método utilizado, deverá haver a construção de um *mark-up* que se adapte a ele.

13.12. Exemplos

Desenvolveremos a seguir exemplos de custeamento de produtos utilizando os métodos mais empregados: custeio direto/variável, teoria das restrições, custeio por absorção, custeio integral e custeio ABC. O primeiro exemplo abordará apenas um único produto, e faremos apenas os métodos direto/variável, absorção e custeio pleno ou integral. Um segundo exemplo, objetivando uma melhor comparabilidade entre os métodos, abordará um exemplo com dois produtos, e incluiremos o Custeio ABC.

Exemplo 1 – Único Produto

Para fazer e vender o Produto A, a empresa tem de incorrer nos seguintes gastos operacionais:

Matéria-prima necessária para uma unidade do Produto A
200 unidades a $ 2,30 cada
Materiais auxiliares consumidos para cada unidade do Produto A
0,1 unidade a $ 360,00 cada
Tempo necessário para produzir uma unidade do Produto A
4 horas a $ 50,00 por hora

Gastos do período	
. Salários dos departamentos de apoio à produção	$ 200.000
. Despesas dos departamentos de apoio à produção	$ 90.000
. Depreciações	$ 150.000
. Salários e despesas administrativas	$ 70.000
. Salários e despesas comerciais	$ 50.000

Outros dados
Comissões
. 12% sobre o Preço de Venda

Preço de Venda
$ 1.700 por unidade do Produto A
Quantidade produzida (e igualmente vendida)
1.000 unidades

Custeamento Direto/Variável

	$
Matéria-prima 200 unidades × $ 2,30	460,00
Materiais Auxiliares 0,10 unidade a $ 360,00	36,00
Mão de obra Direta 4 horas a $ 50,00	200,00
Comissões 12% de $ 1.700,00 (Preço de Venda Unitário)	204,00
Custo Variável Unitário Total	900,00

Margem de Lucro	$	
Preço de Venda Unitário do Produto A	1.700,00	100,00%
Custo Variável Unitário	900,00	52,94%
Lucro Variável por unidade	800,00	47,06%

Custeio por Absorção (Custo Industrial)

	$
Matéria-prima 200 unidades × $ 2,30	460,00
Materiais Auxiliares 0,10 unidade a $ 360,00	36,00
Mão de Obra Direta 4 horas a $ 50,00	200,00
Custos Indiretos de Fabricação	440,00 *
Custo Absorção Unitário Total	**1.136,00**

* Gastos industriais do período

Salários dos departamentos de apoio à produção	$ 200.000
Despesas dos departamentos de apoio à produção	90.000
Depreciações	150.000
Soma	**440.000 (A)**
Quantidade de Produto A produzida	1.000 unidades (B)
Custos Indiretos de Fabricação por unidade de Produto A (A : B)	$ 440,00

Margem de Lucro

Preço de Venda Unitário do Produto A	$ 1.700,00	100,00%
Custo Variável Unitário	1.136,00	66,82%
Lucro Variável por unidade	564,00	33,18%

Custeio Integral

	$
Matéria-prima 200 unidades × $ 2,30	460,00
Materiais Auxiliares 0,10 unidade a $ 360,00	36,00
Mão de obra Direta 4 horas a $ 50,00	200,00
Custos Indiretos de Fabricação	440,00
Subtotal	**1.136,00**
Comissões 12% de $ 1.700,00 (Preço de Venda Unitário)	204,00
Custos Indiretos Administrativos	70,00 *
Custos Indiretos Comerciais	50,00 *
Custo Integral Unitário Total	**1.460,00**

* Salários e despesas administrativas	$ 70.000 : 1.000 unidades = $ 70,00/unidade de Produto A
* Salários e despesas comerciais	$ 50.000 : 1.000 unidades = $ 50,00/unidade de Produto A

Margem de Lucro

Preço de Venda Unitário do Produto A	$ 1.700,00	100,00%
Custo Integral Unitário	1.460,00	66,82%
Lucro Variável por unidade	240,00	33,18%

Características Gerais dos Métodos

O Custeio Direto/Variável preocupa-se apenas em identificar esses tipos de custos ou despesas por unidade de produto, desconsiderando se é um gasto industrial (custo) ou gasto administrativo/comercial (despesa). O que importa nesse método é a relação do custo unitário com o volume produzido. Se o custo for indireto/fixo, não fará parte do custo unitário do produto, e esses gastos serão absorvidos pela margem de lucro total.

O Custeio por Absorção considera todos os custos industriais, sejam diretos ou indiretos. Os diretos/variáveis são considerados da mesma forma que o custeio direto/variável, só que consideram apenas os diretos/variáveis industriais, não considerando despesas variáveis, como comissões, *royalties* ou *franchising*. Os custos indiretos industriais são considerados por critérios de distribuição ou rateio. Em nosso exemplo, o rateio foi baseado nas quantidades de produtos finais produzidos do Produto A. Esse é o único critério legal e fiscalmente aceito.

O método de custeio integral ou custeio pleno considera todos os gastos, sejam eles industriais, administrativos ou comerciais. Trata os gastos diretos/variáveis igualmente aos demais e, através de critérios de rateio, aloca todos os custos e despesas indiretas/fixas também unitariamente aos produtos.

Custo do Produto, Margem de Lucro e os Métodos de Custeio

É importante lembrar que os métodos de custeamento do produto utilizam valores diferentes para apurar os custos, gerando margens unitárias diferentes, o que quer dizer que o custeio direto implica custos ou gastos menores. A maior margem evidenciada pelo custeio direto é escritural, e ela deve ser utilizada, antes de apurar o lucro total, para cobrir os custos e despesas fixas. Portanto, necessariamente, a margem é maior sob o custeamento direto do que o cálculo obtido pelo custeamento por absorção ou integral.

Exemplo 2 – Dois Produtos

Utilizando a maior parte dos dados do exemplo anterior de um único produto, vamos supor que a empresa em questão decida fabricar e vender um outro produto, da mesma linha do Produto A, o qual denominaremos Produto B, mas que tem outra estrutura de produto e processo de fabricação. Para fazer o Produto B, a empresa vai deixar de fabricar parte da quantidade do Produto A. As quantidades a serem produzidas e vendidas são:

	Quantidade de Produto Final a ser produzida/vendida
Produto A	625 unidades
Produto B	250 unidades

Os dados do Produto A estão mantidos, e os dados específicos do Produto B são os seguintes:

Matéria-prima necessária para uma unidade do Produto B
380 unidades a $ 3,00 cada
Materiais auxiliares consumidos para cada unidade do Produto B
0,2 unidade a $ 360,00 cada
Tempo necessário para produzir uma unidade do Produto B
6 horas a $ 50,00 por hora
Comissões
. 12% sobre o Preço de Venda
Preço de Venda
$ 3.750 por unidade do Produto B

Custeamento Direto/Variável

Primeiro, faremos o Custeio Direto/Variável do Produto B. O custo direto/variável do Produto A não se altera, mesmo que a quantidade a ser produzida e vendida seja diferente.

Matéria-prima	
380 unidades a $ 3,00 cada	1.140,00
Materiais Auxiliares	
0,2 unidade a $ 360,00	72,00
Mão de obra Direta	
6 horas a $ 50,00	300,00
Comissões	
12% de $ 3.750,00	450,00
Total Custo Variável	**1.962,00**

Margem de Lucro

Preço de Venda Unitário do Produto B	$ 3.750,00	100,00%
Custo Variável Unitário	1.962,00	52,32%
Lucro Variável por unidade	1.788,00	47,68%

Custeamento Integral e por Absorção

Para fazer o custeamento por absorção e o custeamento integral para mais de um produto, é necessário adotar critérios de absorção ou rateio dos gastos indiretos para os produtos. Para os salários e despesas dos departamentos de apoio à produção, adotaremos o critério de rateio na proporção das horas diretas trabalhadas totais. Para as depreciações, adotaremos o critério de rateio pelas quantidades produzidas. As despesas administrativas e comerciais serão atribuídas por percentual médio obtido pela receita total dos dois produtos, em percentuais iguais para ambos.

Com isso, podemos montar o quadro de alocação dos custos indiretos aos produtos. As despesas administrativas e comerciais, mesmo conceitualmente não fazendo parte do Custeio por Absorção, serão alocadas pelo percentual médio do preço de venda unitário.

Apresentamos a seguir o resultado do custeamento dos produtos pelo método de Custeio por Absorção e Integral, considerando os cálculos resultantes de todos os critérios de absorção e incorporados unitariamente aos produtos.

	Produto A	Produto B	Total	
Critério de Rateio – Horas Totais de Mão de obra Direta				
Quantidade a ser produzida	625	250		
Horas de Mão de obra Direta	4	6		
Horas Totais	2.500	1.500	4.000	
Percentual de Absorção/Rateio	62,5%	37,5%	100,0%	
Critério de Rateio – Quantidade Produzida				
Quantidade	625	250	875	
Percentual de Absorção/Rateio	71,4%	28,6%	100,0%	
Critério de Rateio – Vendas Totais				
Quantidade a ser vendida	625	250		
Preço de Venda Unitário – $	1.700,00	3.750,00		
Vendas Totais – $	1.062.500	937.500	2.000.000	100,0%
Percentual de Absorção/Rateio				
Despesas Administrativas		70.000	3,5%	
Despesas Comerciais		50.000	2,5%	

Rateio dos Gastos	**Total**	**Produto A**	**Produto B**
Salários deptos. apoio à produção		62,5%	37,5%
	200.000	125.000	75.000
Despesas deptos. apoio à produção		62,5%	37,5%
	90.000	56.250	33.750
Depreciações		71,4%	28,6%
	150.000	107.100	42.900
Total custos indiretos absorvidos	**440.000**	**288.350**	**151.650**
Quantidade a ser produzida		625	250
Custos indiretos por unidade de produto – $		461,36	606,60
Preço de Venda Unitário – $	1.700,00	3.750,00	
Despesas Administrativas	3,5%	3,5%	
. por unidade de produto	59,50	131,25	
Despesas Comerciais	2,5%	2,5%	
. por unidade de produto	42,50	93,75	

Custo Unitário	**Produto A** $	**Produto B** $
Custo Industrial		
Matéria-prima	460,00	1.140,00
Materiais Auxiliares	36,00	72,00
Mão de obra Direta	200,00	300,00
Custos indiretos de fabricação	461,36	606,60
Total do Custo Industrial	**1.157,36**	**2.118,60**

	Produto A $	**Produto B** $
Despesas Operacionais		
Comissões	204,00	450,00
Despesas Administrativas Absorvidas	59,50	131,25
Despesas Comerciais Absorvidas	42,50	93,75
Total das Despesas Operacionais	306,00	675,00
Custo Unitário Total dos Produtos	1.463,36	2.793,60

	Produto A		**Produto B**	
Margem de lucro				
Preço de Venda Unitário	1.700,00	100,00%	3.750,00	100,00%
Custo Industrial Unitário	1.157,36	68,08%	2.118,60	56,50%
Despesas Operacionais por Unidade	306,00	18,00%	675,00	18,00%
Lucro Líquido por Unidade	236,64	13,92%	956,40	25,50%

Custeio ABC ou Custeamento por Atividades

Como vimos na apresentação da controvérsia entre custeamento direto *versus* custeamento por absorção, o grande problema são os custos indiretos comuns, normalmente tidos como fixos em relação ao volume de produção, que devem ser alocados aos diversos produtos por critérios de distribuição. Os defensores do custeamento variável entendem que esses critérios, arbitrários ou subjetivos, invalidam o correto custeamento dos produtos.

Segundo alguns autores, os procedimentos de aplicação dos custos fixos indiretos de produção aos produtos, através de percentuais de absorção baseados em alguma medida razoável de atividade (tais como horas-máquinas de fabricação, horas ou valor de mão de obra direta), têm produzido enormes erros na atribuição de consumo de recursos dos departamentos indiretos para os produtos individuais, provocando também sérias distorções na formação de preços de venda com base nos custos de fabricação.

Além disso, o reconhecimento de que a competitividade industrial e as novas exigências de consumo obrigaram muitas empresas a mudar sua estratégia de produção de produtos homogêneos estocáveis, para produtos diversificados especificados para cada cliente, obriga as empresas a procedimentos mais acurados de custeamento dos produtos para a gestão estratégica de custos e produção.

Dessas pesquisas surgiu um novo método de custeamento denominado *Custeio Baseado em Atividades* (Custeio ABC), do inglês *Activity Based Cost*, que procura aprimorar o custeamento dos produtos através de mensurações corretas dos custos fixos indiretos, em cima das atividades geradoras desses custos, para acumulação diferenciada ao custo dos diversos produtos da empresa.

Podemos definir, pois, o custeio por atividade como um método de custeamento que identifica um conjunto de custos para cada evento ou transação (atividade), na organização, que age como um direcionador de custos. Os custos indiretos são então alocados aos produtos e serviços na base do número desses eventos ou transações, que o produto ou serviço tem gerado ou consome como recurso.

O custeamento por atividades também é denominado **Custeio Baseado em Transações.**

Custos Indiretos, Departamentos de Serviços, Atividades e Direcionadores de Custos

De um modo geral, os custos indiretos de fabricação concentram-se nos departamentos de serviços que apoiam os departamentos de produção os quais também podem ter custos indiretos, mas tendencialmente em menor relevância.

O custeamento por atividades não necessariamente se baseia em identificar uma atividade para cada departamento de serviço. Esse método busca identificar as atividades relevantes que geram os custos necessários para os produtos. Desse modo, um departamento pode ter mais de uma atividade, assim como podem existir atividades que não tenham de ser acumuladas por departamentos ou centros de custos. De qualquer forma, é possível que se consiga identificar uma atividade relevante para cada departamento.

Quadro 13.1 Exemplos de Direcionadores de Atividades nos Departamentos de Serviços

Departamentos de Serviços	Direcionadores de Atividades
Compras	Ordens de compras
Energia	Consumo de energia (kWh) Capacidade instalada das máquinas
Depreciação	Horas de máquinas
Pessoal e Recrutamento	Número de empregados *Turnover*
Recebimento e Expedição	Unidades manuseadas Quantidade de embarques Quantidade de recebimentos m^2 ocupados pelos materiais
Manutenção	Horas de máquinas ou horas/homens trabalhadas Quantidade de atendimentos Pessoal e equipamentos ocupados à disposição de cada produto
Planejamento e Controle da Produção	Quantidade de ordens controladas Horas de análise trabalhadas
Engenharias	Horas de análise trabalhadas Quantidade de partes projetadas Quantidade de processos desenvolvidos Pessoal ocupado à disposição de cada linha de produto
Almoxarifado e Movimentação de Materiais	m^2 ocupados Quantidade de itens estocados Volume manuseado Equipamento à disposição das linhas de produtos Quilometragem percorrida

Esquema Básico do Custeio ABC

O Custeio ABC é definido comumente como um método de custeamento que atribui primeiro os custos para as atividades e depois para os produtos, baseado no uso das atividades de cada produto. O custeamento baseado em atividades é fundamentado no seguinte conceito: produtos consomem atividades, atividades consomem recursos. Isso pode ser evidenciado na figura a seguir.

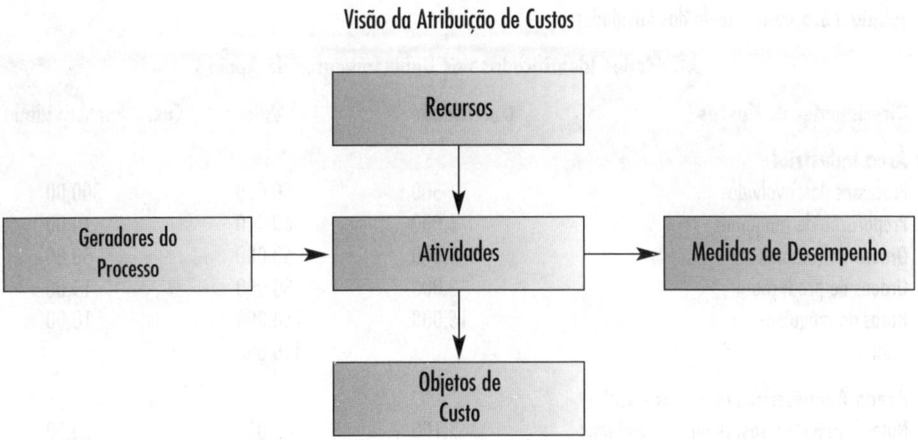

Figura 13.9 Visão Conceitual Resumida do Custeio ABC (Recursos, Atividades, Produtos)

Custeioo ABC e as Novas Tecnologias de Produção (JIT, CIM)

O conceito de *Just-In-Time* (JIT) para administração de produção e redução de estoques traz efeitos na redução de custos quando identifica atividades que podem ser eliminadas ou reduzidas, tais como: inspeções, pedidos, requisições, movimentos de materiais, ocupação de espaços para inventário etc. Nesse sentido, é esperado que as empresas que implementam JIT para administração da produção implementem também o sistema de Custeio ABC, já que o enfoque nas atividades desse método de custeamento vem reforçar as possibilidades de redução ou eliminação de custos e desperdícios e também de atividades.

É importante lembrar também que as novas tecnologias de produção, que incluem FMS (Flexible Manufacturing Systems), criam as denominadas *células de produção*. Esse elemento também vem reforçar a possibilidade do Custeio ABC, porque o custo de cada célula pode ser encarado como uma atividade que gera custos comuns, que são requisitados pelos diversos produtos da empresa.

Exemplo de Custeamento de Produtos pelo Custeio Baseado em Atividades

Utilizando os mesmos dados do exemplo de dois produtos, faremos a seguir um exemplo de custeamento de produtos pelo método ABC. Os dados de custos diretos serão mantidos, e apresentaremos exemplos de direcionadores de atividades dos departamentos de apoio à produção, comercialização e administração e suas quantidades.

O primeiro passo é a identificação das atividades dos diversos setores de apoio com seus principais direcionadores de custos, obtendo-se o custo de cada atividade desenvolvida dentro desses setores de apoio. A Tabela 13.5 apresenta um exemplo.

Tabela 13.5 Custeamento das Atividades

Atividades Identificadas nos Departamentos de Apoio			
Direcionador de Custos	**Quantidade**	**Valor**	**Custo por Atividade**
Área Industrial			
Processos desenvolvidos	500	150.000	300,00
Preparação de máquinas	6.000	60.000	10,00
Ordens de compras	1.000	50.000	50,00
Ordens de produção	2.000	30.000	15,00
Horas de máquinas	15.000	150.000	10,00
Total		440.000	
Áreas Administrativa e Comercial			
Notas Fiscais/Faturas/Duplicatas emitidas	2.100	42.000	20,00
Relatórios financeiros	100	28.000	280,00
Expedições	700	11.200	16,00
Pedidos de Venda	500	38.800	77,60
Total		120.000	

O passo seguinte é identificar os objetos de custos que consumiram as atividades. No nosso exemplo, os objetos de custos são os produtos A e B. Tem-se então o custo unitário de todas as atividades por produto, conforme mostramos a seguir, na Tabela 13.6.

Tabela 13.6 Custo das Atividades por Produto

Atividades	**Quantidade de Direcionadores**		
	Total	**Produto A**	**Produto B**
Área Industrial			
Processos desenvolvidos	500	100	400
Preparação de máquinas	6.000	800	5.200
Ordens de compras	1.000	500	500
Ordens de produção	2.000	1.430	570
Horas de máquinas	15.000	4.500	10.500
Áreas Administrativa e Comercial			
Notas Fiscais/Faturas/Duplicatas emitidas	2.100	1.500	600
Relatórios financeiros	100	50	50
Expedições	700	500	200
Pedidos de Venda	500	300	200

(continua)

Tabela 13.6 Custo das Atividades por Produto (continuação)

Atividades	Custo Unitário por Atividade	Total do Custo das Atividades por Produto	
		Produto A	Produto B
Área Industrial			
Processos desenvolvidos	300,00	30.000	120.000
Preparação de máquinas	10,00	8.000	52.000
Ordens de compras	50,00	25.000	25.000
Ordens de produção	15,00	21.450	8.550
Horas de máquinas	10,00	45.000	105.000
Total		**129.450**	**310.550**
Áreas Administrativa e Comercial			
Notas Fiscais/Faturas/Duplicatas emitidas	20,00	30.000	12.000
Relatórios financeiros	280,00	14.000	14.000
Expedições	16,00	8.000	3.200
Pedidos de Venda	77,60	23.280	15.520
Total		**75.280**	**44.720**
		Produto A	**Produto B**
Quantidade de produtos produzidos		625	250
Custo das Atividades Industriais		207,12	1.242,20
Custo das Atividades Administrativas/Comerciais		120,45	178,88

Somando-se o custo das atividades dos setores de apoio aos produtos A e B com os dados do custeamento direto de cada um desses produtos, tem-se o total do custo unitário dos produtos pelo método ABC, que apresentaremos na Tabela 13.7.

Tabela 13.7 Custo Unitário dos Produtos – Método ABC

Custos	Produto A $	Produto B $
Custo Industrial		
Matéria-prima	460,00	1.140,00
Materiais Auxiliares	36,00	72,00
Mão de obra Direta	200,00	300,00
Custo das Atividades Industriais	207,12	1.242,20
Total do Custo Industrial	**903,12**	**2.754,20**
Despesas Operacionais		
Comissões	204,00	450,00
Custo das Atividades Administrativas/Comerciais	120,45	178,88
Total das Despesas Operacionais	**324,45**	**628,88**
Custo Unitário Total dos Produtos	**1.227,57**	**3.383,08**

Complementando a análise, temos a margem de lucro por esse método de custeio. Note que há uma grande diferença quando comparado com o método de Custeio Integral e Absorção. Pelos métodos tradicionais, o Produto A era menos lucrativo e o B apresenta uma margem melhor. Pelo custeio ABC, a situação se inverte e o Produto B é que tem uma lucratividade baixa, comparada com a do Produto A.

Margem de lucro				
	Produto A		Produto B	
	R$	%	R$	%
Preço de Venda Unitário	1.700,00	100,00%	3.750,00	100,00%
Custo Industrial Unitário	903,12	53,12%	2.754,20	73,45%
Despesas Operacionais por unidade	324,45	19,09%	628,88	16,77%
Lucro Líquido por unidade	472,43	27,79%	366,92	9,78%

Custeio ABC para Controle de Custo e Estratégia de Produtos

As vantagens do custeamento por atividades como método para proceder a uma distribuição dos custos indiretos de fabricação aos produtos de forma mais acurada parecem claras. Permite apurar custos de forma mais precisa, ao mesmo tempo em que auxilia no processo de controle dos custos das atividades.

Outrossim, partindo do pressuposto de que a empresa, através de sua alta administração, é que decide quais as atividades que ela quer, deve e pode manter dentro da companhia, pode-se também pensar que os departamentos de serviços e suas atividades ***são para a empresa*** **(e seu negócio), e *não* especificamente para os produtos**.

Nessa linha de pensamento, o método de custeamento por atividades para definir a estratégia de entrada de novos produtos ou a eliminação de produtos existentes deve ser aplicada com maior cuidado.

Interpretando o custeamento por atividade como mais um método de distribuição de custos indiretos, poderemos voltar a enfatizar o Custeio por Absorção para tomada de decisão, em detrimento das técnicas do custeamento direto ou variável, que, para esse tipo de gerenciamento, apresentam comprovadas vantagens teóricas.

Exemplificando: quando vamos decidir a entrada de um novo produto dentro da linha de produtos da empresa, fazemos estudo de custos, estimando o seu custo unitário. Se, ao estimarmos o custo unitário do novo produto, incluirmos como custo o quanto ele consumirá unitariamente das diversas atividades dos departamentos de serviços, poderemos até decidir pela sua não produção, caso o custo unitário total suplante o preço de venda estimado ou apresente uma margem insignificante.

Nessa linha de pensamento, poderemos provocar a perda das possíveis receitas marginais que adviriam desse novo produto, o que é indesejável para a empresa como um todo.

Custeio ABC e Sistema de Informação Contábil

Alguns autores entendem que o custeamento por atividades não traz acréscimos substanciais de controle para o Sistema de Informação Contábil. De modo geral, entendemos que esse sistema deverá ser impactado por mais centros de controle de custos e receitas, tendo em vista que deverá haver a necessidade de criação de maior número de referenciais de acumulação de dados que nos sistemas tradicionais por centros de custos e departamentos.

Como o conceito do custeio por atividades é identificar as atividades relevantes dentro dos departamentos, tendencialmente essas atividades são em maior número que os departamentos ou centros de custos, gerando, portanto, maior necessidade de elementos de controle.

Questões e Exercícios

1. Discorra, com suas palavras, sobre qual é o ponto crítico do Custeio por Absorção e qual é o ponto forte do Custeio Direto / Variável.

2. A seguir, está relacionada uma série de gastos de uma indústria têxtil:

   a) mão de obra do chefe da fábrica

   b) aluguel do escritório

   c) comissões sobre vendas dos tecidos

   d) consumo de fios

   e) manutenção dos teares

   f) juros bancários

   g) mão de obra dos tecelãos

   h) estopa consumida na fábrica

   i) gastos do escritório com xerox

   j) depreciação dos teares

   k) gastos de propaganda

   Tomando como referência os métodos de custeio apresentados, identifique que tipo de gasto deverá ser utilizado para cada método de custeio.

3. O custo unitário de um produto pelo método de Custeio de Absorção apresentou os seguintes dados:

	$
Custos Diretos/Variáveis	350,00
Custos Indiretos Absorvidos	280,00
Custo Unitário Total	630,00

Sabendo-se que o volume considerado foi de 1.000 unidades e que o preço de venda foi de $ 800,00, faça a demonstração de resultados para esse total vendido, pelo método de Absorção e pelo método do Custeio Direto/Variável.

4. Tomando como referência os dados do exercício anterior e partindo do pressuposto de que o preço de venda da empresa pode ser formado pelo custo, apure qual seria o *mark-up* a ser utilizado para cada método de custeio.

5. Considere os seguintes dados:

Custos e Despesas	**Ano 1**	**Ano 2**
Volume de Vendas	50.000 unidades	150.000 unidades
Volume de Produção	100.000 unidades	100.000 unidades
Preço de Venda	$ 12,00/unidade	$ 12,00/unidade
Custos Variáveis	$ 9,00/unidade	$ 9,00/unidade
Custos Fixos	$ 100.000	$ 100.000
Despesas Fixas	$ 50.000	$ 50.000

Pede-se:

a) elabore a demonstração de resultados utilizando o conceito de custeio variável e margem de contribuição;

b) elabore a demonstração de resultados utilizando o conceito de custeio por absorção industrial;

c) compare o resultado pelos dois critérios, através do somatório dos valores dos dois exercícios;

d) justifique as diferenças apresentadas dentro de cada ano e no seguinte.

6. Coloque os números no espaço em branco, para as definições apropriadas:

Definições:		Conceitos:
1. Custos que variam com o volume de atividade	__________	Custos Diretos
2. O custo que é lançado contra as receitas em um período de tempo	__________	Custos Fixos
3. Custos que são atribuídos a intervalo de tempo	__________	Custo de Oportunidade
4. Custos que são atribuídos aos bens e serviços produzidos	__________	Custos Passados
5. O benefício perdido de uma melhor alternativa abandonada	__________	Custos Variáveis
6. Custos para adoção de Contabilidade por responsabilidade	__________	Custos Indiretos
7. Custos que não variam com o volume de atividade	__________	Custos Periódicos

7. Com os seguintes dados de despesas, elabore gráficos cartesianos (eixos x e y)

para evidenciar o comportamento dos custos em relação ao volume, indicando qual é o custo fixo, qual o variável, qual o semivariável e qual o custo fixo que cresce a intervalos relevantes.

Dados: gastos e volume de produção:

Período de Produção	Quantidade	Gasto 1	Gasto 2	Gasto 3	Gasto 4
Ano 1	3.000	24.000	12.000	18.000	8.000
Ano 2	3.300	24.000	12.000	19.800	8.600
Ano 3	3.600	28.000	12.000	21.600	9.200
Ano 4	3.900	28.000	12.000	23.400	9.800
Ano 5	4.200	32.000	12.000	25.200	10.400

8. Com os dados a seguir, de uma empresa que produz dois produtos que utilizam o mesmo processo de fabricação, calcule:
   a) o Custeio por Absorção, industrial e total, de cada produto, considerando como base de absorção dos custos e despesas fixas o total dos gastos com mão de obra direta;
   b) o custeio variável de cada produto;
   c) a margem de cada produto em relação ao preço de venda.

   Dados:

	Produto A	Produto B	Total
Matéria-prima	0,5 unidade a $ 2,40	1,3 unidade a $ 4,00	–
Outros materiais e componentes	$ 0,30 por unidade de produto	$ 1,40 por unidade de produto	–
Embalagem	$ 0,20 por unidade de produto	$ 0,30 por unidade de produto	–
Tempo de mão de obra direta necessário para uma unidade de produto final	0,6 hs	1,2 hs	–
Custo horário da mão de obra direta	$ 6,25	$ 6,25	–
Comissão sobre preço de venda	5%	5%	–
Preço de venda	$ 20,00	$ 30,00	
Produção do período	3.000 unid.	5.000 unid.	8.000 unid.
Gastos indiretos			
. Custos fixos	–	–	$ 58.500
. Despesas fixas	–	–	$ 19.500

9. Considere os seguintes dados:

Custos e Despesas	Ano 1	Ano 2
Volume de Vendas	50.000 unidades	150.000 unidades
Volume de Produção	100.000 unidades	100.000 unidades
Preço de Venda	$ 12,00/unidade	$ 12,00/unidade
Custos Variáveis	$ 9,00/unidade	$ 9,00/unidade
Custos Fixos	$ 100.000	$ 100.000
Despesas Fixas	$ 50.000	$ 50.000

Pede-se:

a) elabore a Demonstração de Resultados utilizando o conceito de custeio variável e margem de contribuição;

b) elabore a Demonstração de Resultados utilizando o conceito de Custeio por Absorção industrial;

c) compare o resultado pelos dois critérios, através do somatório dos valores dos dois exercícios;

d) justifique as diferenças apresentadas dentro de cada ano e no ano seguinte.

10. Com base na solução do Exercício 8, faça o custeamento dos produtos A e B pelo critério de custeio por atividades (Custeio ABC), considerando o detalhamento e as seguintes informações para os custos e despesas fixas indiretas. Compare com o resultado final obtido pelo critério de Custeio por Absorção.

Gastos Indiretos

- Custos Fixos $ 58.500
- Despesas Fixas $ 19.500

Detalhamento:

		Quantidade de Direcionadores		
Custos	**Gasto Total**	**Produto A**	**Produto B**	**Direcionador**
Custos Indiretos				
Departamento de Suprimentos	$ 12.000	8	32	Ordens de Compra
Departamento de Almoxarifado	$ 12.900	240	160	Movimentações de Estoque
Controle de Produção	$ 24.000	60	20	Lotes de Produção
Depreciação	$ 9.600	1.800	3.000	Horas de Máquinas
Total	**$ 58.500**			
Despesas Indiretas				
Departamento de Faturamento	$ 19.500	200	40	Faturas emitidas

11. Uma empresa produz dois tipos de CDs, *standard* e de alta qualidade, e normalmente custeia seus produtos pelo método de absorção. Os custos indiretos de fabricação são normalmente alocados pelo critério de proporcionalidade sobre o valor da mão de obra direta empregada em cada produto.

Os seguintes dados foram levantados em um período:

	Standard	Alta Qualidade	Total
Mão de obra Direta	$ 174.000	$ 66.000	$ 240.000
Materiais	125.000	114.000	239.000
Custos Indiretos de Fabricação	–	–	440.000
Quantidade Produzida	300.000 unid.	100.000 unid.	
Preço de Venda Unitário	$ 1,95	$ 3,60	

A empresa está descontente com o método tradicional, que indicava produto com prejuízo, e fez um estudo para implantar o Custeio ABC, levantando os seguintes dados:

		Quantidade de Direcionadores		
Direcionador de Custos	**Custos Atribuídos**	**Standard**	**Alta Qualidade**	**Total**
Número de lotes de produção	$ 170.000	40	10	50
Testes de qualidade efetuados	153.000	12	18	30
Pedidos de embarque processados	60.000	100	50	150
Número de *setups*	30.000	10	15	25
Número de kits de peças requisitadas e manuseadas	27.000	160	50	210
Total Custos Indiretos	**$ 440.000**			

Pede-se:

a) calcule o custo unitário de cada produto pelo critério tradicional por absorção;

b) calcule o custo por direcionador de atividade e o total dos custos indiretos por produto;

c) calcule o custo unitário de cada produto pelo método ABC;

d) faça a análise comparativa de lucratividade dos produtos pelos dois critérios.

12. A seguir, são apresentados os dados necessários para apurar o custo unitário dos produtos, bem como a receita total e os custos totais, considerando as quantidades.

DADOS DO PERÍODO

Dados	Produto A Quantidade	Valor – $	Produto B Quantidade	Valor – $	Total $
Preço de Venda		65,00		210,00	
Volume Corrente	1.300	Unidades	120	Unidades	
Custos Unitários					
. Materiais Diretos		28,00		79,00	
. Mão de obra Direta		18,00		35,00	
. Comissões sobre Venda		9,10		21,00	
Custos Totais					
. Mão de obra Direta		23.400		4.200	27.600
Custos Fixos					
. Depreciação	550	Hs. Máquinas	1.550	Hs. Máquinas	6.300
. Controle de Produção	240	Ordens	2.600	Ordens	4.260
. Controle de Materiais	11.000	Recebimentos	1.000	Recebimentos	2.700
. Expedição	450	Transportes	100	Transportes	3.300
. Soma					16.560

Pede-se:

a) calcule o custo unitário de cada produto, pelos seguintes métodos de custeio: I) Custeio por Absorção; II) Custeio ABC; III) Custeio Direto / Variável e IV) pelos conceitos da Teoria das Restrições. Para o método de absorção, considere como base para absorção dos custos fixos o total da mão de obra direta do período; para o método direto / variável, considere a mão de obra direta como variável;

b) calcule o resultado total da empresa e o lucro / contribuição de cada produto, considerando o volume corrente, partindo do pressuposto de que não há estoque e toda a produção é vendida;

c) faça a análise de rentabilidade por produto, pelo custo unitário e pelo custo total;

d) analise, pelos quatro critérios apresentados, se há como indicar a eliminação de algum produto por rentabilidade negativa;

e) tendo como referência o custeio por absorção, caso fosse possível aumentar a produção de 50 unidades de um dos dois produtos, qual você escolheria? Calcule o resultado total da empresa com o aumento de produção.

Capítulo 14

Modelo de Decisão: Margem de Contribuição e Análise de Custos

O método de custeio recomendado para o processo decisorial é o do Custeio Variável, também às vezes denominado inadequadamente *Custeio Direto*. Podemos dizer que todos os custos variáveis são custos diretos aos produtos, mas nem todos os custos diretos aos produtos são variáveis, pois podemos ter custos diretos fixos.

Já foi apresentada também a questão da mão de obra direta, o elemento de custo que mais traz dúvidas na interpretação de seu comportamento em relação ao volume. Em essência, dentro de conjunturas econômicas normais, a mão de obra direta pode ser considerada um custo variável. Porém, sabemos que, no curto prazo, ela é um custo fixo.

Para fins de construção de modelos decisórios, entendemos plenamente válido considerar a mão de obra direta como custo variável. Um modelo decisório centra-se na perspectiva futura, e, dentro dela, é natural entender a mão de obra direta como um custo variável. Nesse sentido, acabamos por incorporar a nomenclatura *Custeio Direto/Variável* para o método de custeio variável.

O modelo de decisão da margem de contribuição é o modelo decisório fundamental para gestão dos resultados da empresa, seja em termos de rentabilidade dos produtos, atividades, áreas de responsabilidade, divisões, unidades de negócios ou da empresa como um todo.

14.1. Principais Conceitos do Método de Custeio Direto/Variável

O conceito de análise comportamental de custos, separando-os em custos fixos e variáveis, possibilita uma expansão das possibilidades de análise dos gastos e receitas da empresa, em relação aos volumes produzidos ou vendidos, determinando pontos importantes para fundamentar futuras decisões de aumento ou diminuição dos volumes de produção, corte ou manutenção de produtos existentes, mudanças no *mix* de produção, incorporação de novos produtos ou quantidades adicionais etc.

Esse ferramental de análise econômica é denominado normalmente *análise de custo/volume/lucro* e conduz a três importantes conceitos: margem de contribuição, ponto de equilíbrio e alavancagem operacional. Esses conceitos podem ser agrupados em um único modelo decisório, que estamos denominando de *modelo de decisão da margem de contribuição.*

Margem de Contribuição

Representa o lucro variável. É a diferença entre o preço de venda unitário do produto ou serviço e os custos e despesas variáveis por unidade de produto ou serviço. Significa que, em cada unidade vendida, a empresa lucrará determinado valor que, multiplicado pelo total vendido, fornecerá a margem de contribuição total do produto para a empresa.

Ponto de Equilíbrio

Evidencia, em termos quantitativos, qual é o volume que a empresa precisa produzir ou vender, para que consiga pagar todos os custos e despesas fixas, além dos custos e despesas variáveis em que ela tem necessariamente de incorrer para fabricar/vender o produto. No ponto de equilíbrio, não há lucro ou prejuízo. A partir de volumes adicionais de produção ou venda, a empresa passa a ter lucros.

A informação do ponto de equilíbrio da empresa, tanto do total global, como por produto individual, é importante porque identifica o nível mínimo de atividade em que a empresa ou cada divisão deve operar.

Alavancagem Operacional

Significa a possibilidade de acréscimo do lucro total, pelo aumento da quantidade produzida e vendida, buscando a maximização do uso dos custos e despesas fixas. É dependente da margem de contribuição, ou seja, do impacto dos custos e despesas variáveis sobre o preço de venda unitário, e dos valores dos custos e despesas fixas. Alguns produtos têm alavancagem maior que outros, em virtude dessas variáveis.

Margem de Contribuição Unitária e Ponto de Equilíbrio por Produto ou Divisão

A partir do momento em que há o custeamento direto/variável para cada produto da empresa, bem como uma boa identificação dos custos e despesas fixas de cada um deles, é possível construir o ponto de equilíbrio de cada produto. O mesmo acontece com os dados das divisões.

14.2. Modelo de Decisão da Margem de Contribuição

Margem de contribuição é a margem bruta obtida pela venda de um produto ou serviço que excede seus custos variáveis unitários. Em outras palavras, a margem de contribuição é o mesmo que o lucro variável unitário, ou seja, preço de venda unitário do produto deduzido dos custos e despesas variáveis necessários para produzir e vender o produto.

Usando um exemplo conceitual similar ao que introduzimos no Capítulo 13, quando estudamos métodos de custeio, temos:

Custo do Produto pelo Custeamento Direto/Variável

CUSTOS E DESPESAS VARIÁVEIS	**Produto A**
	$
Matéria-prima e materiais diretos	460,00
Materiais indiretos variáveis	36,00
Mão de obra direta	200,00
Comissões – 12% de $ 1.700,00 (Preço de venda unitário)	204,00
Total Custo Variável	**900,00**

Produto A		
Preço de Venda Unitário	$ 1.700,00	100,00%
Custo Variável Unitário	900,00	52,94%
Margem de Contribuição Unitária	**800,00**	**47,06%**

Isso significa que, a cada unidade de Produto A vendida, a empresa recebe um lucro unitário de $ 800,00. É a contribuição unitária que o Produto A dá para a empresa, para cobrir todos os custos e despesas fixos (custos de capacidade) e propiciar a margem de lucratividade desejada.

No custeamento variável, os custos e despesas fixos são considerados custos periódicos, e não custos do produto. Nesse conceito, não há necessidade de adicionar os custos e despesas fixas ao custeamento unitário do produto, devendo esses gastos ser tratados de forma global, apenas na Demonstração de Resultados do período.

O exemplo anterior evidencia dois conceitos de margem de contribuição, ambos importantes:

- o conceito de margem de contribuição unitária, em valor;
- o conceito de margem de contribuição percentual.

Modelo de Decisão – Um Único Produto

O modelo de decisão da margem de contribuição expressa-se em uma Demonstração de Resultados, na qual necessariamente devem ser incorporados os dados quantitativos (que representam os volumes de produção, venda ou o nível de atividade) e os preços unitários. A Tabela 14.1 apresenta o modelo de decisão da margem de contribuição, para um volume de atividade de 1.000 unidades anuais de produção e vendas do Produto A.

Tabela 14.1 Modelo de Decisão de Margem de Contribuição – Único Produto – Demonstração de Resultados do Período

Estrutura de Resultados	Quantidade	Preço Unitário – $	Total – $
Vendas	1.000	1.700,00	1.700.000
Custos e Despesas Variáveis	1.000	900,00	900.000
Margem de Contribuição	1.000	800,00	800.000
Custos e Despesas Fixas do Ano			560.000
Lucro Operacional Total			**240.000**

Margem de Contribuição e Volume de Produção/Vendas

Partindo do pressuposto de que a venda de cada unidade de produto propicia uma contribuição unitária para cobrir os custos e despesas fixos e possibilitar o lucro, podemos fazer uma simulação de como seria o lucro líquido, em algumas situações de quantidade vendida:

Tabela 14.2 Margem de Contribuição e Volume de Produção/Vendas

Estrutura de Resultados	Dados Unitários	Quantidade Produzida/Vendida 1	2	700	701
Vendas	1.700,00	1.700	3.400	1.190.000	1.191.700
Custos e Despesas Variáveis	(900,00)	(900)	(1.800)	(630.000)	(630.900)
Margem de Contribuição	**800,00**	**800**	**1.600**	**560.000**	**560.800**
Custos e Despesas Fixas do Ano		(560.000)	(560.000)	(560.000)	(560.000)
Resultado Operacional Total		**(559.200)**	**(558.400)**	**0**	**800**

Quando vende 700 unidades, a empresa tem um resultado líquido igual a zero. Denominamos essa situação de **estrutura de equilíbrio**, ou *ponto de equilíbrio das vendas*. Estudaremos esse conceito a seguir com maiores detalhes.

14.3. Ponto de Equilíbrio (*Break-Even Point*)

Denominamos *ponto de equilíbrio* o volume de atividade operacional em que o total da margem de contribuição da quantidade vendida/produzida se iguala aos custos e despesas fixos. Em outras palavras, o ponto de equilíbrio mostra o nível de atividade ou volume operacional, em que a receita total das vendas se iguala ao somatório dos custos variáveis totais mais os custos e despesas fixos. Assim, o ponto de equilíbrio evidencia os parâmetros que mostram a capacidade mínima em que a empresa deve operar para não ter prejuízo, mesmo que a custo de um lucro zero. O ponto de equilíbrio é também denominado **ponto de ruptura** (*break-even point*).

Ponto de Equilíbrio e Gestão de Curto Prazo

O conceito de ponto de equilíbrio também é um conceito que tende a ser utilizado para a gestão de curto prazo da empresa. É importante ressaltar esse enfoque. Isso é claro porque o ponto de equilíbrio mostra o ponto mínimo em que a empresa pode operar para que tenha lucro zero. Nesse ponto mínimo de capacidade de operação, a empresa consegue cobrir os custos variáveis das unidades vendidas ou produzidas e também todos os custos de capacidade, os custos fixos.

Nessa linha de pensamento, fica evidente que é uma técnica para utilização em gestão de curto prazo, porque não se pode pensar em um planejamento de longo prazo para uma empresa em que ela não dê resultado positivo e não remunere os detentores de suas fontes de recursos.

Equação e Cálculo do Ponto de Equilíbrio

Como o ponto de equilíbrio conceitua o ponto em que o lucro líquido é igual a zero, é fácil determinar sua equação, em uma determinada quantidade, utilizando os dados restantes da análise da margem de contribuição. Assim, a **equação** do ponto de equilíbrio é desenvolvida a partir das seguintes premissas:

Vendas = Custos Variáveis* + Custos Fixos + Lucros

* Inclui as despesas variáveis.

Como se busca um ponto em que os lucros serão iguais a **zero**, a equação fica:

Vendas = Custos Variáveis + Custos Fixos

Ponto de Equilíbrio em Quantidade

Objetiva determinar a quantidade mínima que a empresa deve produzir e vender. Abaixo dessa quantidade de produção e vendas, seguramente a empresa estará operando com prejuízo.

Partindo da equação mostrada anteriormente, a fórmula do ponto de equilíbrio em quantidade é a seguinte:

$$\text{Ponto de equilíbrio em quantidade} = \frac{\text{Custos Fixos Totais}}{\text{Margem de Contribuição Unitária}}$$

Demonstração da Fórmula

Partindo da equação que fundamenta o ponto de equilíbrio, vamos demonstrar a fórmula do ponto de equilíbrio (PE):

Vendas = Custos Variáveis + Custos Fixos

Vendas = Preço de Venda Unitário (**PV**) × Quantidade Vendida no PE (**Q**)
Custos Variáveis = Custo Variável Unitário (**CV**) × Quantidade no PE (**Q**)
Custos Fixos = Total em Reais dos Custos e Despesas Fixas (**CF**)
Margem de Contribuição (**MC**) = Preço de Venda – Custo Variável

MC = PV – CV

Assim, temos:

Equação do ponto de equilíbrio, considerando dados unitários:

$$\frac{PV \times Q}{\text{Vendas}} = \frac{CV \times Q}{\text{Custos Variáveis}} + \frac{CF}{\text{Custos Fixos}}$$

PV × Q = CV × Q + CF
(PV × Q) – (CV × Q) = CF

Como PV – CV = MC (margem de contribuição unitária), substituindo:

MC × Q = CF: portanto, a quantidade no Ponto de Equilíbrio é:

$$PE(Q) = \frac{CF}{MCu}$$

Em nosso exemplo introdutório:

$$\text{Ponto de equilíbrio em quantidade} = \frac{\$\ 560.000}{\$\ 800{,}00\ (\$\ 1.700{,}00\ (-)\ \$\ 900{,}00)} =$$

PE em quantidade = 700 unidades

Ponto de Equilíbrio em Valor

Em determinadas situações, notadamente quando o leque de produtos é muito grande e há dificuldades de se obter o mix ideal de produtos e suas quantidades no ponto de equilíbrio, bem como existem dificuldades de identificar os custos e despesas fixos para cada produto, temos de nos valer de uma informação de caráter global expressa em denominador monetário. Assim, traduzimos o ponto de equilíbrio em valor de venda; ou seja, qual o valor mínimo que deve ser vendido para que a empresa não tenha prejuízo e obtenha lucro zero.

Para esse cálculo, é necessário sabermos a margem de contribuição em percentual sobre o preço de venda.

Margem de contribuição percentual		
Preço de venda unitário	$ 1.700,00	100,00
Margem de contribuição unitária	$ 800,00	47,06%

Fórmula:

$$\text{Ponto de equilíbrio em valor} = \frac{\text{Custos Fixos Totais}}{\text{Margem de Contribuição Percentual}}$$

Em nosso exemplo introdutório:

$$\text{Ponto de equilíbrio em valor} = \frac{\$\ 560.000}{0{,}4706\ (47{,}06\%\ :\ 100)} =$$

PE em valor = $ 1.190.000 (aproximação do resultado matemático de $ 1.189.970)

Em nosso exemplo, o valor mínimo que a empresa necessita vender para cobrir todos os seus custos fixos e variáveis é $ 1.190.000.

Podemos confirmar o cálculo do ponto de equilíbrio em valor, multiplicando a quantidade obtida no ponto de equilíbrio em quantidade pelo preço unitário de venda.

PE em quantidade	=	700 unidades (A)
Preço de venda unitário	=	$ 1.700,00 (B)
PE em valor	=	$ 1.190.000 (A × B)

Metas de Ponto de Equilíbrio[1]

Em algumas situações, faz-se necessário um estudo de ponto de equilíbrio buscando evidenciar alguma situação pretendida, ou mesmo um cálculo rápido que mostre o mínimo de atividade com que a empresa pode atuar em determinadas situações não habituais.

Basicamente, as diversas variantes de cálculo de metas de ponto de equilíbrio são elaboradas com a retirada de alguns custos e despesas fixos da fórmula de cálculo, ou da introdução de valores mínimos de lucro que se imagina colocar como meta. São dados nomes diversos para os pontos de equilíbrio encontrados em tais situações. Veremos a seguir algumas delas. Consideramos os seguintes dados para apenas um único produto dentro de um determinado período:

Preço de Venda	$	1.700	por unidade de produto
Custos e Despesas Variáveis	$	900	por unidade de produto
Margem de Contribuição	$	800	por unidade de produto
Custos e Despesas Fixos no período			
. Custos Indiretos de Fabricação	$	200.000	
. Depreciações	$	150.000	
. Despesas Administrativas	$	70.000	
. Despesas Comerciais	$	50.000	
. Despesas Financeiras Líquidas das Receitas Financeiras mais ou menos Efeitos Monetários	$	90.000	
Soma dos Custos e Despesas Fixas	$	560.000	

Ponto de Equilíbrio Operacional

Denominamos *ponto de equilíbrio operacional* a quantidade de vendas que deve ser efetuada para cobrir todos os custos e despesas fixas, deixando de lado os aspectos financeiros e não operacionais. Portanto, o ponto de equilíbrio operacional considera os seguintes dados:

- receitas de vendas (ou da produção a preços de venda);
- custos variáveis – obtidos do custo dos produtos vendidos/produzidos;
- despesas variáveis – obtidas das despesas operacionais (administrativas e de vendas);

[1] MARTINS, Eliseu. *Contabilidade de custos*. 2. ed. São Paulo: Atlas, 1982. p. 260.

- custos fixos – obtidos do custo dos produtos vendidos/produzidos;
- despesas fixas – obtidas das despesas operacionais.

Para obtermos a quantidade do ponto de equilíbrio operacional com os dados apresentados, excluiremos $ 90.000 do total dos custos e despesas fixas, que se referem às despesas financeiras e efeitos monetários, ficando um total de gastos fixos de $ 470.000 ($ 560.000 (–) 90.000).

$$\text{PE em quantidade} = \frac{\text{Custos Fixos Totais}}{\text{Margem de Contribuição Percentual}}$$

$$\text{PE} = \frac{\$\ 470.000}{\$\ 800} = 587{,}5 \text{ unidades}$$

Ponto de Equilíbrio Econômico

Para esse cálculo, incluiremos as despesas e receitas financeiras, mais os efeitos monetários, que serão tratados como despesas fixas. Obteremos, assim, um valor da receita mínima que gere lucro zero, mas que cubra todos os gastos operacionais, financeiros e os efeitos da inflação nos ativos e passivos monetários.

Com os dados apresentados, teríamos:

$$\text{PE} = \frac{\$\ 560.000}{\$\ 800} = 700 \text{ unidades}$$

Ponto de Equilíbrio Financeiro

É uma variante do ponto de equilíbrio econômico, excluindo apenas a depreciação, pois momentaneamente ela é uma despesa não desembolsável. É importante em situações de eventuais reduções da capacidade de pagamento da empresa.

Com os dados apresentados, teríamos a exclusão de $ 150.000 de depreciação, ficando o total dos custos e despesas fixas em $ 410.000 ($ 560.000 (–) $ 150.000).

$$\text{PE} = \frac{\$\ 410.000}{\$\ 800} = 512{,}5 \text{ unidades}$$

Ponto de Equilíbrio Meta

É uma outra variante de ponto de equilíbrio em valor, adicionando-se aos custos e despesas fixos e efeitos financeiros e monetários um montante de lucro mínimo que a empresa entende ser obrigatório. Normalmente, o valor adicionado é o custo de capital dos acionistas, ou seja, um retorno sobre o capital aplicado de pelo menos a taxa de mercado. A fórmula do ponto de equilíbrio, nessa condição, seria:

$$\text{PE em quantidade} = \frac{\text{Custos Fixos Totais + Montante de Lucro Desejado}}{\text{Margem de Contribuição Unitária}}$$

Considerando os valores já apresentados e supondo que os acionistas da empresa tenham investido \$ 1.000.000 e desejem um retorno mínimo de 10% ao ano, adicionaríamos ao total dos custos e despesas fixas \$ 100.000, valor este que seria o lucro mínimo desejado no período.

$$\text{PE} = \frac{\$\ 560.000 + \$\ 100.000}{\$\ 800} = \frac{\$\ 660.000}{\$\ 80} = 825 \text{ unidades}$$

Metas de Ponto de Equilíbrio e Ponto de Equilíbrio em Valor

Apesar de termos demonstrado as diversas variantes de ponto de equilíbrio em quantidade de vendas, o mais comum nessas situações é fazer o cálculo considerando a fórmula do ponto de equilíbrio em valor, obtendo, em vez da quantidade de produto a ser vendida, o total mínimo da receita líquida de vendas suficiente para atender as metas de ponto de equilíbrio. Nesse caso, como já demonstramos anteriormente, em vez da margem de contribuição unitária, deverá ser utilizada a margem de contribuição percentual.

Análise Gráfica do Ponto de Equilíbrio

É extremamente importante colocarmos em um gráfico os dados que formam o ponto de equilíbrio. No eixo **X**, serão indicados os dados de volume e, no eixo **Y**, os dados de valor. Colocaremos graficamente as retas de valor das vendas e as retas de custos fixos e variáveis, conforme havíamos introduzido no tópico em que analisamos graficamente o comportamento dos custos.

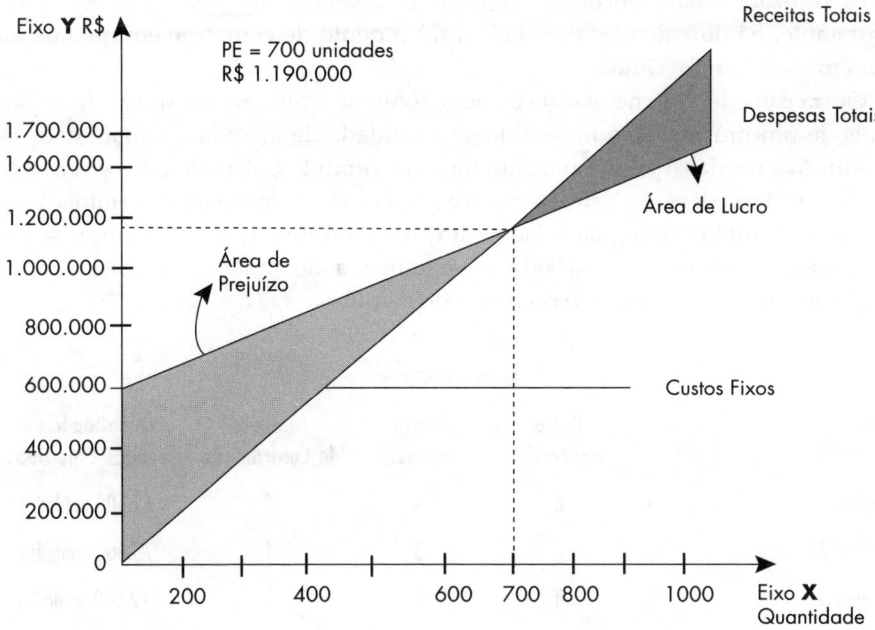

Figura 14.1 Gráfico do Ponto de Equilíbrio

Como Construir o Gráfico

a) Faça a linha paralela ao eixo **X** do volume (quantidade) com o valor dos custos fixos totais.

b) Pegue um volume de vendas (no caso, 1.000 unidades), encontre o total de custos fixos mais custos variáveis para essa quantidade e trace a reta, partindo da intersecção da reta paralela ao eixo **X**, conseguida no item A (o ponto no qual a reta dos custos fixos encontra o eixo **Y**).

c) Trace a reta de vendas totais, partindo do ponto **O** até um volume em reais, multiplicando a quantidade pelo preço de venda (no caso, o Preço de Venda × 1.000 Unidades).

Com isso, na intersecção da reta dos custos totais com a reta das vendas totais, teremos representado graficamente o ponto de equilíbrio: abaixo do ponto de equilíbrio está a área de prejuízo e, acima dele, a área de lucros.

Ponto de Equilíbrio em Quantidade para Múltiplos Produtos

Este é um dos assuntos mais complexos da análise custo/volume/lucro. Já vimos que o ponto de equilíbrio em valor é um critério de margem de contribuição média, através da margem de contribuição percentual, e é um dos procedimentos mais utilizados para encontrar o valor das vendas no ponto de equilíbrio. Entretanto, há dificuldades para encontrar o ponto de equilíbrio em quantidade para mais de um produto.

Outra consideração necessária é que o ponto de equilíbrio em quantidade para mais de um produto só tem sentido se a unidade de medida de quantidade de produção e vendas for a mesma para todos os produtos, além de estes serem relativamente homogêneos. Apresentamos a seguir um modelo para determinação do ponto de equilíbrio em quantidade para três produtos: 1, 2 e 3. A empresa tem custos fixos comuns de $ 488.000 e os seguintes dados unitários. Vamos assumir que o *mix* atual será o mesmo no ponto de equilíbrio.

	Dados Unitários			
Produto	**Preço de Venda**	**Custo Variável**	**Margem de Contribuição**	**Quantidade de Vendas Esperadas**
Produto 1	6	4	2	62.500 unidades
Produto 2	7	3	4	75.000 unidades
Produto 3	8	5	3	112.500 unidades
Custos Fixos Comuns = $ 488.000				

Calcula-se primeiro a participação dos produtos no total de quantidades produzidas, obtendo-se o *mix* em percentual. Em seguida, aplica-se o percentual obtido nas margens de contribuição unitárias, obtendo-se uma margem de contribuição unitária média. Com isso, podemos utilizar a equação do ponto de equilíbrio em quantidade.

	***Mix* de Quantidades**	**em Percentual**
Produto 1	62.500	25%
Produto 2	75.000	30%
Produto 3	112.500	45%
Total	**250.000**	**100%**

Aplicando os percentuais do *mix* na margem de contribuição unitária, obteremos uma margem de contribuição unitária média.

Produto 1		**Produto 2**		**Produto 3**		
(0,25 × $ 2)	+	(0,30 × $ 4)	+	(0,45 × $ 3)	=	
= 0,50	+	1,20	+	1,35	=	$ 3,05

$$\text{PE em quantidade} = \frac{\$\ 488.000}{\$\ 3{,}05} = 160.000 \text{ unidades}$$

Margem de Segurança

Pode ser definida como o volume de vendas que excede as vendas calculadas no ponto de equilíbrio. O volume de vendas excedente para analisar a margem de segurança pode ser tanto o valor das vendas orçadas como o valor real das vendas.

Equacionando:

Margem de segurança (MS) = Vendas Reais/Orçadas (–) Vendas no PE

Em nosso exemplo:

MS = 1.700.000 (–) 1.190.000
MS = 510.000

Percentual da margem de segurança

$$\text{Percentual da MS} = \frac{\text{MS em valor}}{\text{Vendas totais}}$$

No nosso exemplo:

$$\text{Percentual da MS} = \frac{510.000}{1.700.000}$$

Percentual da MS = 30%

14.4. Modelo de Decisão da Margem de Contribuição – Vários Produtos

Dificilmente uma empresa produz e vende um único produto ou serviço. Portanto, é necessário construir um modelo de decisão de margem de contribuição para múltiplos produtos e serviços. Este também deve conter os mesmos elementos fundamentais do modelo básico: os volumes e os dados unitários, no formato de Demonstração de Resultados de um período. Faremos a evidenciação de um modelo decisório de margem de contribuição para dois ou mais produtos e serviços na Tabela 14.3.

14.5. Utilização do Modelo de Decisão da Margem de Contribuição para Maximização do Lucro

Todos os componentes do modelo poderão ser trabalhados de forma a alavancar o resultado líquido total da empresa. Cada um deles permite ao administrador financeiro um estudo aprofundado e políticas estruturadas ou aplicações momentâneas, possibilitando alterações de forma a aumentar o lucro da companhia.

Tabela 14.3 Modelo de Decisão de Margem de Contribuição – Múltiplos Produtos

Estruturas de Resultados	Produto A	Produto B	Produto N	Total
Quantidade	625	250	N	
Preço de Venda – Unitário	1.700,00	3.750,00	N	
Custos Variáveis – Unitário	696,00	1.512,00	N	
Despesas Variáveis – Unitário	204,00	450,00	N	
Margem de Contribuição – Unitária	800,00	1.788,00	N	
Vendas Totais	1.062.500	937.500		2.000.000
Custos Variáveis Totais	(435.000)	(378.000)		(813.000)
Despesas Variáveis Totais	(127.500)	(112.500)		(240.000)
Margem de Contribuição Total	500.000	447.000	0	947.000
Margem de Contribuição Percentual	*47,1%*	*47,7%*		*47,4%*
(–) Custos e Despesas Fixas Totais				(560.000)
Lucro Operacional Total				**387.000**
Margem Operacional Percentual				19,4%
Participação dos Produtos na Margem de Contribuição Total	52,8%	47,2%		100%

Repassemos os fatores que afetam o estudo da margem de contribuição e a alavancagem operacional:

- preços dos produtos;
- quantidade vendida/produzida, ou nível de atividade;
- custos variáveis por unidade;
- total dos custos fixos;
- *mix* dos produtos vendidos;
- produtividade.

Alterações em qualquer uma das variáveis do modelo provocarão alterações no resultado líquido da companhia, para mais ou para menos. O parâmetro decisório sugerido pelo modelo é econômico, mensurado pelo resultado total da empresa. Comparando o resultado obtido de um curso alternativo de ação com o resultado total anterior, a decisão será pelo resultado maior.

Sabemos que uma decisão empresarial não necessariamente tem de ser tomada unicamente pelo resultado econômico. Outras variáveis podem ser consideradas e, em determinados momentos, elas podem até ter mais significância que o resultado econômico. Variáveis como qualidade, concorrência, participação no mercado, novos mercados, tecnologias emergentes etc. poderão fazer que a decisão não se paute exclusivamente pelo resultado econômico.

O modelo de decisão da margem de contribuição é um modelo de mensuração econômica e é o indicado para esse aspecto da decisão.

Exemplo de Utilização do Modelo e suas Variáveis

Após pesquisa de mercado, a empresa identificou a possibilidade de lançar um produto de preço e funções intermediárias entre o Produto A e o Produto B, que poderia trazer um maior valor agregado. Esse novo produto, Produto C, poderia ser vendido por $ 2.500,00, desde que o Produto A fosse vendido a um preço 10% menor do que atualmente, para que o cliente percebesse diferença de valor. A comissão sobre vendas é a mesma dos demais produtos, ou seja, 12% do preço de venda unitário.

A empresa imagina que deixará de vender 250 unidades do Produto A e que venderá 230 unidades do novo Produto C. O custo variável unitário do Produto C é 30% maior que o do Produto A. Para efetivar essa modificação do *mix* de venda dos produtos, a empresa necessitará incorrer em $ 30.000 de despesas fixas anuais de publicidade.

Note-se que este exemplo provoca alterações em todas as variáveis:

- altera-se o preço do Produto A;
- altera-se a quantidade vendida do Produto A e incorpora-se a quantidade do Produto C;
- incorpora-se o custo variável do Produto C e altera-se a despesa variável do Produto A, já que reduzindo seu preço, reduz-se também a comissão unitária;
- os gastos fixos são alterados, pois há um aumento de $ 30.000;
- a produtividade é alterada, pois haverá diminuição de quantidade de produto final, já que serão trocadas 250 unidades do Produto A por 230 do Produto C.

Apresentamos as variáveis modificadas e seus respectivos cálculos:

- Novo preço de venda unitário do Produto A = $ 1.530,00 ($ 1.700,00 – 10%).
- Comissão (despesa variável) do Produto A = $ 183,60 (12% × $ 1.530,00).
- Comissão (despesa variável) do Produto C = $ 300,00 (12% × $ 2.500,00).
- Custo Variável do Produto C = $ 904,80 ($ 696,00 × 1,30).
- Nova quantidade do Produto A = 375 unidades (625 – 250)
- Novo total de custos e despesas fixas = $ 590.000 ($ 560.000 + $ 30.000).

Os dados levantados dentro do modelo evidenciam informações importantes, comparando-se com os dados constantes do modelo inicial com apenas dois produtos:

- A nova alternativa propiciou aumento da receita total de vendas, de $ 2.000.000 para $ 2.086.250.
- O novo mix não alterou significativamente a margem de contribuição percentual média da empresa, a qual continua em 47,4%.

Tabela 14.4 Utilização do Modelo de Decisão de Margem de Contribuição

Estrutura de Resultados	Produto A	Produto B	Produto N	Total
Quantidade	375	250	230	
Preço de Venda – Unitário	1.530,00	3.750,00	2.500,00	
Custos Variáveis – Unitário	696,00	1.512,00	904,80	
Despesas Variáveis – Unitário	183,60	450,00	300,00	
Margem de Contribuição – Unitária	650,40	1.788,00	1.295,20	
Vendas Totais	573.750	937.500	575.000	2.086.250
Custos Variáveis Totais	(261.000)	(378.000)	(208.104)	(847.104)
Despesas Variáveis Totais	(68.850)	(112.500)	(69.000)	(250.350)
Margem de Contribuição Total	243.900	447.000	297.896	988.796
Margem de Contribuição Percentual	42,5%	47,7%	51,8%	47,4%
(–) Custos e Despesas Fixas Totais				(590.000)
Lucro Operacional Total				**398.796**
Margem Operacional Percentual				19,1%
Participação dos Produtos na Margem de Contribuição Total	24,7%	45,2%	30,1%	100%

- A margem de contribuição do Produto A diminuiu de 47,1% para 42,5%, pois houve redução em 10% no preço de venda unitário.
- O novo Produto C traz um valor agregado maior, evidenciado pela maior margem de contribuição percentual, que é de 51,8%, a maior dos três produtos.
- Os custos fixos aumentaram, porém a margem de contribuição total com o novo *mix* e o novo produto é maior, resultando em um lucro operacional total maior, passando de $ 387.000 para $ 398.796.
- A margem operacional percentual total média diminuiu de 19,4% para 19,1%. Este dado, que analisado isoladamente é ruim, não deve ser considerado como relevante, já que o **valor absoluto** do lucro operacional total aumentou. Como nas premissas não houve investimentos em ativos imobilizados, a rentabilidade dos ativos aumenta como consequência.
- Pelos dados evidenciados no modelo decisório, esta alternativa deverá ser aceita, visto que, economicamente, o lucro total é superior ao da situação anterior.

14.6. Margem de Contribuição e Fatores Limitativos

O modelo de decisão de margem de contribuição deve ter sua utilização complementada com o conceito de fatores limitativos ou restritivos. Uma série de variáveis, internas ou externas, pode afetar o fluxo operacional da empresa, impondo restrições para a produção e venda dos produtos. Quando essas restrições afetam o volume de vendas a ser produzido ou vendido, de um ou mais produtos, devem ser incorporadas ao modelo. O conceito adequado é avaliar a margem de contribuição de cada produto não mais de forma isolada, mas sim em relação à restrição ou restrições encontradas.

As restrições mais comuns que podem afetar as variáveis do modelo são:

- Demanda de mercado: o mercado não aceita quantidades maiores do(s) produto(s).
- Matérias-primas e componentes: os fornecedores, temporariamente, estão com a capacidade produtiva esgotada e não têm condições de aumentar o suprimento de materiais.
- Mão de obra direta: temporariamente, há escassez de mão de obra especializada e a empresa não tem condições internas de aumentar sua produção.
- Utilização dos equipamentos: eles não têm mais capacidade de atender ao acréscimo de produção, temporariamente.
- Distribuição e logística: os distribuidores dos produtos não têm condições de aumentar de imediato a capacidade de distribuição dos produtos.
- Investimentos: as instalações operacionais, no seu conjunto, estão trabalhando no limite da capacidade, e só novos investimentos em novas fábricas e escritórios possibilitarão atender o aumento da demanda e produção prevista.
- Capital de giro: a empresa está sem caixa para financiar o capital de giro necessário para aumento de produção e vendas.
- Financiamento externo: o mercado financeiro não tem linhas de crédito para financiar um aumento das vendas dos produtos da empresa.

Questões e Exercícios

1. O que é margem de contribuição e onde ela se fundamenta?

2. Por que o conceito de ponto de equilíbrio é associado à gestão de curto prazo da empresa?

3. Apresente a melhor resposta para cada uma das seguintes questões:

   a) Se a empresa tem uma contribuição marginal negativa, para alcançar o ponto de equilíbrio ela deverá:

      (1) aumentar o volume de vendas;

      (2) diminuir o volume de vendas;

      (3) aumentar o valor dos custos fixos;

      (4) diminuir o valor dos custos fixos;

      (5) aumentar o preço de venda.

b) Se a contribuição marginal foi diminuída em determinado montante, o lucro operacional deveria ter:

(1) sido diminuído no mesmo montante;

(2) sido diminuído mais do que esse montante;

(3) sido aumentado no mesmo montante;

(4) permanecido inalterado;

(5) nenhuma das alternativas anteriores.

c) O ponto de equilíbrio de um produto poderia ser aumentado por:

(1) um decréscimo nos custos fixos;

(2) um aumento no percentual da margem de contribuição;

(3) um aumento nos custos variáveis;

(4) um decréscimo nos custos variáveis;

(5) nenhuma das alternativas anteriores.

4. Uma empresa está considerando a introdução de um novo produto, com os seguintes dados de custos e preços:

Preço de Venda	$	200	por unidade
Custos e Despesas Variáveis	$	120	por unidade
Custos e Despesas Fixas	$	300.000	por ano

a) Qual a quantidade a ser vendida no ponto de equilíbrio?

b) Qual a quantidade a ser vendida para se obter um lucro operacional de $ 100.000 por ano?

5. Para fazer e vender o Produto A, a empresa tem de incorrer nos seguintes gastos operacionais:

Matéria-prima necessária para uma unidade do Produto A
500 unidades a $ 2,00 cada
Tempo necessário para produzir uma unidade do Produto A
5 horas a $ 80,00 por hora
Gastos do período

. Salários/despesas dos departamentos de apoio à produção	$ 440.000
. Depreciações	$ 320.000
. Salários/despesas administrativas/comerciais	$ 180.000

Outros dados:

Comissões – 12% sobre o Preço de Venda
Preço de Venda – $ 3.600 por unidade do Produto A
Quantidade produzida (e igualmente vendida) – 900 unidades

Pede-se:

I. a) calcule o custo unitário pelo critério de Custeio Direto e identifique a margem de contribuição unitária e a percentual;

b) apure o lucro líquido total com a venda de 900 unidades;

c) calcule o ponto de equilíbrio da empresa, em quantidade e em valor.

II. Com um novo processo de produção, haverá necessidade de troca de qualidade de material direto, que passará a custar 20% mais. O aumento de custo fixo de $ 60.000, decorrente do investimento em novo processo de produção, fará que o volume de produção seja aumentado em 120 unidades, que o mercado deverá aceitar se o preço de venda se reduzir em 2%. Será lucrativa essa hipótese?

6. Com os dados apresentados no quadro a seguir, correspondentes a um mês de operações de uma empresa que fabrica e vende três linhas de produtos, elabore uma demonstração de resultados do período, contendo: a) a margem de contribuição unitária e a percentual de cada produto e a margem de contribuição percentual média da empresa; b) o lucro líquido percentual sobre vendas; c) a participação percentual da receita total, do custo total e da margem de contribuição total de cada produto no total. Com base nesses dados, identifique qual o produto que deve ter sua venda incentivada e qual o produto que deve ter sua contribuição melhorada.

	Produto X	Produto Y	Produto Z	Total
Preço de Venda Unitário – $	35,00	47,00	220,00	
Custo Variável Unitário – $	22,00	23,00	164,00	
Quantidade vendida no período	680	520	85	
Comissão sobre preço de venda	2%	2%	5%	
Custos Fixos – $				4.500
Despesas Comerciais Fixas – $				2.000
Despesas Administrativas Fixas – $				5.000

7. Considerando os dados do exercício anterior e com a informação de que as previsões para o próximo mês são de um aumento de 5% do volume de vendas do Produto X e 10% do Produto Z, execute todas as solicitações daquele exercício. A empresa tem condições de produzir os novos volumes, bastando um aumento de custos fixos de $ 1.000 e despesas fixas comerciais de $ 1.200.

8. Uma revendedora de automóveis vende dois modelos básicos: Esporte e DeLuxo. A seguir, apresentamos os dados de custos e vendas:

	Esporte	DeLuxo
Preço Médio de Venda Unitário	$ 25.000	$ 35.000
Custo Variável Médio Unitário	20.000	25.000
Margem de Contribuição Unitária	5.000	10.000
Custos Fixos totais = $ 300.000		

a) Monte a equação matemática para obter a quantidade de vendas no ponto de equilíbrio.

b) Calcule qual seria a quantidade no ponto de equilíbrio se fosse vendido apenas o modelo Esporte.

c) Calcule qual seria a quantidade no ponto de equilíbrio se fosse vendido apenas o modelo DeLuxo.

d) Assumindo que um pacote de *mix* normal de produtos fosse de três carros Esporte para cada DeLuxo (3:1), qual seria o número de pacotes no ponto de equilíbrio?

e) Calcule qual seria a quantidade de carros no ponto de equilíbrio, independentemente de modelo, assumindo uma margem de contribuição média.

f) Supondo a possibilidade de distinguir custos fixos diretos de $ 80.000 para o modelo Esporte e $ 100.000 para o modelo DeLuxo, restariam apenas $ 120.000 de custos fixos comuns. Qual seria a quantidade a ser vendida de cada modelo para assumir um prejuízo de $ 120.000?

g) Assumindo uma alocação dos $ 120.000 de custos fixos comuns, distribuindo metade para cada modelo, calcule o ponto de equilíbrio em quantidade para cada modelo, bem como o ponto de equilíbrio em quantidade de carros, independentemente de modelos, considerando uma margem de lucro média para os dois produtos.

9. Uma companhia produz os seguintes produtos, com os seguintes dados de custos e vendas:

	Produto I	Produto II	Produto III
Preço Unitário de Venda	$ 5	$ 6	$ 7
Custo Variável Unitário	$ 3	$ 2	$ 4
Vendas Esperadas (em unidades)	100.000 unid.	150.000 unid.	250.000 unid.
Custos Fixos Totais = $ 1.240.000			

Assumindo que o *mix* de produto possa ser o mesmo no ponto de equilíbrio, calcule o ponto de equilíbrio em quantidade e em valor de vendas.

10. Contribuição Marginal e Fator Limitativo

Uma empresa tem dois produtos, que apresentam os seguintes dados:

	Produto A	Produto B
Preço de Venda	$ 20,00	$ 30,00
Custos e Despesas Variáveis	14,00	18,00
Margem de Contribuição	6,00	12,00

Pede-se: pela análise percentual da margem de contribuição, qual o produto que deveria ter sua produção e suas vendas aumentadas?

a) Ainda com os dados já apresentados, sabendo que o mercado tem condição de absorver apenas 500 unidades do Produto B, a capacidade de produção do

Produto A fica restrita a 1.500 unidades. Calcule qual a margem de contribuição total da empresa nessa combinação de faturamento.

b) Outra informação agora é incorporada a nosso problema. A gerente divisional diz que só tem à sua disposição 1.000 horas de fábrica para produzir os produtos A e B. Sabendo que uma hora de produção produz três unidades do Produto A e apenas uma unidade do Produto B, mas que o mercado pode absorver apenas 2.400 unidades do Produto A, calcule a margem de contribuição total da empresa nessa nova combinação de produção.

Capítulo 15

Gestão de Preços de Venda

A obtenção e determinação do preço de venda dos produtos e serviços talvez sejam uma das decisões mais importantes em todo o processo de gestão empresarial. A importância do preço de venda é fundamental, por pelo menos dois aspectos que dele se originam:

1. é o fator mais objetivo que liga a empresa a seus clientes, razão de ser de toda a empresa, mediante o fornecimento de produtos e serviços à comunidade, sendo elemento direto de propagação de sua imagem;
2. é a variável mais importante para obtenção da rentabilidade desejada, elemento básico pelo qual a empresa justifica os investimentos de seus acionistas e proprietários e que permite a manutenção da continuidade empresarial.

O preço de venda é um atributo de valor ou, como dizem os economistas, da utilidade que os produtos e serviços prestam ao consumidor. A questão do preço de venda, portanto, não se restringe à Ciência Contábil. É um tema necessariamente tratado na Ciência Econômica, bem como é um dos assuntos mais importantes da Administração de Marketing e de Finanças. Para seu entendimento, é necessário também considerar aspectos psicológicos, sociais, éticos etc., pois envolve sempre o consumidor final como um ser humano. Devido à enorme extensão do assunto, trataremos neste tópico apenas de alguns dos principais conceitos de formação e gestão de preços de venda diretamente ligados à atuação da Controladoria.

Principais Modelos de Obtenção de Preços de Venda

São três os modelos básicos que consideramos:

1. modelo de indução pelo valor percebido;
2. modelo de formação pelo custo unitário;
3. modelo de aceitação pelo valor de mercado.

Não necessariamente as empresas utilizam apenas um modelo. Na realidade, elas tendem a utilizar os três modelos conjuntamente, ao mesmo tempo ou não, mesmo que, aparentemente, pensem estar usando apenas um ou outro. O que importa, em termos de gestão econômica, é a maximização do preço de venda para obtenção da rentabilidade desejada, sem ofender os clientes com preços maiores que eles possam perceber.

15.1. Valor Percebido pelo Consumidor[1]

O conceito de fixação de preços pelo valor percebido é um conceito de preço orientado pelo mercado, uma vez que a fonte básica de referência é identificar, antecipadamente, o grau de utilidade ou valor que um produto ou serviço traz à mente do consumidor.

Em termos práticos, dentro desse conceito, a empresa deve tentar definir *o maior preço* de venda para o seu produto, sabendo que seu cliente está disposto a pagar por esse preço, pois a utilidade do produto para o cliente é suficiente para deixá-lo tranquilo no ato da compra. Dessa maneira, a fixação do preço de venda através do valor percebido pelo consumidor é a *criação do valor de mercado* do produto ou serviço.

Esse conceito de formação de preço de venda é também denominado *preço-alvo de mercado* ou *target pricing*, pois considera as forças de competitividade de mercado, assumindo o que os clientes estarão dispostos a pagar pelos produtos, dentro dos volumes estimados de demanda.

Com isso, podemos caracterizar esse tipo de obtenção de preço de venda como um modelo de indução, pois leva o cliente a aceitar um preço sugerido pela empresa. Deve considerar três aspectos principais:

a) criação do valor percebido pelos consumidores;
b) o objetivo é criar e aumentar a lucratividade do negócio;
c) não cometer o equívoco de separar o preço do restante do composto de marketing.

Para tanto, o estrategista de preços deve considerar o seguinte:

a) Ter em mente a consciência da importância do papel dos preços na lucratividade.
b) Registro dos fatos capazes de orientar a administração de preços.
c) Analisar os fatos e escolher ou criar as ferramentas necessárias.
d) Determinação para implementar a estratégia desenvolvida.

A estratégia de definição de preços sob o conceito de valor percebido não aceita a formação de preços partindo do custo, apesar de sua popularidade na prática, porque ignora o valor percebido pelo consumidor. Os casos em que seria possível utilizar essa metodologia estariam ligados a:

a) validar pisos de preços;
b) validar pisos de preços para o curto prazo, através do conceito de margem de contribuição e aproveitamento de oportunidades temporárias;
c) validar pisos de preços no longo prazo, através do conceito de custo unitário pelo total do ciclo de vida esperado do produto.

[1] Baseado em DOLAN, Robert J.; SIMON, Hermann. *O poder dos preços*. São Paulo: Futura, 1998.

Aplicabilidade aos Diversos Tipos de Produtos e Mercados

De um modo geral, fica claro que o modelo de indução de valor percebido é totalmente aplicável a produtos inéditos e criadores de mercados. Contudo, a técnica pode também ser utilizada para produtos já existentes e em mercados concorrenciais, já que há sempre uma possibilidade, mínima que seja, de diferenciação e segmentação.

15.2. Formação de Preços de Venda a Partir do Custo

O pressuposto básico para esta metodologia é que o mercado está disposto a absorver os preços de venda determinados pela empresa, que, por sua vez, são calculados em cima de seus custos e dos investimentos realizados.

Na verdade, isso nem sempre pode acontecer, ficando, então, eventualmente, invalidado tal procedimento. De qualquer forma, é necessário um cálculo em cima dos custos, tendo em vista que, através dele, podemos pelo menos ter um parâmetro inicial ou padrão de referência para análises comparativas. Além disso, diversas outras situações podem exigir a utilização dos procedimentos de formação de preços de venda a partir do custo, tais como:

a) estudos de engenharia e mercadológicos para introdução de novos produtos;

b) acompanhamento dos preços e custos dos produtos atuais;

c) novas oportunidades de negócios;

d) negócios ou pedidos especiais;

e) faturamento de produtos por encomenda;

f) análise de preços de produtos de concorrentes etc.

Outra área de aplicação da metodologia de formação de preços de venda a partir do custo está ligada a exigências institucionais quando há necessidade de fornecimento de informações para órgãos governamentais, necessidade de as autarquias prestarem conta de seus serviços e taxas, prestação de contas de empresas públicas e autarquias etc. Essas necessidades são em geral caracterizadas mais popularmente pela geração de planilhas de custo dos produtos e serviços.

A validade gerencial da formação de preços a partir do custo está basicamente centrada na necessidade de avaliar a rentabilidade dos investimentos em relação aos custos e despesas decorrentes da estrutura empresarial montada para produzir e vender os produtos e serviços. Objetiva-se, com isso, determinar o preço-alvo de contribuição ao resultado que seria obtido considerando a composição do preço com base nas estruturas de custos e despesas e dos investimentos realizados.

Formação de Preços de Venda e Métodos de Custeio

A formação de preços de venda a partir do custo pode ser feita considerando qualquer método de custeio. A metodologia trabalha com o conceito tradicional de custos, que separa os custos e despesas associados aos produtos dos custos e despesas associados ao período, da seguinte maneira geral:

- Custos e despesas associados unitariamente aos produtos e serviços: tratamento como custo unitário do produto.
- Custos e despesas associados ao período: tratamento como percentual multiplicador sobre o custo unitário do produto (*mark-up*).

Portanto, quanto mais gastos forem atribuídos unitariamente aos produtos (através de rateios, alocações, direcionadores de custos), menor será o multiplicador para se obter o preço de venda. Quanto menos gastos forem atribuídos unitariamente aos produtos, maior será o multiplicador ou *mark-up* para se obter o preço de venda. O método mais utilizado ainda tem sido o custeamento por absorção, pela facilidade de integração com a demonstração de resultados exigida pela legislação.

Formação de Preços de Venda e Formas de Custeio

Assim como a formação de preços de venda a partir do custo deve obedecer a um método de custeio, o mesmo acontece em relação à forma de mensuração dos elementos de custos. O estudo e formação de preços de venda, para fins de analisar a contribuição planejada, deverão ser o *custo real*.

Contudo, para fins de fixação de preços de venda, utilizando-se os custos, a opção mais recomendada tem sido a adoção do *custo-padrão* ou, eventualmente, do custo orçado. A adoção do custo-padrão como base para formação de preços de venda fundamenta-se em não alocar ineficiências aos preços e permitir uma condição de maior estabilidade dos preços junto aos clientes.

Multiplicador sobre os Custos (*Mark-Up*)

O conceito de *mark-up*, que traduzimos como *multiplicador sobre os custos*, é uma metodologia para calcular preços de venda de forma rápida a partir do custo unitário de cada produto. O conceito de *mark-up*, amplamente utilizado pelas empresas, tanto as de grande porte como as microempresas, parte do pressuposto de que a base para diferenciação de preços de venda dos diversos produtos produzidos pela empresa é o custo por absorção.

Evidencia-se aqui como ainda está arraigado em nossa cultura contábil-financeira o conceito de custo por absorção como o mais adequado para obter o custo dos produtos. A partir do custo por absorção de cada produto, aplica-se um multiplicador de tal forma que os demais elementos formadores do preço de venda sejam adicionados ao custo, a partir desse multiplicador.

É importante ressaltar que, apesar de o *mark-up* ser um multiplicador aplicado sobre o custo dos produtos, a sua construção está ligada a determinados percentuais sobre o preço de venda. Todos os seus componentes são determinados através de relações percentuais médias sobre preços de venda e, a seguir, aplicados sobre o custo dos produtos. A utilização do *mark-up* pode ser tanto genérica (para todos os produtos, divisões ou mercados) como específica. Dependerá do modelo de apuração de custo unitário dos produtos e serviços. Os elementos constantes do *mark-up* são os seguintes:

Mark-Up I – Despesas e Margem de Lucro

a) despesas administrativas;

b) despesas comerciais;

c) outras despesas operacionais (assistência técnica, engenharia);

d) custo financeiro de produção e vendas;[2]

e) margem de lucro desejada.

Mark-Up II – Impostos sobre Venda

a) ICMS;

b) PIS;

c) Cofins.

15.3. Margem de Lucro Desejada

Um dos pontos mais polêmicos é com relação à margem de lucro que deve ser alocada ao *mark-up*. Fundamentalmente, a margem de lucro desejada está ligada ao conceito de rentabilidade do investimento. Como a rentabilidade do investimento está ligada à sua eficiência de geração de vendas (o giro do ativo), a margem a ser incorporada no preço de venda dos produtos tem de estar relacionada com esses dois elementos.

---

[2] Neste caso, representa o custo de capital de terceiros de financiamento dos investimentos. Não confundir com custo de financiamento das vendas, para fazer face ao prazo de recebimento dado aos clientes. A formação de preços a partir do custo parte da premissa de formar preços na condição de pagamento à vista.

A rentabilidade do investimento é um conceito de custo de oportunidade de capital. Dessa forma, além de elementos componentes do giro e rentabilidade dos investimentos, o outro componente-chave é o custo de capital dos proprietários do capital empresarial, genericamente denominados *acionistas*. Portanto, a base para a margem de lucro desejada fundamenta-se em três componentes: vendas, investimentos (ativos) e custo de oportunidade.

Parâmetros básicos para cálculo da Margem de Lucro Desejada

Vendas
Lucro Operacional
Investimentos (Ativos)
Custo de Oportunidade do Capital

Entendemos que alguns parâmetros externos podem ajudar a atingir uma margem de lucro satisfatória. Uma empresa industrial, comercial ou de serviços é constituída basicamente para atingir ganhos superiores aos recebidos em aplicações no mercado financeiro, com as aplicações de renda fixa.

Um parâmetro básico é a remuneração da poupança governamental em nosso país, que paga 0,5% ao mês, ou 6,17% ao ano. Outro parâmetro básico são as taxas de juros cobradas no mercado internacional, através das taxas interbancárias dos Estados Unidos da América e de Londres, o *prime rate* e o *Libor*, respectivamente.

No Brasil, as margens devem ser superiores seguramente às da poupança governamental, pois os negócios empresariais têm muito mais risco que a poupança e, por isso, necessitam de maior remuneração. Internacionalmente, devem ser superiores às taxas interbancárias, pois elas representam o patamar mínimo de rentabilidade. Como parâmetro geral, uma rentabilidade entre 12% e 15% ao ano, após os impostos sobre o lucro, é considerada normal.

A margem a ser considerada na formação de preços de venda tanto pode ser genérica (uma única margem para todos os produtos e serviços) como específica para cada produto ou grupo de produtos e serviços.

Determinação da Margem Desejada para o *Mark-up*

Margem ou lucratividade é um conceito de lucro sobre as vendas. Rentabilidade é um conceito de rendimento do capital investido. Assim, a margem desejada a ser aplicada nos preços de venda formados pelo custo deve ser resultante da rentabilidade desejada sobre o capital investido. Esse conceito é expresso pela fórmula de análise da rentabilidade denominada *Método Dupont*, que converge os elementos de lucratividade das vendas com o giro do ativo (ou patrimônio líquido).

O conceito de giro está associado com o conceito de produtividade do capital empregado nas operações. Quanto maior for o giro, tanto maior a produtividade e maior o potencial de geração de lucros para os acionistas. O Método Dupont pode ser aplicado tanto para o Lucro Operacional quanto para o Lucro Líquido. Estaremos utilizando a variável lucro líquido.

$$\textbf{Rentabilidade do Patrimônio Líquido} = \frac{\textbf{Vendas}}{\textbf{Patrimônio Líquido}} \times \frac{\textbf{Lucro Líquido}}{\textbf{Vendas}}$$

Faturamento Normativo

A formação de preços de venda normalmente é elaborada a partir de *custos-padrão, custos estimados ou orçados*, buscando conseguir preços formados a partir de condições operacionais normais da empresa. Assim, o conceito de faturamento padronizado ou faturamento normativo vem a ser um elemento importante para a construção do *mark-up* e da margem de lucro desejada.

O faturamento normativo deverá ser revisto periodicamente, e recomendamos que seja feito juntamente com a revisão anual do padrão. Como já introduzimos, os percentuais constantes do *mark-up* são determinados em uma relação percentual sobre preços de venda, o que nos leva novamente ao conceito de faturamento normativo ou faturamento-padrão.

Como o processo de formação de preços de venda busca um preço de venda calculado baseado em situações de normalidade, a base para o cálculo dos percentuais de margem, despesas operacionais, custo financeiro etc. deve ser um volume de vendas que represente uma condição normal de produção e de vendas da empresa.

A formação de preços de venda não deve, de modo geral, ficar atrelada a situações conjunturais, de forma que, em períodos de alta demanda, se busquem rentabilidades exageradas e, nos períodos de baixa demanda, se busque adicionar percentuais de despesas decorrentes de ociosidades estruturais.

O faturamento normativo da empresa será calculado em cima de projeções orçamentárias para um ou mais períodos, calcado nas estruturas existentes e planejadas de capacidade de produção, buscando-se sempre condições normais e estáveis de operação de acordo com uma padronização.

Margem de Lucro Desejada Líquida dos Impostos sobre o Lucro

A margem a ser incorporada no *mark-up* sempre é um conceito de margem bruta, já que a formação de preços de venda a partir de custos unitários não considera no formato do cálculo os impostos sobre o lucro. Portanto, a margem a ser utilizada deve ser a margem que permite à empresa pagar os impostos a serem gerados pelo lucro e conseguir a rentabilidade líquida para a empresa e os acionistas.

Apresentamos a seguir um exemplo de obtenção de margem desejada para incorporação no *mark-up*. Os dados são os seguintes:

Balanço Patrimonial	
Empréstimos (Capital de Terceiros)	6.500.000
Patrimônio Líquido (Capital Próprio)	5.500.000
Ativo Total / Valor da Empresa	12.000.000
Faturamento Normativo	22.000.000

Consideraremos nesse exemplo que a margem mínima desejada pelos acionistas é de 13% ao ano, líquida dos impostos sobre o lucro.

Tabela 15.1 Determinação da Margem para os Acionistas Desejada para o *Mark-Up*

1.	**Patrimônio Líquido**	**5.500.000**
2.	**Rentabilidade Desejada**	**13%**
3.	Valor de lucro a ser obtido para os acionistas (1 × 2)	715.000
4.	Alíquota efetiva de impostos sobre o lucro	30%
5.	Valor de lucro para os acionistas a ser obtido antes dos impostos sobre o lucro [3 : (100% – 30%)]	1.021.429
6.	**Faturamento Normativo**	**22.000.000**
7.	Margem de lucro para os acionistas a ser utilizada no *mark-up* (5 : 6)	4,6%

Obtenção dos Percentuais de Despesas Operacionais e Custo Financeiro

Já evidenciamos como obter a margem de lucro desejada. A obtenção dos outros percentuais sobre vendas líquidas para construir o *mark-up* deve seguir os conceitos de faturamento normativo ou padrão. Devemos ter estimativas das despesas administrativas e comerciais, bem como dos custos dos financiamentos, sempre considerando um nível de atividade normal e padrão, para associarmos ao faturamento normativo. Em resumo, devemos elaborar uma Demonstração de Resultados com conceito de padrão, para obtermos percentuais-padrão dessas despesas. A Tabela 15.2 apresenta esses dados, que devem ser considerados como padrões, que, associados ao faturamento normativo, fornecem médias percentuais de despesas operacionais e financeiras sobre as vendas líquidas dos impostos.

Nesse exemplo numérico, verificamos que, em média, as despesas comerciais, considerando uma atividade normal da empresa, representam 7,3% das vendas; as despesas administrativas representam 5,4% das vendas líquidas; as despesas financeiras com os financiamentos (fontes de capital de terceiros) representam em média 2,9% do faturamento normativo.

Tabela 15.2 Determinação dos Percentuais Médios de Despesas Operacionais e Custo Financeiro para o *Mark-Up*

FATURAMENTO NORMATIVO (VENDAS LÍQUIDAS)	**22.000.000**	**100,00%**
Custos dos Produtos Vendidos	(17.600.000)	
LUCRO BRUTO	4.400.000	
Despesas Comerciais	(1.610.000)	7,3%
Despesas Administrativas	(1.190.000)	5,4%
LUCRO OPERACIONAL	1.600.000	
Despesas Financeiras	(632.000)	2,9%
LUCRO LÍQUIDO ANTES DOS IMPOSTOS	968.000	
Impostos sobre o Lucro – 30%	(290.400)	
LUCRO LÍQUIDO	**677.600**	

Preço de Venda Calculado

A formação de preços de venda a partir do custo sempre nos conduz ao que denominamos Preço de Venda Calculado (PVC). É o valor que a empresa deseja obter para atingir suas metas de rentabilidade e satisfazer seus proprietários. Como já havíamos introduzido no conceito de *mark-up*, calculamos o preço de venda de cada produto em duas etapas. Em primeiro lugar, calculamos o preço de venda desejado, líquido dos impostos sobre venda. Denominamos Preço de Venda Calculado 1 – PVC1.

Em seguida, aplicamos a segunda parte do *mark-up*, de tal forma que pudéssemos embutir os impostos sobre venda, que serão cobrados do consumidor. Com isso, temos um outro preço de venda formado, bruto, que denominamos Preço de Venda Calculado 2 – PVC2.

Construção do *Mark-Up*

Primeiro passo: somatório dos percentuais padrões de despesas operacionais, custo financeiro e margem de lucro desejada, sobre as vendas líquidas dos impostos.

	Percentual sobre Vendas
Despesas Comerciais	*7,3%*
Despesas Administrativas	*5,4%*
Custo Financeiro	*2,9%*
Margem de Lucro Desejada	*4,6%*
Total	*20,2%*

Segundo passo: obter a participação do custo industrial (estamos utilizando o critério de Custeio por Absorção) sobre as vendas sem impostos. Para executar essa passagem, basta tirar de 100,0% o total das despesas operacionais, custo financeiro e margem de lucro desejada obtido anteriormente. Assim:

	%
Preço de Venda sem impostos	*100,0*
(–) Despesas operacionais, custo financeiro e margem desejada	*20,2*
= Participação média do custo industrial	*79,8*

Terceiro passo: obtenção do *Mark-up* I, o multiplicador sobre o custo industrial para se chegar ao preço de venda sem impostos.

	%
Preço de Venda sem impostos (a)	*100,0*
Custo industrial de um produto (b)	*79,8*
= Mark-up I (a : b)	*1,25313*

Quarto passo: identificar os percentuais dos impostos sobre as vendas, para obtenção do *Mark-up* II, o multiplicador para obtenção do preço de venda com impostos.

	Percentual sobre Vendas
ICMS – Imposto sobre Circulação de Mercadorias e Serviços	*18,00*
PIS – Programa de Integração Social	*0,65*
Cofins – Contribuição Social sobre Faturamento	*3,00*
Total	*21,65*

Quinto passo: obter quanto deve ser a venda líquida dos impostos, em relação à venda tributada com os impostos sobre venda.

	%
Preço de Venda com impostos (a)	*100,00*
Impostos sobre a venda (b)	*21,65*
= Preço de Venda líquido dos impostos (a – b)	*78,35*

Sexto passo: obter o *Mark-up* II, para construirmos um preço de venda com impostos, pronto para emissão de listas de preços de venda e documentação fiscal.

	%
Preço de Venda com impostos (a)	*100,00*
Preço de Venda sem impostos (b)	*78,35*
= Mark-up II (a : b)	*1,27632*

Formação dos Preços de Venda dos Produtos

Os preços de venda dos produtos de nosso exemplo numérico serão formados a partir do custo por absorção padrão de cada produto. Vejamos a seguir, na Tabela 15.3, um exemplo.

Tabela 15.3 Formação de Preço de Venda sobre Custo por Absorção Utilizando o Conceito de *Mark-up*

	Estrutura de Cálculo	Produto A	Produto B
A	Custo Unitário – Método de Custeio por Absorção – $	1.157,36	2.118,60
B	*Mark-up* I	1,25313	1,25313
C	Preço de Venda Líquido dos Impostos (A × B) – $	1.450,32	2.654,88
D	*Mark-up* II	1,27632	1,27632
E	Preço de Venda Bruto com Impostos (C × D) – $	1.851,08	3.388,48

15.4. Formação de Preços de Venda a Partir do Mercado e Teoria Econômica

A teoria econômica indica que quem faz o preço de venda dos produtos é o mercado, basicamente através da oferta e procura, fazendo as devidas considerações para situações de monopólio, oligopólio, mercados cativos e situações similares.

Assumindo essa condição, praticamente seria desnecessário o cálculo dos custos e subsequente formação de preços de venda a partir dele. O que a empresa teria de fazer é abalizar corretamente o preço de mercado do produto através dos preços dos concorrentes existentes, ou através de pesquisas de mercado (no caso de produtos inéditos), e fazer considerações específicas de gastos de comissões, canais de distribuição, publicidade, localização da fábrica etc.

Custo-Meta

O preço de mercado possibilita, na realidade, a situação inversa da formação de preços de venda; assumindo a condição de que o preço que o mercado está pagando é o máximo que a empresa pode atribuir ao seu produto, o preço de mercado passa a ser o elemento fundamental para a *formação dos custos e despesas.*

Diante disso, parte-se do preço de venda, deduz-se a margem mínima que a empresa quer obter, bem como os custos financeiros de financiamento da produção e os efeitos monetários sobre o capital de giro, e obtém-se o valor máximo que pode custar internamente tal produto para a empresa. A partir da obtenção desse dado, se a empresa se vê em condições de produzir e vender o produto com o lucro desejado, o custo obtido passa a ser o custo padrão ideal, ou o *custo-meta.*

Em linhas gerais, o custo-meta é expresso pela seguinte fórmula, considerando dados hipotéticos:

CUSTO-META

Preço de Venda de Mercado	**= $ 100,00**
(–) Margem de Lucro desejada ou necessária (10%)	**(10,00)**
Custo-Meta	**90,00**

Para obtenção do custo-meta, é necessário um modelo decisório baseado em método de custeio que contemple todos os custos e despesas. Nesse sentido, o custo-meta só é possível de se obter através do método de custeio integral ou pelo método de Custeio ABC. Pela linha conceitual de Custeio Direto/Variável, não existe a possibilidade de custo-meta, pois, dentro dessa linha de pensamento, que já demonstramos que é a linha científica, o custo unitário só pode existir em termos de custos médios, nunca em nível de unidade individual de produto, e, portanto, não existe custo-meta.

15.5. Fundamento Econômico para Gestão de Preços de Venda: O Modelo da Margem de Contribuição

A formação ou definição do preço de venda através do valor percebido, mercado ou em cima do custo dos produtos não prescinde de um modelo de gestão contínuo para monitoramento dos preços de venda e da lucratividade total da companhia. Dessa maneira, o acompanhamento sistemático dos preços de venda de todos os produtos e o processo de redefinição dos seus preços de venda devem ser feitos utilizando-se o modelo da margem de contribuição, cujo fundamento é a associação completa das variáveis-chave da geração operacional de lucro:

- preço de venda unitário dos produtos e serviços;
- custos unitários variáveis dos produtos e serviços;
- margem de contribuição unitária dos produtos e serviços;
- volume de produção e vendas;
- margem de contribuição total de cada produto e serviço no total do lucro da empresa;
- custos e despesas fixas diretas aos produtos e serviços;
- custos e despesas fixas da empresa indiretas aos produtos e serviços;
- lucro operacional total.

A Tabela 15.4 apresenta o modelo básico para gestão de preços de venda. Nele, deverão ser inseridos os preços de venda definidos por qualquer critério, para avaliação do resultado e da contribuição de cada produto ou serviço no total. Esse modelo respeita a natureza comportamental dos custos e, portanto, não dá viés ao resultado total da empresa.

Utilizando Sistemas de Simulação

O modelo econômico de gestão de preços de venda deve ser construído em ambiente computacional que permita a simulação. Essa é a sua grande vantagem e o seu grande potencial dentro do processo decisório de gestão de preços.

Tabela 15.4 Modelo Econômico para Gestão de Preços de Venda Preços – Custos – Lucros – Volume

Estrutura de Resultados	Produto A			Produto B			Produto N			Total Geral
	Volume	Unitário – $	Total – $	Volume	Unitário – $	Total – $	Volume	Unitário – $	Total – $	
Vendas	625	1.700,00	1.062.500	250	3.750,00	937.500	xxx	yy,yy	zzz,zz	2.000.000
Custo Variável	625	(900,00)	(562.500)	250	(1.962,00)	(490.500)	xxx	yy,yy	zzz,zz	(1.053.000)
Margem de Contribuição I	625	800,00	500.000	250	1.788,00	447.000	xxx	yy,yy	zzz,zz	947.000
Custos e Despesas Fixas Diretas aos Produtos			(40.000)			(110.000)			zzz,zz	(150.000)
Contribuição Total do Produto			460.000			337.000			zzz,zz	797.000
Custos e Despesas Fixas Gerais da Empresa (ou Divisão)										(410.000)
LUCRO OPERACIONAL TOTAL										387.000

Empresas que têm poucos produtos na linha de produtos podem facilmente utilizar esse modelo em aplicativos denominados *planilhas eletrônicas*.

Empresas que têm milhares de produtos e algumas características e variáveis adicionais que devam ser incorporadas ao modelo podem necessitar de recursos computacionais de maior grau de resolução. De qualquer forma, a essência do modelo não pode ser violentada, sempre respeitando os fundamentos de preços, custos e lucros unitários, volume de produção ou venda de cada produto e serviço e a incorporação das despesas e custos fixos diretos aos produtos quando forem claramente identificados.

Comparação de Preços de Venda

O preço de venda calculado é o idealizado pela empresa. Nada impede, porém, que a empresa desenvolva uma lista com preços diferentes dos calculados, já que o mercado é que dá a palavra final em preços de venda. Mesmo com uma lista de preços que são ofertados ao mercado, os preços realmente obtidos podem também ser diferentes da lista. Assim, é necessário um acompanhamento constante dos três preços de venda:

- Preço de Venda Calculado;
- Preço de Venda de Lista;
- Preço de Venda obtido ou praticado.

Apresentamos a seguir um exemplo explicativo. Os preços de venda de lista são aleatórios, apenas para efeito de evidenciação comparativa.

Tabela 15.5 Comparação de Preços de Venda

Produtos	Preço de Venda Calculado		Preço de Venda de Lista		Preço de Venda Praticado	
	$	%	$	%	$	%
A	1.851,08	100,00	1.780,00	96,16%	1.700,00	91,84%
B	3.388,48	100,00	3.950,00	116,57%	3.750,00	110,67%

Alterações nos Preços de Venda Calculados

A formação de preços de venda deve continuadamente ser revista. As principais alterações que podem ser processadas são relacionadas com alterações nas estruturas de custos e despesas, decorrentes de eficiência ou deficiência dos processos de produção e estrutura do produto, bem como das alterações nos preços desses insumos.

Alterações pela Inflação da Empresa

As alterações pela inflação da empresa devem ser calculadas mês a mês, partindo do cálculo da inflação mensal da empresa. É simplesmente aplicar aos preços de venda a média dos aumentos acontecidos na estrutura de custos e despesas. É claro que a inflação da empresa é um parâmetro básico a ser aplicado sobre os custos-padrão e preços de venda formados a partir deles. Outros fatores devem ser considerados, pois nem sempre o mercado aceita facilmente alterações de preços, nas diversas situações possíveis de demanda.

Alterações por Mudanças Estruturais nos Custos e Despesas

Alterações na formação dos preços de venda deverão acontecer nas revisões dos custos-padrão. Nas revisões dos custos-padrão, serão captadas todas as alterações ocorridas nas estruturas dos produtos, bem como os ganhos ou perdas de eficiência no processo produtivo, que provocarão alterações nos custos reais e, consequentemente, na elaboração dos padrões.

Financiamento e Impostos da Venda

Outro cuidado a ser tomado é quando a empresa financia as vendas de seus produtos. Tendo em vista que a legislação fiscal determina prazos para o recolhimento dos impostos sobre vendas e que esses prazos podem ser diferentes dos prazos com os quais a empresa financia seus clientes, é necessário um cálculo matemático para ver se há necessidade de incrementar o custo de financiamento da venda para se ressarcir de um possível aumento da carga tributária da venda.

A ocorrência do aumento da carga tributária, caso se financie a venda em prazos diferentes dos prazos de recolhimento dos impostos, é motivada pela ocorrência da inflação e dos juros de financiamento de capital de giro.

Questões e Exercícios

1. Quando devemos formar o preço de venda através dos custos e o que devemos fazer quando o preço de venda é dado pelo mercado? Em sua opinião, qual é a realidade empresarial: o preço de venda é dado pelo mercado ou , as empresas é que conseguem impor seu preço de venda?

2. Discorra sobre as eventuais diferenças conceituais entre preço de venda formado pelo mercado e valor percebido pelo consumidor.

3. Quais os principais parâmetros externos de rentabilidade que devem ser analisados para a incorporação da margem desejada no *mark-up*?

4. Explique o que é custo financeiro e o que é custo de financiamento da venda. Quais os componentes de cada um desses elementos que fazem parte da formação dos preços de venda?

5. Uma empresa pretende vender $ 1.000.000 de determinado produto durante o ano. O capital investido no negócio é de $ 300.000. Qual é a margem de lucro que ela deve considerar no preço de venda sem impostos, se deseja uma rentabilidade líquida dos impostos sobre o lucro de 18% sobre o capital investido? Considere que os impostos sobre o lucro representam 40% da margem das vendas antes desses impostos.

6. Uma empresa tem os seguintes percentuais médios sobre vendas líquidas:

Despesas Comerciais	=	12%
Despesas Administrativas	=	11%
Custo Financeiro	=	6%
Margem de Lucro	=	17%

Pede-se:

a) calcule o *mark-up* para obtenção de preço de venda sem impostos;

b) calcule o preço de venda sem impostos de um produto que tem um custo industrial de $ 150.000.

7. Um produto deve ser vendido à vista por $ 200,00 por unidade antes dos impostos sobre vendas.

ICMS	18%
PIS	0,65
Cofins	3,00

a) Calcule o *mark-up* para incorporação dos impostos sobre o preço de venda sem impostos.

b) Qual deve ser o preço de venda com impostos?

8. Considere os seguintes dados financeiros de uma empresa. Para simplificar, imagine que a quantidade produzida é totalmente vendida durante o ano, não formando estoques adicionais.

	Ano 1	**Ano 2**
Vendas Líquidas	**$ 30.000**	**$ 36.992**
Custo dos Produtos Vendidos	**21.000**	**25.894**
Despesas de Vendas	**4.500**	**4.680**
Despesas Administrativas	**3.000**	**3.000**
Custo Financeiro	**2.400**	**2.520**
Resultado Operacional	**(900)**	**898**
Impostos sobre o Lucro (35%)	**–**	**–**
Resultado Líquido	**(900)**	**898**
Patrimônio Líquido Inicial	**25.002**	**24.102**

A empresa tem operado nesses dois últimos anos bem abaixo de sua capacidade total de produção e vendas. As perspectivas para o próximo período – o Ano 3 – são de que a empresa conseguirá vender tudo o que produzir, dada a grande demanda esperada. A empresa está com seu Patrimônio Líquido inicial avaliado em $ 25.000. Ela deseja uma rentabilidade mínima de 16%, líquida dos impostos sobre o lucro. Estima-se também que apenas as despesas de vendas e o custo financeiro terão um acréscimo de 10%. As despesas administrativas continuarão fixas, e considera-se o custo dos produtos vendidos um custo totalmente variável.

Pede-se:

a) calcule o novo faturamento (vendas líquidas) de tal forma que cubra todos os custos esperados e a margem de lucro desejada;

b) considerando que o novo faturamento esperado representará 100% da utilização da capacidade de produção e vendas, verifique qual foi a utilização percentual da capacidade nos anos 1 e 2;

c) calcule qual é a participação das despesas com vendas, administrativas, custo financeiro e margem bruta sobre as vendas líquidas.

9. Modelo da margem de contribuição para gestão de preços

Um supermercado de tamanho médio em um bairro deseja fazer uma promoção para atrair mais fregueses à sua loja. Para tanto, colocará à venda cervejas em lata por um preço bastante atrativo. O preço normal de venda de $ 0,70 por lata será diminuído para uma oferta de $ 0,55 por lata. O setor de marketing do supermercado sabe que, quando há demanda adicional de cerveja, há também venda adicional de refrigerantes e frios e queijos. Os dados diários de vendas, custos e despesas da situação normal do supermercado, isolando esses três tipos de produtos, são apresentados a seguir.

	Cerveja em Lata	Refrigerantes	Frios Queijos	Demais Produtos	Total
Preço de Venda Unitário – $	0,70	1,00	10,00	4,22	
Custo Variável Unitário – $	0,57	0,72	6,00	3,35	
Quantidade Vendida no Período	1.200	1.300	600	3.000	
Despesas Comerciais Fixas – $					1.000
Despesas Administrativas Fixas – $					600

Para essa oferta, objetivando não perder lucratividade, o supermercado trabalha com as seguintes variáveis:

a) o preço unitário da cerveja em lata será ofertado por $ 0,55;

b) a quantidade esperada de vendas adicionais de cerveja é de 960 latas;

c) o fornecedor de cerveja, que é o mesmo dos refrigerantes, estará disposto a baixar o custo de todas as cervejas e refrigerantes vendidos em $ 0,01 (um centavo);

d) espera-se vender uma quantidade adicional de 600 unidades de refrigerantes;

e) os refrigerantes continuarão com o mesmo preço de venda anterior;

f) espera-se vender uma quantidade adicional de frios e queijos de dez unidades;

g) o preço unitário médio dos frios e queijos será aumentado em 10%;

h) todos os demais produtos do supermercado terão um aumento médio de $ 0,03 (3 centavos);

i) os custos adicionais de propaganda por dia serão de $ 100.

I) Elabore um quadro da situação normal do supermercado no modelo de demonstração de resultados, com: a) o preço de venda, custo e margem de contribuição unitária de cada produto; b) a quantidade de vendas, o total de vendas, custos e margem de contribuição de cada produto e do total da empresa; c) o lucro líquido do dia.

II) Elabore um quadro da situação projetada com as variáveis da oferta, similar ao elaborado na solicitação anterior.

III) Apure a variação percentual do lucro diário após a oferta, em relação à situação normal, e aprove ou não a decisão a ser adotada.

10. Uma empresa vende um produto à vista por $ 2.000,00, em que estão embutidos os seguintes impostos que são recolhidos em datas diferentes:

ICMS – 18% – vencimento dia 1º do mês seguinte.
PIS/Cofins – 3,65% – vencimento dia 15 do mês seguinte.
Não há IPI, e os impostos são calculados sobre o valor da venda.

Partindo do pressuposto de que a empresa vende regularmente durante o mês, podemos assumir que as vendas ocorrem em média no dia 15 e, com isso, podemos então considerar que ela recolhe o ICMS 15 dias depois, e o PIS/Cofins, 30 dias depois.

a) Calcule qual é de fato o valor líquido (sem impostos) obtido em cada venda, considerando um custo financeiro de 2% por quinzena e 4,04% por mês.

b) A empresa pretende oferecer duas novas modalidades de prazo de recebimento, quando o cliente poderá tanto pagar a 30 dias quanto a 60 dias, sempre em uma única parcela. Calcule qual deve ser cada um dos preços a serem oferecidos, de tal forma que a empresa obtenha o mesmo valor líquido de impostos obtido em (a).

Bibliografia Básica

ATKINSON, Anthony A. et al. *Contabilidade gerencial*. São Paulo: Atlas, 2000.

BIO, Sérgio Rodrigues. *Sistemas de informação*: um enfoque gerencial. São Paulo: Atlas, 1985.

CATELLI, Armando (coord.). *Controladoria*. São Paulo: Atlas, 1999.

DOLAN, Robert J.; SIMON, Hermann. *O poder dos preços*. São Paulo: Futura, 1998.

FALCINI, Primo. *Avaliação econômica de empresas*. São Paulo: Atlas, 1992.

FRANCISCHETTI, Carlos E. *Aplicação de contabilometria no processo de planejamento econômico de uma empresa de varejo nacional*. Piracicaba, 2015. Tese (Doutorado em Administração) – Unimep.

FREZATTI, Fábio. *Orçamento empresarial*. São Paulo: Atlas, 1999.

GOLDRATT, Elyahu; COX, Jeff. *A meta*. São Paulo: Imam, 1986.

GUERREIRO, Reinaldo. *A meta da empresa*: seu alcance sem mistérios. São Paulo: Atlas, 1996.

GUERREIRO, Reinaldo. *Modelo conceitual de sistema de informação de gestão econômica*: uma contribuição à teoria da comunicação da contabilidade. São Paulo, 1989. Tese (Doutoramento) – FEA-USP.

HECKERT, J. Brooks; WILLSON, James D. *Controllership*. 2. ed. Nova York: Ronald Press, 1963.

HENDRIKSEN, Eldon S. *Accounting theory*. 3. ed. Homewood: Richard D. Irwin, 1977.

INTERNATIONAL FEDERATION OF ACCOUNTANTS/INTERNATIONAL MANAGEMENT ACCOUNTING PRACTICE STATEMENT. *Management accounting concepts*. Relatório Revisado. mar. 1998.

INTERNATIONAL FEDERATION OF ACCOUNTANTS/INTERNATIONAL MA NAGEMENT ACCOUNTING PRACTICE STATEMENT. International Management Accounting Study n. 9. *Enhancing sharehold wealth by better managing business risk*. jun. 1999.

IUDÍCIBUS, Sérgio de. *Contabilidade gerencial*. 4. ed. São Paulo: Atlas, 1987.

IUDÍCIBUS, Sérgio de. *Contabilidade gerencial*. 6. ed., São Paulo: Atlas, 1998

KAPLAN, Robert S.; NORTON, David P. *A estratégia em ação: balanced scorecard*. Rio de Janeiro: Campus, 1997.

MARTINS, Eliseu. *Contabilidade de custos*. 5. ed. São Paulo: Atlas, 1996.

MOSIMANN, Clara Pellegrinello et al. *Controladoria*: seu papel na administração de empresas. Florianópolis: Editora da UFSC, 1993.

NAKAGAWA, Masayuki. *Introdução à controladoria*. São Paulo: Atlas, 1993.

PADOVEZE, Clóvis Luís. *Contabilidade gerencial*. 7. ed. São Paulo: Atlas, 2010.

_______. *Controladoria estratégica e operacional*. 3. ed. São Paulo: Atlas, 2013.

PADOVEZE, Clóvis Luís. *Contabilidade de custos*. São Paulo: Cengage Learning, 2013.

_________. *Sistemas de informações contábeis.* 7. ed. São Paulo: Atlas, 2015.

_________. *Gerenciamento do risco corporativo em Controladoria.* 2. ed. São Paulo: Atlas, 2013.

ROSS, S. A.; WESTERFIELD, R. W.; JAFFE, J. F. *Administração financeira.* 2. ed. São Paulo, Atlas, 2002. p.362.

VAN HORNE, James C. *Financial management and policy.* 11. ed. Upper Saddle River: Prentice-Hall, 1998.

WELSCH, Glenn A. *Orçamento empresarial.* 4. ed. São Paulo: Atlas, 1983.